KB064873

은어와 속어 연구

백정의 은어와 특수집단의 기호와 속어를 중심으로

서정범기념사업회총서 3

은어와 속어 연구

백정의 은어와 특수집단의 기호와 속어를 중심으로

서정범 지음 | 박재양 엮음

보고사
BOGOSA

차례

| 제1부 | 은어로 본 백정사회

| 제2부 | 서울 里巷特殊集團의 秘密記號

머리말　··· 323

제1장・裏巷 특수집단 형성의 사회적 배경　··· 325

제2장・秘密記號(Secret Sign)의 基本的 性格 및 用途　··· 329

제1부
은어로 본 백정사회

머리말

언어의 共時論的인 研究로서 特殊語인 隱語研究가 중요한 과제라 하겠는데 우리 국어학계에서도 이미 착안하여 金敏洙가 해방 후 처음으로 은어연구에서 개척자적인 공을 세웠으며,[1] 李崇寧은 山蔘採取人(심마니)들의 은어를 연구하여 은어연구의 大家인 도자(A. Dauzat)가 발견하지 못한 샤머니즘적인 전래에 의한 山神 중심의 생활에서 발달된 信仰說的 起源을 제창하여 학계에 새로운 광채를 더하였고 뿐만 아니라 은어연구의 방법론을 제시하면서 이 방면에 대한 연구의 진전을 촉구하였다.[2] 그리고 姜信沆은 軍隊 特殊語에 대한 논문을 발표하는 등[3] 은어 방면에 관심이 점점 높아지게 되어 언어연구의 새로운 개척으로서 당연한 일이라 하겠다.

필자도 이에 관심을 가진 바 있어 자료 수집을 시작한 지 3년에 접어드는데 의외의 귀중한 자료를 얻을 수 있었다. 졸고에서 논하려는 것은 필자가 20여 특수사회집단 중 가장 관심을 끈 것은 屠牛業者인 白丁들

---

1 金敏洙, 隱語(변말)試考 –特히 거지말(乞人語)을 中心으로–, 『國語國文學』 第6號, 1953. 9–13面.
2 李崇寧, 隱語考, 『一石李熙昇先生頌壽記念論叢』, 一潮閣, 1957. 467–492面.
3 姜信沆, 軍隊卑俗語에 對하여, 『一石李熙昇先生頌壽記念論叢』, 一潮閣, 1957. 51–78面.

의 은어였는데 이 은어의 발생기원을 중심으로 하여 은어로써 백정사회를 살펴보려고 하였다.

은어는 그 어느 것보다도 사회성을 가장 잘 반영하고 있는 언어라 할수 있기 때문에 은어의 연구는 언어행동과 언어행동의 주체인 인간과 그리고 그 집단과의 관련 하에서 연구하는 언어학의 한 분과인 사회언어학(社會言語學, social linguistique)에 속하는 비중이 크다 하겠다. 도자 (A. Dauzat)는 사회언어학에 대하여 "社會言語學은 지금 겨우 첫걸음을 내디딘데 不過하나 메이에(A. Meillet)가 예감한 것처럼 틀림없이 明白의 科學이 될 것이다. 언어를 개인에게서, 나아가, 抽象的으로 연구하고 나서 言語에 社會的 事實로서의 그 特質을 賦與하고 언어를 가지가지 환경과 연결시키고 있는 관계를 분석함으로써 학자는 肝要한 勞作을 이룩하게 될 것이며 그의 先驅者들에 의하여 構築된 建物을 완성할 것이며 또 言語科學과 다른 生命의 科學과의 사이에 새로운 橋梁을 놓게 될 것이다."[4]고 하였다. 이런 의미에서 필자는 언어과학을 통하여 다른 과학과의 교량을 놓아보려는 시도를 일부 고려하여 보았다. 그리고 은어에 대한 종합적인 고찰은 추후 별도로 할 의도이므로 여기서는 은어의 어원에 대하여 간략한 해설과 부분적인 고찰에 그쳤고 사실적인 자료제시에 충실을 기하려 하였기 때문에 다소 조잡성을 벗어나지 못하였다.

백정의 은어 수집에 착수한 지는 지난 2월(1958년)이었으나 본격적으로 조사하기는 7월, 8월 그리고 최종적으로는 11월, 12월 그리고 금년 11월과 12월 하순까지였다. 蒐集地는 18곳이었으며 서울에서 가까운 京畿道는 高陽, 廣州, 富平, 水原 등 네 곳을 조사 수집하여 2, 3차씩 가서 비교적 세밀한 부분적인 면까지 조사할 수 있었으나 그 이외 道는 1,

---

4 A. Dauzat, 李基文 譯, 言語學原論, 民衆書館, 1955. 206面.

2곳에 그쳤다. 〈別略圖〉 수집대상자는 물론 屠牛白丁이며 屠牛場의 백정이 3명 있는데 세 백정을 되도록이면 한 자리에 앉히고 수집하려 하였다. 한 屠牛場에 있는 백정일지라도 은어가 약간 다른 것이 간혹 있는데 이런 것은 괄호 안에 넣었다. 백정이 거의 불교신자이며 사찰과의 밀접한 관련성을 가지고 있기 때문에 사찰에서 승려들이 사용하는 은어 중

특히 백정과의 관계를 살펴보았고 무당과 산댓군(山臺人)의 생활에서 백
정의 생활과 극히 유사한 점을 발견할 수 있었기 때문에 이에 관한 무당
과 산댓군의 은어로써 백정생활을 측면적으로 비추어 보았다. 은어 수집
에서 가장 애로를 느꼈던 것은 교통관계나 숙소문제보다도 백정들이 外
人에 대해서 무척 배타적이고 忌避的이어서 그들의 비밀이 되는 내막을
말하기에 이르기까지는 상당한 회유책을 써야 되는 고충이었다.

끝으로 졸고 작성에 있어서 奔忙 중이심에도 불구하고 적극적인 지도
와 편달을 하여 주신 지도교수 李崇寧博士님께 甚深한 謝意를 드리오며
귀중한 문헌을 빌려주신 劉昌惇 교수님과 그리고 음으로 양으로 편달을
하여 주신 金珖燮, 金鎭壽, 朴魯春, 黃順元, 諸敎授님과 은어수집에서
필자와 동행하고 다방면으로 희생적인 협력을 하여 준 同學 諸位에게
아울러 사의를 드리옵니다.

은어명칭고(隱語名稱考)

은어의 명칭을 고찰한다는 것은 은어의 발생기원과 기능 그리고 생리와 성격을 구명하는데 매우 중요한 의의를 가지리라 믿는다. 우리나라 은어명칭에 대해서는 이미 李崇寧이 '隱語考'[1]에서 쌍말, 곁말, 변말 등 세 가지를 들어 외국의 명칭과 비교하면서 詳論한 바 있어 여기서는『三國遺事』(이하『遺事』라 한다)에 보이는 은어와 屠牛白丁들이 사용하는 特殊語에 대하여 백정이 일컫는 명칭과 그리고 백정이 다른 특수집단사회에서 사용되는 특수어에 대한 호칭과 각 특수집단사회에서 사용되는 특수어에 대하여 해당 集團員이 일컫는 명칭을 다루려 한다.

1.『삼국유사』의 은어

第五十一代 眞聖女王 臨朝有年 乳母鳧好夫人 與其夫魏弘匝干等三四
寵臣 壇權撓政 盜賊蜂起 國人患之 乃作陀羅尼隱語 書投路上 王與權臣

---

1 李崇寧, 隱語考,『一石李熙昇先生頌壽記念論叢』. 470-474面.

等得之 謂曰 此非王居仁 誰作此文 乃囚居仁於獄 居仁作詩訴于天 天乃
震其獄囚以免之 詩曰 燕丹泣血虹穿日 鄒衍含悲夏落霜 今我失途還似舊
皇天何事不垂祥 陀羅尼曰 南無亡國 刹尼那帝 判尼判尼 蘇判尼 于于 三
阿干 鳧伊娑婆訶 說者云 刹尼那帝者 言女主也 判尼判尼 蘇判尼者 言二
蘇判也 蘇判爵名 于于 三阿干也 鳧伊者 言鳧好也.(제51대 진성여왕이 나라
정사에 임한 지 몇 해만에 유모 부호부인과 그의 남편 위홍 잡간 등 서너 명의
총신이 권력을 마음대로 하여 정사를 문란하게 하니 도적이 벌떼처럼 일어났다.
나라 사람이 이를 근심하여 이에 다라니 은어를 지어 써서 길바닥에 던져두었다.
왕과 권신들이 이를 얻어 보고 말하기를, "왕거인이 아니고야 누가 이 글을 지었겠
는가."라고 하고, 곧 거인을 옥에 가두었다. 거인은 시를 지어 하늘에 호소하니
하늘이 그 옥에 벼락을 쳐서 그를 놓아 주었다. 거인의 시에 "연단의 피눈물에
무지개가 해를 뚫고/ 추연이 품은 원한 여름에 서리 내리네./ 지금의 이 내 형국
예와 같건만/ 황천은 어찌하여 아무 조짐 없는가"라고 했다. 다라니에는 "나무망
국 찰니나제 판니판니소판니우우삼아간 부이사바하"라고 했다. 해설자는 "찰니나
제는 여왕을 말한 것이고, 판니판니소판니는 두 소판을 말한 것이며,〈소판은 벼
슬의 이름.〉우우삼아간은 서너 명의 총신을 말하고 부이는 부호를 말한다.")〈三
國遺事 卷 第二 眞聖女王 居陁知〉라고 했다.

『遺事』에 '陀羅尼 隱語'라 밝혀 있고 은어로는 "南無亡國 刹尼那帝 判
尼判尼蘇判尼于于 三阿干 鳧伊 娑婆訶"라 하였는데 우리나라 은어연구
에서 최고 유일의 문헌이라 하겠다.

그리고 『三國史記』(이하 『史記』라 한다)에는 "王素與角干魏弘通 至是
常入內用事 仍命與大矩和尙 修集鄕歌 謂之三代目云 及魏弘卒 追諡爲惠
成大王 此後 潛引少年美丈夫兩三人 淫亂 仍授其人以要職 委以國政 由
是 佞倖肆志 貨賂公行 賞罰不公 紀綱壞弛 時有無名子 欺謗時政 構辭榜
於朝路 (中略) 王命拘巨仁京獄 將刑之 巨仁憤怨書於獄壁曰 于公慟哭三

年旱 鄒衍含悲五月霜 今我幽愁還似古 皇天無語但蒼蒼 其夕 忽雲霧震雷
雨雹 王懼 出巨仁放歸."(왕은 본래 각간 위홍과 정을 통하였는데, 이때 이르러
항상 궁궐에 들어와 일을 마음대로 처리하였다. 이에 대구화상과 함께 향가를 수
집하여 편찬하라고 하였는데, 그 책을 일컬어 삼대목이라 불렀다. 위홍이 죽자
혜성대왕으로 추존하였다. 이후에는 소년 미남자 이삼 명을 몰래 끌어들여 음란한
짓을 하고 그 사람들에게 요직을 주어 국정을 위임하니 이로 말미암아 아첨하는
무리가 뜻을 마음대로 펴게 되어 뇌물이 공공연히 행해졌다. 상벌이 공정하지 못
하여 나라의 기강이 무너지고 느슨해졌다. 그때 이름을 알 수 없는 한 사람이 있었
는데 당시의 정치를 거짓으로 비방하는 글을 만들어 조회 들어가는 한길에 붙여놓
았다. (중략) 왕이 명령하여 거인을 잡아 서울 감옥에 가두고 장차 그를 벌하려
하자 거인은 분하고 원통하여 감옥의 벽에 시를 썼다. 그 시에 "于公이 통곡하자
삼년이 가물고. 추연이 슬퍼하자 오월에 서리로다. 오늘날 내 수심 예와 같아라.
하늘은 말이 없이 아득만 하구나."라고 하였다. 그날 저녁 갑자기 구름과 안개가
끼고 천둥이 치고 우박이 쏟아지니 왕이 겁내어 거인을 출옥시켜 돌려보냈다.)〈三
國史記 卷第11 眞聖王〉라 나온다.

『史記』에는 '隱語'라는 술어가 보이지 않고 은어의 원문도 없다.

『遺事』와 『史記』의 내용을 비교하여 보면 『遺事』에서는 진성여왕의
유모인 鳧好夫人의 남편 등이 권세를 잡고 政事를 휘두르며 도적이 벌
떼와 같이 일어나 國人이 근심하여 陀羅尼의 은어를 써서 노상에 던졌
다 했고, 『史記』에서는 진성여왕이 美丈夫 兩三人을 끌어들여 음란한
짓을 하고 그들에게 要職을 주어 국정을 맡겼기 때문에 政事가 어지럽
고 불공평하여 無名人이 時政을 비방하는 방을 길게 써 붙였다고 하였
다. 『遺事』에는 陀羅尼로 된 은어를 써서 노상에 뿌렸다고 明記 되었는
데 『史記』에는 '隱語'라고 밝히지 않고 다만 榜을 길게 써서 붙였다고
하여 약간의 차이를 보이고 있다.

그러나 『遺事』나 『史記』 기록의 공통점은 執權者들의 비행을 충고한 내용이다. 『遺事』에는 주로 유모인 부호부인과 그리고 그의 남편들이 대상이 되어 있으나 『史記』에는 진성여왕이 主對象이 되어 있다.

이상의 내용으로 보아 陀羅尼 隱語는 『遺事』의 내용과 가까운 것을 알 수 있다. 이 '陀羅尼 隱語'에 대해 李秉岐는 '……이 餘音은 언어와 소리가 섞여 된 餘音이다.'[2]라 했고 朴魯春은 참요(讖謠)로[3] 다루었을 뿐이다.

1.1. 다라니 은어(陀羅尼 隱語)

『陀羅尼』는 梵語로서 'Dhāranī'인데 '부처님 가르침의 핵심으로 신비적인 힘을 지니고 있다고 믿어지는 주문이다. (1) 지혜 또는 삼매를 말한다. (2) 眞言. 梵文을 번역하지 않고 音 그대로 외어 재앙을 물리침. 짧은 구절을 진언 또는 呪라 하고 긴 구절로 된 것을 다라니 또는 大呪라 한다. 『遺事』의 隱語는 범문인 陀羅尼로 되어 있음을 알 수 있다.

1.2. 南無亡國

新羅國 – 〈李秉岐, 國文學全史〉

南無는 범어(梵語) 'Namas(굴복하다의 뜻)'로서 歸命, 歸敬, 歸禮, 敬禮, 信從 등으로 한역하였다. 진심을 담아 부처나 三寶에 귀의하여 믿는다는 것이다. 'Namas'는 부처나 보살의 이름 앞에 붙여 쓴다.

---

2 李秉岐, 『國文學全史』, 螢雪出版社, 1957.
3 朴魯春, '謠讖思想과 讖謠', 高凰. 32–34면.

(1) 南無阿彌陀佛 (阿彌陀佛에 歸依함)

(2) 南無三寶 (佛寶, 法寶, 僧寶에 歸依함)

'亡國'은 범어가 될 수 없고 한자어 그대로 해석하여 '南無亡國'은 결국 '亡國으로 歸依하다' 즉 '나라가 망하다'의 뜻일 것이다.

1.3. 찰니나제(刹尼那帝)

(1) 女主.... 〈三國遺事 說者云〉

(2) 진성여왕....〈李秉岐. 國文學全史〉

이상 모두 여왕을 가리켜 일컬었음에는 의심이 없다.

'찰니나제(刹尼那帝)'는 원어(原語) '찰나니제(刹那尼帝)'의 순서를 바꾼 은어인 듯하다. 이렇게 말의 순서를 바꾸는 것은 현대 은어에서도 나타나는 현상이다.

- 케오되다 – 매우 좋다 〈점쟁이, 서울〉
  '케오'는 'OK'를 거꾸로 'KO'로 한 것임.
- 어처꾸러미 – 아내의 장사(葬事) 때문에 진 빚 〈痲藥中毒者, 서울〉
  '어처'는 '妻'를 '처어' 2음절로 늘여 거꾸로 한 것으로 '꾸러미'는 '돈 꾸러미'로서 '妻 꾸러미' 즉 아내가 죽어 돈 꾸러미가 필요하게 됐다는 것.
- 이고닳다 – 손님이 만원이다 〈점쟁이, 서울〉
  '이고'는 '고리'를 거꾸로 한 '리고'이고 '사람이 많아서 문고리가 닳다'의 뜻.
- 산다찡 – 징역 〈형무소 죄수, 서울〉
  '찡'은 '산다·징역을'의 '징역'의 下略語 징>찡.

- 악아샤뿌리 – 賣淫料 대신 창녀에게 점쳐 주는 것 〈점쟁이, 서울〉
  '아가샤'는 '삯'이 '사아악' 3음절로 늘여 거꾸로 '악아사'가 된 것이고, '뿌리'는 '손가락'을 뜻하는데 점칠 때 손가락을 구부렸다 폈다 한다는 데서 생긴 말. 즉 매음의 삯 대신 점쳐 준다는 것.
- 애홀딱지 – 홀아비가 장가들 때 진 빚 〈점쟁이, 서울〉
  '애홀'은 '홀아비'의 下略語. '홀애'가 거꾸로 '애홀'이 된 것이고 '딱지'는 借用證書.
- 미래시들다 – 이를 죽이지 않고 잡는 것 〈백정, 慶南 陜川〉
  '미래시'는 '이'의 일본어 'Sirami'를 거꾸로 한 말.

이상의 '케오되다' '어처꾸러미' '이고닳다' '산다찡' '악아샤뿌리' '애홀딱지' 등 현대 은어에서는 語順을 바꾸는 은어 형성의 경우가 많다. 陀羅尼 隱語 作者도 이런 어순을 바꾸는 심리작용으로 '찰나니제(刹那尼帝)'의 어순을 바꾼 것으로 전제하고 풀이하면

- 찰나(刹那)
  범어(梵語)로서 'Kṣaṇa'.
  순간. 극히 짧은 시간. 일설에 손가락 한 번 튀기는 순간에 65찰나를 계산한다고 함. 念, 念頃이라 한역함.
- 니제(尼帝)
  '니(尼)'는 比丘尼의 준말로 '여승(女僧)'으로서 '니제(尼帝)'는 '여왕(女王)'을 뜻함.
  '찰니나제(刹尼那帝)'는 '찰나니제(刹那尼帝)'로서 '찰나(刹那)의 여왕'이 '남무망국(南無亡國)'을 저질렀다. 遺事에 '……진성여왕……' 여왕이 즉위한 지 몇 해만이라고 되어 있다. 즉위한 지 얼

마 안 되어(刹那) 여왕(尼帝)이 나라를 망치게 했다는 것.

1.4. 判尼判尼 蘇判尼 于于 三阿干

(1) '判尼判尼蘇判尼'는 '두 蘇判'을 말한 것이니 직명으로 于于 三阿干. 〈三國遺事 說者云〉

(2) '判尼判尼 蘇判尼'는 그 窮臣 중 '한 蘇判' '于于 三阿干'의 '于于'는 '한 遁辭의 發語辭'요 '三阿干'은 '세 阿干'인데 蘇判尼는 蘇判의 轉語이며 蘇判은 新羅官制의 三曰匝湌, 通判이란 것이고 阿干은 그 六曰阿湌, 尺干, 阿粲이란 것이다. 〈李秉岐·國文學全史〉

『三國遺事』 說者云 중에 '判尼判尼 蘇判尼'를 두 蘇判으로 본 것에는 공감하는 바이나 그 蘇判의 職名으로 본 것에는 '于于 三阿干'으로 본 것은 잘못이다. '于于 三阿干'의 '于于'를 李秉岐는 '한 遁辭의 發語辭'요 '三阿干'은 '세 阿干'으로 보았는데 여기서 '于于'가 '한 遁辭의 發語辭'냐 아니냐는 잠시 접어두고 '于于'가 別意는 없는 것 같고 '三阿干'은 '세 阿干'으로 본 것은 正解임에 공감한다. 이런 점으로 보아 『三國遺事』에 나오는 '說者云'者도 그 陀羅尼 隱語를 옳게 풀이하지 못하였음을 알 수 있다. 李秉岐는 '判尼判尼蘇判尼'를 '二寵臣中 한 蘇判'이라고 하였는데 이것은 『遺事』의 '說者云'者가 풀이한 '두 蘇判'이 옳은 것 같다. 그리고 '蘇判尼'는 '蘇判'의 轉語라고 본 李秉岐의 卓見에 贊意를 표한다.

- '判尼判尼'는 '蘇判'의 上略語인 '判'에 '尼' 接辭가 첨가됨. 그리고 '判尼判尼'는 '判尼'가 두 번 거듭됨으로써 '二'의 뜻을 나타낸 듯하다.
- 두솔이 – 물 뿌리는 것 〈백정, 釜山 凡一洞〉
  '솔솔 물을 뿌린다'라고 할 때 '솔'이 두 번 거듭된다는 데서 '두솔이'.

- 호두 – 매운 음식 〈점쟁이, 서울〉
  매운 음식은 '호호'한다는 데서 '호'가 두 번 거듭 난다는 데서 호
  두(二)로 됨.
- 타이꾼 – 대들보에 목매어 죽은 창녀 〈창녀, 서울〉
  'necktie'의 상략어(上略語) 'tie'와 '군'의 합성어(合成語)인 '타이
  꾼'은 '絞首刑 시 사용되는 바'를 뜻함.
- 다구리 – 몰매〈깡패, 서울〉
  '딱다구리'의 상략어(上略語). 딱따구리는 주둥이로 나무를 찍어
  구멍을 내어 벌레를 잡아먹는다는 데서 몰매는 딱따구리가 주둥
  이로 무수히 쪼는 것과 같다는 것.

예시된 은어의 형성과정으로 보아 '判尼判尼蘇判尼'가 '두 소판(蘇判)'
을 뜻하고 있음을 짐작할 수 있지 않을까 한다.

1.5. 鳧伊娑婆詞

(1) 鳧伊

鳧好 – 〈三國遺事 說者云〉

* 鳧好는 진성여왕의 乳母.

(2) 娑婆詞

'娑婆'는 범어(梵語)인 'sahā'로서 忍土, 堪忍土, 忍界라 한역함. 현장
(玄奘)은 沙訶(世界)라고 했다. ㉠ 이 세계. 현실세계. 괴로움이 많은 세
상. 석존이 나타나 교화하는 세계. ㉡ 중생이 사는 곳.

娑婆詞는 범어 svāhā의 음역으로 간접사로 원래는 신들에게 물건 등
을 바칠 때 읊었다. 진언 끝에 붙여서 성취를 구하는 말로 구경, 원만,

성취의 뜻이나, 여기서는 娑婆+訶로 분석하여 訶는 꾸짖다의 뜻이므로
'鳧伊娑婆詞'는 '괴로운 세상(娑婆世界)으로 만들게 한 (乳母인) 鳧好를 꾸
짖노라'이다.

'사바하'는 陀羅尼를 외울 때 끝에 부르는 말인데 여기 은어에서는 불
전적인 陀羅尼의 형식을 취하였지만 同音異義의 효과를 노린 듯하다.

> 日出猿生員(元生員)
> 猫過鼠進士(徐進士)
> 黃昏蚊簷至(文僉知)
> 夜出蚤席射(趙碩士)

이상은 김삿갓(金笠)이 지은 '元生員'이란 시인데 소위 지방유지라고
일컫는 元生員, 徐進士, 文僉知, 趙碩士들이 모여 앉아 이러니 저러니
논하고 있음을 조롱한 것으로서 여기서 동음이의의 효과를 노리는 심리
가 작용한 것이다.

이제 全文을 해석하여 보면

> 南無亡國   망국(亡國)으로 귀의(歸依)시켰도다
> 刹尼那帝   즉위(卽位)하자 얼마 안 가서 여왕(女王)이
> 判尼判尼 蘇判尼   두 소판(蘇判)과
> 于于 三阿干   세 사람의 아간(阿干)이
> 鳧伊娑婆詞   괴로운 세상으로 만들게 한 (乳母인) 부호
>   (鳧好)를 꾸짖노라

이상의 陀羅尼 隱語의 해석은 은어가 실린 『遺事』의 내용을 배경으로
하여 풀이해 보았는데 앞으로 正解를 위한 試論으로서 모험적으로 시도

해 본 것이다.

이 陀羅尼 隱語가 현대 은어와 特異한 것은 은어 제작의 동기가 현대
은어와 같이 어느 집단 내의 이익과 비밀을 꾀하기 위해 사용된 것이
아니고 집권자에 대한 충고로서 레지스탕스(résistance. 저항운동)에서 이
루어졌다는 것과 다라니와 한자어가 섞여서 된 은어로서 그것을 글자로
써서 길에 뿌렸다는 사실 등은 오늘날 은어와는 특이하다 하겠다.

2. 各 特殊社會集團 內에서 사용되는 은어의 호칭

2.1. 白丁의 特殊語에 대한 호칭

屠殺 白丁의 특수어가 다른 집단의 특수어보다 특이한 점은 屠殺을
執行할 때나 죽은 소의 魂을 위한 祭祀 등을 지낼 때 도살장 안에서 하
는 것인데 (도살장 밖에서도 사용되지만) 특수어를 사용하는 이유는 다음과
같다.

- 소는 修道하는 신성한 동물로서 백정의 손에 죽어 그 혼이 上界로
  가는 장소이니 俗世語(일반어)를 사용하면 부정을 탄다는 것이다.
- 소가 죽음에 임박했을 때에는 더욱 영특해져서 도살에 관한 일반
  어를 사용하면 소가 알아들어 공포심이 일어날 것이라는 것이다.
- 雜鬼는 신성한 은어를 사용하면 달라붙지 못한다.
- 은어를 사용하면 소가 무서움을 타지 않고 잡귀도 달라붙지 못해
  소의 魂이 上界로 편히 가게 되는데, 이렇게 되면 天王이 백정을
  기특히 여겨 백정이 죽으면 극락세계에 가서 좋은 벼슬을 얻을
  수 있다는 것 등이다.

이렇게 도살장 내부에서는 모두 特殊語가 사용되나 도살이 끝나고 밖에 나와서는 일반어와 도살장 내부에서 사용되는 특수어를 竝用하고 있다. 그러므로 백정의 특수어를 크게 나누면 도살장 내부에서 사용하는 특수어와 도살장 밖에서 그들이 일반생활에 사용하는 특수어로 나눌 수 있다.

그러므로 백정의 특수어 發生起源은 다른 집단의 특수어보다 특이하여 宗敎的 性格을 띠고 있어 특수어에 대한 호칭도 다른 집단의 呼稱보다 종교적인 것과 관련되어 있음을 알 수 있다.

(1) 속임말 - 〈京畿·高陽〉
   소가 무슨 말인지 모르게 속이는 말이라는 것.
(2) 창우지타령 - 〈全南 昇州 双岩〉
   '창우지'는 '窓戶紙'. '창호지'는 방안을 환하게 한다는 데서 소나 다른 사람(일반인)은 모르지만 백정들끼리는 환히 아는 말이라는 것.
(3) 백지장 말 - 〈忠南 公州 義堂〉
   '창우지타령'과 같이 백정들끼리는 환히 아는 말이라는 것.
(4) 목자라 말 - 〈忠北 鎭川 草坪〉
   자라가 위험하면 목을 움츠리듯 부정과 위험을 방지하기 위해 쓰는 말이라는 것.
(5) 도리깽이 말 - 〈慶北 靑松 波川〉
   머리는 돌린다는 것으로 俗世語(일반어)가 싫어서(싫다고 할 때 머리를 돌림) 쓰는 말이라는 것.
(6) 깜샛 말 〈慶南 陜川 文林〉
   '깜새'는 검은 새, 즉 까마귀의 말이란 것으로서 사람이 까마귀의 말(울음소리)을 알아들을 수 없듯 다른 사람은 무슨 말인지 모른다는 것.

(7) 덧버선 말 – 〈京畿 水原〉

'덧버선'은 버선 위에 '덧신는다'는 데서 '덧말'이라는 뜻.

(8) 골미 말 – 〈濟州 楸子〉

'골무'는 손가락을 보호하듯 소의 영혼이 부정을 타지 않게 보호해주는 말이라는 것.

(9) 깨비 말 – 〈全北 南原 雲峰〉

'도깨비말'의 上略語. 도깨비가 사람을 홀리듯 소가 무슨 말인지 모르게 홀리는 말이라는 것.

(10) 돌대가리 말 – 〈江原 三陟〉

'돌대가리' 즉 '우둔한 자'. 우둔한 자는 남의 말을 잘 이해하지 못하듯 은어는 우둔한 자(他人)들은 무슨 말인지 모른다는 것.

이상은 백정들이 사용하는 특수어에 대하여 그들이 일컫는 호칭이다. 이제 그 호칭이 지니는 성격을 분류해 보면 다음과 같다.

a. 속이는 말 – 속임 말
b. 홀리는 말 – 깨비 말
c. 백정들끼리 아는 말 – 창우지 타령, 백지장 말
d. 보호를 위한 말 – 목자라 말, 골미 말
e. 일반어가 싫다 – 도리깽이 말
f. 남은 무슨 말인지 모른다 – 깜샛 말, 돌대가리 말
g. 덧말이다 – 덧버선 말

2.2. 他 集團 特殊語에 대한 백정의 호칭

他 集團 內에서 사용되는 특수어에 대하여 該當 集團員 間에서 불리는 호칭이 아니라 屠牛 白丁들이 제3자적인 입장에서 부르는 명칭이다.

2.2.1. 僧侶 特수어

(1) 도토리말 - 〈江原 三陟〉

　　승려의 머리가 도토리와 같이 빤들빤들하다는 것과 목탁소리가 도토리 구르는 소리 같다는 데서 생긴 말.

(2) 말대가리 말 - 〈慶北 靑松 波川〉

　　중의 머리가 소와 달리 뿔도 없는 말머리와 같이 뺀뺀하다는데서 생긴 말.

(3) 가짓말 - 〈全南 昇州 雙巖〉

　　거짓말.

(4) 까샛말 - 〈慶南 陜川 文林〉

　　백정이 일컫는 특수어 호칭. '깜샛말'의 '깜'의 종성(終聲)'ㅁ'이 탈락. 까마귀 말로서 즉 다른 사람은 무슨 말인지 모른다는 것.

(5) 숫돌말 - 〈忠南 公州 義堂〉

　　숫돌에 칼을 갈 듯 칼로 승려의 머리(숫돌)에 칼 갈듯 해서 빤들빤들하게 만들었다는 데서 생긴 말.

(6) 숫돌 짝말 - 〈京畿 水原〉

　　(5)의 '숫돌말'과 같음.

2.2.2. '깡패'의 特殊語

(7) 딱새말 - 〈慶北 靑松 波川〉

'딱새'는 뾰족한 입으로 나무를 딱딱 쪼는데 깡패는 사람을 딱새가
주둥이로 나무를 쪼듯 한다는 데서 생긴 말.

(8) 대통놀이 – 〈京畿 水原〉
대통을 재떨이에 치듯 사람을 주먹(대통)으로 친다는 데서 생긴
말.

(9) 대갈보말 – 〈忠南 公州 義堂〉
'대갈보'를 친다는 데서 생긴 말.

(10) 주먹말 – 〈慶南 陜川 文林〉
주먹으로 친다는 데서 생긴 말.

2.2.3. 木炭製業者의 특수어

(11) 까만새노래 – 〈京畿 水原〉
검은 새, 즉 까마귀와 같이 되어서 일을 한다는 데서 생긴 말.

(12) 안타말 – 〈忠南 公州 義堂〉
'炭'의 흡인 '탄'을 二音節 '타안'으로 늘여 거꾸로 '안타'로 한 말임.

2.2.4. 漁夫들의 특수어

(13) 갈매기 놀이 – 일반어부의 특수어 〈江原 三陟〉
바다에 갈매기가 난다는 데서 생긴 말.

(14) 쫄긴말 – 오징어잡이 어부의 특수어 〈江原 三陟〉
오징어 말린 것이 쫄깃쫄깃 하다는 데서 생긴 말.

(15) 뼉다새소리 – 꽁치잡이 어부의 특수어〈江原 三陟〉
'뼉다'는 뼈의 卑語. '뼉다구'의 下略語. 꽁치의 입이 뼈와 같이
좁고 새 주둥이와 같이 뾰족하다는 데서 새소리라 함.

2.2.5. 상인(商人)의 특수어

(16) 가짓물 – 일반상인의 특수어〈慶南 陜川 文林〉
거짓말이라는 것.

(17) 대말뚝소리 – 옹기장사의 특수어〈忠南 公州 義堂〉
말뚝을 박을 때에는 쳐야 된다는 데서 옹기의 원형(原形)을 만들
때에는 대로 친다는 데서 생긴 말.

2.2.6. 其他 集團의 특수어

(18) 창호지말 – 고리백정의 특수어〈忠南 公州 義堂〉
창호지를 바르면 환한 것과 같이 백정들끼리는 환히 다 아는 말이
라는 것.

(19) 패이말 – 伐木夫의 특수어〈忠南 公州 義堂〉
나무를 '패다'의 語幹 '패'에 접사 '이'가 첨가된 말.

(20) 짭짤이 소리 – 鹽田人夫의 특수어〈京畿 水原〉
소금은 짭짤하다는 데서 생긴 말.

(21) 암사말 – 산삼채취인의 특수어〈忠南 公州〉
'蔘'의 음(音)인 '삼'을 이음절(二音節)로 늘여 '사암'을 거꾸로 '암
사'로 한 것임.

(22) 감자부대말 – 火田民의 특수어〈江原 三陟〉
화전민은 주식으로 주로 감자를 먹는다는 데서 생긴 말.

(23) 까마새소리(말) – 金鑛夫의 특수어〈忠南 公州〉
金鑛夫는 몸이 까마귀와 같이 검다는 데서 온 말.

(24) 갈대말 – 사냥꾼의 특수어〈忠南 公州〉
사냥꾼은 갈대가 움직이는 것을 보아 짐승이 있다는 것을 알아낸

다는 데서 생긴 말.

(25) 꿩말 – 娼女의 특수어〈慶南 陜川〉

거짓말을 '대포(大砲)' 또는 '꽝'이라고 하는데 대포의 소리인 '꽝'을 戱語的인 ablaut적인 分化로 '꿩' 즉 남을 끄는 '거짓말'이라는 것.

이상 屠牛白丁이 다른 집단에서 사용되는 특수어에 대한 호칭의 성격을 종합해 보면 다음과 같다.

a. 특수집단의 속성을 나타낸 말 – 도토리말〈승(僧)〉, 말대가리말〈승(僧)〉, 숫돌말〈승(僧)〉, 숫돌짝말〈승(僧)〉, 딱새말〈깡패〉, 대통놀이〈깡패〉, 대갈보말〈깡패〉, 주먹말〈깡패〉, 까만새 노래〈木炭製業者〉, 안타말〈木炭製業者〉, 갈매기놀이〈어부〉, 쫄긴말〈오징어잡이 어부〉, 뻑따새소리〈꽁치잡이 어부〉, 대말뚝소리〈옹기장사〉, 패이말〈벌목부(伐木夫)〉, 짭짤이소리〈염전인부(鹽田人夫)〉, 암사말〈산삼채취인〉, 감자부대말〈화전민〉, 까마새소리(말)〈광부〉, 갈때말〈사냥꾼〉

b. 거짓말이다 – 꿩말〈창녀〉, 가진말〈승려〉, 가진물〈상인〉

c. 집단 내에서는 알 수 있는 말이다 – 창호지말〈고리백정〉

d. 남은 모르는 말이다 – 까샛말〈승려〉

2.3. 白丁 外 各 特殊集團 內에서 사용되는 특수어

白丁 外 各 特殊集團 內에서 사용되는 특수어에 대하여 該當 特殊集團員이 일컫는 호칭이다.

(1) 두궁놀이 – 〈달러상인·서울〉

'弗'자는 '弓'에 'ㅣ'를 내려 그은 字이므로 'ㅣ弓' 즉 '두궁'에 관한 말이라는 것.

(2) 항아리통 – 〈야채상인·서울〉

　김장은 항아리에 해 넣는다는 데서 그와 관련된 말이라는 것.

(3) 물말이 – 〈국밥장사·서울〉

　'밥을 물에 말다'에서 생긴 말.

(4) 고표깍지 – 〈간장상인·서울〉

　간장의 상표인 '고표'에서 생긴 말.

(5) 주판놀이 – 〈상인·서울〉

　금전을 계산하느라고 주판을 쓴다는 데서 생긴 말.

(6) 까래 – 〈여관접대부·서울〉

　'寢具를 깔다'에서 생긴 말.

(7) 알토이 – 〈쌀장사·서울〉

　'알토이'의 '토'는 '톨'의 'ㄹ'이 탈락됨. '쌀의 알톨'. 쌀알에 관한
　말이라는 것.

(8) 목침놀이 〈연탄공장원·서울〉

　'목침'은 '연탄'을 뜻함.

(9) 작대기연기 – 〈연초 공장 종업원·서울〉

　'작대기'는 '담배가치' 즉 '담배연기'.

(10) 마패놀이 – 〈劇場受票員·서울〉

　'마패'는 '입장권'을 가리킴. 입장권을 돌리는데 관한 말이라는 것.

(11) 유리치 – 〈女百貨店員·서울〉

　백화점의 진열장이 유리로 되어 있다는 데서 생긴 말.

(12) 딱지노래 – 〈車票暗賣者·서울〉

　'딱지'는 '차표'를 뜻함.

(13) 작대기 꽂기 – 〈煙草僞造者·서울〉

담배를 꽂는데 관한 말이라는 것.

(14) 솔거풍내기 – 〈僞幣製造者 · 서울〉

신라시대의 솔거가 그림을 잘 그렸다는 데서 생긴 말. 僞幣를 만
드는데 솔거와 같은 수법으로 진짜와 같이 그려야 된다는 데서
생긴 말.

(15) 개기름탕(개기름떡) – 〈화장품 僞造者 · 서울〉

화장품의 僞造는 재료가 개기름 따위로 사용한다는 데서 개기름
에 관한 말이라는 것.

(16) 통통이 – 〈痲藥僞造者 · 서울〉

마약을 담뱃대에 넣어 피우고 통통 턴다는 데서 생긴 말.

(17) 밀떡 – 〈靜養院 傷痍軍人 · 서울〉

靜養院에서 밀가루를 식용으로 많이 사용한다는 데서 생긴 말.

(18) 깜새 – 〈石炭竊取者 · 서울〉

'깜새'는 '석탄'. 깜새 즉 까마귀는 검다는데서 생긴 말. 석탄 절취
에 관한 말이라는 것.

(19) 끙소리 – 〈유치장 拘禁者 · 서울〉

끙끙 앓는 소리라는 것.

(20) 빵소리 – 〈형무소 囚人 · 서울〉

'빵소리'의 '빵'은 형무소인데 '빵간'이라고도 함. 이 '빵'은 解放
前에는 前科者들의 戸籍抄本이나 謄本 등에는 전과자라는 빵
(pao) 같은 둥그런 도장이 찍혀진다는 데서 생긴 말. '빵점이다'의
'빵'은 '0'점으로 '빵'의 形容語. 속어에 '빵장났다'의 '빵'은 '빵구'
즉 Puncture의 下略語로서 '綻露되다'의 뜻.

(21) 황자놀이 – 〈清糞人夫 · 서울〉

便所통 안에는 嬰兒遺棄屍體가 가끔 있는데 遺棄屍體가 黃糞의

세례를 받았다는 데서 '황자놀이'라 한다.

(22) 빠다놀이 – 〈깡패·서울〉

'bat'를 돌리는데 관한 말이라는 것.

(23) 침대노래 – 〈女不良輩·서울〉

남성들을 침대로 誘引하는데 관한 말이라는 것.

(24) 코백이노래 – 〈미군종업원·서울〉

미군의 코가 높다는데서 생긴 말.

(25) 호텔 – 〈택시운전수·서울〉

밤이면 남녀를 태우고서 호텔로 가는 일이 많다는 데서 생긴 말.

(26) 미꾸래노래 – 〈열차내판매원·서울〉

混雜한 列車 內를 미꾸리 같이 빠져 다니면서 손님들 주머니의
것을 미꾸리같이 빼내는데 관한 말이라는 것.

(27) 쑤시개소리 – 〈펨푸·서울〉

'쑤시개'는 性行爲와 關聯.

(28) 기저귀 – 〈종이 줍는 자·서울〉

기저귀 등을 줍는데 관한 말이라는 것.

(29) 채바리(챕바리) – 〈고리백정·京畿 廣州〉

'채'는 그릇을 만드는데 쓰는 껍질을 벗진 싸리깨비나 가는 나무
오리.

(30) 광풍 둘러리 – 〈마약중독자·서울〉

'光風둘러리'. 痲藥中毒者에게 痲藥은 비가 온 뒤에 부는 맑은 바
람과 같은 것인데 그 光風(痲藥)이 그들(痲藥中毒者)을 둘러싸게
하기 위한 말이라는 것.

(31) 생마늘 – 〈修女·서울〉

생마늘은 매워서 '스–'소리를 내는데 學生들이 누가 올 때 '쉬–'

하면 警戒를 나타내는 소리라는 데서 聯想하여 매운 소리로서 내
는 '스-'는 남을 警戒하여 秘密을 감추기 위한 말이라는 것.

(32) 개소리 – 〈점쟁이·서울〉

俗語에 '개소리'라 하면 '덜된 말', '되지 않은 말'이란 의미에서
'덜된 소리'라는 것.

(33) 뻥꿍 – 〈맹아학교학생·서울〉

俗語에 '거짓'을 '大砲' 또는 '砲'라고 하여 砲聲인 '꽝', '뻥'이라고
도 하는데 '뻥'하고 나가서 '꿍'하고 떨어진 말이라는 것. 즉 거짓
으로 남을 속이는 말이라는 것.

(34) 앵매뻥 – 〈맹인 점쟁이·서울〉

'앵매'는 '盲'의 쯉인 '맹'을 2쯉節로 늘여 '매앵'을 거꾸로 '앵매'
로 한 것임. '맹인의 大砲' 즉 '남을 속이는 말'이라는 것.

(35) 붕어몰이 – 〈茶房 레지·서울〉

'붕어'는 물(茶) 마시는 손님. '붕어몰이'는 붕어를 잡기 위한 행위
라는 데서 손님을 유인하기 위한 말이라는 것.

(36) 낚시밥 – 〈妓生·서울〉

손님의 돈을 낚아내는 미끼가 되는 말이라는 것.

(37) 미뚱먹기 – 〈私娼抱主·서울〉

미뚱, 즉 알맹이를 먹기 위한 말이라는 것.

(38) 암내날이 – 〈刑務官·서울〉

'암내'는 '異性'을 그린다는 데서 여기서는 죄수들에게 팁(tip) 생
각이 나서 사용되는 말이라는 것.

(39) 맹이 – 〈건축업자·서울〉

'알맹이'의 上略語. 건축을 날림으로 하여 '알맹이' 즉 좋은 재료
등을 빼먹기 위한 말이라는 것.

(40) 뺑소리 – 〈형무소 여죄수〉

　　女罪囚들의 背景이라고는 特殊語밖에 없다는 것.

(41) 봄가시나 – 〈간호원·서울〉

　　간호원을 '봄가시나'로 은유.

(42) 꽃노래 – 〈창녀·서울〉

　　娼女를 '꽃'으로 은유. 꽃들의 노래라는 것.

(43) 아, 신라의 달밤 – 〈도둑·서울〉

　　도둑은 달밤에 行動한다는 데서 노래로 불리는 句節을 借用한 말.

以上의 特殊語의 명칭의 성격을 구분해서 보면 다음과 같다.

a. 特殊集團의 속성을 나타낸 말 – 두궁놀이〈달러상인〉, 항아리퉁
　　〈야채상인〉, 물말이〈국밥장사〉, 고표깍지〈간장상인〉, 주판놀이
　　〈상인〉, 까래〈여관접대부〉, 알토이〈쌀장사〉, 목침놀이〈연탄공장
　　종업원〉, 작대기연기〈煙草공장종업원〉, 마패돌이〈劇場受票員〉,
　　유리치〈백화점여점원〉, 딱지노래〈車票暗賣者〉, 작대기끈기〈煙草
　　僞造者〉, 솔거풍내기〈僞幣製造者〉, 개기름탕(개기름떡)〈化粧品僞
　　造者〉, 통통이〈麻藥僞造者〉, 밀떡〈靜養院 傷痍軍人〉, 깜새〈석탄
　　절취자〉, 꿍소리〈유치장구금자〉, 빵소리〈刑務所囚人〉, 황자놀이
　　〈淸糞夫〉, 빠다돌이〈깡패〉, 침대노래〈女不良輩〉, 베개깔이〈女不
　　良輩〉, 코백이노래〈미군종업원〉, 호텔〈택시운전사〉, 미꾸래노래
　　〈列車內販賣者〉, 쑤시개소리〈펨푸〉, 기저귀〈종이 줍는 자〉, 채바
　　리〈고리백정〉, 광풍들러리〈마약중독자〉
b. 비밀을 감추기 위한 경계(警戒)의 말이다. – 생마늘〈수녀(修女)〉
c. 덜된 말이다. – 개소리〈점쟁이〉

  d. 남을 속이는 말이다. ─ 뺑꿍〈盲啞학교 학생〉, 앵매뺑〈맹인점쟁이〉
  e. 이익을 위한 말이다. ─ 붕어몰이〈다방레지〉
  f. 배경의 말이다. ─ 빽소리〈형무소 여죄수〉
  g. 기타 ─ 봄가시나〈여간호원〉, 꽃노래〈창녀〉, 아 신라의 달밤〈도둑〉

　上記의 特殊語는 集團員 間에 일반어로 대화를 하다가 타인이거나 손님에게 비밀을 요할 때에 특수어의 명칭을 부르면 은어가 사용되는 것이다. 예를 들면 도둑끼리 일반어로 말을 하다가 他人에게 비밀을 요할 때에는 한편에서 '아, 신라의 달밤' 하게 되면 대화는 특수어를 사용하게 되는 것이다. 그러므로 백정들이 일컫는 특수어의 명칭과 他 集團員 內에서 사용되는 特殊語에 대하여 백정이 호칭하는 특수어의 명칭보다 그 성격이 다르다. 그것은 특수어의 名稱 자체가 비밀을 요하는 특수어로 사용되는 경우가 많기 때문이다.

　白丁 間의 은어는 對人關係로 발달된 것이 있지만 소를 神聖視하는 對牛關係가 있어 명칭의 성격도 다양함을 볼 수 있다. '속임말'은 '屠牛場' 안에서 사람의 말을 소가 알아듣지 못하게 속인다는 말이고 '도리깽이말' 같은 것은 특수어를 신성시하는 백정들의 사고와 일반사회에 대한 배타적 심리가 반영된 것이라 하겠다. 그리고 백정이 特殊社會語에 대한 명칭은 제삼자적인 면에서 붙였기 때문에 그 特殊社會의 屬性이나 특성을 抽出해서 호칭하고 있음은 기억을 돕게 하기 위한 당연한 심리적 결과일 것이다. 즉 '주먹말'이라 하면 곧 '깡패'를 연상할 것이며 '갈매기놀이'하게 되면 바다에서 일하는 어부의 特殊語란 것이 곧 떠오르게 될 것이다.

　승려의 특수어를 '도토리말', '말대가리말' 또는 '가짓말' 등으로 호칭하고 있음은 야유적인 것이라 하겠다.

<호칭의 성격상으로 본 종합적 통계>

區分	白丁		各特殊集團
	白丁	他集團	
속이는 말	1		2
홀리는 말	1		
집단원간에 아는 말	2	1	
保護를 위한 말	2		
일반어가 싫다	1		
남은 무슨 말인지 모른다	2	1	
덧말	1		
속성 및 특성을 나타낸 말		20	31
비밀을 감추기 위한 말			1
거짓말		3	
덜된 말			1
이익을 위한 말			5
배경의 말			1
其 他			3
計	10	25	44

　各 特殊集團 間의 특수어에 대한 호칭에 속성과 특성을 나타낸 것이 약70%나 되는데 이것은 백정이 제삼자적인 면에서 붙인 他 集團의 특수어에 대한 호칭의 심리와는 차이가 있다.

　前者(白丁)는 기억을 돕게 하는데 있었을 것이며 후자(各特殊集團)는 비밀유지를 위한 심리적 욕구가 작용했을 것이라 보겠고 前者는 何等의 秘密의 필요성에 의해 呼稱한 것이 아니라 하겠다.

〈합성어(合成語) 관계로 본 분류〉

區分	白丁		各特殊集團
	白丁	他 特殊集團	
'말'과의 合成語	속임말, 목자라말, 깜샛말, 골미말, 깨비말, 돌대가리말, 덧버선말, 백지장말, 도리깽이말(9)	도토리말〈僧〉, 말대가리말〈僧〉 가짓말〈僧〉까샛말〈僧〉숫돌말〈僧〉숫돌짝말〈僧〉딱새말〈깡패〉대 갈 보 말〈깡패〉주 먹 말〈깡〉안타말〈木炭製人〉쫄린말〈어부〉가짓 말〈상인〉페이 말〈벌목부〉암사말〈蔘採人〉감자부대말〈화전민〉갈대말〈사냥꾼〉�핑말〈창녀〉창호지말〈고리백정〉(18)	
'노래'와의 合成語		까만새노래〈木炭製業者〉(1)	딱지노래〈차표암매자〉 침대노래〈여불량배〉코백이노래〈미군종업원〉미꾸리노래〈차내판매원〉꽃노래〈창녀〉(5)
'소리'와의 合成語		대말뚝소리〈목탄제업자〉짭짤이소리〈염전인부〉까마새소리〈광부〉뻑다새소리〈꽁치잡이〉(4)	꿍소리〈유치장구류자〉 빵소리〈남자죄수〉 쑤시개소리〈펨푸〉 개소리〈점쟁이〉뺙소리〈여죄수〉(5)
'놀이'와의 合成語		갈매기놀이〈어부〉 대통놀이〈깡패〉(2)	주판놀이〈상인〉 목침놀이〈연탄〉 황자놀이〈淸糞人夫〉 두궁놀이〈달러상인〉(4)
'타령'과의 合成語	창우지타령(1)		
붙지 않는 말			(생략) (30)
계	10	25	44

隱語에서 語에 해당되는 말에 '말'이란 單語를 쓰지 않고 '노래' '소리' '놀이' '타령' 등이 사용됨은 매우 흥미로운 현상이라 하겠는데 백정의 특수어 호칭에는 90%가 '말'과의 합성어를 이루고 '창우지타령' 하나만

'타령'과의 합성어를 이루었다.

그리고 他 特殊集團의 특수어에 대한 백정의 호칭에는 '말'과 合成語가 72%나 되는데 各 特殊集團 間의 호칭에는 '말' 합성어가 하나도 없다는 것은 特記한 현상이라 하겠다. 이는 秘密維持를 위한 言語心理에서 그렇게 되었을 것이다. 즉 第3者(손님)가 있을 때 집단원 간에 대화를 하다가 'xx말'이란 단어가 나오고 그 다음 隱語가 사용된다면 제3자로 하여금 의심을 갖게 하는 고로 이런 것을 해소하고자 '말'과의 合成語를 이루지 못했을 것이다.

特殊語에 대한 呼稱 자체가 隱語로서 비밀유지를 위해 사용되기 때문이다.

제2장

白丁의 聖職觀

　백정은 그들이 하는 일이 소의 영혼을 上界로 보내는 구실을 한다고 믿어 職業을 무척 신성시하고 그 직업은 子子孫孫 代를 잇고 있다. 그들은 '白丁'의 '丁'자를 'ㅡ'은 '天'을 뜻하고 'ㅣ'은 소의 靈魂을 上界로 올리는 것을 뜻하고 있다고 설명하고 있다.〈京畿 高陽〉

　이리하여 '백정'의 뜻은 '흰고무래'로서 소의 魂을 上界로 끌어 올리는 神聖한 일을 한다는 것이다.

1. 白丁에 대한 隱語

　(1) 흰고무래 – 白丁〈京畿 高陽〉
　(2) 꿀통 – 白丁〈京畿 富平〉
　　　白丁은 天上에 있는 菩薩王의 심부름꾼이기 때문에 꿀통과 같이 좋은 직업이라는 것.
　(3) 호밀갈이 – (來世를 바라보고 사는)白丁〈京畿 水原〉
　　　호밀은 땅이 좋지 않은 밭에 심어도 열매를 맺는다는 데서 白丁의 處地는 社會人의 賤待를 당하는 생활로 좋지 않은 밭과 같지만 열매는 來世에 가서 맺는다는 것.

(4) 호박씨 - (他 社會人에게 천대 당하는)白丁 〈京畿 水原〉

白丁은 신성한 職으로 修道者이니만큼 俗世人(一般人)이 아무리 욕을 해도 호박씨 까먹듯 고소하게 그 욕을 까먹어 버린다는 것.

(5) 노루발 - (벼슬을 모르는)白丁 〈京畿 富平〉

백정이 俗世에서는 벼슬이 없어도 上界의 極樂世界로 갈 때는 노루처럼 뛰어 올라갈 수 있다는 것.

(6) 반딧불 - 白丁 〈全南 昇州 外西〉

도끼로 소머리를 까서 소의 눈에 불을 반짝 반딧불과 같이 일으킨다는 데서 생긴 말.

(7) 팽이 - 白丁 〈釜山 凡一洞〉

팽이는 쳐야 돌아간다는 데서 白丁은 도끼로 친다는 것.

(8) 부지깨 - 白丁 〈慶北 靑松〉

부지깨와 같이 고된 처지라는 것.

(9) 민들레 - 白丁〈京畿 廣州〉

민들레가 뭇사람들에게 밟히듯 白丁은 他 社會人에게 짓밟히는 處地라는 것.

上記 隱語가 지니는 白丁의 機能을 정리해 보면 다음과 같다.

a. 소의 혼을 上界에 올리는 직(職)이다 - 흰고무래 〈京畿, 高陽〉

b. 보살(菩薩)왕의 일꾼으로서 좋은 직(職)이다 - 꿀통 〈京畿 富平〉

c. 내세에 낙이 있는 직(職)이다 - 호밀갈이 〈京畿 水原〉, 노루발 〈京畿 富平〉

d. 수도자다 - 호박씨 〈京畿 水原〉

e. 고된 직이다 – 부지깨〈慶北 靑松〉, 민들레〈京畿 廣州〉

f. 치는 직이다 – 팽이〈釜山 凡一洞〉

g. 기타 – 반딧불〈全南 昇州 外西〉

上記 隱語로 본 白丁의 기능에 나타난 바와 같이 白丁의 生業이 신성시 되고 하나의 修道過程으로 來世와 관련된 종교적인 성격을 지닌 직업이라는 것을 알 수 있겠다.

2. 聖職觀

백정 金京洙(73세, 慶南 陜川 文林 바이꼴) 씨는 50여 년간 屠牛業을 하였는데 그는 백정의 職에 대해 다음과 같이 말하고 있다.

- 사람이 새빨간 고기 덩어리로 태어나 흰 머리칼이 되도록 修道를 하고 소의 영혼을 上界로 올라가게 하는 직업은 매우 神聖하며 죽어서 極樂으로 가는 捷徑이 된다.
- 白丁職은 대대로 잇는 직업으로 一般 社會人의 직업은 이랬다저랬다 변덕이 많은데 옛 조상부터 내려오는 白丁職을 바꾸지 않고 계승한다는 것은 神聖한 일이며 佛敎를 믿고 節制生活을 하는 고로 백정은 修道士이다.
- 자기 손으로 上界로 올라간 소의 혼이 항상 나(白丁)를 돌봐주고 雜鬼가 못 붙게 보호해 주고 있어 아직 병 한 번 약 한 봉지 쓰지 않았다.
- 極樂世界에 가서도 백정은 높은 대우를 받는데 그것은 소의 영혼

을 上界로 보내어 좋은 일을 많이 하였기 때문이다.

그리고 金万根(56세 濟州 北濟州 楸子) 씨는 다음과 같이 말하고 있다.

- 소는 하늘에서 귀양 보낸 왕자이므로 그 아들의 혼을 上界로 보내는 일이니까 영광스러운 일이다.
- 백정이 하늘에 가면 높은 자리를 받을 수 있다.
- 下界에서 白丁이 죄를 지었어도 上界에 가면 자기 손으로 上界에 보낸 소의 덕에 容赦를 받을 수 있다.
  쌍다리 – 白丁이 죽어 極樂으로 갈 때 타고 가는 다리 〈忠北 鎭川〉
  双橋를 안전하고 평안하게 타고 極樂世界로 갈 수 있다는 것.

3. 世襲的인 職業觀

(1) 귀신버선 – 古參白丁 〈京畿 水原〉
  屠牛의 솜씨가 鬼神같이 날래다는 것.
(2) 톱바퀴 – 代를 이은 백정 〈京畿 廣州〉
  톱바퀴는 제자리에서 돌아간다는 데서 한 자리에 머물며 톱질(屠牛)을 한다는 것.
(3) 족보자루 – 代를 이은 백정 〈京畿 水原〉
  백정의 족보의 자루, 즉 백정의 職을 계속해 잡는다는 것.
(4) 방게다리(가재다리) – 代를 이은 백정 〈京畿 富平〉
  방게는 물고 놓지 않는다는 데서 職을 꼭 물고 있다는 것.
(5) 콩깍지 – 代를 이은 백정 〈釜山 凡一洞〉

콩깍지 안에 콩알이 나란히 있듯 父子가 나란히 즉 代를 이어 白丁
職을 물려받았다는 것.

(6) 비빔탕 – 白丁인 父子 〈京畿 廣州〉

(7) 나막신창 – 일제강점기부터 職을 이어오는 白丁 〈京畿 水原〉
'나막신'은 일본의 '下駄'를 가리킴.

上記 은어를 보건대 백정의 職이 世襲的임을 알 수 있겠다. 필자가
조사한 39명의 백정 중 95%가 代를 물려받은 백정이었으며 그들의 말에
의하면 3, 4대 째로 白丁職을 계승하고 있다 한다.

白丁들의 연령을 보면

80-85	1명	70-79	12명	60-69	12명
50-59	7명	40-49	6명	30-39	1명
				계	39명

60세 이상이 62%나 되며 忠南 公州 義堂 삼산리에 거주하는 南錫祐는
최고연령 83세로 57년간이나 백정의 職을 잇고 있다.

그러면 屠牛白丁이 어느 시대부터 세습적인 직업이 되었는가? 아유가
이 후사노신(鮎貝房之進)의 '雜考'[4]에 의하면 고려 초기 백정은 屠殺을 하
는 職이 아니었고 백정은 '唐著兵志'에 나타난 백정과 같이 無官職인 사
람을 가리켰다.

'其餘兩班及內外白丁人子, 十五歲以上, 五十歲以下, 選出充補.' 〈高麗
史81, 兵志, 兵制〉

---

4 鮎貝房之進, 雜考, 第5輯 (一) 白丁, 12面.

그리고 고려 말기에 내려와서 白丁은 特殊部落의 名稱으로 되었다.

'才白丁團聚 京外 才人白丁 盡刷分保各坊各村成籍 有籍及安業居生者 不
在此限 本曹 漢城府 本部 本道 本邑 各 藏一件 每年考其生産物 故逃亡啓聞
置簿逃亡者 依徒流 付處人 逃亡例論.'〈經國大典 刑典〉

'才白丁團聚'로서 '白丁'이 特殊部落의 賤民稱임을 기록한 최초의 문
헌이다.

조선시대에 들어와서 백정이 屠牛를 專業으로 하게 되었는데 고려말
에 달단족(韃靼族)에게 영향을 받아 發端했다.[5]

아유가이(鮎貝)는 특수부락 천민들의 생업에 대하여 시대별로 차이를
다음과 같이 구분하였다.[6]

시대	호칭	생업		
고려중기 이전	楊水尺	柳器匠	전렵(畋獵)	기(妓)
고려중기 이후	화척(禾尺)	柳器匠	전렵(畋獵)	도살(屠殺)
조선	백정(白丁)	柳器匠	전렵(畋獵)	도살(屠殺)

이렇듯 특수부락의 천민들이 고려말부터 종래 畋獵을 생업으로 하던
禾尺(楊水尺)이 달단만자(韃靼蠻子)와 합체하여 禾尺이라 칭하고 屠牛를
生業으로 하다가 朝鮮時代에 들어 와서는 백정이 屠牛 생업을 專業으로
하게 되었던 것이다.

이로 보아 오늘날 屠牛를 생업으로 하는 백정들의 職은 麗末부터 내려

---

5 上記書 (三)　禾尺 , 33面.
6 上記書(四)　楊水尺, 69面.

오는 세습적인 직이라 하겠다.

屠牛의 생업을 聖職으로 여기는 백정들은 자손들에게 白丁職을 반드시 이어 주어야만 조상의 뜻에 보답하는 길이라 생각하며 대대로 이어 나오는 세습적인 白丁職을 바꾸면 조상의 뜻을 어기는 것이 되어 후손들에게 禍가 미칠 것이라 믿어 轉職이 금지되어 있다.

백정 李永浩(75세, 京畿 高陽 松浦 吉內 백정꼴) 氏는 직업을 바꾸면 다음과 같이 된다고 말하고 있다.

- 아들이 적다.
- 애꾸가 된다.
- 입술이 찢어진다.
- 원두막에 가면 벼락 맞는다.
- 쌍둥이를 낳는다.
- 범에 물려간다.
- 절름발이가 된다.

尹景燮(71세, 釜山 凡一洞) 氏는 職을 바꾸면 자식들이 소뿔에 받혀 죽는다고 말하고 있다.

- 쇠뿔 딱 - 소뿔에 받히는 것 〈釜山 凡一洞〉
  소뿔한테 딱 받혀 죽는다는 것.

그리고 金京洙(73세, 慶南 陜川) 氏는 만약 子息代에 가서 職을 바꾸면 다음과 같이 말한다.

- 48일 만에 벼락을 맞아 죽는다.
- 火災, 不運이 겹쳐 온다.
- 子息福이 없다.
- 날달갤 – 職을 바꿨기 때문에 맞는 벼락 〈忠北 鎭川〉
  '날달갤'은 '날달걀'로서 '벼락'을 뜻함.

4. 世襲的인 職業觀의 동요

백정의 屠牛生業이 신성시되고 백정의 직업이 세습적이라야만 된다고 믿는 백정이지만 현대적 풍조는 그들을 不斷히 자극하여 보수적인 사고를 잠식하여 점차 도시 주변 백정들은 사상의 변동과 아울러 일반사회인에게 賤待를 받으며 격리된 폐쇄적인 생활에서 해방하려는 반항의식이 싹트고 있는데 특히 젊은 白丁 子息層에서 더욱 그러하다.

(1) 잿물들다 – 아들이 白丁職이 싫어 고향을 떠나다 〈京畿 廣州〉
    잿물은 깨끗이 때를 빼게 한다는 데서 백정의 職을 깨끗이 청산해 버렸다는 것.
(2) 톱바퀴물다 – 아들이 백정 職이 싫어 다른 직업을 가지려 하다 〈京畿 廣州〉
    '톱바퀴'는 '재목 등을 썰다'에서 白丁의 職을 썰어 버리려 한다는 것.
(3) 뜨물국 – '백정'의 代를 이으라고 아버지가 눈물로 호소해도 듣지 않는 아들 〈京畿 廣州〉
    아들에게 호소하느라고 눈물이 뜨물같이 뿌옇도록 울었다는 것.
(4) 친발채 – 백정인 아버지가 사망하지 白丁職을 그만둔 아들 〈京畿

廣州〉

'치다 발채로'로 발로 白丁職을 쳐(차) 떨어져 나가게 했다는 것.

(5) 미음탕 – 백정을 그만 두려는 아비에게 白丁職을 이으라고 눈물로 호소하는 아들 〈京畿 廣州〉

'미음'은 '멀건 죽'이라는 데서 눈물이 미음탕이 되도록 흘렸다는 것.

(6) 마루턱 – 남편(백정아들)에게 白丁職을 그만 두라고 애원하는 며느리 〈京畿 廣州〉

무슨 일이 있으면 대개 마루턱에 앉아 이야기 한다는 데서 생긴 말.

(7) 김치항 – 독장사로 직을 바꾼 백정 〈京畿 廣州〉

(8) 연자기름 – 誤入으로 破戒하여 白丁職을 그만 두는 것 〈京畿 廣州〉

연자방아에 기름을 치면 잘 돌아가듯 둥글둥글 돌아가며 살자는 것.

※ 백정이 誤入한 것을 알면 사찰에서 추방당함.

(9) 불기침 – 백정이 싫어 군대를 자진해서 나간 아들 〈京畿 廣州〉

'불기침'은 銃口에서 불이 나는 것을 뜻함.

(10) 다리목 – 白丁職이 싫어 주막을 차린 아들 〈京畿 廣州〉

주막은 흔히 행인이 다리쉼을 하는 다리목에 차린다는 데서 생긴 말.

(11) 콧방기 – 백정이 싫어 지게꾼이 된 아들 〈京畿 廣州〉

콧방귀를 뀌며 비웃는다는 것.

(12) 대통진 – 白丁職을 비관하여 아편 맞는 백정〈京畿 廣州〉

양귀비의 열매가 대통과 같이 생겼다는 데서 생긴 말.

5. 他 社會人과의 관계

백정 外 他 社會人에 대해서는 극히 배타적이며 접촉을 꺼리고 있다.

거주는 백정들끼리의 部落을 이룬 곳(京畿 高陽 松浦 古門 백정꼴)도 있으
며 一般部落에 산다 할지라도 部落 중심지에는 거주하지 않고 대개 변두
리에 살고 있다. 都市 內의 백정이나 도시주변의 백정들의 생활은 비교
적 현대화 되었고 일반인과 조금도 다름이 없는 생활을 하는 백정도 있
지만 지방에 갈수록 백정의 특수한 생활양식을 그대로 답습하고 있으며
일반인들의 천시와 천대는 여전히 계속되고 있어 이에 대한 백정의 반항
심도 이만저만한 것이 아니다.

(1) 솥따개비 – 他 社會人〈水原〉
   '솥따개비'는 '솥뚜껑'. 솥뚜껑을 열면 퍼서 먹는다는 데서 他 社會
   人은 술이고 고기고 담배고 주책없이 퍼먹기만 한다는 것.

(2) 쑬풀 – 他 社會人〈富平〉
   풀을 쑬 때 풀걱풀걱 끓는다는 데서 俗世人은 죽어서 煉獄에 가면
   鎔鑛爐와 같은 불에 풀 끓는 것과 같이 된다는 것.

(3) 달팽이 씨름 – 물고 뜯고 하는 他 社會人〈水原〉
   달팽이가 씨름 하듯 한다는 것.

(4) 새우절이 – 백정을 멸시하는 他 社會人〈富平〉
   팔딱 팔딱 뛰는 새우(他 社會人)를 소금으로 절여 놓아야 하겠다는
   데서 생긴 말.

(5) 장구파리 – 백정을 멸시하는 他 社會人〈水原〉
   장구파리와 같이 더럽고 천한 존재라는 것.

(6) 지게꼬리 – 쌍놈쌍놈 하는 他 社會人〈水原〉
   지게꼬리만큼도 못한 놈들이 우쭐거린다는 데서 생긴 말.

(7) 복숭아털 – 쌍놈쌍놈 하는 他 社會人〈富平〉
   복숭아털이 몸에 배이면 아프듯 백정의 마음을 아프게 한다는 것.

(8) 개살구 - 백정이 지나가면 침 뱉는 他 社會人 〈水原 富平〉
  개살구가 시어서 침을 뱉듯 한다는 것.

(9) 고염씨알 - 백정이라면 거들떠보지도 않는 他 社會人 〈水原 富平〉
  고염을 먹고 씨를 버리듯 고염씨 같이 버려야 될 존재라는 것.

(10) 딸꾹질 - 백정에게 욕을 퍼붓는 他 社會人 〈水原〉
  아무리 욕을 해도 우리는 욕하는 사람이 딸꾹질 하는 것으로 밖에
  는 들리지 않는다는 것.

(11) 불씨가다 - 他 社會人의 잔치 招待에 가면 禍가 온다 〈釜山 凡一洞〉
  '불씨가다'는 '禍'의 音인 '화'가 '火'로 聯想되어 外人의 잔칫집에
  가면 禍가 온다는 것임. '불씨가다'는 또한 위험한 일이라는 것.

제3장

寺刹과의 關係

屠殺場의 經營이 거의 사찰의 僧侶들에 의해 운영 관리되고 있다. 물론 白丁의 私營인 屠殺場도 있지만 불과 얼마 되지 않는다. 寺營인 도살장의 백정들은 佛教信者라야 되며 屠牛가 집행되기 전엔 승려의 佛教儀式이 반드시 있은 다음 屠殺이 執行된다.

1. 僧侶의 隱語로 본 白丁

寺刹과 白丁關係에 대한 僧侶(서울 조계사 승려)의 隱語를 통하여 본다.

(1) 고무래 - 白丁
(2) 쌀고무래 - 백정의 妻
(3) 갈고무래 - 백정의 딸
    시집갈 고무래라는 것.
(4) 갈나무 고무래 - 백정의 아들
(5) 연자깐 - 도살장
    연자깐에서는 소의 한쪽 눈을 가리고 돌린다는 데서 屠牛할 때에도 눈을 가리고 한다는 데서 유래된 말.

(6) 안반짝 – 백정에게 주는 月給

　　안반짝에 떡을 친다는 데서 소의 머리를 친 값이라는 것.

(7) 갈팽이 – 백정한테 공양미 받으러 가는 승려

　　팽이는 돌아간다는 데서 백정한테 갔다 돌아온다는 것.

(8) 돌팽이 – 절에 낼 공양미를 내지 않고 버티는 백정

　　팽이를 돌리려면 쳐야 된다는 데서 쳐야 공양미를 낼 것이라는 것.

(9) 공치다 – 백정이 소 염불하지 않고 屠殺하다

(10) 선뿌리 – 소를 마음대로 잡는 白丁

　　뿌리와 같이 질기다는 것.

(11) 참나무 고무래 – 술 좋아하는 白丁

　　白丁이 술 마시는 것은 참나무와 같이 굳은 마음보를 가진 자라는
　　것. '고무래'는 백정.

(12) 칡물삶다 – 백정이 고기 먹다

(13) 칡뿌리 끊다 – 백정이 고기 먹었기 때문에 절과 관계를 끊다

(14) 칡캐다 – 백정이 고기 먹고 절에 와서 사죄 불공드리다

(15) 망돌다 – 백정이 절에 와서 謝罪하다

(16) 솔방울 따다 – 백정의 생활이 가난해 절에서 토지를 주다

(17) 선반짝 – 토지를 얻게 해 달라고 僧侶에게 돈을 쓰는 백정

(18) 쑥그릇 털다 – 수입이 적어서 屠殺場 閉業을 단행하다

(19) 담뱃재 털다 – 절에서 屠殺場을 허물고 白丁을 俗世로 보내다

　上記 승려가 사용하는 特殊語를 통하여 본 바와 같이 屠殺場이 寺刹에 의해 운영 관리되고 있음을 알겠고 고기와 술 등이 白丁에게는 금지되고 있음을 알겠다.

2. 도살장 경영 상황 통계

〈전라남도〉

연번	郡	寺營	私營	計
1	靈巖郡		6(12)	18
2	靈光郡		6(4)	10
3	咸平郡		3(6)	9
4	海南郡	3	2(2)	7
5	康津郡	7	2(21)	31
6	寶城郡	8	1(13)	23
7	光陽郡	6	3(7)	16
8	求禮郡	1	1(4)	6
9	昇州郡	9	3(5)	17
10	和順郡		5(3)	8
11	羅州郡	3	1(5)	9
12	潭陽郡		6(6)	12
13	光山郡	6		13
14	谷城郡		4(4)	8
15	長城郡	1	3(5)	9
16	光州市	1	9(17)	27
17	順天市	1	3(3)	7
18	麗水市	3	2(12)	17
計		49(20%)	60(24%) (136(56%))	245

※ ( ) 는 현대화 도살장

〈경상북도〉

연번	郡	寺營	私營	計
1	英陽郡	3		3
2	奉化郡	6		6
3	榮州郡	3		3

4	星州郡	2		2
5	金陵郡	1		1
6	善山郡	7		7
7	尙州郡	5	3	8
8	軍威郡		3	3
9	義城郡	6		6
10	安東郡	5		5
11	聞慶郡	5	1	6
12	醴泉郡	2	4	6
13	漆谷郡	7	1	8
14	盈德郡	11		11
15	靑松郡	6		6
16	迎日郡	1	2	3
17	永川郡	1	2	3
18	月城郡	16		16
19	慶山郡	7		7
20	達城君	2		2
21	高靈郡	3		3
計		99(86%)	16(14%)	115

※ ( )는 현대화 도살장

〈전라북도〉

연번	郡	寺營	私營	計
1	任實郡	3		3
2	高敞郡	5		5
3	井邑郡	7	1	8
4	扶安郡	4		4
5	金堤郡	3	3	6
6	淳昌郡	6		6
7	南原郡	11		11
8	長水郡	9		9
9	鎭安郡	6	1	7

10	茂朱郡	6		6
11	錦山郡	1		1
12	完州郡	3		3
13	益山郡	5		5
計		69(93%)	5(7%)	75

※ (   ) 는 현대화 도살장

이상의 통계를 도별로 본다면 다음과 같다.

道別	寺營	私營
全北	93%(69)	7%(5)
全南	20%(49)	24%(60), 56%(136)
慶北	86%(99)	14%(10)

백정을 통해 세 개의 道만 조사한 것으로 전남을 제하고 단연 寺營인 屠殺場이 더 우세하다. 전라남도에는 寺營이 적고 私營이 우세한데 여기는 佛敎의 布敎가 다른 도에 비하여 약한데서 오는 결과인 듯하다. 그리고 전남에는 私營屠殺場일지라도 괄호 안의 숫자는 현대화된 도살장이기 때문에 도살집행 전에 염불을 하거나 죽은 소를 위해 염불하는 따위의 일을 볼 수 없는 곳이다. 서울에도 下往十里에 있는 도살장은 私營이지만 屠殺 집행 전 僧侶를 초청하여 염불하지만 동대문구 숭인동에 있는 도살장은 염불 없이 한 시간에도 몇 마리씩 잡아내고 있는 屠殺場이다.

3. 寺營 屠殺場

(1) 파리떼 - 불교신도 〈釜山 凡一洞〉

불교신자는 파리의 발과 같이 부처에게 빈다는 데서 생긴 말.

寺營 도살장의 백정은 100% 불교신자라야 되며 승려와 같은 節制
生活을 해야 된다. 寺營 도살장에는 거의 절에서 僧侶가 파견되어
도살할 때 염불 등을 하여 백정을 장악 관리하고 생활까지 지도하
고 있다. (寺營일지라도 승려가 파견되지 않고 수시로 오가는 곳도 있다.)
그리고 寺營의 屠殺場의 백정은 절에서 임명권을 가지고 있으며
不正이나 破戒할 때에는 추방당하기도 한다.

慶北 靑松에서는 백정이 되려면 입산하여 6개월간을 불교적인 수
도를 해야 되며 江原 三陟에서는 공양미 10석을 바치고 3개월간
절에서 修道를 해야만 비로소 白丁의 職을 갖게 된다.

(2) 꿩알 - 백정이 관리하는 절의 토지 〈釜山 凡一洞〉

'꿩 먹고 알 먹는다'는 속담에서 유래된 말.

그리고 백정은 도살장을 경영하는 한편 절의 산림 등을 관리하고
경작토지에서는 농사를 지어 대개 수확고의 1/10을 절에 바치고
있다.

백정의 報酬는 지방에 따라 다른데 全北 南原의 예를 들면 백정에
게 월급으로 一万圜씩 지불되며 절 토지에서 耕作을 하여 1/10만
절에 내면 된다. 慶南 地方은 절이 가지고 있는 기본 재산이 많기
때문에 寺營일지라도 백정에게 맡기고 여름(보리때)과 가을 공양
미만 절에 바치게 하고 있다. 물론 屠牛 時에도 반드시 僧侶의 念
佛이 있다.

忠北 진천에서는 한 달에 一万圜씩 절에 바치고 寺營이지만 屠殺

場 경영은 백정이 주로 하고 있다.

高陽郡 松浦面 吉內里 백정골에 있는 도살장은 慧日寺에서 중이 직접 파견되어 경영하고 있는데 백정의 월급은 三万圜이다. 한 마리 도살에 소 주인한테 屠殺料 一万圜을 받아서 8,000환은 파견되어 있는 승려를 통하여 절에 올라가고 1,000환은 파견되어 있는 승려가 갖고 1,000환은 手當으로 (月給外) 백정에게 지불된다. 한 屠牛場의 백정은 3명씩이므로 1,000환을 3명이 나누어 갖게 된다. 그리고 廣州 惠靈寺에서 경영하는 백정의 월급은 삼만오천환이다.

4. 私營 屠殺場

私營 屠殺場도 거의 佛敎信者이며 寺營과 같이 승려의 간섭을 받지 않는다. 곳에 따라서는 屠牛할 때마다 승려를 초청하여 염불을 하고 念佛料를 지불하며 水原에서는 一頭에 500환이고 서울 왕십리 도살장에서는 一頭에 300환의 念佛料를 승려에게 준다. 京畿 富平에 있는 도살장은 私營이라도 거리 관계로 수시로 부르기 힘드니까 절에서 派遣된 僧侶가 있다.

私營일지라도 거의 백정은 불교신자이므로 수시로 승려를 초청하여 염불을 하고 절에 가끔 가서 佛供도 드린다. 그러나 제주 추자에서는 승려와는 無關하고 도살장이 현대화(?)된 곳은 승려와는 아무런 관련성이 없다.

5. 백정의 特殊 隱語로 본 僧侶와의 관계

5.1. 승려에 대한 通稱 隱語

(1) 바가지 - 僧侶 〈忠南 公州〉

僧侶의 머리가 바가지 엎어 놓은 것과 같이 빤들빤들 하다는 데서
생긴 말.

(2) 조리꾼 - 僧侶 〈全南 昇州〉

염불하는 모습이 조리질하듯 흔든다는 데서 생긴 말.

(3) 꼴뚜기 - 僧侶 〈慶南 陜川〉

꼴뚜기의 머리가 승려의 머리와 같이 빤들빤들 하고 꼴뚜기가 뛰
듯 목탁을 친다는 데서 생긴 말.

(4) 퉁수 파리 - 僧侶 〈京畿 水原〉

'퉁수'는 염불을 뜻하고 '파리'는 발로 싹싹 비는 것처럼 빈다는
것을 뜻함.

(5) 깍두기 - 僧侶 〈전남 남원〉

깍두기를 썰 때 칼도마 소리 나듯 목탁소리가 난다는 데서 생긴 말.

(6) 똑땍이 - 僧侶 〈忠北 鎭川〉

목탁소리가 똑딱거린다는 데서 생긴 말.

(7) 파리 - 僧侶 〈慶北 靑松〉

염불을 파리가 발로 빌 듯 한다는 것.

(8) 도토리 - 僧侶 〈江原 三陟, 釜山 凡一洞〉

'도토리'는 '승려의 머리'.

(9) 달팽이 - 僧侶 〈京畿 高陽〉

- 중이 하도 고기가 먹고 싶어 절 부근에 있는 달팽이를 잡아먹었
다는 데서 생긴 말.

– 달팽이가 집을 지고 방랑생활을 하듯 중은 바랑을 메고 방랑생
활을 한다는 데서 생긴 말. (※ escargot : 달팽이 – 방랑자)〈프랑스
불량배〉

(10) 밤 – 僧侶〈京畿 富平〉

밤은 승려의 '머리'.

(11) 쌀독쥐 – 住持僧〈서울 下往十里〉

쥐가 쌀독을 파먹듯 절에서 승려들이 벌어온 것을 파먹기만 한다
는 것.

5.2. 特殊關係로 본 僧侶에 대한 隱語

(1) 낙타꼽 – 허리 구부러진 승려〈서울 下往十里〉

낙타등과 같이 허리가 구부러졌다는 것.

(2) 배추뿌리 – 노승(老僧)〈서울 下往十里〉

배추와 같이 질기게 됐다는 것.

(3) 흥부꼬리 – 마음이 어진 승려〈京畿 富平〉

흥부전의 흥부와 같이 마음이 어질다는 것.

(4) 백이사리 – 청빈한 승려〈京畿 富平〉

伯夷叔齊와 같이 산다는 것.

(5) 백이따리 – 청빈한 승려〈서울 下往十里〉

(6) 새우수염 – 신경질적인 승려〈서울 下往十里〉

(7) 쑥찍찍이 – 學識이 있다고 우쭐거리는 승려〈서울 下往十里〉

쑥대에 오른 멍충이가 찍찍거리듯 한다는 것.

(8) 쌕쌕이다리 – 걸음이 빠른 중〈京畿 富平〉

비행기와 같이 빠르다는 것.

(9) 두부찌게 – 사나운 승려 〈서울 下往十里〉
　　두부찌게 끓듯 끓는다는 것.

(10) 장때 – 지팡이 든 승려 〈京畿 富平〉
　　'장때'는 '지팡이'를 뜻함.

(11) 알밤 – 친척이 없는 승려 〈京畿 富平〉

(12) 비개 – 목욕하는 승려 〈京畿 富平〉
　　알몸둥아리가 비계 덩어리 같다는 것.

(13) 뱁새알 – 사팔뜨기 승려 〈서울 下往十里〉
　　뱁새눈 같이 올롱하다는 것.

(14) 달팽이 톱 – 다리 저는 승려 〈서울 下往十里〉
　　'달팽이'는 '중'을 뜻하고 '톱'은 왔다 갔다 한다는 데서 발 저는 것.

(15) 달팽이 눈 – 눈 병신인 승려 〈서울 下往十里〉

(16) 미꾸라지 – 비구승 〈서울 下往十里〉
　　비구승의 옷이 미꾸라지의 色이라는 데서 생긴 말.

(17) 김밥 – 帶妻僧 〈서울 下往十里〉

(18) 지짐이 뿌리 – 여승(女僧) 〈서울 下往十里〉
　　지짐이는 여자가 지진다는 데서 생긴 말.

(19) 똥통꾼 – 첩을 둔 帶妻僧 〈京畿 富平〉
　　더럽다는 것.

(20) 방개 – 帶妻僧 〈京畿 廣州〉
　　방개가 잘 물 듯 아내를 물었다는 것.

(21) 주춧바이 – 아내에게 쥐여 사는 帶妻僧 〈京畿 廣州〉
　　주춧돌에 눌리듯 꼼짝 못한다는 것.

5.3. 運營 關係 隱語

(1) 관음찜질 – 念佛하는 것 〈京畿 水原〉

觀音菩薩의 下略語. 觀音으로 찜질한다는 것.

(2) 어청간(御廳間) – 승려가 도살장에 와서 쉬는 곳 〈京畿 富平〉

(3) 곤두박 – 잔소리가 심한 승려 〈京畿 富平〉

反對의 現象이 되고 말았다는 것.

(4) 나팔주둥이 – 간섭이 심한 승려 〈서울 往十里〉

(5) 가재돌 – 간섭이 심한 승려 〈京畿 廣州〉

가재를 잡으려면 돌을 들추어야 되듯 모든 일을 들추어낸다는 것.

(6) 캄염부리 – 염불하다 막히면 소리만 높이 지르고 우물쩍 넘기는

승려 〈서울 下往十里〉

'캄'은 '캄캄하다'의 略語. '어두운 염불'이라는 것.

(7) 게두랑 땀 – 視察 온 住持僧 〈京畿 廣州〉

마음이 조마조마 해서 겨드랑이에 땀이 난다는 것.

(8) 좃땀 – 고기 감춘 것이 주지승에게 綻露되는 것 〈京畿 廣州〉

땀 뺀다는 것.

(9) 산불타다 – 염불 않고 소 잡았다고 승려에게 매 맞다 〈京畿 廣州〉

얼굴이 산불 타듯 확확 단다는 것.

(10) 조져놓다 – 염불 않고 소 잡았다고 승려에게 꾸지람 듣다 〈京畿
廣州〉

(11) 쓴나물 – 승려를 바꿔달라고 절에 청원하는 것 〈서울 下往十里〉

절에 가서 住持에게 말하기가 쓴 나물 먹는 맛과 같다는 것.

(12) 모두박질 – 승려를 바꿔달라고 절에 請願하는 것 〈京畿 富平〉

5.4. 僧侶가 白丁이 되는 경우

승려가 破戒하면 白丁이 되거나 승려 스스로가 승려의 생활에 倦怠를 느껴 백정을 自願하기도 한다.

(1) 햇비리 – 승려가 破戒하여 轉落한 백정 〈京畿 廣州〉
　　屠殺行動이 익숙하지 못하다는 것.
(2) 오무쨔발 – 白丁을 志願한 승려 〈京畿 廣州〉
　　오무쨔는 '장난감'의 日本語. 장난감의 발이 잘 떨어지듯 절에서 떨어졌다는 것.
(3) 쌍개나팔 – 僧侶가 白丁이 되고 술과 고기를 먹는 것 〈京畿 廣州〉
(4) 중발 – 승려가 백정이 된 후 불 태우는 목탁 〈京畿 廣州〉
　　중의 발(足) '중발'은 '목탁'을 뜻함.
　　충북의 진천, 전남의 승주에서도 승려가 파계하면 백정으로 전락한다.

5.5. 백정이 승려가 되는 경우

백정이 원하는 바에 따라 僧侶가 되기도 한다.

(1) 개털붓 – 백정이 승려가 되려고 佛敎 敎理를 배우는 것 〈京畿 廣州〉
　　'개털붓'은 '배운다'는 것을 뜻함.
(2) 멍개 – 승려가 되고자 원하는 백정 〈京畿 廣州〉
　　개가 사람을 보면 짖듯 白丁生活이 싫어 멍멍개와 같이 짖으려(염불하는 것) 한다는 것.
(3) 봉질 – 중이 되려고 아내와 이혼한 白丁 〈京畿 廣州〉

'봉질'의 '봉' '봉화(烽火)'의 下略語. 白丁生活에 革命 즉 烽火를 일으켰다는 것.

(4) 물걸래 – 중이 되려고 佛敎를 배우는 白丁〈京畿 廣州〉
물걸레는 '닦다'에서 修道한다는 것.

(5) 창가리 – 刑務所에서 僧侶가 되기를 決心하고 나온 白丁〈京畿 廣州〉

(6) 잿물 – 승려가 된 白丁〈京畿 廣州〉
잿물로 백정생활을 깨끗이 씻었다는 것.

5.6. 僧侶와 白丁이 관련을 갖게 된 動機

白丁이 佛敎信者라는 것과 철저한 殺生을 禁하는 敎理를 가지고 있는 승려가 어찌하여 殺生을 하는 屠殺場은 경영하며 관리하고 있느냐 하는 문제는 本 拙稿에서 논하려는 隱語 발생기원과 밀접한 관련성을 가지고 있다는 점에서 종교적으로나 사회학적인 면에서 매우 흥미로운 관심사라 하겠다.

아유가이(鮎貝)의 '雜攷' '禾尺'[7]에 의하면 高麗末 이전에는 佛戒의 뜻에서 新羅 法興王 때부터 屠殺禁令을 各代에 걸쳐 빈번히 發布하여 殺生 또는 屠殺을 일반적으로 禁했었다.

그러나 불교가 쇠퇴해 가던 高麗末 이후에는 불교적인 의미에서가 아니라 가축 즉 소를 보호하기 위해서 禁殺令이 내렸고 조선시대에 들어와서는 牛肉을 禁肉으로 稱하기까지 하였었다. 그러므로 禁殺令을 내리게 한 승려가 白丁과 高麗末 前에는 종교적으로나 사회적으로 도저히

7 鮎貝房之進著 '雜攷' 第5輯(3) 禾尺. 32面

합칠 수 없음을 알 수 있다. 그러므로 僧侶와 白丁이 合流하게 된 것은 朝鮮에 들어 와서 일 것이다. 조선의 맹렬한 排佛思想으로 말미암아 승려가 조선 중기에는 賤民으로 전락하였다. 조선의 소위 兩班制度는 백정들에 대하여 모든 면에 걸쳐 지독한 차별적 賤待를 가했고, 승려 역시 賤民이 되어 백정과 同一 階級이 되었는데 이로 말미암아 압박받고 천대받는 약한 계급끼리 자연 合流하게 되었을 것이다. 지금도 屠牛白丁이 아닌 고리 백정들만의 약 30호의 집단 부락을 이루고 있는 곳이 있는데 이 고리 백정들이 全員 佛敎信者이며 승려와의 관련이 많고 역시 屠牛백정과도 밀접한 관련성을 가지고 있다. 屠牛백정과 같이 고리 백정의 生業을 신성시하고 修道士라 自稱하고 있는 일련의 사실들을 볼 때 압박받는 약한 계급끼리 합류하였다는 傍証이 될 것이다. 지금도 승려가 破戒하면 백정으로 전락하거나 백정이 승려가 된다는 사실과 백정은 같은 계급끼리 혼인을 해야 되는데 같은 계급에서 배우자가 없을 때에는 승려가 된다는 사실들은 조선 중기 후에 승려와 백정이 천민이 되어 동일계급으로서 합류하였다는 遺習에서 오는 것이라 하겠다. 그러므로 백정이 승려와 합류했다는 것은 동일 천민이었던 계급적인 면에서 비롯하여 종교적인 면과 경제적인 면까지 밀접하게 관련되어 합류된 듯하다.

한편 종교적인 면에서 볼 때 백정들의 생활과 屠殺過程을 보면 불교적이지만 샤머니즘적인 것을 발견할 수 있다. 조선에 들어오면서 백정의 도살이 세습적인 생업으로 고착되었는데 아무리 도살이 생업이라 하지만 토속적인 샤머니즘에 젖어있던 백정이 자기 손으로 죽어 넘어가는 살생에 대해 불안감과 공포심이 아주 없다고는 할 수 없다. 지금도 도살할 때 각을 떠 놓은 살덩어리가 움직이면 부정이 탔다고 해서 백정은 얼굴이 창백해져 무척 공포에 떨고 있으며 廣州 백정의 은어에 '도꾸리마개'가 있는데 이는 '德利마개' 즉 병마개로서 백정의 꿈에 나타난 승려는 소의 귀신을 가리킨 것으로서 마개로 병을 막듯 소의 귀신이 백정을 병에 넣고 마개로 막듯 답답하고 꼼짝 못하게 만들고 하여 불길하게 생각하고 있다. 이렇듯 살생에서 오는 恐怖와 不安을 해결하는 方途로서 종교를 요구하게 되어 계급적인 면과 경제적인 면이 結付되어 발을 디려 놓았을 것이라 생각된다.

5.7. 隱語에 반영된 승려에 대한 백정의 反抗心理

앞서 나온 승려에 대한 通稱隱語를 분석해 보면 다음과 같다.

a. 중의 머리와 관련된 말 – 〈5〉
   도토리〈江原 三陟, 釜山 凡一洞〉, 바가지〈忠南 公州〉, 꼴뚜기〈慶南 陜川〉, 밤〈京畿 富平〉
b. 염불과 관련된 말 – 〈3〉
   조리꾼〈全南 升州〉, 통수파리〈水原〉, 파리〈慶北 靑松〉
c. 목탁과 관련된 말 – 〈2〉
   깍두기〈全北 南原〉, 똑때기〈忠北 鎭川〉
d. 破戒와 관련된 말 – 〈1〉
   달팽이〈京畿 高陽〉
e. 기타 – 〈1〉
   쌀독쥐(住持僧)〈서울 下往十里〉

승려에 대한 通稱語가 어떤 특성과 속성에 관련되어 있는지 분류해 보았다. 佛敎信者인 백정들이 그들의 屠殺場 主人이라고 할 수 있는 승려들을 尊待해야 하겠으나 隱語를 보면 승려를 존대하는 隱語가 하나도 없다는 것은 奇異한 일이라고 할 수 있다. 승려의 머리가 빤들빤들하다

는 데서 '도토리, 바가지, 꼴뚜기'가 사용되었고, 염불하는 것을 '파리'가
발을 비는 모습과 관련 시켰고, 破戒를 諷刺하여 '달팽이', 그리고 住持
僧은 '쌀독쥐'라 일컫고 있다.

　이러한 隱語로 보아 백정이 승려에 대한 태도가 比喻的이며 諷刺的이
고 조금도 존대하고 있지 않음을 알 수 있다. 이는 승려들이 백정의 생활
에 사소한 일까지 지나치게 간섭하여 自由를 拘束하고 되풀이 되는 불교
의식에 싫증을 느꼈기 때문에 일어나는 反抗心理가 隱語形成에 반영되
었다 하겠다.

　⑴ 망가 - 佛教儀式을 싫어하는 백정 〈京畿 廣州〉
　⑵ 메끼깎다 - 염불 흉내 내다가 승려한테 꾸지람 듣다 〈京畿 廣州〉
　　　메끼를 깎으면 쇠가 울긋불긋 하듯 얼굴이 그렇게 된다는 것.
　⑶ 언쳤다 - 염불 흉내 내다가 중한테 발각되다 〈京畿 廣州〉
　　　체했다는 것.
　⑷ 중말이 - 僧侶 흉내 잘 내는 백정 〈京畿 廣州〉
　　　중의 옷을 입었다는 것.
　⑸ 손닳이 - 승려가 너무 간섭이 심해서 그만 둔 백정 〈京畿 廣州〉
　　　손이 닳도록 일을 해도 소용이 없어 그만 두었다는 것.

대체적으로 백정은 승려에 대해 그리 좋은 印象들을 가지고 있지 않다.
　소에 대해서는 '御使', '皇太子', '大聖', '山神靈' 등으로 매우 존대 받
고 靈物化되어 불리고 있는데 隱語에서 僧侶는 소만큼도 백정에게 待遇
를 받지 못하고 있는 셈이다.

　• 파리 - 刑事 〈상인 서울〉

• mouche(파리) - 탐정, 경관 〈프랑스 불량배〉

　승려를 '파리'라고 한 것은 '파리'의 발과 같이 싹싹 빈다는 데서 이루어진 隱語이고 商人들이 刑事를 '파리'라고 한 것은 파리는 귀찮게 달라붙어 빨아 먹는다는 데서 이루어졌고 프랑스 불량배의 mouche도 商人의 心理와 같은 데서 이루어졌다 하겠다.
　백정은 파리 外貌의 특성, 발의 움직임 등을 승려가 비는 것과 관련시켰고, 商人들은 파리의 內面的 特性 즉 달라붙는다는 것과 관련시킨 것은 隱語 製作者들의 職業과 個性의 차이에서 이루어진 現象이라 하겠으며 프랑스 불량배의 隱語와 서울 商人들의 隱語가 警官을 나타내는데 파리라 비유한 것이 일치한다는 것에서 은어 제작자들의 공통된 언어심리를 찾아 볼 수 있는 것으로 매우 흥미로운 것이라 하겠다.

제4장

聖牛觀

1. 소에 대한 隱語

1.1. 소의 通稱

(1) 어사나릿 – 소 〈慶北 靑松 波川〉

　　'御使' '나리'.

(2) 홍도(弘道) – 소 〈忠南 公州〉

　　소는 道를 편다는 것임. 즉 道를 닦는 짐승이라는 것.

(3) 신령댁이 – 들에 놓아먹이는 소 〈濟州 楸子〉

　　'神靈宅'이라는 것.

(4) 어사 – 소 〈慶南 陜川, 京畿 廣州〉

(5) 마패 – 소 〈충남 청양, 京畿 水原〉

　　'馬牌'는 '暗行御史'가 지니고 다닌다는 데서 '御使'와 같은 말.

(6) 나리 – 소 〈釜山 凡一洞, 江原 三陟〉

(7) 산영감 – 소 〈全北 南原 山東〉

　　山令監.

(8) 산신령 – 소 〈全北 南原 雲峯, 京畿 廣州〉

(9) 대성(大聖) - 소 〈忠北 鎭川〉

(10) 황태자(皇太子) - 소 〈全南 升州〉

(11) 황옥가마 - 소 〈慶北 靑松〉

1.2. 황소

(1) 으름이 - 황소 〈京畿 高陽〉

'으릉거리다' '으르다' 등에서 생긴 말로서 무서운 짐승이라는 것.

(2) 누룽이 - 황소 〈慶南 陜川〉

(3) 누릉지 - 황소 〈忠南 公州〉

'누른밥' 색이 노랗다는 데서 생긴 듯하다.

※ 1.3. 암소 (1)누룽밥 참조.

(4) 누릉뼈 - 황소 〈全北 南原〉

'黃骨' ※ 1.3. 암소 (2)노랑뼈 참조.

(5) 놋바리 - 황소 〈忠北 鎭川〉

'놋그릇'이 '黃色'이라는 데서 생긴 말.

(6) 쌍 - 황소 〈全南 昇州〉

'황소'의 逆語. '소황'이 一音節로 줄어지며 'ㅎ'이 생략되어 '쌍',

'암소'는 '쌈' 즉 '소암'이 一音節로 줄어짐 ※ 1.3. 암소 (7) 쌈 참조.

(7) 숫코기 - 황소 〈제주 추자〉

'雄肉' ※ 1.3. 암소 (5) 앙코기 참조.

(8) 홍깨발 - 황소 〈京畿 廣州〉

'홍두깨'의 省略. 발이 홍두깨와 같다는 것.

(9) 맘모스 - 황소 〈京畿 水原〉

mammoth.

(10) 녹두새 – 죽은 암소 그리워 우는 황소 〈京畿 廣州〉
'새야 새야 파랑새야 녹두 밭에 앉지 마라 청포장수 울고 간다'에
서 유래된 '녹두새'로서 죽은 암소 그리워 우는 황소의 울음이
悲哀的이라는 데서 생긴 말.

1.3. 암소

(1) 누룽밥 – 암소 〈忠南 公州〉
'황소'는 '누룽지' '밥'과 '지'로서 자웅을 가리었음.
※ 1.2. 황소 (3) 누룽지 참조.

(2) 노랑뼈 – 암소 〈全北 南原〉
황소는 '누룽뼈', '노랑'과 '누룽'으로 암수를 가렸는데 일종의
ablaut적 분화라 하겠음.
※ 1.2. 황소 (4) 누룽뼈 참조.

(3) 깨바리 – 암소 〈忠北 鎭川〉
'깨바리'의 '깨'는 놋그릇의 '깨' 즉 뚜껑 '놋바리'는 황소.
※ 1.2. 황소 (5) 놋바리 참조.

(4) 얼룩이 – 암소 〈慶南 陜川〉

(5) 앙코기 – 암소 〈濟州 楸子〉
雌肉 ※ 1.2. 황소 (7) 숫코기 참조.

(6) 앙코다래 – 암소 〈京畿 高陽〉
'암코뚜레'가 변한 말인 듯.

(7) 쇰 – 암소 〈全南 昇州〉
'암소'를 거꾸로 하여 '소암'을 一音節로 줄인 말. ※ 1.2. 황소 (5)
쇰 참조.

(8) 재갈망치 - 암소 〈京畿 廣州〉

'재갈망치'는 '적은 장도리'. 소 걷는 발굽소리가 또박또박 장도리 두드리는 소리가 난다는 것.

(9) 보자기 - 새끼 밴 암소 〈京畿 廣州 , 慶南 陜川〉

배가 불러 보자기 같다는 것.

(10) 꿀떡보자기 - 새끼 못 낳는 암소 〈京畿 水原〉

꿀떡꿀떡 먹기만 하고 새끼는 못 낳는다는 것.

(11) 삘기털 - 새끼 못 낳는 암소 〈京畿 廣州〉

'삘기털'은 희다는 데서 새끼를 못 낳으니까 젊음이 없고 늙은 소와 같다는 것.

1.4. 송아지

(1) 송지 - 송아지 〈全北 南原〉

'송아지'의 略語.

(2) 아지 - 송아지 〈慶南 陜川〉

송아지의 上略語.

(3) 망지 - 송아지 〈全南 昇州〉

'망아지'의 略語.

(4) 아지 국 - 송아지 〈京畿 廣州〉

'송아지'의 上略語에 '국'이 첨가됨.

(5) 맹맹이 - 송아지 〈忠南 公州〉

擬聲語.

(6) 네발코 - 갓 낳은 송아지 〈京畿 高陽〉

갓 낳은 송아지는 네 발과 코만이 유난히 크다는 데서 생긴 말.

(7) 애감자눈 - 송아지 〈京畿 水原〉

(8) 개나팔통(※ 외나발) – 어미 잃고 우는 송아지 〈京畿 廣州〉
    개나팔 분다는 것임.

1.5. 病牛

(1) 삐리죽 – 병든 소 〈全北 南原〉
    '삐리죽'의 '삐리'는 빌다의 語幹 '빌'+이〉비리〉삐리 인 듯.
    소가 병들었으니까 빌어야 될 것이라는 것. 한편 병들어 '빌빌한
    다'에서 왔을지도 모른다.

(2) 고사떡 – 병들어 죽은 소 〈全北 南原〉
    떡해 놓고 빌어야 할 것이라는 것. 병들어 죽은 소를 '고사떡'이라
    고 한다는 것을 보아 '삐리'는 빌다(祝)에서 온 것임을 傍証한다.

(3) 삐리귀신 – 병든 소 〈京畿 高陽〉
    귀신에게 빌어야 할 것이라는 것.

(4) 깡부기 밥 – 병든 소〈京畿 廣州〉
    병들어 속이 깜부기와 같이 검다는 것.

(5) 병마개코(※ 황천탕) – 병으로 죽은 소 〈京畿 高陽〉
    코를 병마개로 막으니 곧 죽었다는 것.

(6) 끽끽이 – 병든 소 〈忠南 公州〉
    병들어 끽끽 소리를 낸다는 것.

(7) 쐐기 – 병든 소 〈京畿 水原〉
    '쐐기'는 쏘는 벌레라는 데서 어서 잡아야(쏴야)되겠다는 것.

(8) 찡띵이 – 병든 소 〈제주 추자〉
    병이 들어 찡찡 띵띵 소리를 낸다는 것.

(9) 짚신토막귀신(※ 솔뿌리, 애거북이) – 송아지를 낳고 산후염으로 죽
    은 소 〈서울 往十里〉

소를 낳았을 때에는 탯줄에 헌 짚신짝을 달아 맴.

(10) 앞잡이(※ 염라탕) - 유산한 胎牛 〈경기 高陽〉

앞서 나왔다는 것.

1.6. 老牛

(1) 동박삭이 - 老牛 〈서울 往十里〉

東方朔이 오래 살았다는 故事에서 유래 됨.

(2) 백다리 - 老牛 〈京畿 水原〉

白足. 털이 빠져서 흰 발이 되었다는 것.

(3) 헐꺽이 - 老牛 〈忠南 公州〉

숨이 차서 헐꺽인다는 것.

1.7. 일소

(1) 바리 - 일소 〈忠北 鎭川〉

'바리'는 잔뜩 실은 짐을 세는 말. 즉 한 바리 두 바리 등에서 온 말.

(2) 공바리 - 일소 〈京畿 廣州〉

짐을 잔뜩 실어도 소에겐 공(空) 즉 빈 것밖에 없다는 것.

(3) 초띠기 - 일소 〈濟州 楸子〉

1.8. 용모로 본 소의 호칭

(1) 숯통 - 검은 소 〈京畿 高陽〉

(2) 백순 - 흰 소 〈京畿 廣州〉

'백순' '白筍'.

(3) 얼루판지순 - 얼룩소 〈京畿 廣州〉

(4) 꽹이 - 마른 소 〈京畿 廣州〉
　　‘말라꽹이’의 上略語.
(5) 꿩이 - 살찐 소 〈京畿 廣州〉
　　‘꿩이’는 (4)의 ‘꽹이’의 ablaut적인 발달.

1.9. 性質로 본 소의 호칭

(1) 참외끈 - 고삐를 잘 끊는 소 〈京畿 水原〉
　　‘참외끈’은 ‘참외꼭지’. 참외꼭지가 익으면 제물에 떨어진다는 데
　　서 참외꼭지 같이 고삐를 끊는다는 것.
(2) 꼬챙이끈 - 사람을 잘 받는 소 〈京畿 水原〉
　　꼬챙이와 같이 사람을 뿔로 찌른다는 것.

1.10. 屠殺 동기로 본 소의 호칭

(1) 떡방아 쿵 - 잔치에 쓰려고 잡는 소 〈慶南 陜川〉
　　잔치에 떡방아를 쿵하고 찧는다는 데서.
(2) 쌔뽀루 - 媤家에 가지고 가려고 잡는 소 〈慶南 陜川〉
(3) 초붓심지 - 잔치에 쓰려고 잡는 소 〈忠南 公州〉
　　‘촛불의 심지’. 잔치 때 촛불을 밝힌다는 데서 ‘ㄹ’이 省略된 말.
　　‘초불심지’의 ‘불’이 合成語를 이룰 때 ‘ㄹ’이 脫落되었음.
(4) 떡조박 - 잔치에 쓰려고 잡는 소 〈京畿 廣州〉
　　잔치에 떡을 쓴다는 데서. ※ 白丁들은 ‘고기’란 말을 쓰지 않음.
(5) 건들망치 - 학비로 팔려 온 소 〈京畿 高陽〉
　　공부할 때 고개를 건들건들 한다는 데서.
(6) 풀밥통(※ 솔통) - 입학금 때문에 팔려온 소 〈京畿 水原〉

풀(糊) 밥통. 풀은 붙다(附)에서. 學校에 붙었다는 것.

(7) 메뚜기 – 학비 때문에 팔려온 소 〈忠北 鎭川〉

메뚜기는 사람이 지나가면 난다는 데서 자식의 학비 때문에 소가 날아갔다는 것.

(8) 빈가마 – 빚 갚기 위해 팔려온 소 〈忠南 公州〉

빈 솥. 빚 때문에 소마저 팔면 솥은 비게 된다는 것.

(9) 동냥자루 – 빚 갚기 위해 팔려 온 소 〈京畿 水原〉

소마저 팔았으니 동냥을 얻어야 될 판이라는 것.

(10) 되빡(※ 물통) – 양식을 사기 위해 팔려 온 소 〈京畿 水原〉

쌀을 되박으로 된다는 데서 생긴 말.

(11) 낚시밥 – 명절에 잡히는 소 〈京畿 廣州〉

물고기(食肉者)가 낚시밥을 따 먹듯 한다는 것.

(12) 짝째기 – 명절 때 잡히는 소 〈忠南 公州〉

짝째기는 짝이 맞지 않는다는 데서 고기를 잡아도 돈 있는 사람만 사먹는다는 데서 짝이 맞지 않는다는 것.

(13) 떡구리 – 명절 때 잡히는 소 〈京畿 高陽〉

명절에 떡을 한다는 데서 생긴 말.

(14) 기위보 – 명절 때 잡는 소 〈慶南 陜川〉

(15) 신너울 – 제사에 쓰려고 잡히는 소 〈京畿 高陽〉

신(神), '너울'은 國喪 때 宮女들이 머리에 쓰는 것. 神의 너울이 된다는 것.

(16) 골병 – 妾 生活 때문에 팔려온 소 〈忠南 公州〉

첩 때문에 소까지 파니 골병들었다는 것.

(17) 통통방아 – 妾 生活 때문에 팔려온 소 〈京畿 富平〉

첩이 통통방아를 찧으며 돈을 요구하는 바람에 팔려 왔다는 것.

(18) 코파리 - 妾 때문에 팔려온 소 〈京畿 高陽〉

　　코를 빨아먹는 파리와 같이 妾이 빨아먹기 위해 팔려 왔다는 것.

(19) 빨래풀 - 妾 때문에 팔려온 소 〈京畿 水原〉

　　'빨래풀'을 하려면 주물럭주물럭 한다는 데서 妾의 손에 남자가 주물려서 소를 팔았다는 것.

1.11. 軍關係

(1) 콩밥 - 軍納牛 〈全北 南原〉

　　군대에서는 屠牛할 때 銃殺시킨다는 데서 콩밥의 콩은 彈丸.

(2) 콩솥 - 軍納牛 〈京畿 高陽〉

(3) 상전삼치 - 軍納牛 〈京畿 水原〉

　　'上典'들이 먹을 삼치라는 것.

(4) 딱쿵이 - 軍納牛 〈慶南 陜川〉

　　'딱쿵'은 銃聲의 擬聲語.

(5) 인당 춤 바리 - 軍納牛 〈京畿 廣州〉

　　'인당'은 沈淸傳에 나오는 '인당수', '춤'은 '舞'로써 '慰勞', '바리'는 한 바리 두 바리의 바리. 즉 軍의 慰勞를 위해 沈淸이가 아버지의 눈을 뜨게 하기 위해 供養米 300石에 인당수에 몸을 던지듯 소가 그렇게 된다는 것.

1.12. 共匪關係

(1) 빨갱알 - 共匪가 끌어간 소 〈濟州 楸子〉

　　빨간 총알에 죽는다는 것.

(2) 빨갱코 - 共匪가 끌어간 소 〈全南 昇州〉

'빨갱코'는 '빨간코', 즉 赤色分子. 적색분자가 끌어갔다는 것.

(3) 빨개가리 - 共匪가 끌어간 소〈全北 南原〉

(4) 빨갛게

(5) 콩닦음이 - 共匪가 끌어간 소〈慶南 陜川〉

共匪가 끌어다가 콩볶은 이와 같이 맛있게 구워 먹었을 것이라는 것.

1.13. 其他

(1) 보재기 귀신 - 훔쳐온 소〈京畿 高陽〉

소를 훔쳐 올 때에는 소의 눈을 보재기로 가려 끌어 온다는 데서 생긴 말.

上記 소에 대한 隱語 中 소의 通稱에 대한 隱語만을 분류하여 보면 다음과 같다.

呼稱	觀點	地區	計
皇太子	尊待視	全南 昇州	1
御史(나리)	〃	慶北 靑松 波川, 慶南 陜川 京畿 廣州	3
나리	〃	釜山 凡一洞, 江原 三陟	2
馬牌	〃	忠南 靑陽, 京畿 水原	2
山令監	〃	全北 南原 山洞	1
황옥가마	〃	慶北 靑松 府南	1
大聖	聖物視	忠北 鎭川	1
弘道	〃	忠南 公州	1
山神靈	靈物視	全北 南原 雲峯, 京畿 廣州	2
神靈宅	〃	濟州 楸子	1

다시 종합적으로 그 비율을 살펴보면 尊待視 10(67%), 聖物視 2(13%),

靈物視 3(20%) 등으로 백정들의 聖牛觀이 소에 대한 統稱 隱語에 반영되어 있음을 알겠다.

2. 說話

白丁들이 소를 聖物視, 尊待視, 靈物視 하고 있다는 것은 前出 소의 名稱에서 본 바와 같은데 백정들이 말하는 소에 대한 설화는 특이한 발달로서 聖牛觀에서 비롯한 것이라 하겠다. 蒐集 對象者는 물론 屠牛 白丁이며 隱語 수집과 함께 2, 3명씩의 白丁을 한 자리에 앉혀 놓고 들었는데 같은 屠殺場 內에서 일하는 白丁일지라도 그 줄거리가 조금씩 다른 곳이 있었는데 이런 설화는 종합적으로 정리하고 너무 차이가 있는 곳은 밝혀 놓았다. 그리고 全南 昇州에는 白丁마다 아주 다르고, 한 백정이 두 說話를 이야기 하여 4편이 되었다. 說話 蒐集地는 12個處(別略圖)로서 全南 昇州가 4편이어서 설화는 결국 15편이 되었다.

白丁들의 이야기 가운데는 의아스러운 점이 더러 있었지만 사실성을 기하려는 의도에서 백정들의 말 그대로를 옮기도록 하였다.

2.1. 說話 蒐集地

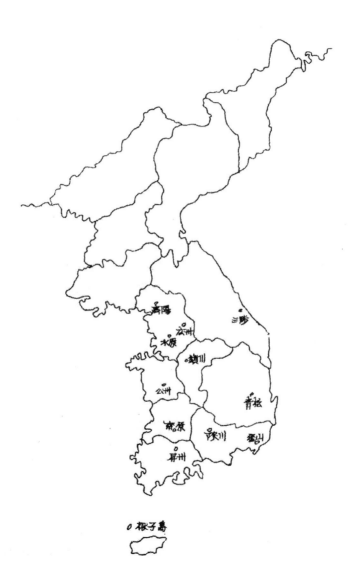

2.2. 說話에 대한 隱語

(1) 범담배 – 說話 〈京畿 廣州〉

　　범이 담배 피울 시절의 이야기라는 것.

(2) 범담방 – 說話 〈慶南 陜川〉

　　'담방'은 '담배'.

(3) 범꽁지 – 說話 〈全南 昇州〉

　　사람이 범의 꼬리를 잡고 뒤흔들었을 때의 이야기라는 것.

(4) 도깝불 – 說話 〈江原 三陟〉

　　도깨비불이 사람을 홀린 시절의 이야기라는 것.

(5) 곶감수염 – 說話 〈忠南 公州〉

　　곶감(乾柿) 수염. '곶감'은 說話에 우는 어린 아이를 어머니가 달래
　　느라고 범이 왔다고 해도 그치지 않고 곶감을 주겠다고 하니까 울
　　음을 그쳐서 밖에 있던 범이 자기보다 무서운 곶감이 있다고 도망
　　쳤다는 설화에서 유래된 말로서, 아주 오래된 옛말을 수염을 쓰다
　　듬으며 하는 이야기라는 것.

(6) 깹말 – 說話 〈全北 南原〉

　　'깹'은 도깨비의 略語.

(7) 도깝닥불 – 설화 〈濟州 楸子〉

(8) 껍닥말 – 설화 〈京畿 水原〉

　　'껍닥'은 '껍데기'. 알맹이가 없는 이야기라는 것.

(9) 고사떡 – 설화 〈慶北 靑松〉

　　소에 대한 설화는 고사떡이나 해 먹으면서 할 이야기라는 것.

(10) 이경 – 설화 〈全北 南原〉

　　牛耳讀經의 略語.

(11) 잰내비꼬리 – 설화〈忠北 鎭川〉

잔나비 꼬리의 밑, 즉 肛門의 部分이 빨갛다는 데서 소에 대한
說話는 새빨간 거짓이라는 것.

(12) 도치말 – 說話〈釜山 凡一洞〉

'도치'는 '고슴도치'의 上略語. 고슴도치는 자기 몸을 위장
(camouflage)하기 위해 變化性이 많다는 데서 소에 對한 說話는
이랬다저랬다 變化性을 지닌 말이라는 것.

上記 隱語를 종합적으로 구분하여 보면 다음과 같다.

區分	隱語	計
옛날이야기	범담배〈京畿 廣州〉 도깝불〈江原 三陟〉 범담방〈慶南 陜川〉 깹말〈全北 南原〉 범꽁지〈全南 昇州〉 도갑닥불〈濟州 楸子〉 곶감수염〈忠南 公州〉	7
알맹이 없는 이야기	껍닥말〈京畿 水原〉	1
거짓 이야기	잰내비꼬리〈忠北 鎭川〉	1
변화성 있는 이야기	도치말〈釜山 凡一洞〉	1
하나마나한 이야기	이경〈全北 南原〉	1
한가로운 때 하는 이야기	고사떡〈慶北 靑松〉	1
계		12

上記 說話에 대한 隱語로 백정의 설화에 대한 態度를 짐작할 수 있다.

2.3. 說話 內容

○ 蒐集地

京畿道 高陽郡 松浦面 加體里

○ 對象者

韓正鎬 68세   李永浩 75세   桂勳玕 78세

　지금부터 약 3000 年前 하늘나라에 '인마'라고 하는 힘세고 날랜 소가 있었는데 하느님의 시종을 들고 있었다. 그런데 이 소가 늘 입버릇처럼 하는 말이 '나는 언제나 사람들처럼 말하고 편하게 놀고먹을 수 있을까' 하며 사람으로 變身 되기를 염원하였다. 天王이 이를 感知하여 비오는 어느 날 밤 '인마'를 깨우고 그의 願을 들으시고 修道의 約束을 지키면 소원을 들어주겠다고 하였다. 約束인 즉 30일간을 ① 쑥만 뜯어 먹을 것 ② 눈을 감지 말고 떠 있을 것 ③ 앉지 말고 서 있을 것 등을 제시했다.

　하느님의 말이 끝나자 황송한 소는 맹서의 표지로 큰 울음을 한번 울고 깊은 산속으로 도를 닦으러 들어갔다. 天王은 소를 試驗하려고 뿔이 센 마귀와 발톱이 뾰쪽한 두 마귀를 뽑아서 보냈다. 소는 天王이 命한 대로 道를 닦고 있는데 며칠이 지나자 집에 두고 온 아내소와 자식 송아지 생각이 간절할 뿐더러 쑥은 써서 못 먹을 정도라 배는 고프고 눈까풀이 무겁고 졸음은 몰려오고 쇠파리는 악착같이 피를 빨아 먹으려고 달라붙어 주저앉고 싶은 생각이 간절할 때 天王의 命을 받은 사나운 두 마귀가 나타나 소를 괴롭히니 精神이 헷갈려 그만 마귀의 갈비뼈를 받아 즉사하게 했다. 소가 제 精神을 차리고 본 즉 殺生을 한지라 罪를 은폐하기 위해 구덩이를 파서 마귀의 시체를 묻으려고 뿔로 땅을 파고 발굽으로 땅을 파는데 돌밭이라 뿔이 휘어지고 발톱에 피가 철철 흘렀다. 하느님은 소를 괘씸히 여겨 당장 벌을 주려고 했으나 소가 어떻게 修道하나 경위를 보고자 30日 間 그냥 내버려 두었다. 30일이 되어 소가 돌아왔는데 눈알이 붉어지고 뿔이 휘어지고 발톱이 문드러지고 꼴이 말이 아니었다. 하느님이 꼴이 어째 그리 변했느냐고 묻자 道를 닦느라고 이렇게 되었노라고 殺生을 감추었다. 하느님은 다른 마귀를 시켜 소가 땅에 파

묻은 마귀의 시체를 파오게 하여 소에게 보인 즉 소는 참회의 눈물을 흘렸다. 天王은 약속을 履行 못할 뿐더러 殺生까지 한 罪로 사람에 명하여 벌로 10년간 부려먹으라고 하였다. 이리하여 소는 사람이 끄는 대로 下界에 내려왔다. 사람에게 끌려온 소는 툇마루에서 하루를 쉬고 다음날부터는 등에 짐을 지고 밭을 갈고 온갖 고생을 다하면서 10년간이 흘렀다. 그런데 10년이 지나도 天王한테서 아무 소식이 없자 하느님을 원망하고 나중에는 뒷발로 사람을 차서 즉사하게 했다. 하느님은 사람을 죽인 소를 괘씸히 여겨 코에 구멍을 뚫게 하여 코뚜레를 꿰어 멋대로 힘을 못 쓰게 하고 귀한 사람의 목숨을 끊은 소는 그 벌로서 죽도록 사람에게 충성을 다하라는 명이 내렸다.

殺生을 한 소는 참회의 눈물을 흘리며 주인한테 忠誠을 다하는 한편 인간으로서의 변신을 단념하고 다시 하늘나라에 가서 하느님의 시종을 들으려고 道를 닦으며 哀願했으나 天王은 소를 믿지 못하여 여우가 100년 묵으면 여자로 변한다고 소가 다시 어떤 짓을 할지 모르니 10년이 되기 전에 죽여버리라고 사람에게 命하였다.

이리하여 오늘까지 소의 목숨이 10年을 넘지 못하고 소는 죽어서 魂이나마 上界에 가려고 道를 닦는 動物인 것이다.

○ 蒐集地
  京畿道 水原郡
○ 對象者
  金達淳 69歲   葛貴命 71歲   金昌培 68歲

옛날 하늘나라에 소가 사람이 되려고 물을 떠놓고 하루에 세 번씩 하느님께 빌었다. 그런데 어느 날 밤 꿈에 백발의 神仙 한 분이 소를 찾아와 진정으로 사람이 되기 원한다면 여섯 가지 조항을 지켜야 된다고 종이에 쓴 글을 펼쳐 놓았다.

① 40일간 금식할 것 ② 눈을 떠서 세상을 보지 말고 감고 있을 것 ③ 앉은 채 일어나지 말 것 ④ 꼬리를 휘두르지 말 것 ⑤ 눕지를 말 것 ⑥ 물을 버리지 말 것

그리고 40일이 되면 여기서 4십 리 되는 강가에 개구리떼가 와서 인사할 테니 그때 나에게 오라고 씌어 있었다. 소는 신선이 가지고 있는 종이에 쓰인 여섯 가지만 지키면 사람이 될 수 있다는데 너무 기뻐서 좋아하다가 깨니 그것이 꿈이었다. 꿈으로만은 너무 아쉬워 옆을 살펴보니 거기엔 편지가 하나 있었다.

편지를 펴보니 꿈에 본 내용 그대로였다. 소는 40일간이나 금식하고 도를 닦기는 힘들 것이라 생각되었지만 사람이 될 수 있다는데 기뻐서 그 날로 40일간 견딜 만큼 물과 음식을 배가 산덩어리만큼 실컷 먹고 시작하였다.

눈은 감았어도 자면 눕게 되기 때문에 잘 수가 없어 졸리고 배가 고프고 목이 마르고 갑갑하고 쇠파리는 왕왕 달라붙어 죽을 지경이었다. 30일이 지났다. 눈을 꼭 감고 바깥 세계를 못 보니 환장할 지경인데 마귀떼들이 몰려와서 흙을 뿌리며 놀려대고 노래하며 춤추며 수다를 떨어 수도를 방해하였다. 그래도 소는 꾹 참고 견뎌 하루만 더 지내면 하느님의 약속대로 사람으로의 變身을 이루게 되었다. 그런데 39일 밤이었다. 마귀들이 최후적인 시험으로 도를 닦는 소 옆에다 주연을 베풀고 맛있는 냄새를 풍기며 노래와 춤을 추며 흥겹게 노는 것이었다.

소는 자기도 모르게 마음이 으쓱해져서 노래하고 장구치고 북치는 통에 궁둥이를 들썩하며 꼬리를 휘저었다. '아차 내가 이게 웬 일이냐'하고 소는 뉘우쳤으나 이미 때는 늦어 지금껏 도를 닦던 것은 물거품으로 사

라지고 말았다. 다음날 하느님은 꿈에 나타났던 神仙을 보내었다. 하루를 참지 못해 破戒를 했으니 사람 되기는 틀렸으니 下界에 내려가서 인정이 많은 사람에게 충성을 다하면 죽은 다음에 다시 받아들일 테니 인간 세상에 나가 힘써 일하고 도를 닦으라는 것이었다. 이리하여 소는 사람이 끄는 대로 인간세상으로 내려오게 되었다.

  ○ 蒐集地
    全羅南道 昇州郡 双岩面 西平里
  ○ 對象者
    (1) 奇永煥 76歲 白丁 經歷 54年間
    (2) 朱　逸 56歲 白丁 經歷 32年間
    (3) 金信貴 69歲 白丁 經歷 41年間

  하늘나라에 玉皇上帝의 시중을 들고 있던 소가 있었다. 그런데 이 소가 늘 사람이 되기를 원했다. 上帝는 소의 念願이 주제넘은 짓이라고 꾸중하며 도리어 사람에게 매어 살라고 하계시켰다. 소가 下界하여 잘못을 뉘우치고 도를 닦으면 죽은 후에 다시 그 혼을 上界로 받아들이겠다고 하였다.

  時有一熊一虎 同穴而居 常祈于神雄 願化爲人 時神遺靈艾一炷 蒜二十枚
  日 爾輩食之 不見日光百日 便得人形 熊虎得而食之 忌三七日 熊得女身 虎
  不能忌 而不得人身 熊女者 無與爲婚 故 每於壇樹下 呪願 有孕 雄乃假化而
  婚之 孕生子 號曰檀君王儉.〈三國遺事 奇異 券第1 古朝鮮條〉

  檀君神話에서 곰이 成功하고 범이 失敗했는데 高陽 水原 昇州의 세 설화는 檀君 神話의 범의 실패의 形式을 취한 듯하다.

사람으로 변신되는 조건으로서 단군 신화에서는 쑥 한 줌과 마늘 스무 쪽을 환웅이 주며 100일 동안 굴 속에서 햇빛을 보지 말라고 하였다.

高陽설화에서는 玉皇上帝가 30일간 쑥만 뜯어 먹고 눈을 감지 말고 떠 있어야 하며 앉지 말고 서 있으라고 하였다.

水原설화에서는 白髮의 神仙이 적은 쪽지에 쓰기를 40日 間 물까지도 금식하여 눈을 감고 앉은 채 일어나지 말며 꼬리를 휘두르지 말라고 하였다는 檀君神話와는 약간씩 다르지만 종합적인 면으로 볼 때는 檀君神話의 범의 失敗說과 아주 유사하다.

檀君神話에서는 修道 중의 기록은 없지만 高陽설화에서는 天王이 두 鬼神을 보내어 방해하게 했고 水原설화에서는 魔鬼떼들이 몰려와서 방해했다고 되어 있다. 高陽설화에서는 귀신을 받아 卽死하게 하여 殺生을 한 까닭에 下界시키고 水原설화는 破戒를 했기 때문에 下界시켰다. 高陽설화에서는 下界 후에도 사람을 살생하였으므로 그 힘을 못 쓰게 코뚜레를 뚫게 하고 사람을 살생을 한 罪報로 인간에게 충성을 다하라고 하면서 사람에게 이르기를 소가 10년이 넘기 전에 죽이라고 한 것은 백정들의 屠牛生業의 合理化策으로서 첨가된 듯하다. 뿐만 아니라 高陽설화에서 소의 뿔이 휘어지고 발톱이 문드러진 것은 죽은 마귀를 돌밭에 파묻기 위해 구덩이를 파느라고 그리 되었노라고 한 것은 매우 재미있는 說話의 樣相이라 하겠다.

세 說話가 모두 上界의 소가 罪報로 下界로 내려왔다는 것과 죽어서 혼이 상계로 다시 돌아간다는 것은 佛敎的이라 하겠으며 白丁들의 屠牛生業의 聖職化를 위한 合理化策의 심리를 엿볼 수 있다.

○ 蒐集地
慶北 靑松郡 波州面 德天里 106

○ 調查對象者
  (1) 石道民 52歲 白丁 經歷 31年
  (2) 姜鐘植 70歲 白丁 經歷 50年
  (3) 印泰黙 68歲 白丁 經歷 40年

   상상도 할 수 없는 아주 오랜 옛날 玉皇上帝에게 외동딸인 아주 예쁜
공주가 있었다. 上帝는 공주의 배필을 구하려고 백방으로 신하를 보내고
物色하였으나 좀처럼 마땅한 사람이 나타나지 않았다. 그런데 어느 날
한 할머니가 다녀와서 이웃 초(草)나라의 왕자가 좋은 氣稟이 늠름하고
용맹이 天軸을 흔들 것 같이 훌륭함을 아뢰었다. 옥황상제는 노파의 말
을 듣고 반가워 이웃 초(草)나라의 왕자를 친견해 보니 과연 사내답게
씩씩하게 생겼음을 보고 곧 공주와 약혼을 시키고 이어 화려 찬란한 결
혼식을 올렸다. 玉皇上帝의 사위가 된 초(草)나라의 왕자 이름은 '옹'이
라 하였다. 그런데 이 '옹'은 어찌된 일인지 놀고 먹는 데만 정신이 팔려
일을 아예 하지 않았다. 그리고 술을 몰래 빚어 먹고 주정을 하고 신하들
을 학대하여 괴롭혔다. 이렇듯 횡포가 날로 심해짐에 따라 신하들의 원
성이 높아갔다. 그러던 어느 여름 왕이 귀해 하는 소를 손수 끌고 뒤뜰
동산에서 풀을 뜯기며 신선한 아침을 즐기고 있었는데 획 하고 어디선지
화살이 날아와 소 잔등이에 박혀 소는 그 자리에서 쓰러지고 말았다.
왕은 깜짝 놀라 허겁지겁 쓰러진 소를 일으켰으나 이미 숨이 넘어가고
몸이 식어갔다. 上帝는 大怒하여 御前會議를 열고 소가 被殺된 것을 말
하고 활을 쏜 자가 누구냐고 호령을 내렸다. 그러나 누구하나 대답하는
신하가 없었다. 이때에 한 늙은 신하가 "아침에 '옹'께서 말을 타고 사냥
떠나가는 것을 보았는데 혹시 '옹'께서 소를 노루로 보고 잘못 쏘신 것이
아닐까 하오니 한번 '옹'께 여쭙는 것이 좋을까 생각하나이다."라고 아뢰

었다.

上帝는 곧 '웅'을 불러 오라고 하였으나 신하가 와서 하는 말이 '웅'이 낮잠을 자고 있는 중이라고 사뢰었다. 上帝는 더욱 怒하여 당장 깨워서 데려 오라 하였다. 눈을 비비며 웅이 어슬렁어슬렁 나타났다. 소를 쏘아 죽였냐고 상제가 묻자 그렇다고 선뜻 대답하고선 아무렇지도 않다는 듯이 태연하였다. 그리고 '웅'이 하는 말이 자기보다 소를 더 사랑하기에 시기가 나서 죽였다는 것이다. 상제는 신하에게 '웅'을 꽁꽁 묶으라고 이르고 '웅'의 아내인 딸을 불렀다. 딸은 입이 함지박과 같이 부어서 아버지인 上帝 앞에 뾰로통하게 나타났다. 딸의 뾰로통한 꼴을 본 왕은 여기서도 노염이 있었다. 두말없이 딸을 내쫓았다. 왕은 신하를 시켜 生死簿에서 딸과 사위의 이름을 빼어 불 지르고 煉獄으로 보내려 하였다. 이때 신하인 '대성대감'이 나타나 '大王님 진정하옵소서. 그들을 연옥으로 보내느니보다 人間世上으로 보내어 勞役을 맡겨 還生시킴이 좋은 줄로 생각하나이다.'라고 사뢰었다.

上帝는 대성대감의 말에 공감하여 사위와 딸을 불러 놓고 사위에게 하는 말이 '마땅히 생사부에서 떼어 연옥에 보내어 1억8천 년 간 고생시켜 벌을 주는 것이 마땅할 줄 아나 이번에 특별히 생각하는 바 있어 人間世上에 보내노니 내 사랑하는 소를 죽였으니 그 소의 영을 위해 네가 소가 되어 인간 세상에 내려가서 힘써 죄의 값을 나누어야 한다.'고 이르고 딸에게는 '인간세상에 내려가 길쌈을 하여 네가 벌어 네가 먹어야 된다.'고 하였다. 그리고 다시는 살아서 上界에 올 수 없으니 죽어서는 다시 올 수 있는데 그것도 도를 부지런히 닦아야 된다고 하였다.

이리하여 '웅'은 소가 되고 딸은 길쌈꾼이 되어 이 지상에 내려왔다. 지금도 가끔 소는 하늘을 향해 '음메'하고 울부짖는데 그것은 上帝께 용서해 달라고 호소하는 것이고, 길쌈하는 여인은 길쌈을 하다 말고 기지

개를 펴며 죄를 용서해 달라고 비는 것이라 한다.

慶北 靑松의 說話는 牽牛와 織女의 영향을 입은 듯하다. '견우와 직녀'
의 七夕說話는 玉皇上帝의 孫女로 길쌈을 잘하고 부지런하므로 皇帝는
이를 좋이 여겨 은하수 건너편 河鼓란 목축업을 잘하면서도 성년이 되도
록 아직 독신으로 있는 총각과 혼인하게 하였는데 新情之初에 즐겁게
놀기만 하고 게으름을 피우므로 皇帝께서 大怒하여 그들을 다시 떨어져
살게 하여 은하수 동편에 견우는 은하수 서편에 있게 하고 1년에 꼭 7월
7일 밤 한 번씩 만나도록 하였는데 이 만나는 밤엔 세상에 있는 까마귀와
까치들을 불러다가 은하수에 烏鵲橋란 다리를 놓게 하기 때문에 이 날엔
烏鵲들이 한 마리도 볼 수 없고 또 그 다리를 놓기에 머리가 벗겨져서
부수하게 된다하며 七夕 前日에 견우와 직녀가 서로 만날 준비를 하느라
고 먼지 앉은 수레를 씻기 때문에 그 물이 흘러 비가 내린다 하니 이를
洗雨車라 하고 또 이별할 적에 우는 눈물을 漉淚雨라 한다.
　이 七夕說話는 牽牛가 聖獸로서의 소가 動物崇拜의 對象으로서 牧童
에 끌리는 모습을 그리는 한편 부지런히 소치고 베짜라는 産業勸奬의
意義도 포함된 것이라 볼 수 있다.
　慶北 靑松의 설화와 비교하여 보면 七夕說話는 玉皇上帝의 孫女로 되
어 있음에 청송의 설화는 공주로 되어 있어 모두 길쌈을 잘 하였다는
것은 일치한다. 그리고 남자주인공 역시 모두 목축을 하였다는 것도 일
치한다. 七夕說話에서는 結婚 後 게을렀기 때문에 罪報로 갈라놓았고
靑松說話에서는 천상의 소를 살생한 罪報로 소로 변신 시켰는데 佛敎的
이라 하겠다.
　靑松說話에서 生死簿라든가 殺生을 禁하는 사상이라든가 죽어서 다
시 환생한다는 것은 역시 불교적이라 하겠다.

七夕說話는 물론 道敎的인 것이라 하겠지만 靑松說話는 도교적인 中國說話를 불교적인 것으로 潤色한 설화라 하겠다. '견우와 직녀'의 설화도 근원적으로는 聖牛觀에서 이루어진 설화라 하겠다.

○ 蒐集地
　全羅北道 南原郡 雲峰面 宣川里
○ 對象者
　(1) 洪仁植 69歲 白丁經歷 40년
　(2) 高廣貴 75歲 白丁經歷 53년
　(3) 金達勳 75歲 白丁經歷 52년

옛날 하늘에는 黃極黃角大仙이 살았었는데 그의 아들 皇太子는 낚시질에 취미가 있어 늘 낚시와 바구니를 메고 강으로 가는 것이 일과였다. 물론 上界에서는 살생을 금하고 있으나 왕은 외아들이 하는 것이라 그냥 묵인해 주었다. 그런데 어느 날 저녁 때 황태자가 낚시를 드리우고 있는데 낚싯대가 척 휘어지고 줄이 팽팽해졌다. 太子는 힘을 다해 채었으나 끄떡하지 않았다. 두 손으로 있는 힘을 다하여 잡아당겨 겨우 끌어내었다. 펄떡 펄떡 뛰는 큰 잉어였다. 황금의 비늘이 번쩍이고 이빨도 금이고 꼬리도 금꼬리였다. 금잉어인 것이다. 태자는 무척 기뻐하며 너무 커서 다 들어갈 수 없어 바구니에 머리만 넣어서 집으로 돌아오려 했다. 그런데 금잉어가 꿈틀 하더니만 고개를 들고 '여보시오 나를 좀 살려주시오'라고 애원하는 것이었다. 태자는 깜짝 놀라 잉어를 보니 눈에는 눈물이 글썽글썽 하였다. '도대체 넌 뭔데 말을 하니?' 하고 태자가 묻자 금잉어는 금비늘을 번쩍 세우며 '저는 東海 龍宮에 사는 崇恩聖帝의 아들입니다. 하도 갑갑하여 물에 놀러 왔다가 이 꼴이 되었는데 한번만 살려서 물에 놓아주면 그 태산 같은 은혜를 갚겠나이다.'라고 애원하는 것이었다. 그러나 태자는 들은 체도 않고 '넌 오늘 저녁 내 맛있는 밥반찬 감이야'하고 머리를 바구니에 틀어박아 궁전으로 메고 와서 궁녀들에게 자랑하며 맛있게 끓이라고 하였다. 노란 기름이 동동 뜨는 잉어 국을 맛있게 먹으면서 태자는 아까 잉어가 龍宮의 아들이라고 살려달라던 꼴을 생각하고 속으로 빙그레 웃으며 쾌미를 느꼈다.

이렇듯 맛있게 잉어국을 먹고 나자 太子의 몸에는 큰 변동이 일어났다. 속이 메슥메슥 하더니만 몸에 비듬이 생기고 머리가 잉어 머리같이 되고 잉어 꼬리가 삐죽삐죽 나기 시작하였다. 태자는 겁이 나서 菩薩을 불렀다. 菩薩은 太子의 몰골을 보고 깜짝 놀라 물었다. '太子는 화가 나서 菩薩의 말을 들은 체도 않고 어서 잔소리 말고 念佛이나 외라고 하였다. 菩薩은 땀을 뻘뻘 흘리며 念佛을 외었으나 태자는 잉어 그대로의 形象이 되고 말았다. 父王이 太子의 소식을 듣고 와서 보자 殺生을 하지 않았느냐고 물었다. 잉어를 먹고 나자 이렇게 되었다고 대답하였다. 이때 東海 龍宮나라 使臣이 깃발을 들고 와서 동해용궁 聖帝의 사신이라고 왕께 아뢰옵고 '本國 太子께서 물에 놀러 갔다가 貴太王의 태자에게 붙들려 왔다 하온데 곧 돌려보내 주시기를 바라나이다.' 라고 공손히 엎드렸다. 잉어 모양으로 변한 태자는 할 수 없이 自初至終을 말하였다. 이말을 들은 동해용궁의 사신은 그 자리에서 땅을 치며 태자가 끓는 물에 삶겨 죽다니 하며 통곡하는 것이었다. 대왕은 聖僧을 모두 불러 염불하게 했으나 별도리가 없었다. 용궁의 사신들은 이 나라의 태자라도 용궁 태자로 모셔야겠다고 간청하였다. 왕은 할 수 없이 잉어가 된 태자를 용왕의 태자로 보냈다.

이리하여 용왕의 태자가 된 잉어는 용궁에 도착하자 곧 다시 고기비늘이 없어지고 꼬리가 들어가고 머리가 도로 변하여 용왕의 태자가 되었다.

그런데 용궁의 좋지 않은 신하들의 꾐에 휩쓸려 술을 진탕 마시고 殺生을 하는 사냥을 갔기 때문에 용왕의 노염을 사서 龍宮에서 地上으로 쫓겨나게 되었다. 용왕은 皇極大王의 아들이었던 太子를 소로 만들고 태자와 함께 술 마시고 사냥갔던 신하들은 사람으로 만들어서 지구상으로 내어 보내면서 용왕은 '네 듣거라. 관대히 처분하여 바깥 世上으로 내어 보내니 나가서는 아예 술을 입에 대지 말고 부지런히 일하라'고 太子에게 이르고 신하에겐 '또 너는 소를 잘 부려 내 아들 태자 모시듯 하여 죽어 다시 오면 후한 벼슬을 주겠다.'라고 하였다. 이리하여 지금도 소가 물을 마실 때마다 하늘을 바라보는데 이는 上界의 고향을 그리워하는 것이라 한다.

잉어를 낚았다 살려준 恩惠로 報答을 받은 설화는 세계적으로 流布되어 있는 듯하고 孫晉泰의 『韓國民族說話研究』에 수록된 鯉說話에서는 어느 孝子가 病患 母親의 病을 고치기 위하여 잉어를 얻으려고 애씀에 皇天이 이에 感動하여 잉어를 주었다는 說話가 있다.[8]

그러나 南原의 설화에서는 天國의 太子가 잉어를 낚았을 때 용왕의 아들이라고 살려 달라고 애원하는 것을 거절하고 끓여 먹었기 때문에 그 罪報로서 태자가 잉어로 변신되었다는 것도 다른 잉어 설화의 類型에서 찾아 볼 수 없는 독특한 것이라 하겠다. 이 설화는 흔히 流布되어있는 잉어 설화에 살생을 禁하는 사상으로 潤色되어 백정 特有의 說話形成을 이룬 것이라 하겠다.

그리고 이 설화에는 동해의 용왕의 아들이 나오는데 아마 이것은 저 유명한 新羅 憲康王 시대 處容郎 〈三國遺事 卷第2 處容郎望海寺條〉 설

---

8 孫晉泰, 韓國民族說話의 研究, 第2篇 中國影響의 民族說話, ⑱王祥得鯉傳說.

화의 영향을 입은 듯하다. 處容郎이 나오기까지는 불교적인 動機라는 데서 더욱 그렇게 생각 되는 것이다. 그러므로 이 설화는 잉어의 설화와 처용랑의 설화를 불교적으로 윤색한 것이라 하겠다.

　○ 蒐集地
　　忠淸南道 公州郡 義堂面 三山里
　○ 對象者
　　(1) 南錫祐 82歲 白丁經歷 56年
　　(2) 尹德鎬 61歲 白丁經歷 37年
　　(3) 金贊浩 46歲 白丁經歷 13年〈靑陽郡〉

　옛날 玉皇上帝가 복숭아를 무척 좋아하여 뒷동산에 복숭아나무를 심었다. 그런데 나무는 해가 갈수록 무성하게 자랐지만 꽃이 피지 않아 열매가 달리지 않았다.

　나무를 심은 지 천년이 되어도 꽃이 피지 않았다. 옥황상제는 이상이 여겨 신하를 불러 꽃이 피지 않는 이유를 물어 보았으나 누구하나 대답하는 이가 없었다. 하루는 상제가 직접 과수원에 들어가 복숭아나무를 하나하나 살펴보고 나뭇가지를 흔들어 보았다. 그랬더니 한 잎의 고운 꽃잎과 더불어 한 장의 편지가 떨어졌다. 편지의 내용인 즉 '이 나무는 삼천년에 겨우 꽃이 피고 열매가 열리는데 이 열매를 먹으면 신선이 되고 다시 6000년 지나야 꽃이 피고 열매가 맺는데 이 열매를 먹으면 長生不死하고 다음은 9000년이 되어야 꽃이 피고 열매가 맺는데 이 복숭아를 먹으면 壽命이 하늘과 땅과 해와 달과 같이 永遠하다'고 씌어 있었다. 상제는 무척 神異하게 생각하며 과수원을 관리할 책임자를 선정하려고 御前會議를 열었다. 모든 사람들이 다 맡기를 원하였으나 上帝는 天宮

에서 부지런하기로 이름난 五方將을 임명하였다. 五方將은 어전회의에서 아무 말 없이 고개를 숙여 정숙히 앉아 있었는데 관심이 그리로 간 것이다. 이리하여 五方將은 반도원장(蟠桃園長)이라는 벼슬을 받았다.

어느덧 3000년이 흘렀다. 아름다운 꽃이 피자 이어 열매가 달리고 볼그레하게 익었다. 반도원장은 잘 익은 복숭아를 골라 따서 옥제에 넣어 상제께 올렸다. 상제는 3000년 만에 달린 복숭아를 받아들고 이것을 먹으면 더욱 神仙이 되는구나 하고 자못 기뻐하였다.

그 후 다시 3000년이 흘렀다. 다시 꽃이 만발하고 복숭아가 주렁주렁 달렸다. 반도원장은 복숭아를 따서 함에 넣으며 이것을 먹으면 長生不死한다는 생각이 들자 먹고 싶은 욕심이 불현듯 일어났다.

'하나쯤 먹어야 자리도 나지 않을 텐데'하고 上帝에 바치기 전에 하나 입에 넣었다. 어떻게 맛이 있는지 입안이 다 녹아 날 판이었다. 한 개로 성이 차지 않은 반도원장은 또 하나 게 눈 감추듯 먹어 버렸다. 가슴이 환해지고 하늘에도 오를 듯 흥겨웠다. 그러자 몸이 화끈거리기 시작하더니 몸에 털이 나기 시작하고 목구멍이 막혀 숨을 제대로 쉴 수 없게 되고 복숭아 같이 살결이 붉어지고 배가 불러 오는 것이었다.

이렇게 몸의 변동에 당황한 蟠桃園長은 어쩔 줄을 몰라 하다가 이런 꼴을 해 가지고 상제 앞에 나타나느니 보다는 차라리 땅 속에 숨어버리는 것이 낫겠다고 땅을 파기 시작하였다. 연장도 가지러 갈 겨를이 없어 맨손으로 파자 손에는 피가 흐르고 손이 가스러졌다. 上帝는 복숭아를 가져올 시간이 훨씬 넘었는데도 아무 소식이 없자 궁금해서 손수 과수원으로 발걸음을 옮겼다. 과수원에 이르자 보지 않던 괴물이 꿈틀거리는 것이 보였다. 상제는 주춤하고 다가서서 자세히 보니 蟠桃園長인 五方將이었다. 몸에는 털이 무섭게 나고 머리에는 뿔이 나고 손과 발은 갈기갈기 찢어지고 터져 피가 흐르고 있었다.

上帝는 五方將이 복숭아를 몰래 따 먹어서 이렇게 된 것을 알았지만 모르는 체하고 五方將에게 연유를 물었다. 五方將은 한참동안 머뭇거리다가 무릎을 꿇고 잘못을 눈물로 고백하였다.

상제는 五方將을 불러 네 죄를 생각하면 十二度層 煉獄에 봉하여 億萬年間 罪人 待遇를 하는 것이 마땅하나 전에 부지런히 일함을 생각하여 관대히 용서하여 下界시켜 罪報로 인간들로 하여금 사역하게 할 테니 너 죄값으로 인간들에게 땀 흘려 일을 해주고 사람의 손에 죽어야 다시 還生하여 이 곳(上界)에 올 수 있도록 하겠다고 하였다.

소가 된 五方將은 눈물로 참회하며 下界에 내려와 인간에게 충성을 다하고 죽어서 상계로 환생될 날을 기다리는 것이다.

　　　○ 蒐集地
　　　　江原道 三陟郡 北上面 北上里
　　　○ 對象者
　　　　(1) 김군섭 56세
　　　　(2) 채종식 73세

옛날 하늘나라에 菩薩님이 계셨는데 이 菩薩님에게는 한 아들이 있었다. 금이냐 옥이냐 하며 귀히 키워온 太子였다.

보살왕은 그때 花果園에 萬年이나 묵은 복숭아나무를 키우는데 이 복숭아는 菩薩王만 먹는 不老長生의 복숭아였기 때문에 花果園 둘레에는 넓이 萬尺이나 되는 깊은 호수를 파고 거기엔 또 파수병이 지키고 있었다. 하루는 태자가 과수원 둘레에 넓은 호수에 뱃놀이를 하고 있었는데 주렁주렁 달린 복숭아가 먹음직스러워 따 먹으려고 했으나 나무가 万年이나 자라서 손이 닿지를 못해 딸 수가 없었다. 그런데 하루는 父王이 과수원에 가서 복숭아를 따오라는 분부였다. 太子는 무척 기뻐서 선녀들을 데리고 과수원에 가 복숭아를 땄다. 잘 익은 것으로 네 개를 따서 네 선녀의 바구니에 하나씩 넣었다. 그리고 太子는 다시 올라가 또 네 개를 따서 선녀 바구니에 하나씩 넣어 모두 여덟 개를 땄다. 궁으로 들어와 선녀들을 부왕께 보내고 太子는 자기 방으로 들어가 문을 안으로 걸고 몰래 따서 품에 감춘 것을 꺼내어 먹었다. 얼마나 맛이 있었는지 이루 말할 수 없었다.

그런데 복숭아를 먹고 나서 채 입도 씻기 전에 몸이 화끈 하더니 몸집이 커지고 눈이 왕방울 같아지고 손톱이 뭉뚝해지고 몸에는 털이 쏙쏙 나오는 것이었다. 太子는 너무 어이가 없어 털썩 주저앉아 울었다. 거울에 비친 자기 꼴을 보고 이불을 뒤집어썼다. 이때 부왕은 신하를 시켜 태자를 불렀다. 태자는 괴상망측한 모습으로 부왕 앞에 나타났다. 부왕은 깜짝 놀라며 점쟁이와 중을 불러서 이유를 물었다. 太子가 복숭아를 몰래 따 먹었는데 天宮 玉皇上帝가 怒하셔서 罪報로서 소로 변하게 하였다고 아뢰었다. 너무나 어이가 없는 보살왕은 구름을 타고 올라 玉皇上帝를 만나 사유를 물었다. 옥황상제는 매우 怒하며 소로 된 太子를 下界시켜 사람에게 충성을 다하도록 하고 죽은 다음에 다시 上界로 받아들이라는 御命이었다. 보살왕은 눈물을 머금고 돌아와 할 수 없이 소로 변한 태자를 下界시켰던 것이다.

① 西王母降出桃七枚 自啖二枚 五枚與帝 帝留核欲種 母曰 此桃三千年一開花 三千年一結果 指東方朔曰 此桃三熟 此兒已三偸. 〈漢武故事〉

② 西王母 卽龜台金母也 姓緱 諱回 字婉妗 一字太虛 漢元封元年 降武帝 進蟠桃七枚於帝 自食其二 帝欲留核 母曰 此桃世間所有 三千年

一實耳.〈列仙傳〉

③ 東方朔偸桃

東郡獻短人 帝呼東方朔 朔至 短人指朔謂帝曰 西王母種桃 三千年
一開花 三千年 一結子 此兒不良 已三過偸之矣.〈漢武故事〉

上記 文獻에서 보건대 神仙인 西王母가 복숭아 일곱 개 중 두 개는
스스로 먹고 다섯 개는 임금에 주었고 이 복숭아는 三千年만에 한 번씩
열매를 맺고 이를 東方朔이 어렸을 때 세 개나 이미 훔쳐 먹었기 때문에
長壽하였다는 故事를 볼 수 있다.

上記 白丁의 說話는 道敎에서 이르는 蟠桃說話와 유사함을 알 수 있
다. 中國의 설화와 비교하여 보면 道家의 蟠桃說話에서 西王母가 왕에
게 3000년에 한 번씩 열매를 맺는다 하였는데 公州說話에서는 복숭아나
무를 심은 지 1000년이 지나도 꽃이 피지 않아 상제가 직접 가서 나무를
흔들자 쪽지가 떨어졌는데 거기엔 3000년, 6000년, 8000년 안에 한 번
씩 열매를 맺는다 하였고 公州 說話의 열매를 맺는 年代는 처음의 것은
3000년으로서 중국의 蟠桃說話와 一致한다.

江原 三陟 설화는 복숭아가 달린 年代는 밝혀 있지 않고 다만 万年
묵은 복숭아라고만 되어 있다. 그리고 이 열매를 먹으면 장생불사한다는
것은 모두 공통된다.

복숭아의 個數에 대해서 삼척설화에는 7개로 되어 있는데 공주 설화
는 個數에 대해 언급되어 있지 않고 삼척 설화에는 8개로 되어 있다.
그리고 공주 설화는 옥황상제라 되어 있음에 반하여 삼척설화는 보살왕
이라는 불교적인 명칭으로 되어 있으나 보살왕 위에는 다시 이를 다스리
는 옥황상제가 있다고 하였다.

공주설화는 蟠桃園長이 몰래 따 먹었고 삼척설화에서는 보살왕의 태

자가 몰래 따먹은 결과 곧 소로 변신하였다는 것은 일치된다. 이리하여 모두 罪報로 下界하여 인간에게 충성을 다한 다음 혼으로 上界에 올라오라는 것은 역시 불교적인 것으로 공통된다.

東邦朔偸桃에서는 동방삭이 어렸을 때 불량해서 서왕모가 심은 복숭아를 몰래 훔쳐 따 먹었기 때문에 장수하였다고 되어 있고 金笠의 詩中

> 彼坐老人不此人
> 疑是天上降眞仙
> 其中七子皆爲盜
> 偸得王桃献壽筵

으로 보아 복숭아를 훔쳐 먹었다고 하여 벌을 받은 것이 없는데 백정들의 설화에서는 蟠桃를 훔쳐 먹었기 때문에 罪報로 소로 변신되었다는 것은 특이하다.

그런데 이런 반도설화와 관계된 백정 특유의 설화는 직접적으로는 서유기의 영향을 입은 듯하다. 서유기에서는 손오공이 天界에서 蟠桃園長으로 있다가 蟠桃를 훔쳐 먹고 난폭한 행동을 하였으므로 天竺의 석가여래가 罪報로 五行山에 가두었던 것이다.

公州說話에서는 蟠桃園長이라고 밝히었는데 이것은 西遊記에 나오는 명칭과 일치된다.

公州說話에서는 五方將이 부지런하기 때문에 蟠桃園長으로 임명하였고 손오공은 下界에서 너무 난폭한 짓을 하여 평화를 교란하므로 상제가 상계에 올려 회유책으로 마방지기를 시켰는데 이에 불만을 품고 다시 난폭한 행동을 하므로 蟠桃園長을 시켰던 것으로 백정설화와 서유기의 반도원장 임명 동기는 다르다. 하지만 공주의 설화에서는 복숭아를 따먹은 罪報로 變身되고 손오공은 五行山에 갇히게 되어 결국 죄를 받는다.

백정의 설화가 西遊記의 영향을 받았을 것이라는 것을 더욱 確證하는 것으로는 서유기의 蟠桃의 效用性과 年代가 公州의 설화에 나오는 蟠桃와 아주 유사하다는 점이다.

즉 西遊記의 蟠桃園에는 세 종류의 복숭아나무가 2,600株 있는데 제일 어린 나무에서 3000년 만에 한 번 열리는 복숭아를 먹으면 仙術이 통하게 되고 6년 만에 열리는 것을 먹으면 不老長生하고 또 9년 만에 열리는 것을 먹으면 天地日月과 함께 영원한 수명을 누릴 수 있다고 되어 있다. 公州說話를 보면 다음과 같다.

① 3000년 만에 달린 것을 먹으면 神仙이 된다.
② 다음 6000년 만에 달린 것을 먹으면 長生不死한다.
③ 다음 9000년 만에 달린 것을 먹으면 壽命이 하늘과 땅과 해와 달과 같이 영원한 생명을 누릴 수 있다.

西遊記 연대에는 3,000년, 6년, 9년이고 公州說話는 3000년, 6000년, 9000년으로 차이가 있지마는 처음의 3000년은 일치하고 나중 것은 첫 숫자 6, 9는 일치한다. 그리고 蟠桃의 효용성은 公州說話와 서유기와 일치한다.

결정적으로 서유기의 영향을 입었을 것이라는 확증으로는 三陟의 說話에서 菩薩王의 居住地가 華果園이고 그 둘레에는 넓이 万尺이나 되는 깊은 호수가 있다고 하였는데 손오공의 출생지와 일치한다는 점이다.

즉 손오공의 출생지가 섬인 華果山이데 지명이 華果園과 華果山으로 일치하며 三陟說話에서는 華果園이 万尺이 되는 호수로 둘러싸여 하나의 섬으로 되어 있는데 손오공의 출생지인 華果山은 섬이라는 것과 일치한다는 것이다.

그러므로 백정의 蟠桃와 관련된 설화는 직접적으로는 西遊記의 영향
을 입었을 것이라 보는 터이다. 西遊記의 蟠桃도 근원적으로 올라가면
西王母의 蟠桃說話에서 유래되었을 것이다.

　　○ 蒐集地
　　　　京畿道 廣州郡 大旺面 細谷里 똬리꼴
　　○ 對象者
　　　　白東仁 72歲
　　　　朴萬龍 61歲
　　　　朴恒成 45歲

지금으로부터 約 三万年 前 天國에는 十王 秦廣大王, 初江大王, 宋帝
大王, 五官大王, 閻羅大王, 變成大王, 太山大王, 平等大王, 都市大王,
五道轉輪大王 등이 天國과 人間世上을 다스렸는데 그 중에 閻羅大王이
十王 中 首席格이었다.

이때에 葛天翁天師가 閻羅王께 俯伏하여 사뢰기를 '지금 속세에는 자
칭 地藏王菩薩이라는 소가 天倫을 무시하고 天國에서 왔다 하여 橫暴을
다하고 선량한 사람을 뿔로 찔러 죽인다 하오니 이는 분명히 天威를 冒
瀆함이며 또 森羅를 어지럽힘이 분명하오니 곧 神兵을 내리시와 永安을
내려 주옵소서 하거늘 閻王이 大怒하여 그 놈을 당장 잡아오라는 명령을
내렸다.

천명을 받은 葛天翁天師는 왕궁을 물러나 동료들에게 下界에 가서 地
藏菩薩이라는 소를 함께 拘喚하여 가기를 권했으나 그의 난폭함을 들은
지라 한 명도 이에 따라나서는 이가 없어 혼자 祥雲을 타고 下界로 내려
와 地藏菩薩이라는 소의 궁전을 찾았다. 궁전 문지기를 통하여 하늘나

라에서 온 使者인데 너희의 대왕 地藏菩薩을 上界로 모셔 오라는 閻王의 勅書를 갖고 왔으니 어서 들어가 왕께 내 뜻을 전하라고 하였다. 地藏王菩薩은 衣冠을 整齊하고 사자를 맞았다.

葛天翁天師는 '陰間天子 십대명왕인 閻王의 가장 총애를 받는 葛天翁天師인데 上帝 閻王님의 特請으로 地藏菩薩님을 上界로 모셔 오라하여 왔사옵니다.' 하고 미리 마련한 閻王의 勅書를 내 주었다. 地藏菩薩은 勅書를 보고 滿面喜色이 되어 신하들에게 각별한 酒宴을 베풀고 泰山에 있는 요왕후를 모셔다 술을 따르게 하라고 일렀다.

'뜻은 고마우나 閻王의 勅書를 받들고 너무 오래 머무를 수도 없고 술에 취해서는 上界로 갈 수가 없사오니 다음 기회로 미루고 곧 떠날 준비를 하십시오.'

이리하여 葛天翁天師는 自稱 地藏王菩薩이라고 허세하며 橫暴을 일삼던 소를 무난히 上界로 끌어 올리는데 성공하였다. 葛天翁天師의 뒤를 따라 구름을 타고 올라 하늘 문을 열고 들어가자 增長天子가 곤봉을 휘두르며 지휘하는 龐, 劉, 張, 苟, 畢, 鄧, 卒 等 天力天丁들이 창검으로 포위하여 天門을 닫고서는 天馬로 하여금 自稱 地藏王菩薩이라는 소를 묶었다. 葛天翁天師가 天兵을 데리고 묶인 소 앞에 나타나자 소는 大怒하여 '이 늙은 놈아 받아 죽여 버리고 말테다. 벼슬을 준다고 꾀어서는 이렇게 속였구나. 그래 이렇게 망신시키려는 거냐. 어서 풀어 놓아.' 하고 고래고래 소리를 질렀다.

궁전에서는 十王을 비롯하여 신하들이 御前會議를 열어 拘喚한 自稱 地藏王菩薩에 대하여 토의하였는데 '龐'이라는 天力天丁은 陵遲處斬할 것을 주장하여 거의 이에 공감하였다. 그런데 이때 인덕이 높은 신이란 天力天丁이 閻王 앞에 俯伏하여 아뢰기를 地藏菩薩을 이곳에 놓아 다시 착하게 키우고 가르쳐서 우리나라 백성으로 삼기를 간청하였다.

신의 말을 들은 閻王은 그 말을 가상하게 여겨 葛天翁天師로 하여금 묶은 것을 풀어서 御前에 끌어 오게 하였다. 地藏菩薩이 御前에 가기를 응하지 않음으로 술을 권해 화를 풀게 한 후 데리고 갔다. 閻王 앞에 선 지장보살은 앞서 술을 마신지라 취해서 閻王의 물음에 제대로 대답을 못했다. 閻王은 지장보살이 술 마신 경우를 알자 大怒하며 술 권한 葛天翁天師는 대왕의 弼馬溫으로 降等 補하고 술을 먹은 소에게는 帝王이 타는 말의 채찍과 안장 등을 만드는 띠와 가죽신 등을 만드는 갓바치로 일을 보게 하였다. 그 후 소는 자기 잘못을 뉘우치고 모든 일에 충성을 다하였다. 이를 嘉賞히 여기신 閻王은 가을 어느 날 소를 불러 칭찬을 하고 소원을 물었다. 소는 너무 황송해서 눈물을 흘리며 '죄 많은 중생이 무슨 請이 있으리오마는 下界에 늙은 부모와 어린 동생이 있사온데 사람 한테 매를 맞았기 때문에 화가 나서 그 사람을 뿔로 받아 죽인 일이 있어 늘 심히 고통을 느끼고 있나이다. 다시 下界로 내려가게 해 주신다면 改過遷善하여 땀 흘려 벌어먹고 살겠나이다.' 하고 머리를 조아려 아뢰었다.

이렇게 悔改함을 들은 閻王은 무척 기뻐하며 몇 달을 더 두고 修道가 어느 정도 되었는지 시험하기로 하고 소에게 조금만 더 고생하면 뜻을 이루어지리라 하였다. 閻王은 소를 일터로 돌려보내고 試驗하기 위해 배고프고 졸리게 하고 파리떼들을 달라붙게 하였다. 고통이 치밀은 소는 下界에 있을 때 根性이 나타나려고 했으나 꾹꾹 참고 견디고 있는데 하루는 獨角鬼王의 아들이 와서 놀리고 조롱하매 아니꼽고 성이 나서 뒷발로 차버렸다. 겁이 난 소는 뿔과 발톱으로 자갈밭에 구덩이를 파고 물에 빠져죽은 어린 아이를 건져 묻어 버리고 말았다.(이때 구덩이를 파느라고 소뿔이 휘어지고 발톱이 뭉툭하게 되었다 함.)

그날 저녁 獨角鬼王의 아내가 아들을 찾느라고 울며불며 야단이었으나 소는 시침을 딱 떼고 있었다. 閻王은 모든 일을 다 알고 있다가 소가 아무 말도 않고 悔改를 안 하므로 소의 꿈에 죽은 애의 머리를 나타나게 하였다. 밤새껏 공포에 떨던 소는 그때야 죄를 뉘우치고 눈물을 흘렸다. 閻王은 소를 묶게 한 다음 '네가 지은 죄를 알 것이다. 당장 陵遲處斬할 것이지만 殺生은 後患이 있는 고로 너를 人間世上에 다시 내려 보내니 사람에게 매어 죽도록 일을 하여 주인을 섬겨라. 살아서는 다시 이곳에 못 올 것이니 죽은 후 다시 오면 받아 신하로 삼겠다고 하였다.

이리하여 소는 멋대로 못 굴고 난폭한 짓을 못하게 하기 위해 처음으로 코뚜레에 꿰여 인간세상에 내려와 인간에게 충성을 다하고 죽어서는 몸까지 바친 후 혼은 上界로 가서 閻王의 신하가 되는 것이다.

西遊記 '天과의 接戰篇'에서는 孫悟空이 地界에서 난폭한 행동으로 地界를 괴롭히는 고로 玉皇上帝가 御前會議를 열고 勅使를 보내어 天國에서 벼슬을 줄 테니 데려 오라고 하였다.

孫悟空이 勅書를 받고 天國에서 벼슬을 준다고 하니까 무척 영광스럽게 여기며 勅使를 따라서 구름을 타고 上界에 올랐다고 하였는데 廣州의 설화에서는 自稱 '地藏菩薩'이라고 되어 있지만 天界로 올라가기까지의 경과는 西遊記의 것과 유사하다. 地藏菩薩이라는 소가 상계에 가서 술을 마셨기 때문에 갓바치로 있다가 '獨角鬼王'의 아들을 발로 차서 죽였다고 하였는데 西遊記에서 독각귀왕은 손오공의 부하인 뿔 하나 가진 사나운 귀신으로 되어 있다. 廣州說話는 서유기 序章 중 天軍과의 接戰과 유사한 점이 많은데 그 영향을 받았으리라 본다.

○ 蒐集地
　忠淸北道 鎭川郡 草坪面 草坪里

　○ 對象者

　　金仁郡 75歲 　(白丁 53年)

　　車鍾鎭 61歲 　(白丁 46年)

　　朴鍾卓 65歲 　(白丁 48年)

　　(세 사람의 說이 조금씩 다르나 共通點만을 추렸다.)

　천지가 개벽이 되어 만물이 生氣를 띄었을 때 天上에는 傲來國이라는 나라가 있었다. 이 나라에 사는 소들은 푸른 동산에서 마음껏 먹고 평화롭게 지냈다. 이 소의 우두머리는 敖王이라 自稱하고 온갖 富貴榮華를 누리었다. 술을 빚어 먹기가 일쑤고 이웃 토끼 나라에 사신을 보내어 토끼를 조공으로 보내라 하여 토끼를 잡아서는 술안주를 하였다. 이렇듯 약한 짐승들을 괴롭혔기 때문에 들짐승들이 모여 회의를 열고 上天子皇 上帝에게 上訴하였는데 그 上疏文의 내용인 즉 傲來國에서 자칭 傲來王이 무고한 백성을 괴롭히고 옥황상제님이 베푸신 자유의 꽃동산에서 평화로이 자라는 토끼, 여우, 노루들을 이유 없이 잡아먹으니 이를 시정하여 달라는 것이었다.

　靈宵宝殿에서 上疏文을 읽은 옥황상제는 '괘씸한 놈이 다 있었군.' 하고 하늘 문을 열고 아래 하늘을 굽어보니 과연 큼직한 소들이 있는데 그 중에도 덩치가 큰 소가 창과 칼을 휘두르며 약한 짐승들을 괴롭히는 것이 보였다. '범 없는 골엔 토끼가 왕이라더니 허! 버르장머리 없는 놈.' 왕은 장수에게 명하여 짐승들을 괴롭히는 소를 잡아오라 하였다. 창과 칼을 든 힘센 장수가 구름사다리를 타고 아래 하늘을 내려갔다. 玉皇上帝의 命을 받고 傲王을 만나려 왔으니 어서 속히 성문을 열라고 하자 傲王에 연락하고 한참 뒤에야 문을 열어서 들어갔다. 上天의 옥황상제의 뜻을 아뢰고 傲王을 유인하는데 성공하였다. 상제는 傲王에게 이름을 물었으나 반말로 대답을 하는 것이었다. 괘씸하기 짝이 없었으나 그 냥 꾹 참고서 "그대를 이렇게 올라오게 한 것은 다름이 아니라 그대가 下天에서 정탐을 잘 한다기에 내 기특히 여겨 上天의 일을 좀 돌봐 달라 고 오란 것일세." 오왕은 추어주는 바람에 어깨가 으쓱하여 쾌히 승낙하 였다.

이리하여 傲王은 상천에서 길쌈을 맡게 되었다. 처음에는 흥이 나서 일을 잘 돌봤는데 얼마가 지나자 그 일에 싫증이 나서 게을러졌다. 그러 던 차 하루는 말 먹이는 馬夫가 와서 "자네 그 길쌈 하는 일이 上天에서 몇 級의 일인지 아나?" 하였다.

"허! 몇 級인가 좀 대주게."

"아주 제일 밑이야, 밑."

이 말을 들은 傲王은 화가 나서 그 길로 베틀을 발로 차고 성문으로 달려 나왔다. 문지기를 뿔로 받아 치우고 문을 열고서는 下天에 다시 내려왔다. 소들도 왕이 다시 온 것을 기뻐 주연을 베풀고 대환영회를 열었다.

한편 上天에서는 소가 베틀을 부수고 문지기를 뿔로 받아 버리고 도망 갔다는 사건을 둘러싸고 雲宮에 仙들을 모아놓고 上部는 그 놈을 당장 잡아오라는 엄명이 내렸다.

힘센 세 명의 장수가 구름다리를 타고 내려갔으나 傲王이 칼을 휘두르 는 바람에 쫓겨 오고 말았다. 이번에는 열 명의 장수를 보내었다. 원래 傲王이 힘이 센지라 열 명이 부상을 당한 채 되돌아오고 말았다. 上帝는 신하에게 그 놈이 언제 劍術을 배웠냐고 묻자 上天에 있을 때 밤마다 검술을 배웠노라고 하였다.

上帝는 장수들이 가서 일해 낼 재주가 없음을 알자 如意棒으로 하늘 문을 열고 내리쳤다. 번쩍하자 소의 뿔에 번개가 떨어져 (이때 소뿔이 휘어짐) 소는 그만 기절하고 말았다. 이때 대기했던 장수들이 묶어서 上天으로 끌고 왔다. 대노하신 玉皇上帝는 在天命簿에서 그 소의 이름을 떼어서 곧 煉獄으로 보내려고 玉印을 찍으려 할 때 한 신하가 상제가 엎드려 "대왕 아뢰옵기는 황송하오나 傲王으로 말하면 마땅히 연옥으로 봉함이 마땅하오나 자비를 베풀어 그를 인간이 사는 下界로 내려 보내어 苦役을 주어 횡폭이 변하여 착해진다면 얼마나 乾坤이 두루 평안하오리까."

상제는 신하의 의견을 존중하여 말대로 하계에 내려 보내어 고역을 통하여 인간에게 충성을 다하게 한 것이다.

〈차종진의 말은 끝에 가서 좀 다르다.〉

벼락을 쳐서 붙들어 온 소를 풀어 놓고 상제께서는 벼슬이 낮아서 그런 짓을 저지른 것을 알고 山大聖이란 벼슬을 주었다. 傲王은 잘못을 뉘우치고 山大聖의 벼슬을 하면서도 늘 회개를 하고 도를 닦는데 힘썼으나 살인한 죄가 마음에 걸렸다. 하루는 상제 앞에 엎디어 "대왕 아뢰옵기 황송하오나 小臣이 전에 살인한 것이 늘 마음에 걸려 괴로운 바 있사오니 소신을 인간세상에 보내어 더 苦役을 통해 참회하고 돌아올 수 있게 하여 주옵소서. 앞으로 대왕님께 다시 돌아올 때까지 어떠한 어려운 일이라도 참고 이겨 땀 흘려 벌어먹을 것을 맹세하나이다."라고 하였다.

上帝는 기특히 여겨 소의 말대로 下界에 내려 보내어 죽은 다음에 혼으로 上界에 다시 오라고 하였다. 지금 소가 입을 실룩실룩하는데 이것은 곧 念佛을 외우는 것이고 꼬리를 치고 발을 구르는 것은 하늘을 사모하는 뜻이라 한다.

鎭川의 說話는 敖來國이라고 나오는데 이것은 孫悟空이 출생한 東勝神州敖來國과 같으며 西遊記에서 나오는 如意棒 등이 등장한다. 서유기에서는 손오공이 용궁에 가서는 무기를 掠奪하고 저승에 가서는 生死簿를 먹으로 抹殺하였기 때문에 玉皇上帝가 御前會議를 열고 벼슬을 주겠다고 勅使를 보내어 상계로 데려와서 상제는 약속대로 마방지기 벼슬을 주었더니 손오공은 무척 기뻐하여 우쭐거리며 뽐내었다.

그런데 하루는 다른 仙官들이 '말 다루는 천한 人夫인줄 모르고 제 딴엔 몹시 뽐낸다'고 빈정거리자 손오공은 傲來國花果山에서 왕노릇하던 자기를 賤한 職을 주어 속였다고 분하여 마방을 때려 부수고 고향으로 돌아와 軍備를 갖추며 天軍과 전쟁을 결심했다.

천군이 손오공을 잡으려 내려오자 손오공의 맹렬한 공격으로 천군은 참혹한 패전을 당하고 돌아가 버렸다. 상제는 손오공에게 懷柔策으로 상계로 불러다가 이번엔 蟠桃園長이라는 벼슬을 주었다.

진천설화에서는 상계에서 길쌈을 하다가 마부의 말을 듣고 천한 직이라는 것을 알고 분개하여 성문을 부수고 고향인 오래국으로 돌아와서 천군과 격전을 하였다는 것 등은 서유기와 일치한다.

    ○ 蒐集地

       慶南 陜川郡 文林面 文林里 바이꼴

    ○ 對象者

       金京洙 72 歲　白丁經歷 50餘年

       姜鐘哲 59 歲　白丁經歷 30餘年

       文昌一 41 歲　白丁經歷 16年

아득한 옛날 하늘나라에 수보리조사(須菩提祖師)라는 仙人이 살고 있었다. 그는 수많은 제자와 군병을 거느리고 있었기 때문에 하늘나라의 모든 실권을 장악하였다. 그런데 날이 가고 해가 바뀌매 須菩提祖師는 한 가지 걱정이 생겼는데 그것은 곧 죽음을 면하고 長生不死할 수 있는 방법을 알아내는 것이었다. 360가지의 묘기와 108가지의 變化術을 갖고 있었으나 이 같은 죽음을 피하는 방법은 알지 못 하였다.

어느 화창한 봄날 須菩提祖師는 제자들의 부축을 받아서 바위 위에 앉아 쉬고 있었다. 이때 수제자인 어두장(魚肚將)이 須菩提祖師 앞에 엎드려 "얼마 전 天王께서 불러 들이여 길쌈을 맡겼던 우마(牛魔)가 天命을 거역하고 下界하였나이다.'라고 아뢰었다. 수보리조사는 놀라서 언제 내려갔냐고 물었다. '그저께 저녁 城內에 야차(夜叉)를 물어뜯고 뿔로 받아 죽이고 下界하였나이다.'라고 아뢰었다. 이 말을 들은 수보리조사는 몸을 부르르 떨었다. 이때에 어두장은 기회라도 노렸다는 듯이 고개를 떨어뜨리고 "大王 不肯 小臣이 下界하여 天倫을 거역한 그 놈을 당장 잡아서 묶어 오겠나이다."라고 하였다. 수보리조사는 분을 참지 못하면서 병창에서 검을 꺼내 오라하여 어두장에게 친히 주어 당장 下界하여 잡아오라고 하였다.

왕명을 받은 어두장은 구름을 타고 하계에 내려 '우마'의 동정을 살피자 그는 여러 부하를 거느리고 훈련을 시키고 있었다.

"여봐라, 나는 天宮에서 온 수보리조사의 수제자인 어두장 장수다. 너 이놈 천륜을 거역하고 사람을 죽이고 下界한 너를 잡으러 왔으니 당장 내 앞에 목을 내놓아라."라고 호령하였다. "흥, 어디서 큰 소리야! 나를 벼슬시켜 준다고 데려다가는 기껏 길쌈을 시킨 놈이 어디 있냐. 네 목이 달아나기 전에 어서 물러나라."고 도리어 큰 호령이었다. 이리하여 결투가 벌어져 飛龍같은 칼쌈이 시작되었으니 '우마왕'의 뿔에 받혀 어두장의 칼이 두 동강이로 부러지며 어두장은 질겁해서 도망쳤다. 어두장이 도망치는 것을 보자 '우마왕'은 너털웃음을 지으며 "야 천천히 뺑소니치라. 좇아가 죽이지는 않을 테니. 아예 두 번 다시 올 생각을 말아. 수보리조사한테 가거든 우마왕에게 길쌈 벼슬을 준 늙은 영감탱이에게 안부를 전하더라고 그래라." 어두장은 혼비백산으로 달음질쳤다. 어두장은 칼쌈을 할 때 벌벌 떨고 있던 우마왕 부하들은 그의 장수가 승리의 술을 차리고 연회를 베풀고 "우마왕 만세. 대왕 만세"하며 진탕들 먹었다. 어두장은 쫓겨서 수보리조사 앞에 헐레벌떡 무릎을 꿇고 뿔이 어찌 센지 칼이 뿔에 받혀 두 동강이로 부러져 할 수 없이 돌아와 부끄럽고 황송하기 짝이 없다고 아뢰었다. 수보리조사는 어두장의 패배를 만회하기 위해 이웃나라 보살왕에게 응원부대를 요청하는 전갈을 띄웠다.

"지금 下界에 자칭 우마왕이라는 소가 橫暴을 다하여 天倫을 어기고 殺生을 파리 잡듯 하여 원성이 충천하오니 보살왕께서 군사를 응원하여 주시면 이를 소탕하여 하계에 평안을 꾀하고자 ……" 글발을 받아 든 보살왕은 곧 회의를 열고 派兵問題를 討議하였다.

젊은 층에서는 저마다 파병을 찬성했으나 고령자층에서는 殺生은 天倫을 어기는 것이니 소를 죽일 것이 아니라 우리나라에 데려다가 벼슬을 주고 마음을 바로잡게 하는 것이 天意를 따르는 일이라고 하였다.

보살왕은 고령자층의 의견에 찬동하여 응원 대신 벼슬을 준다는 칙서를 하계에 내려 보냈다. 칙서를 받아본 우마왕은 코웃음을 치며 또 길쌈하는 벼슬을 주려고 데리려 왔다고 당장에 거절하였다. 칙서를 가지고 간 사신은 우리나라에서만은 그렇지 않다고 자세히 설명을 하였다. 琪花瑤草 만발하는 하늘나라로 항상 그리고 있던 우마왕은 마음이 솔깃해져서 올라가 봐서 시시한 벼슬을 주면 다시 내려오겠다고 하며 부하와 작별하고 곧 사신을 따라 보살왕이 있는 天宮으로 구름을 타고 올랐다.

上界에 올라온 다음날 이웃나라 수보리조사에게 우마왕이 여기와 있다는 것을 알리고 우마에겐 천궁의 창고를 관리하는 벼슬을 주었다. 천궁의 창고를 맡은 우마왕은 그날부터 팔자가 늘어져 창고 안에 있는 양식을 좋은 것으로만 골라 실컷 먹고 괜히 트집 잡아 仙人들과 싸움을 거는 등 책임을 완수하지 못했다. 일 년간 먹을 양식이 석 달도 못가서 떨어지자 보살왕은 우마를 불러 준엄한 문책을 하였다.

"창고에 쌀을 다 어떻게 했느냐?"

"모르겠습니다. 아마 하늘에 있는 쥐들이 먹어치웠나 봅니다."라고 하며 神靈棒으로 소의 뾰족한 뿔을 내리쳤다. 그리고 날카로이 쏘아보며 이제 너는 수보리조사에게 글발과 함께 묶어서 보낼 테니 거기 가서 마음을 고쳐먹고 수양을 쌓으면 다시 오게 하리라고 이르고 장수들에게 우마를 결박시켜 수보리조사한테 보내었다.

이리하여 우마는 수보리조사한테 다시 끌려와 두 달 동안이나 물 한 모금 먹지 못했다. 우마는 너무 배가 고파서 침을 되씹었다. 그리고 힘든 가죽일과 밭가는 일을 시키며 화가 치밀은 우마는 농부를 뒷발로 차서 죽이고 이를 밭에 구덩이를 파고 묻어버리고 태연히 돌아왔다. 그날 저녁 천국에서는 큰 소동이 일어났는데 아무리 찾아도 한 사람이 뵈지 않았다. 수보리조사는 이미 알고 있었으나 우마를 불러 잘못을 뉘우치라고 했으나 모른다고 시침을 떼는 것이었다. 수보리조사는 밭에 파묻은 시체를 파오게 하고 우마에게 보인 즉 그때야 눈물을 흘리며 죄사함을 빌었다.

"殺生은 天倫을 거역하는 것이니 殺生者는 큰 벌을 줌이 마땅하나 관대히 너를 용서하여 하계에 내려 보내니 땀을 많이 흘릴수록 主人에게 신임을 얻을 것이니 힘을 다하여 주인을 섬기고 후에 죽은 영으로 이곳에 오면 벼슬을 주어 억만 년 간 같이 살게 하리라.' 하였다. 수보리조사는 神靈棒으로 소의 뿔을 완전히 구부러뜨리고 코에는 구멍을 크게 내어 코뚜레를 끼우게 하여 제 멋대로 힘을 못 쓰게 하고 목에 힘을 불어 넣어 목힘을 세게 하고 꼬리를 짧게 하여 下界시켰다.

下界로 내려오자 사람들이 코뚜레를 끼워 끌고 가는 것이었다. 그러나 반항할 기운은 완전히 사그라졌다.

하늘나라에서 하루는 땅 위에 천년에 해당된다는 보살왕의 말이 새삼스러웠으나 이미 때는 늦었다. 이리하여 소의 뿔이 뾰족하던 것이 수보리조사의 神靈棒으로 휘어진 것이다.

소의 발이 뭉그러진 것은 농부를 땅에 파묻느라고 일그러진 것이고 소가 반추작용을 하는 것은 수보리나라에서 하도 배가 고파 침을 씹은 데서 버릇이 생겼다. 우마는 이제는 완전히 사람의 손에 쥐이게 되었다. 옛날 자기 부하였던 소들도 이제는 흰 뼈가 되어 벌판과 길바닥을 이리저리 뒹굴고 있었다. 소는 천국을 그려 틈만 있으면 하늘나라를 쳐다보고 도를 닦느라고 인간에게 충성을 다하는 것이다.

陜川의 說話는 진천의 설화와 유사하며 역시 서유기와도 유사하다. 陜川의 설화에 나오는 수보리조사는 西遊記에서는 仙人으로서 손오공에게 도술과 無病息災와 不老長生의 秘法과 飛術과 妖術과 變身術 등을 가르친 스승으로 되어 있다.

그리고 서유기에 나오는 우마왕은 음탕하고 난폭한 행동을 하고 火焰山이란 산에 불을 놓아 백성들을 괴롭혔으므로 손오공이 이 불을 끄려고 芭蕉扇을 요구했으나 응하지 않으므로 서로 變身術 등을 사용하여 맹렬한 격전이었는데 천군의 武術家인 나타태자의 應援으로 손오공이 승리하여 우마왕이 다시 행패를 못하게 나타태자는 縛妖索이란 포승으로 코를 꿰어 힘을 못 쓰게 하였다. 그 후 우마왕도 회개하여 佛果를 얻게 되었다. 이러한 서유기의 줄거리는 陜川說話의 우마왕과 흡사하며 陜川

說話나 다른 백정의 설화에서도 코뚜레를 꿰어 힘을 못 쓰게 했다는 것
등은 이 우마왕의 코를 꿰인 것과 관련된 듯하다. 陜川說話에 소 목의
힘을 세게 하기 위해 힘을 불어 넣었다는 것은 손오공이 털을 뽑아 갖은
요술을 다 피우던 것과 유사하다.

그리고 '神靈棒'이라고 이름은 다르나 손오공의 '如意棒'에서 유래되
었을 것이다.

京畿 廣州, 忠淸道 鎭川, 慶南 陜川 등의 설화에서는 소가 地界에서
王者 노릇을 하였는데 橫暴하고 殺生을 했기 때문에 그 벌로서 사람한테
꼼짝 못하게 잡혀서 일을 하게 되었다는 것이다. 모두 이것은 西遊記에
나오는 牛馬王의 영향을 입은 듯하다.

○ 蒐集地
　　濟州道 北濟州郡 楸子面 楸子島里 106
○ 對象者
　　金萬根　56歲 白丁經歷 8·15 解放前 5年

옛날 하늘나라에 임금에게 두 왕자가 있었다. 큰 왕자의 이름은 오윤
(傲閏)이었고 동생은 오신(傲信)이었다. 두 형제는 무척 다정스러웠는데
왕이 큰 형을 각별히 사랑하자 아우 오신은 猜忌하게 되어 형의 잘못을
자주 일러 바쳤다.

그럴 때마다 왕은 형의 잘못보다 네 잘못이나 먼저 고치라고 도리어
꾸중을 하였다. 아우의 시기는 형제간의 반목을 점점 크게 하였다. 어느
날 활 연습을 하던 둘째 왕자가 눈이 휘둥그러져 달려와서 큰일 났다고
왕을 뒷동산에 있는 華果園으로 이끌었다. 우물 속에 太子가 거꾸로 쓰
러져 박혀 있었다.

王은 피투성이가 되어 쓰러져 박힌 큰 왕자를 보고 깜짝 놀라 실신하였다. 신하들이 받들어 침상으로 옮겼다. 얼마 후 깨어난 왕은 왕자에 대한 자초지종을 조사하여 보고하라고 하였다. 이때 내시랑이 머리를 조아려 "황공하옵니다. 오윤 태자께옵서는 하등 우물에 투신자살할 이유가 없사온데 이는 분명히 이웃 나라의 마왕의 사주 받은 자객이 살해했거나 그렇지 않으면 다른 이유가 있을 줄 믿나이다."라고 아뢰었다. "음, 다른 이유라니?" "그것은 대왕께서 下諒 處心 하십소서." 왕은 눈물에 어려 약간의 의심을 품고 옆에 있던 둘째 왕자 오신을 바라보았다.

"아버님 원수를 갚아 주세요. 원통해요. 저는 어제 아침 화과원에 사냥을 나갔다가 그만 아우인 오신에게 맞아서 우물 속에 처박혀 버리게 되었어요. 신하들에게 늘 오신이 입버릇처럼 우리 형 오윤이는 죽일 놈이야. 그 놈 때문에 나는 왕한테 대우도 못 받고 재산 상속도 못 받고 하던 오신이가 저를 죽였어요. 이 원수를 갚아 줘요. 원통해서 못 견디겠어요."

왕이 너무나도 놀라운 소식에 깨니 꿈이었다. 왕의 등에는 식은땀이 배었다. 왕은 곧 둘째 왕자 오신을 불렀다. 죄를 솔직히 고백하라고 추상같은 엄한 영이 내렸다. 그러나 오신은 시침을 떼었다. 왕은 "음, 그럼 너 어제 아침에 활 연습을 하다말고 화과원 우물가에 가서 무슨 짓을 했냐?"고 다그쳐 묻자 오신은 기가 죽어 형을 죽인 것을 고백하였다. 왕은 오신의 고백을 듣고 곰곰이 생각하다가 아들을 煉獄에 보내느니보다는 환생을 바라는 마음에서 修道의 길을 보내기로 하여 일만 일천 가지 묘술을 내는 신령봉을 들어 주문을 외우고는 아들을 곧 소로 변신시켜 하계로 내려 보내기로 하였다. "네 오신아 듣거라. 죄를 생각하면 연옥으로 떨어짐이 마땅하나 내 자식이매 싫으나 좋으나 할 수 없어 너를 소로 환생시켜 땅에 내려 보내니 가서 사람에게 매어 살며 도를 닦

아 사람의 손에 죽어 영이 되어 상계에 오면 그때 내 아들로 다시 삼겠
노라.”

이리하여 오신은 소가 되어 마침 한라산에 내려가는 세 신하에 인도되
어 제주도로 내려오게 되었다. 그리하여 지금도 소가 하늘을 향해 메-하
고 우는 것은 “잘못했어요. 마마” 하는 뜻이다.

이 설화에서도 西遊記의 흔적을 찾아 볼 수 있는데 華果園은 손오공이
출생한 華果山의 이름과 같으며 왕자의 형제의 이름에 傲闓과 傲信 등
傲字가 붙는데 아마 이것도 손오공이 출생한 傲來國이라는 ‘오’와 관련
된 듯하다. 이야기의 줄거리는 흔히 있는 형제간의 시기에서 빚어지는
형식을 차용하여 白丁 特有의 설화를 형성한 듯하다. 신령봉이라든가
주문을 외어 아들을 소로 변신시켰다는 것은 역시 서유기와 유사하다.
그리고 아우가 형을 시기하여 살생을 하고 罪報로 소가 되어 하계로 내
려올 때 三臣下의 引導 下에 한라산에 내려왔다는 것은 제주도의 지리적
환경이 설화에 반영되었다 하겠으며, 세 신하의 인도라 함은 三姓穴과
관련된 듯하다. 그러므로 제주설화는 여러 형식이 혼합되어 이루어진
설화라 하겠다.

　　○ 蒐集地
　　　慶尙南道 釜山市 凡一洞 67-山2
　　○ 對象者
　　　金東遠 62歲
　　　尹景爕 71歲

옛날 地界에서는 귀신과 짐승 간에 처참한 전쟁이 있었다. 마귀의 大
將은 泰요, 짐승의 大將은 千이었다. 전쟁의 이유는 지구를 누가 掌握하

느냐의 싸움이었다. 하늘나라에 계시는 보살님도 지계의 이런 전쟁을 보고서 그냥 동정만 살피고 있었다. 어느 바람이 세차게 부는 날에도 귀신과 짐승 간의 싸움은 쉬지 않고 계속 되었으나 워낙 바람이 세었기 때문에 짐승들은 희생이 컸으며 陣地로 무사히 돌아올 수 있었던 것은 몇 마리뿐으로 대참패를 당했다. 이 바람은 마귀들이 있는 힘을 다하여 입으로 바람을 분 것이었다. 참패를 당하게 된 짐승은 힘과 정성을 들여 하늘나라 보살에게 응원군을 청했다. 보살은 이를 쾌히 승낙하여 천명의 응원군을 지계에 내려 보내었다. 1,000명 보살의 군대가 지계에 내려 왔을 때 마귀들은 大勝利를 自祝하여 酒宴에 陶醉되어 있을 때 奇襲을 하여 대승리를 거두었다.

보살의 응원군으로 大勝利를 거둔 짐승들은 기뻐하여 보살에게 감사의 뜻을 표하였다. 짐승들의 감사의 정성에 보살도 무척 기뻐했다. 그런데 욕심이 많은 짐승의 大將이었던 千이 생각하기를 "승리를 했으나 땅위에서 우리가 주인인데 하늘나라 군대 때문에 障害를 느낄 것이니 이 天軍들을 멸살시켜 버리면 완전히 地界를 다스리고 왕이 될 수 있을 것이다."라고 생각하여 천군을 酒宴으로 滿醉하게 한 다음 곤히 쓰러져 있는 천군의 幕舍에 불을 지르게 하여 전멸시키고 말았다. 하늘의 보살은 군대를 急派하여 千을 체포하려 했으나 天軍이 쓰던 무기를 가지고 대항하기에 쉽게 체포되지 않았다. 보살은 다시 增援軍을 파견하여 千을 생포하여 하늘나라로 데려왔다. 보살은 千을 당장 지옥에 보내려고 했으나 자비를 베풀어 다시 地界에 내려 보내어 죄의 값으로 인간에게 충성을 다하게 하고 죄를 뉘우치면 보살의 군대를 삼기로 작정하고 소의 형상을 만들어 地界의 사람에게 보내며 이름을 牛라 하였다. 곧 牛는 千에 一字가 하나 더 붙었는데 곧 하늘이 千을 매었다(잡았다)라는 뜻이다. 이리하여 소는 하늘 보살의 자비한 溫情으로 세상에 내려와 죽도록 사람에게 충성을 다하고 죽어서 하늘나라에 가서 보살의 군대가 되려고 오늘도 고된 짐을 지고 밭을 갈고 입에 거품을 물면서 쑤걱쑤걱 말 한 마디 없이 일을 하고 있는 것이다.

釜山의 설화도 역시 西遊記의 영향을 입은 것이라 보며 귀신과 짐승들 간에 覇權 爭奪戰 등 매우 이채로우며 牛字의 기원은 지나친 牽强附會에 서 나왔다고 하겠지만 소를 신성시 하려는 욕구가 작용하여 이루어졌다 는 면에서는 재미있는 설화라 할 것이다.

○ 蒐集地
全南 昇州 (1)

天極菩薩이라는 神仙이 하늘에 살고 있었다. 이 菩薩의 나라에서는 琪花瑤草가 滿發하고 또 부지런한 들짐승들이 평화롭게 살고 있었는데 유독 소만은 게으르고 싸움만 일삼았다. 菩薩이 수차 소에게 타일렀으나 듣지 않고 계속 싸움만 하여 약한 짐승들에게 괴롬과 피해를 주므로 下 界로 내려 보내며 下界에 가서 부지런하고 열심히 일을 할뿐더러 도를 닦는 한편 僧한테 많은 가르침을 받은 후에 올라오면 다시 받아주겠다고 하여 소는 上界에서 下界로 일을 배우고 도를 닦으러 왔다는 것이다.
역시 이 說話도 西遊記와 유사한 점이 많다.

○ 蒐集地
全南 昇州 (2)

天國에 聖帝가 있었는데 외아들이 있었다. 하나밖에 없는 태자라 금 이니 옥이니 귀해 했다. 그런데 이 太子가 술만 마시고 싸움만 하였는데 五斗星의 노염을 받게 되어 태자를 소로 만들어서 下界에 내려 보냈다.

그때 땅 위에서는 마귀들이 소를 잡아먹었기 때문에 소들이 마음 놓고 살 수가 없었는데 上界에서 내려온 소는 힘이 세어 모든 마귀들이 꼼짝 못하고 굴복하였다. 소는 죽어서 혼이나마 上界에 가려고 苦行을 하여 도를 닦고 있는 것이다.

○ 蒐集地
全南 昇州 (3)

천국에는 소들이 많이 살고 있다. 그런데 이 소들이 약해서 죽기를 잘 하므로 玉皇上帝가 생각다 못하여 地界에 내려 보내어 일을 하면 몸이 튼튼하여 오래 살 것이라고 여겨 약한 소만 골라서 下界로 내려 보낸 것이다. 地界에서 땀 흘려 몸을 닦은 소는 튼튼한 혼이 되어 上界로 올라 가는 것이다.

일을 하면 몸이 튼튼하다는 데서 健康問題와 관련시킨 것은 說話 創作 者들의 매우 재미있는 着想이라 하겠다.

2.4. 說話에 대한 종합적 고찰

原始種族 間에 자기 祖上을 동물로 삼고 있는 것은 세계 공통적인 특징이라 하겠다. 蒙古에서는 이리와 사슴(狼鹿)이 交婚하여 蒙古의 鼻祖를 낳았다고 하며 匈奴單于의 二美女가 老狼과 交婚하여 高車의 始祖를 낳았다는 전설이 있으며 우리나라의 단군신화에서도 곰이 사람이 되어 桓雄과 결혼하였다.

이러한 공통적인 사실들은 原始人들이 동물을 聖物視하고 崇拜하는

데서 설화가 형성된 것이라 하겠다. 劉昌惇은 '震檀時代의 動物觀'에서[9]
우리나라 원시 고대인들이 동물에 대하여 聖物視 靈物視하고 숭배하였
다는 사실들을 文獻과 蒐集된 풍부한 재료를 통하여 該博하게 논하였다.
그런데 屠牛를 生業으로 하는 백정들의 소에 대한 설화는 다른 일반적인
傳承的 說話인 神話(myth), 傳說(legend)이나 英雄譚(hero-tale), 古話
(sage), 民譚(folk tale) 등과 같이 일반성을 띄고 生成된 것이 아니라 隱
語와 같이 特殊社會 즉 白丁社會에서만 발달된 설화라 하겠다.

　15편의 설화만을 가지고 韓國白丁의 설화를 總括的으로 말할 수는 없
지만 거기서 100% 공통되는 것은 백정의 손에 의해 죽은 소의 혼은 上界
로 간다는 것이라 하겠다. 이것은 殺生을 禁하는 불교적인 敎理를 합리
화하고 사회인이 賤視하는 白丁職에 대하여 聖職化 하려는 의도에서 他
社會人에 대한 일종의 反抗心理로서 이루어진 듯하다.

　古代에 있어서 各 種族들이 신화, 전설 등을 가지고 있음을 가장 신성
한 소유물이라고 생각하였다는 것은 이미 先人들이 논하였다. 이런 점으
로 보아 백정들이 그들 특유의 설화를 가지고 있다는 것은 백정들의 자
랑이 아닐 수 없다.

　그러므로 백정들은 屠牛의 生業을 정당화, 신성화 하여 일종의 긍지
를 가지기 위해 여러 형태의 설화의 형식을 빌어서 백정의 독자적인 설
화를 이룬 것이라 하겠다.

9 劉昌惇, 震檀時代의 動物觀, 白樂濬博士還甲記念, 國學叢書. 思想界社, 1955.

番號	說話蒐集地	下界前의 成分	下界 動機	소의 容貌	影響 입은 他說話
1	京畿 高陽	하늘나라 '임마'라는 소	① 사람이 되려고 修道 중 破戒 ② 殺生	魔鬼의 屍體를 파묻으려고 돌밭을 뿔과 발로 파서 뿔은 휘어지고 발톱은 문드러짐. 天王이 사람에게 소가 10년이 넘기 前에 죽이라고 하여 지금도 소가 10년을 넘지 못한다.	檀君神話
2	京畿 水原	하늘나라의 '소'	사람이 되려고 修道 중 魔鬼의 妨害로 破戒		檀君神話
3	全南 昇州	하늘나라의 '소'	사람이 되려고 하자 주제넘은 짓이라고 下界 시킴		檀君神話 (?)
4	慶北 靑松	天國 '草'나라의 '웅'	玉皇上帝가 귀히 사랑하는 소를 활로 쏘아 죽임 (殺生)	소가 하늘을 향해 '음머'하는 것은 上帝께 죄를 용서해 달라는 소리	牽牛와 織女
5	全北 南原	天國 '太子'	① 殺生을 하는 낚시질과 사냥질 ② 술을 마시고 肉食을 하였다.	소가 물을 마실 때마다 하늘을 쳐다보는 것은 하늘을 그리는 마음	鯉說話 및 處容郞의 說話
6	忠南 公州	天國의 蟠桃園長 (五方將)	蟠桃를 훔쳐 먹고 소로 變身		西遊記
7	江原 三陟	天國의 菩薩王의 太子	복숭아를 몰래 먹고 소로 變身		西遊記
8	京畿 廣州	自稱 '地藏菩薩'이 라는 소	① 地上에서 橫暴·殺生 ② 獨角鬼王의 王子 殺生	① 屍體를 파묻으려고 돌밭을 파다가 뿔이 휘어지고 발이 문드러짐 ② 코에 구멍을 뚫어 코뚜레를 끼게 하여 힘을 못 쓰게 함	西遊記
9	忠州 鎭川	天上의 下天에 있는	① 橫暴 ② 殺生	① 소뿔에 벼락이 떨어져 휘어짐	西遊記

		傲來國의 王인 소		② 소가 입을 실룩거리는 것은 염불을 외우는 것 ③ 꼬리를 치고 발을 구르는 것은 하늘을 사모	
10	慶南 陜川	天國에서 길쌈일을 하던 '牛魔王'이라는 소	殺生	① 반추작용을 하는 것은 수보리나라에서 殺生의 벌로 20일간 禁食할 때 배가 고파서 침을 씹은 데서 생겼다. ② 힘을 못 쓰게 코뚜레를 끼우게 하고 그 대신 목의 힘을 세게 하기 위해 힘을 불어 넣었다. ③ 뿔은 신령봉에 맞아서 굽었다. ④ 농부의 시체를 파묻으려고 발이 문드러짐	西遊記
11	濟州 楸子	하늘나라 傲信이라는 둘째 왕자	형을 猜忌하여 殺生	소가 하늘을 향하여 우는 것은 '잘못했어요, 마마'하는 것이라 한다.	西遊記
12	釜山 凡一洞	짐승의 大將인 '干'이라는 소	救援해 준 天軍을 背反하고 불을 질러 全滅시킴		西遊記
13	全南 昇州	하늘나라의 소	橫暴과 殺生		西遊記
14	全南 昇州	하늘나라에 있는 소	① 술을 마심 ② 싸움을 함		西遊記
15	全南 昇州	하늘나라에 있는 소	天國에 있는 소가 약하기 때문에 下界에서 일을 하여 튼튼하게 하기 위해		

15편의 설화에서 下界 前의 性分을 통계적으로 구분하여 보면

번호	下界 前의 成分	횟수
1	하늘나라의 소	8
2	天國의 王子	5
3	蟠桃園長	1
4	짐승의 왕인 소	1
計		15

　이상 說話의 주인공의 成分을 보아 白丁의 聖牛觀과 아울러 屠牛의
生業이 神聖하고 소가 죽은 후 魂이 上界로 올라간다고 하는 그들의 신
앙이 그대로 반영되어 있다고 하겠다.

　한편 설화의 주인공이 天上의 소가 많은 것은 西遊記의 주인공인 손오
공이 원숭이었다는 데서 着想되었는지도 모른다. 뿐만 아니라 다른 백정
설화에도 蟠桃園長이 나오지만 손오공이 蟠桃園長이었다는 것을 想起
하면 설화의 주인공에 대한 着想은 역시 西遊記에서 비롯한 것이라고
생각된다.

　下界된 동기에 대한 통계는 다음과 같다.

番號	下界 動機	횟수
1	殺生	8(1)
2	破戒(化人)	2(1)
3	蟠桃 훔쳐 먹음	2
4	소의 化人欲	1
5	背信 行爲	1
6	天國의 소는 약하기 때문에	1
計		15

　이상 下界 動機 통계에서 살생이 '8'이라는 것과 기타의 동기를 보더
라도 佛敎的인 思想이 강력히 支配하고 있음을 알 것이다.

　蟠桃를 훔쳐 먹어 罪報를 받았다는 것의 직접적인 영향은 西遊記였으

리라 하겠다.

〈영향을 받은 설화〉

說話名	횟수
檀君神話	3
西遊記	9
牽牛와 織女	1
鯉魚 및 處容說話	1
其他	1
計	15

통계에서 본 바와 같이 서유기의 영향을 가장 많이 받았다고 하겠는데 西遊記가 일종의 佛敎의 敎訓小說이라고 할 수 있느니 만큼(道佛思想이 混合된 小說이라고도 할 수 있지만) 屠殺場이 寺刹에서 경영 관리된다는 것과 백정이 불교신자라는 것 등을 고려할 때 서유기가 백정들의 설화형성에 강력하게 영향을 주었을 것이라는 것은 당연한 歸結이라 하겠다.

그리고 '檀君神話'의 형식을 빌었건 '牽牛와 織女'의 형식을 빌었건 결과적으로는 불교적인 것, 소는 神聖하다는 것과 죽어서 魂이 상계에 간다는 것으로 백정의 生業이 신성하다는 것으로 歸結된다.

牽牛와 織女의 설화는 도교적인 것이라 하겠지만 근원적으로는 聖牛觀에서 오는 설화라 하겠다. 백정 설화의 根本思想은 불교적이라 하겠으며 도교적인 것이 혼합되었다고 하겠다.

설화의 傳承은 縱的으로 相傳하고 橫的으로는 민족 간에 전파하여 분포되는 것이 일반적 현상이다. 이리하여 한 민족의 설화가 다른 민족 간에 유행하여 거의 그 민족 고유의 설화와 같이 되는 것이 常例다. 그러나 백정의 설화는 특수한 경우로 백정사회에서만 폐쇄적으로 발달하여 屠牛生業과 밀접히 관련되어 있는 聖牛觀과 聖職化를 위한 職業說話라

할 수 있겠다.

그래서 백정의 설화는 주제가 통일되어 있다. 주제는 여러 創作者와
傳承者들의 개성과 취미에 의해 여러 형식을 빌려 이야기를 꾸미고 첨가
되었을 것이며 傳承地域 환경의 영향도 받으면서(특히 濟州說話의 경우)
發達한 설화라 하겠다.

이러한 白丁 特殊의 說話를 통하여 그들이 사용하는 隱語를 신성시
여기는 백정들의 思想的 根據가 어디 있으며 白丁 隱語의 發生 起源에
대한 암시를 얻을 수 있으리라 믿는다.

그리고 白丁說話가 地域的 特殊 類型들을 형성하고 있는 것 같지는
않다. 京畿 高陽의 近接地인 水原은 高陽과 같이 단군신화의 영향을 입
었다고 할 수 있으나 그보다 高陽에서 더 가까운 廣州가 西遊記의 영향
을 입었다고 보면 白丁의 說話가 지리적으로 어느 유형적인 것을 가지고
분포되었다고 보는 것은 좀 고려해야 될 문제라 하겠다. 그러나 좀 더
많은 백정의 설화를 수집한다면 지리적으로 어느 유형을 찾아 볼 수 있
는 분포도를 그려낼 수 있을지도 모른다.

3. 死牛에 대한 冥福 祈願祭

백정들은 일 년에 한 번씩 죽은 소의 혼에 대하여 冥福의 뜻으로 祭祀
를 올리는데 소가 살아 있을 동안 인간에게 베푼 은혜에 대해 감사하고
上界에 가서 보다 좋은 환경에서 平康함을 빌며 한편 백정의 屠牛 生業
에 있어서 遠禍召福하고 無事하기를 비는 것이다.

3.1. 京畿 高陽

일시 : 陰曆 9月 9日

場所 : 屠殺場 內部

㉠ 백정이 구유를 깨끗이 물로 가신 후 도살장 내부에 들여다 놓고
㉡ 그 위에 붉은 보로 덮고 그 붉은 보 위에 술을 뿌린다.
㉢ 準備가 끝나면 僧侶가 목탁을 치며 들어와서 이미 떠다 놓은 깨끗
   한 물에 손을 씻은 다음 백정으로부터 칼을 받는다.
㉣ 백정은 칼을 僧侶에게 준 다음 밖으로 나간다.
㉤ 칼을 받은 僧侶는 칼을 물로 씻어 붉은 보로 덮은 구유에 올려놓고
   念佛한다.
㉥ 念佛이 끝나면 승려가 백정을 불러들인다.
㉦ 백정이 들어와 술은 다시 붉은 보 위에 뿌리면 승려가 退場하고
   백정은 칼을 갖고 나옴으로써 끝난다.

※ ① 붉은 보를 덮는 것은 雜鬼가 붙지 못하게 한다는 것이다. 붉은
      보를 보면 무서워 三代 前에 죽은 雜鬼 무덤의 뼈가 벌떡 일어나
      리만큼 무서워한다고 한다.
   ② 술을 뿌리면 雜鬼가 술에 취해 맥을 못 추니까 달라붙지 못하고
      도망친다는 데서 뿌리는 것이라 한다.

3.2. 慶南 陝川

일시 : 陰曆 4月 4日

場所 : 屠殺場 內部

㉠ 구유를 屠殺場에 들여다 놓고 뜨물 네 바가지를 부은 다음 붉은
  보로 덮는다.
㉡ 붉은 보 위에 콩깍지와 쌀겨 네 줌을 뿌리고 술을 솔솔 뿌린다.
㉢ 그 위에 白丁이 들고 온 칼을 얹는다.
㉣ 이런 準備가 끝나면 승려는 念佛을 하고 白丁은 칼을 간 숫돌물을
  구유 주위에 뿌린다.
㉤ 염불이 끝나는 대로 백정은 칼을 잡음과 동시에 붉은 보도 걷는다.
㉥ 먼저 승려가 퇴장한 후 나중에 백정이 나간다.

3.3. 忠北 鎭川

일시 : 陰曆 4月 7日
場所 : 외양간

㉠ 백정이 맑고 깨끗한 물 열두 그릇(1년은 12개월이기 때문에)을 구유에
  흰 보를 깐 상 위에 놓는다.
㉡ 백정이 대동하고 들어온 승려가 염불을 한다.
㉢ 염불이 끝난 후 열두 그릇의 물을 차례로 쏟는다.
㉣ 붉은 보로 파리를 쫓듯 雜鬼를 쫓는다.
㉤ 승려가 퇴장한 다음 백정도 나감으로 끝난다.

(1) 팽이잡다 – 승려가 入場하다
  팽이는 쳐야 돌아간다는 데서 목탁을 치게 된다는 것.
(2) 새우국 – 열두 그릇의 물
  새우국은 백정이나 승려에겐 질색이듯이 이 열두 그릇의 井華水
  는 깨끗하기 때문에 잡귀가 질색을 해서 도망칠 것이라는 것.

(3) 쑥태우다 – 구유에 물그릇을 놓다

쑥을 태우면 모기가 도망치듯 물그릇을 놓으면 雜鬼나 厄이 도망
친다는 것.

(4) 나팔불다 – 염불하다

(5) 모기쫄다 – 물그릇이 든 구유를 붉은 보로 덮다

쑥내에 모기가 힘을 못 쓰듯 붉은 보로 덮으면 雜鬼와 厄이 위축된
다는 것.

(6) 피리불다 – (붉은 보를 덮고서) 염불하다

처음 염불은 '나팔불다'라고 한다.

(7) 홍두께 – 붉은 보로 덮은 구유 위에 올려놓은 백정의 칼

'홍두깨'와 같이 걸쳐 놓았다는 것.

(8) 갈지국 – 술

술에 취하면 '갈 지(之)'字 걸음을 걷는다는 데서 생긴 말. 잡귀가
술을 보면 취할까봐 도망친다고 함.

(9) 새우뜨다 – 물 뿌리다

금방 뜬(잡은) 새우가 팔딱팔딱 뛰다가 죽듯 井華水를 뿌리면 잡귀
가 새우와 같이 된다는 데서 생긴 말.

(10) 팽이채 놓다 – 승려가 퇴장하다

'팽이'는 '목탁'으로 목탁 치는 것이 끝났다는 것.

(11) 말총꼬리 – 백정이 퇴장하다

말총은 뒤에 있다는 데서 끝났다는 것.

3.4. 慶北 靑松

場所 : 屠殺場 內部

정화수를 한 바가지 퍼서 구유에 붓고 여물 한 바가지를 붓는다. 그리고 소금을 뿌린 다음 검은 보로 덮고 井華水를 그 위에 다시 뿌린다. 구유에 칼을 올려놓고 그 위에 붉은 보를 덮고 염불을 한 다음 백정이 먼저 퇴장한다. 승려는 정화수를 칼에 뿌리고 촛불을 켜고 검은 보를 걷어 雜鬼를 쫓고 나온다.

(1) 수다떨다 - 정화수를 떠오다
    바가지에서 물이 넘을락말락 출렁거린다는 데서 생긴 말.
(2) 댓가치 - 여물
    '댓가치'는 '竹'으로 대를 썬 것 같다는 것.
(3) 인단놓다 - 소금 뿌리다
    '인단'은 소금을 뜻함.
(4) 흑개비불 - 검은 보
    黑 도깨비의 略語.
(5) 쑥태다 - 물을 뿌리다
(6) 발(簾)치다 - 칼을 구유에 올려놓다
(7) 도깝탈 - 붉은 보
(8) 파리졸다 - 염불하다
(9) 곤두세다 - 白丁이 나가다
    '곤두세다'는 '거꾸로 서다'는 것으로서 들어온 것이 거꾸로 나간다는 것.
(10) 깝탈단다 - 붉은 보 걷다
(11) 깨비물다 - 승려가 칼을 쥐다
(12) 쑥내나다 - 칼에 井華水를 뿌리다
(13) 극락가마 - 촛불을 켜는 것

촛불을 켜면 환한데 소의 魂이 極樂世界로 가마를 타고 가기를
바란다는 것.
(14) 파리세다 – 검은 보로 雜鬼를 쫓다
(15) 곧장되다 – 승려가 퇴장하다

3.5. 忠南 公州

일시 : 陰曆 8月 15日
場所 : 屠殺場 內部

이미 들여다 놓은 구유 안에 井華水 열두 그릇을 백정이 갖다 놓는다.
정화수가 든 구유를 붉은 보로 덮으면 백정이 검은 보로 잡귀를 쫓은
다음 구유 주변을 파리 쫓듯 한다. 그리고 붉은 보 위에 백정의 칼을
올려놓고 소가 먹으라고 콩을 뿌린 다음에야 승려의 염불이 시작된다.
승려의 염불이 끝나면 백정이 정화수를 屠殺場 內部에 뿌린다. 승려가
퇴장하면 백정은 칼을 흰 보로 감아서 나옴으로써 끝난다.

(1) 뼈다귀 맞추다 – 정화수 열두 그릇을 들여오다
(2) 불쌈 – 붉은 보로 구유를 덮는 것
    '불쌈'이라고 한 것은 보가 불같이 붉다는 것과 붉은 보로 잡귀를
    쫓아낸다는 데서 생긴 말.
(3) 봉홧불 – 검은 보로 휘휘 잡귀를 쫓는 것
    '烽火'는 전쟁할 때 신호로 사용된다는 데서 雜鬼를 물리치고 드디
    어 제사가 진행된다는 것.
(4) 대장격 – 붉은 보 위에 올려놓은 칼
    칼이 '大將格'과 같이 의젓하다는 것.

(5) 알갱이 - (보 위에 뿌리는) 콩

(6) 맹꽁 - 念佛

　　목탁이 맹꽁이 배와 같이 둥글다는 데서 생긴 말.

(7) 파리 날다 - 물 뿌리다

　　물을 뿌리면 파리가 난다는 것과 파리는 더러운 것이어서 정화수
　　를 뿌리면 더러운 것이 날아간다는 데서 생긴 말.

(8) 찍찍이 날다 - 승려가 퇴장하다

　　'찍찍이'는 승려를 지칭하는 말. 찍찍이는 여치의 別稱으로 날아갔
　　으니 끝났다는 것.

(9) 맹꽁이 뜀질 - 흰 보로 칼을 감는 것

　　맹꽁이 뜀질은 느리다는 데서 흰 보로 칼을 천천히 감는다는 데서
　　생긴 말.

(10) 콩나물 대갈 줍다 - 백정이 퇴장하다

　　'봉홧불' '불쌈' '大將格' 등에서도 알 수 있듯이 雜鬼와의 싸움이
　　있었으니까 雜鬼의 머리 즉 '콩나물 대가리를 줍는다'는 것으로
　　끝났다는 것.

3.6. 江原 三陟

場所 : 屠殺場 內部

　　승려가 먼저 들어가고 백정은 井華水를 바가지에 떠서 들어간다. 붉
은 보를 깐 다음 정화수를 뿌리고 칼을 그 위에 올려놓는다. 백정은 밖으
로 나간다. 승려가 다시 염불하다가 그치면 백정이 모두 들어가서 절을
하고 절이 끝나면 승려는 염불을 하면서 밖으로 나온다.

(1) 도토리 까다 - 승려가 들어오다

(2) 파리 앉다 - 염불하다

(3) 바가지 춤 - 바가지로 정화수를 떠서 들어옴

　바가지에서 물이 춤추듯 출렁거린다는 데서 생긴 말.

(4) 궁짝들다 - 붉은 보를 깔다

　'궁짝'은 '궁둥짝'의 略語. 붉은 보를 깔면 잡귀가 무서워 궁둥이를

　들고 도망칠 것이라는 것.

(5) 설설이 - 붉은 보 위에 물을 뿌리는 것

　설설 물을 뿌린다는 데서 생긴 말

(6) 대문 빗장 - 붉은 보 위에 놓은 칼

　대문의 빗장과 같이 붉은 보 위에 있는 귀신을 못 들어오게 대문

　빗장과 같이 잠근다는 것.

(7) 파리꾀다 - 念佛하다

(8) 고무래 떨다 - 백정이 입장하다

(9) 닭쌈 - 백정이 절하다

　닭이 쌈할 때 절하듯 한다는 데서 생긴 말.

(10) 도토리 불다 - 念佛을 하며 승려가 퇴장하다

(11) 고무래 앉다 - 백정이 나가다

3.7. 全北 南原

일시 : 陰曆 8月 15日

場所 : 屠殺場 內部

승려가 입장하면 白丁이 뒤따라 칼과 井華水와 고추와 건초를 들고
들어가 칼을 먼저 승려에게 바치고 차례차례 정화수와 고추를 뿌린 다음

승려가 염불을 하고 구유 위에 놓았던 칼을 정화수로 씻어 백정에게 줌
으로써 끝난다.

  (1) 꼬게 파리 – 승려의 입장

     '꼬게'는 '꼬꽹이(꽹이)'로서 '꼬꽹이와 파리'를 뜻함. 꼬꽹이는 찍
     는다는 데서 목탁을 치는 것이고 파리는 빈다는 것.

  (2) 조공(朝貢) 판다 – 백정이 승려에게 칼을 바친다

  (3) 기름친다 – 정화수를 뿌린다

     '기름'을 치면 잘 돌아가듯 정화수를 뿌리면 잡귀가 도망가고 모든
     것이 잘 돌아갈(될) 것이라는 것.

  (4) 깨비춤 – 고춧가루를 뿌림

     고추를 뿌리면 도깨비가 재채기를 하고 도망하는 것이 춤추듯 한
     다는 것.

  (5) 넉개래 – 건초를 뿌림

     '넉개래'의 '넉'은 '넉줄'의 약어(略語). '넉줄'은 '넝쿨'의 방언(方
     言). '넝쿨을 깔다'

  (6) 새우쪼리다 – 염불하다

     새우를 쪼리면(조리면) 꼬부라지듯 승려가 꼬부라져서 염불한다
     는 것.

  (7) 빨래 빨다 – 칼을 정화수로 씻다

  (8) 파리 날다 – 중이 퇴장하다

     비는 것이 끝났다는 것.

  (9) 똥탄다 – 백정이 나가다

     힘이 들었다는 것.

 (10) 뒷간 열다 – 문닫다

뒤를 보러 갈 수 있게 되었다는 것.

3.8. 釜山 凡一洞

場所 : 屠殺場 內部

백정이 구유에 떡을 넣고 정화수를 뿌린 다음 승려가 염불한다. 승려의 염불이 끝나면 백정은 붉은 보로 구유를 덮고 절을 함으로써 끝난다.

(1) 도토리 까다 - 승려가 입장하다
(2) 뗑가리 - (구유에 넣은) 떡
   떡만 뎅그렁 넣었다는 데서 생긴 말.
(3) 두솔이 - 정화수를 뿌리는 것
   솔솔 물을 뿌린다는 데서 생긴 말. 즉 '솔'이 두 번 연거푸 발음된다는 데서 '두솔이'라고 함.
(4) 바가지쌈 - 염불하는 것
   '목탁'은 '바가지'를 뜻함.
(5) 불귀다 - 붉은 보로 덮다
   잡귀가 도망쳤으니 불을 켠 것과 같이 환하다는 것.
(6) 한식날 - 백정이 절하는 것
   寒食日에 祖上의 墓에 절한다는 데서 생긴 말.
(7) 도톨짝 - 승려의 퇴장
   '도톨'은 '도토리'의 略語. '도토리'는 승려의 머리를 뜻함.

3.9. 全羅 昇州

場所 : 屠殺場 內部

백정이 미리 구유를 도살장 내부에 깨끗이 가신 것을 들여다 놓으면 승려가 들어간다. 백정은 물 열두 그릇(1년은 12월이기 때문에)을 떠 가지고 들어와 구유에 놓으면 승려의 염불이 시작된다. 염불을 한참 하다가 구유 위를 붉은 보로 덮고 그 위에 屠牛에 사용되는 칼을 올려놓고 다시 염불을 한다. 염불이 끝나면 백정은 붉은 보 위에 술을 뿌린 다음 다시 물을 뿌림으로써 끝난다.

3.10. 京畿 水原

場所 : 屠殺場

구유에 井華水를 뿌린 다음 여물을 넣고 붉은 보로 덮는다. 그 위에 백정의 칼은 정화수로 씻어 올려놓고 승려가 염불을 하고 나가면 백정은 구유에 절을 함으로써 끝난다.

(1) 도토리 날리다 – 승려가 입장한다
(2) 백지든다 – 백정이 입장한다
   ‘백지’는 ‘백정’으로 ‘백정’은 ‘백지’와 같이 깨끗하다는 것.
(3) 가마물 뜬다(가마튼다) – 물 뿌리다
(4) 갈때 풀다(갈대기 풀다) – 여물 뿌리다
   ‘갈대’는 여물을 뜻함.
(5) 덮어 귀신 – 붉은 보로 덮다
   붉은 보로 귀신을 덮어버린다는 것.

(6) 날날이 귀신 - (정화수로 씻은) 칼

　'날'은 '刃'. 물로 칼을 씻는 것은 귀신이 붙지 못하게 한다는 것.

(7) 파리앉다 - 염불하다

(8) 도토리뜨다(달팽이 돈다) - 중이 퇴장하다

(9) 교배질하다 - 백정이 절하다

　交拜질 하다.

(10) 대가리질내다(그릇굽이) - 백정이 퇴장하다

　절을 했으니까 머리의 길을 드린 셈이 된다는 데서 생긴 말.

3.11. 濟州 楸子

일시 : 陰曆 8月 16日

場所 : 외양간 문턱

우선 외양간 문턱에 상을 놓고 그 해 잡은 소의 마리 수만큼 물그릇을 갖다 놓는다. 예를 들면 그 해 열다섯 마리를 잡았으면 열다섯 그릇을 떠다 놓는다. 그리고 한참 있다가 백정들은 칼을 내어다가 그 떠 놓은 물그릇의 물을 칼에 모조리 붓는다. 이렇게 칼을 씻은 다음 흰 수건으로 칼에 물기를 없게 함으로써 끝나는 것이다. 楸子에서는 僧侶를 초청하지 않고 백정끼리 하는 것이 다른 지역과 다른 점이다.

3.12. 祭祀에 대한 綜合的 考察

3.12.1 祭祀 日時

날짜는 일정하지 않고 지방에 따라 다르며 제사는 대개 이른 새벽에 행해진다.

陰曆 4월 4일 (慶南 陜川)

陰曆 4월 7일 (忠北 鎭川)

陰曆 8월 15일 (忠南 公州, 全北 南原)

陰曆 8월 16일 (濟州 楸子)

陰曆 9월 9일 (京畿 高陽)

봄철과 가을철에 걸쳐 행해짐을 알 수 있다. 택일에 있어서 4월 7일은 4월 8일 釋迦誕辰日 前이라 佛敎的인 것과 관련되고 8월 15일과 16일은 秋夕과 관련되는데 4월 4일과 9월 9일은 특별한 행사와 관련이 없는 듯하다.

4월 4일인 陜川에서는 콩깍지와 쌀겨도 넉 줌을 넣는데 백정도 어째서 4월 4일에 넉 줌의 곡식을 넣는지 그 이유를 확실히 알지 못하였다. 소가 죽었다는 것에서 '死'字와 관계되어 同音인 숫자 '四'를 택하지 않았느냐고 하였더니 아마 그럴 것 같다고 하였다.

승려들이 '四'를 기피하여 '넉관', '九'를 기피하여 '골갓'이라고 하는데 '九'字는 字形이 갓모양과 유사하지만 승려는 갓을 쓸 수 없다는 것과 관련되어 터부(taboo)적인 면에서 은어가 사용되는 것이다.

승려들이 '四'를 기피하는 것은 '死'와 同音이라는 것과 아울러 '死'는 '殺生'과 관련되기 때문에 불교적이라 하겠는데 그와 반대로 4월 4일에 넉 줌을 넣는다는 것은 對照的인 것으로 兩者의 言語心理가 매우 흥미롭다.

3.12.2 場所

忠北 鎭川에서는 외양간 그리고 濟州 楸子에서는 외양간 입구에서 하고 그 이외에는 소가 도살된 장소인 屠殺場 內部에서 행해지고 있다.

3.12.3 祭祀 準備

屠殺場 內部를 깨끗이 청소하고 백정은 沐浴齋戒하여 복장을 단정히
하고 임한다. 그리고 제사에 사용되는 것들을 정성껏 마련하여 둔다.
私營인 도살장에서는 승려를 초청해 오며 제사를 지낼 때까지 곳에 따라
서는 잠을 자지 않고 승려와 더불어 佛典을 읽는다.

3.12.4. 死牛에 대한 冥福祈願祭의 根源的 思想

死牛에 대한 冥福祈願祭는 승려의 염불과 승려가 하는 절차를 빼놓으
면 그 외 절차 즉 井華水라든지 붉은 보를 사용하는 것이라든지 술을
뿌리거나 고춧가루 등을 뿌리는 것 따위들은 白丁 特殊의 발달로서 한국
의 土俗的인 遺習 즉 起源的으로는 샤머니즘적인 신앙에서 屠牛生業과
관련되어 발달된 것이라 하겠다.

불교에서는 巫覡的인 것은 반대하고 있는데 승려가 巫覡的인 절차를
용납하고 있는 것은 死牛에 대한 명복기원제의 始初가 불교적인 것보다
白丁 特殊의 샤머니즘적인 데서 비롯한 절차에 불교적인 절차가 첨가된
듯하다.

백정들은 死牛의 혼에 대하여 冥福을 기원함으로써 屠牛生業에 있어
서 遠禍召福을 얻으리라 믿고 있는 것이다.

3.12.5. 祈願祭 時의 백정의 言語

一般語를 사용하지 않고 隱語를 사용한다. 일반어를 사용하면 不淨을
타기 때문에 신성한 은어를 사용한다는 것이다. 소의 혼을 위한 祭祀는
샤머니즘적인 데서 비롯하였다는 것은 隱語 發生 起源에 있어서 중요한
示唆를 준다 하겠다.

4. 他 動物觀

4.1. 말(馬)

(1) 발싸게 ― 馬 〈水原〉

　　소는 쇠징을 박는다는 데서 생긴 말.

(2) 날똥구리 ― 馬 〈慶北 靑松〉

　　馬糞은 둥글둥글하다는 데서 생긴 말.

(3) 호물떼기 ― 馬 〈濟州 楸子〉

　　호물호물 먹는다는 데서 생긴 말.

(4) 홀뛰기 ― 馬 〈全南 昇州〉

(5) 뚜벅이 ― 馬 〈忠北 鎭川〉

　　뚜벅뚜벅 걷는다는 데서 생긴 말.

(6) 편지통 ― 馬 〈京畿 高陽〉

(7) 화살꾸레미 ― 馬 〈忠南 公州〉

　　말은 전쟁에서 화살을 많이 받는다는 데서 생긴 말.

(8) 촉살꾼 ― 馬 〈全北 南原〉

　　'촉살'은 '살촉'의 逆語.

(9) 깡살이 ― 馬 〈慶南 陜川〉

4.2. 돼지(豚)

(1) 꿀꿀이 ― 豚 〈京畿 高陽, 忠北 鎭川, 全南 昇州〉

(2) 꿀지 ― 豚 〈全北 南原〉

(3) 꿀쥐 ― 豚 〈慶南 陜川〉

(4) 꿀데기 ― 豚 〈濟州 楸子〉

(5) 팥꾸리 – 豚 〈慶北 靑松〉

4.3. 닭(鷄)

(1) 배꼽시계 – 鷄 〈全南 昇州, 忠南 公州〉
(2) 꼬꼬기 – 鷄 〈慶南 陜川〉
(3) 황시계 – 鷄 〈全北 南原〉
(4) 해시계 – 鷄 〈忠北 鎭川〉
(5) 쪼리갱이 – 鷄 〈慶北 靑松〉

4.4. 토끼(兎)

(1) 깡충이 – 兎 〈忠南 公州, 全北 南原〉
(2) 충깡이 – 兎 〈慶南 陜川〉
   '깡충'의 逆語.
(3) 깡충밤알 – 兎 〈慶北 靑松〉
(4) 깡치 – 兎 〈京畿 高陽〉
(5) 얌얌이 – 兎 (忠北 鎭川)
(6) 밤송아리 – 兎 〈濟州 楸子〉
(7) 알망귀 – 兎 〈全南 昇州〉

4.5. 양(羊)

(1) 매애 – 羊 〈慶南 陜川〉
(2) 멩이 – 羊 〈全北 南原〉
(3) 호멩이 – 羊 〈全南 昇州〉
(4) 샌님꼴 – 羊 〈慶北 靑松〉

(5) 마늘님 – 羊〈忠北 鎭川〉

(6) 밀기우기 – 羊〈濟州 楸子〉

(7) 다래통 – 羊〈京畿 高陽〉

(8) 목화다래 – 羊〈忠南 公州〉

(9) 담꽁이 – 山羊〈忠北 鎭川〉

　　'담꽁이'는 '담배꽁이'로 염소는 담배를 먹는다는 데서 생긴 말.

(10) 목화다래 – 山羊〈京畿 高陽〉

(11) 담방이 – 山羊〈慶南 陝川〉

4.6. 其他

(1) 홀리갱이 – 여우〈慶南 陝川〉

(2) 보초꾼 – 개〈忠南 公州〉

(3) 멍충이 – 개〈慶南 陝川〉

(4) 보심이 – 노루〈忠南 公州〉

(5) 뿔귀신 – 노루〈全北 南原〉

(6) 쑥닥첩 – 쥐〈忠北 鎭川〉

(7) 양생이꾼 – 쥐〈慶北 靑松〉

(8) 칵띠기 – 쥐〈濟州 楸子〉

(9) 싹뚜기 – 쥐〈全北 南原〉

(10) 번개똥 – 호랑이〈慶南 陝川〉

(11) 꽉떼기 – 고양이〈濟州 楸子〉

　　上記 동물 隱語에서 살펴보면 소처럼 神聖時된 隱語를 하나도 발견할 수 없다. 백정은 소만이 神聖하게 여기고 그 이외 동물에 대해서는 그렇지 않다.

5. 소만 神聖視되는 理由

백정들은 소 이외 말, 돼지, 개 등 다른 동물을 屠殺하고 있으나 이런 동물의 屠殺 時에는 屠殺場 밖에 거적대기 같은 것을 친 곳에서 해치우고 염불을 하거나 神聖하게 여기는 것을 볼 수 없다. 그리고 칼이나 도끼 등도 屠牛時에 사용하던 것이 아니라 다른 것을 쓰고 있다. 백정들이 어째서 소만을 신성하게 여기고 있을까 하는 의아한 생각이 든다.

옛날부터 소를 神聖視하는 것은 동서양의 공통점이다. 이집트의 古代 遺物이나 그들의 신화 등에서 엿볼 수 있으며 아직도 印度에서는 암소를 神聖視하고 있으며 牛肉의 食用을 종교적으로 嚴禁하고 있다. 이집트와 일본 등지에서는 검은 소를 聖牛로 여기고 있으며 인도에서는 흰소를 더 神聖視하고 있다. 牛首人身의 神農氏 등은 역시 소를 신성시 하는 데서 비롯하였을 것이다.

新羅時代의 官職에 '或云 角干 或云 角粲 或云 舒發翰 或云 舒發邯'(三國史記 第三十八卷) 등에서 볼 수 있는 것처럼 牛角이 職名으로 사용되었다는 것으로 고대 우리 민족도 소를 숭배했었다는 것을 짐작할 수 있다.

그러면 어째서 소가 그렇게 神聖視되는가?

소는 인류생활에 있어서 여러 면으로 기여하고 있다. 힘은 농경과 운반에 사용되며 그 구비(廐肥)를 이용하여 농사에 도움을 주고 牛皮로는 靴類, 衣類 등이 제작되며 牛骨도 생활에 여러 가지 器物을 제공한다.

遊牧民族은 牛皮로 옷을 짓고, 牛皮로 천막을 쳤으며 牛乳와 牛肉을 먹고 牛糞을 연료로 사용하였으니 생활 전반이 전부 소였다.

古代印度에서는 牛乳를 佛法의 妙趣에 비유하여 最上의 滋味로 칭찬하였고 멀리 나일 河畔의 문화 발생시대에 育兒 및 營養品으로서 우유가 重用되었다. 이렇듯 소가 인류에게 베푸는 기여로 말미암아 자연히 소를 귀중한 재산으로 여기게 되고 神聖視하는 싹이 트지 않았을까 한다.

어느 나라고 그 사회 경제제도가 幼稚한 시대에는 소가 唯一無二의 재산이 되어 그 다소에 의해 貧富가 정해졌다. 이런 소에 대한 경제적 가치는 '古代로 올라갈수록 더욱 그러하여 화폐적 가치를 나타내는 언어에 소가 등장되었다.[10]

古代 그리스에서 鑄造된 貨幣에는 소의 모습이 새겨져 있는데 그 당시 소가 재산의 비중이 컸었음을 짐작할 수 있다. 라틴어의 pecunia(돈, 재산), 영어의 pecuniary(金錢上) 등의 말은 라틴어의 pecus(가축, 양) 즉 양에서 비롯된 것이다.

영어의 cattle(재산)은 프랑스 古語 catel(가축)에서 轉化하였고 catel은 中世 라틴어의 財産을 뜻하는 Capitalem〈 라틴어 captalis(capital)에서 비롯된 것이다.

漢字의 '牛'字는 소의 뿔을 象形한 '牛'에서 발달한 것이다. 그런데 다른 동물의 글자를 만들 때에는 牛가 동물을 대표하고 있다. 동물 一般에 통하는 牝(빈), 牡(모), 牧(목), 牲(생), 犧(희) 등은 모두 牛변이다. 이렇게 소를 동물의 대표로 본 것은 영어의 cattle, 독일어의 Vieh 프랑스어의 betail 등이 狹義로는 소를 가리키고 있는데 廣義로서는 家畜 全體를 가리키고 있다.

옛날부터 농업국가인 우리나라에서도 소의 위치가 매우 중요한 경제적 위치를 차지했으리라는 것은 넉넉히 짐작할 수 있다.

그리고 황해도지방에서는 음력 정월 15일이나 8월 15일에 '소맥이 놀이'라 하여 동네 젊은이들이 소 흉내를 내어 동네 집집마다 다녀 음식을 얻어다가 즐겁게 노는데, 이러한 놀이는 농사짓는 데 寄與한 소를 위로

---

10 百科事典, '牛의 槪說', 平凡社.

하려는 마음에서 비롯된 것이라고 생각된다.

그리고 朝鮮의 古代小說인 콩쥐와 팥쥐에서 검은 소가 하늘나라에서 내려와 콩쥐의 일을 도와주었다는 것은 노력의 제공에 대한 감사의 생각에서 着想된 것이라 하겠으며 聖牛觀에서 비롯된 것이라 하겠다.

朝鮮時代에는 農牛를 너무 屠殺하여 농촌 경제에 위협을 느꼈기 때문에 牛肉을 금지하여 도살을 금했던 것이다.

이렇듯 소는 그 어느 동물보다도 종교적으로나 경제적으로 인간에게 막대한 도움과 영향을 주고 있기 때문에 屠殺하는 白丁職의 聖職化를 위한 合理化 方策으로 소의 神聖化가 토속적인 샤머니즘과 불교적 영향으로 형성된 듯하다.

제5장

백정의 생활

1. 교육관

白丁들은 他 社會에 대해서는 극히 배타적이어서 교육도 새 교육을 거부하고 소위 '書堂敎育'만이 진정한 교육이라고 믿어 자녀들을 거의 한문을 배우는 서당에 보내고 있다.

1.1. 서당교육에 관한 은어

1.1.1 書堂

(1) 황천자(皇天子) 〈京畿 高陽〉
　　皇天子들이 배우는 곳이라는 것.
(2) 황금탕(黃金湯) 〈全北 南原〉
　　황금탕과 같이 맛있고 단 것을 먹는 곳이라는 것.
(3) 땅장 〈慶北 靑松〉
　　'땅장'의 '땅'은 賭博의 數에 관한 술어 '장땅', '구땅' 등에서 생긴 말인데 '땅잡았다' '땅(땡)이다'는 '수 생겼다'의 의미로 '땅짱'은 '도박'의 높은 수인 '장땅'을 거꾸로 한 말임. 서당은 높은 수가 생기는 곳이라는 것.

(4) 활빈당(탕) 〈忠南 公州〉

活貧黨은 홍길동전에 나오는 黨. 俗世의 敎育과 風翻 등을 제거하
는 곳이라는 것.

1.1.2 書堂先生

(5) 나리가마 〈京畿 高陽〉

'나리의 가마' '가마를 타실 나릿님' 이라는 뜻.

(6) 신선놀음 〈慶北 靑松〉

신선놀음을 하는 분이라는 것.

(7) 담배통 〈忠北 鎭川〉

긴담뱃대를 톡톡 털며 가르친다는 것.

(8) 황강아지 〈全北 南原〉

황금강아지와 같이 귀한 존재라는 것.

(9) 꿀벌이 〈江原 三陟〉

아이들에게 꿀을 준다는 것.

(10) 어멈 〈忠南 公州〉

어머니와 같은 존재라는 것.

(11) 목자루 〈京畿 水原〉

서당선생의 보수는 금전으로서가 아니라 계절 곡식을 자루에 담아
준다는 데서 생긴 말.

(12) 토막장수 〈慶南 陜川〉

아이들에게 벌 줄 때 토막 위에 올려놓고 종아리를 친다는 데서
생긴 말.

(13) 노루꼬리 〈全南 昇州〉

노루꼬리는 언제나 짧은 그대로 변함이 없다는데 서당선생은 옛
날이나 지금이나 다름이 없다는 것.

(14) 왼장배기 〈釜山 凡一 洞〉

왼장을 틀고 앉는다는 데서 생긴 말.

1.1.3. 書生

(15) 관잽이 〈江原 三陟〉

官, 즉 벼슬을 上界에 가서 잡을 것이라고 생각함.

(16) 황새 〈全北 南原〉

황새의 키와 같이 높은 존재라는 것.

(17) 쇠까치 〈全南 昇州〉

속세에 물들지 않고 쇠(鐵)와 같이 굳어 부러지지 않는다는 것.

(18) 건들배기 〈忠北 鎭川〉

글을 읽을 때에는 굽혔다 폈다 건들건들한다는 데서 생긴 말.

(19) 시계추(-박다) 〈慶南 陜川〉

'시계추'는 書生, '시계추 박다'는 '서당에 보내다'는 뜻. 시계추와
같이 글을 읽을 때 왔다갔다 한다는 것.

(20) 오리발톱 〈京畿 富平〉

오리발이 헤엄쳐 나가듯 자식이 앞으로 前進할 것이라는 것을 뜻함.

1.1.4. 書籍

(21) 쌍가마 〈全南 昇州〉

쌍가마 타게 될 것이라는 것.

(22) 시계추 〈江原 三陟〉

한문책을 읽을 때에는 허리가 시계추와 같이 흔들흔들한다는 데
서 생긴 말.

(23) 추랄 〈釜山 凡一 洞〉

'추'는 '시계추'의 上略語. '랄'은 '부랄'의 上略語.

(24) 금줄 〈江原 三陟〉

金線, 漢字의 字行은 金線과 같다는 것.

1.1.5. 書堂先生께 내는 쌀(報酬로 계절 곡식을 낸다)

(25) 용가마 〈全南 昇州〉

龍이라는 가마와 같이 書堂先生을 받드는 뜻에서 쌀이라는 것.

(26) 금가루 〈京畿 水原〉

금가루와 같이 귀하게 낸다는 것.

(27) 노다지 〈江原 三陟〉

금덩이와 같이 값지다는 것.

(28) 누룽탕 〈慶南 陜川〉

'누룽'은 黃, 즉 '黃金湯'이라는 것.

(29) 서낭떡 〈忠南 公州〉

城隍堂에 고이는 떡과 같이 정성스럽게 낸다는 것.

(30) 黃金湯 〈釜山 凡一 洞〉

수업료. 여기서는 곡식을 내지 않고 금전으로 낸다.

1.2. 새 교육 관계 隱語

1.2.1. 學校

(1) 빈바구미 〈慶北 靑松〉

'빈'은 '빈대'의 下略語. '빈대'와 '바구미'와 같이 파먹는 곳이라는 것. 즉 학생에게 내라는 것이 많다는 것.

(2) 개파리똥 〈京畿 高陽〉

개파리와 같이 악착스럽게 착취하는 더러운 곳이라는 것.

(3) 말벌똥 〈全北 南原〉

말벌과 같이 왕왕거리고 우글거리는 곳.

(4) 멍 〈江原 三陟〉

아이들이 멍드는 곳.

(5) 편질통 〈忠南 公州〉

'편질'의 '편'은 '阿片'의 上略語. 학생들을 아편 중독자와 같이 못 쓰게 만든다는 것.

(6) 명태대가리 〈全南 昇州〉

'명태'머리는 두들겨야 먹는다는 데서 서당에서는 종아리를 때리는데 학교에서는 교사가 머리를 명태머리와 같이 두들긴다는 것.

(7) 두 대쪽 〈慶南 陜川〉

두 대는 두개의 '竹'의 뜻인데 대로 매를 때리면 자국이 나서 두개의 대가 된다는 것.

(8) 굽노파리 〈京畿 水原〉

아이들에게 발굽만 높여서 눈만 높게 하고 버릇없게 만든다는 것.

(9) 돼지털 〈釜山 凡一 洞〉

돼지털과 같이 더럽고 꼬불꼬불하다는 것.

1.2.2. 學校敎師

(10) 도깸마님 〈忠南 公州〉

　　학교장. 학생들을 홀리는 '도깨비마님'이라는 것.

(11) 핀꼴이 〈全南 昇州〉

　　학교장. '핀꼴이'의 '핀'은 阿片. 학생들을 아편쟁이와 같이 못쓰

　　게 한다는 것.

(12) 핀쟁이 〈全南 昇州〉

　　아편쟁이로 만든다는 것.

(13) 회쟁이 〈忠南 公州〉

　　蛔는 人體 속에서 착취한다는 데서 학생들을 착취한다는 것.

(14) 핀쟁꾼 〈慶北 靑松〉

(15) 핑잽이 〈江原 三陟〉

(16) 따뻐리 〈全北 南原〉

　　따벌이와 같이 학생들을 잘 쏜다는 것. 즉 때린다는 것.

(17) 골병때기 〈慶南 陜川〉

　　서당선생은 '신선놀음'에 반하여 교사는 '골병때기'라는 것.

(18) 가루쟁이 〈京畿 水原〉

　　분필가루를 많이 먹는다는 것.

(19) 강구 〈釜山 凡一 洞〉

　　무섭다는 것.

1.2.3. 학생

(20) 멍쟁이 〈江原 三陟〉

　　멍을 잡는다는 것.

(21) 망둥이 〈忠北 鎭川〉

　　망둥이와 같이 주책없이 뛴다는 것.

(22) 때까치 〈全南 昇州〉

　　'서생'은 '쇠까지'에 대하여 학생은 '대까지' 즉 부러지기 잘한다
　　는 것.

(23) 삐래머 〈釜山 凡一 洞〉

(24) 파리똥 〈京畿 高陽〉

　　중고등학생. 부럽다는 것.

(25) 말파리똥 〈京畿 高陽〉

　　대학생. '말파리'는 큰 파리를 말함.

1.2.4. 敎科書

(26) 핑꼬리 〈江原 三陟〉

　　아편의 꼬리라는 것.

(27) 꼴불견 〈全南 昇州〉

　　보잘 것 없다는 것.

(28) 깨비말 〈全北 南原〉

　　'도깨비말'의 上略語. 도깨비의 수작과 같다는 것.

1.2.5. 納付金

(29) 편딱지 〈忠南 公州〉

　　'아편의 딱지'라는 것. 딱지는 화폐를 일컬음.

(30) 깨소금 〈全北 南原〉

　　깨소금과 같이 맛있게 먹을 것이라는 것.

(31) **뼈**거무리 〈慶南 陜川〉

　　뼈(骨)에 거머리가 달라붙으리만큼 악착스럽게 빨아 낸다는 것.

(32) 밀가루 〈京畿 水原〉

　　서당선생에게 내는 쌀은 '금가루'라 일컫는데 대하여 학교 납부
　　금은 '밀가루'라는 것.

(33) 꼴대기 〈全南 昇州〉

　　'꼴뚜기'가 주책없이 뛴다는 데서 꼴뚜기와 같이 주책없이 뛰게
　　하기 위하여 낸다는 것.

(34) 쇠똥가리 〈江原 三陟〉

　　쇠똥벌레가 쇠똥을 굴리듯 그 소똥이라는 것.

(35) 침쟁말 〈釜山 凡一 洞〉

　　침쟁이는 침을 찔러 남을 아프게 하고 삯을 받는다는 데서 학교
　　에서 아이들을 아프게 하고 돈을 받는다는 것.

1.3. 綜合的 考察

書堂	學校
皇天子 〈京畿 高陽〉	개똥파리 〈京畿 高陽〉
黃金湯 〈全北 南原〉	말벌통 〈全北 南原〉
땅짱 〈慶北 靑松〉	빈바구미 〈慶北 靑松〉
활빈당 〈忠南 公州〉	편질통 〈忠南 公州〉
	개파리똥 〈京畿 高陽〉
	명태대가리 〈全南 昇州〉
	두대쪽 〈慶南 陜川〉
	굽노파리 〈京畿 水原〉
	돼지털 〈釜山 凡一 洞〉
	명 〈江原 三陟〉

書堂先生	學校敎師
나리가마 〈京畿 高陽〉	
신선놀음이 〈慶北 靑松〉	핀쟁꾼 〈慶北 靑松〉
황강아지 〈全北 南原〉	따뻐리 〈全北 南原〉
꿀버리 〈江原 三陟〉	핑잡이 〈江原 三陟〉
어멈 〈忠南 公州〉	도깸마님, 회쟁이 〈忠南 公州〉
담배통 〈忠北 鎭川〉	
목자루 〈京畿 水原〉	가루쟁이 〈京畿 水原〉
토막장수 〈慶南 陜川〉	골병때기 〈慶南 陜川〉
노루꼬리 〈全南 昇州〉	핀꼬리 – 校長 , 핀쟁이 – 敎師 〈全南 昇州〉
왼장배기 〈釜山 凡一 洞〉	강구 〈釜山 凡一 洞〉

書堂書生	學校學生
판잡이 〈江原 三陟〉	멍잽이 〈江原 三陟〉
황새 〈全北 南原〉	
외까치 〈全南 昇州〉	대까치 〈全南 昇州〉
건들배기 〈忠北 鎭川〉	망둥이 〈忠北 鎭川〉
시계추 〈慶南 陜川〉	
	삐램이 〈釜山 凡一 洞〉
	파리똥 – 중고등학생, 말파리똥 – 대학생 〈京畿 高陽〉

書堂敎科書	學校敎科書
쌍가마 〈全南 昇州〉	꼴불견 〈全南 昇州〉
시계추 〈江原 三陟〉	핑꼬리 〈江原 三陟〉
추랄 〈釜山 凡一 洞〉	
금줄 〈江原 三陟〉	
	깨비팔 〈全北 南原〉

書堂納付米	學校納付金
용가마 〈全南 昇州〉	꼴대기 〈全南 昇州〉
금가루 〈京畿 水原〉	밀가루 〈京畿 水原〉
노다지 〈江原 三陟〉	쇠똥가리 〈江原 三陟〉
누루탕 〈慶南 陜川〉	뼈거무리 〈慶南 陜川〉
서낭떡 〈忠南 公州〉	편딱지 〈忠南 公州〉
황금탕 〈釜山 凡一 洞〉	침쟁알 〈釜山 凡一 洞〉
	깨소금 〈全北 南原〉

上記 비교에서 새 교육에 대하여 욕설적이며 비방적이고, 서당교육을 존중했다는 것을 보여 주고 있다. 그러나 도시나 도시 주변의 백정 자제는 새 교육을 받고 있으며 지방에 갈수록 보수적이어서 서당에 보내고 있다. 그러나 지방일지라도 간혹 새 교육을 시키는 백정들도 있다. 서당의 書生은 보통 10명 내지 15명 가량 되는데 백정의 자녀가 대개 30% 내지 40%가량의 비율을 차지하고 그 외는 보수적인 부모들이 새 교육을 거부하고 서당교육을 시키는 일반인의 자녀들이다. 백정의 자제와 일반인의 자제들이 한 자리에서 배우는 것이 아니라 二部制로 백정의 자제만은 따로 가르치고 있다. 곳에 따라 무당, 광대의 자녀가 백정자녀와 함께 同級으로 배우고 있다. 백정들이 새 교육을 반대하는 이유는 은어에 반영되어 있는 바와 같지만 새 교육을 받으면 조상에서 대대로 이어오는 백정의 聖職을 거부하기 때문이라 한다. 백정들의 敎育水準은 보통 한 屠殺場에 있는 세 명의 白丁 중 대개 그 한 명은 漢文을 이해하고 있으며, 어떤 백정은 상당한 실력을 가지고 있는 백정들도 있다.

* 솥물치 – 자식의 교육을 반대하는 백정 〈서울 下往十里〉
  공부를 했거나 안 했거나 밥 한 그릇 먹기는 마찬가지라는 데서 솥물만 안다는 것.

* 호박찜 - 주먹 교육 〈京畿 高陽〉

글 배우는 것보다는 주먹찜질로 호박이 물렁물렁하듯 자식들을 다루
는 것이 글 배우는 것보다 자식들을 부려먹기는 효과적이라는 것.

솥물치, 호박찜의 은어에도 반영된 바와 같이 書堂敎育마저 거부하는
백정들도 있으며 자식들에게 글줄이라도 가르쳐 놓으면 우쭐거리고 버
릇이 없어진다고 極端的으로 교육을 반대하는 백정들도 있다.

2. 婚姻 및 家庭狀況

屠牛白丁이나 그 자녀들의 혼인은 같은 職種인 白丁 間(고리백정 포함),
무당, 광대 등 賤民階級 間에 이루어지고 他 社會人과의 結婚은 禁止되
어 있다.

2.1. 婚姻觀

(1) 찰거머리 - 他 社會 婚姻 對象者 〈慶南 陜川〉
찰거머리는 피를 빨아먹기 때문에 질색을 하듯 타 사회인으로서
백정과 혼인하려는 자는 찰거머리와 같이 돈을 빨아먹기 위해 하
는 자이기 때문에 질색이라는 것.
(2) 찰가마리 - 他 社會 對象者 〈忠北 鎭川〉
(3) 찰거미 - 他 社會 對象者 〈忠南 公州〉
(4) 찰가마리 - 他 社會 對象者 〈慶北 靑松〉
(5) 꼴두기 - 他 社會 對象者 〈全南 昇州〉
꼴뚜기는 이리저리 주책없이 뛴다는 데서 혼인대상자로서는 믿음

성이 적다는 것.

(6) 소말뼉 - 他 社會人과 결혼하는 것 〈釜山 凡一洞〉
    잘 어울리지 않는다는 것.

(7) 피가리 - 他 社會人과의 혼인을 반대하는 것 〈京畿 水原〉
    他 社會人과 피가름 한다는 것.

(8) 붉은 물 들다 - 백정이 他 社會人과 결혼하다 〈江原 三陟〉
    他 社會人과 혼인을 하면 붉은 물, 즉 속세의 물이 든다는 것.

(9) 불가사리 - 他 社會 女性 〈慶南 陜川〉
    他 社會 女性이 백정한테 시집오면 불가사리가 닥치는 대로 먹어
    버리듯 白丁의 禁食인 고기, 마늘, 파, 고추 등 닥치는 대로 먹어
    백정의 傳統을 망치게 한다는 것.

(10) 두렁박 - 他 社會 女性 〈慶南 陜川〉
    白丁의 아들이 他 社會 여성과 혼인하면 자녀를 못 낳으니까 두렁
    박을 차고 쫓겨날 판이라는 것.

上記 隱語에서 본 바와 같이 外人과의 婚姻을 拒否하고 있으며 忌避
하고 있음을 알 수 있겠다.

2.2. 白丁 階級 間의 婚姻

白丁의 자격을 얻으려면 혼인을 해야 되는데 未婚者는 屠牛를 할 수
없다.

(1) 토시짝 - 혼인한 白丁 〈慶北 靑松〉
    토시는 주로 어른이 낀다는 데서 어른이 되었다는 것.

(2) 쌍고래 - 백정 출신 간의 혼인 〈江原 三陟〉

‘쌍고래’의 ‘고래’는 ‘고무래’에서 ‘무’를 생략한 말. 雙方이 모두 고
무래(白丁) 출신이라는 것.

(3) 두부치기 – 백정 출신 간의 혼인 〈釜山 凡一洞〉
(4) 쌍부치기 – 백정 출신 간의 혼인 〈濟州 楸子〉
    雙方을 붙인다는 것.
(5) 쌍나팔 – 백정 출신자 간의 혼인 〈京畿 水原〉
(6) 고무래다리 – 백정 출신 사위 〈全南 昇州〉
    그리고 혼인은 반드시 未婚男女만이 성립되고 再婚은 禁하고 있
    다. 그리고 혼인에 있어서는 승려의 承認을 얻어야 되는 곳도 있다.
(7) 말굴리다 – 승려에게 婚姻 承認을 얻다 〈慶北 靑松〉
    ‘말’은 斗로서 신랑신부를 말로 되어보듯 한다는 것.

승려가 중매를 하는 경우도 있다.

(8) 도토리거지 – 白丁의 딸을 仲媒하는 승려 〈濟州 楸子〉
    ‘도토리’는 ‘승려의 머리’를 뜻함. 중매를 해주고 얻어먹는다는 것.
(9) 성냥맞추다(부싯돌 굴리다) – 결혼하다 〈京畿 富平〉
    ‘성냥’이나 ‘부싯돌’이나 모두 불을 일으키는 것인데 혼인은 신랑
    신부 간에 불꽃을 일으킨다는 것.
(10) 샘물 – 신랑 〈京畿 廣州〉
    갓 결혼해서 情熱이 샘물같이 솟아날 것이라는 것.
(11) 콩나물대가리 – 신부 〈京畿 廣州〉
    콩나물이 고개를 숙이고 있는 것처럼 신부는 고개를 숙이고 있다
    는 것.
(12) 참대비 – 婚姻 후 흰머리가 되도록 사는 백정 〈서울 往十里〉

참대비는 오래 쓰고 닳아서 못쓸 때까지 사용하는 데서 생긴 말.
곳에 따라서는 혼인하려면 신랑이 신부집에서 삼년간 머슴살이를
해야 데려 갈 수 있다.

(13) 삼발떡 – 혼인하기 위해 3년간 처가에서 일하는 사위 〈江原 三
陟〉

'삼발'은 '3년'을 뜻하는 동시에 삼발이 불에 들어가면 뜨겁지만
위에는 맛있는 떡을 굽듯 3년간 불 속에 들어가 고생을 하지만
3년이 지나면 맛있는 떡을 해서 혼인한다는 것.

(14) 삼뱉 – 혼인하기 위해 3년간 妻家에서 일하는 사위 〈慶北靑松〉

(15) 메뚜기똥 – 딸의 혼수 〈京畿 廣州〉

메뚜기가 똥 누기를 힘들어하고 메뚜기똥은 피의 색이라는 데서
부모가 힘들여 피로써 이루어진 것이라는 것.

(16) 메뚜기 날개 – 시집가는 딸 〈京畿 廣州〉

시원히 날아간다는 것.

(17) 바리부리다 – 딸이 시집가다 〈京畿 富平〉

무거운 짐을 부리는 것과 같다는 것.

(18) 홑치매 – 시집갈 때 알몸으로 가는 것 〈釜山 凡一洞〉

홑치마 입은 알몸으로 간다는 것.

2.3. 再婚 關係

백정부부 중 어느 한 편이 사망해도 재혼을 금하고 있다.

(1) 게구멍 – 再婚 못함 〈京畿 水原〉

게는 다른 구멍에 들어가지 않고 외곬으로 자기구멍으로만 들어
간다는 말에서 생긴 말.

(2) 불이경 - 再婚 〈全南 昇州〉

不義經, 즉 再婚은 不義의 經을 읽는 것과 같다는 것.

(3) 귀양살이 - 시집간 딸 〈江原 三陟〉

시집간 딸은 어떠한 일이 있더라도 친정에 다시 올 수 없다는 것.

(4) 곰방대 - 家族이 없는 홀아비 〈京畿 水原〉

곰방대는 대가 짧아서 긴 담뱃대보다 빨리 탄다는 데서 벌써 젊음
이 탔다는 뜻.

(5) 누데기 - 홀아비 〈忠南 公州〉

옷이 누덕누덕 되었다는 데서 생긴 말.

(6) 산달래 - 홀아비 〈京畿 廣州〉

산달래의 꽃이 희다는 데서 희게 될 팔자라는 것.

(7) 외고리 - 과부 〈江原 三陟〉

(8) 금싸리개 - 과부 〈忠南 公州〉

재혼을 금하고 있기 때문에 자손이 없을 때에는 백정간에서 양자
를 얻는다.

(9) 깔판 - 양자 〈全南 昇州〉

깔판, 즉 대를 물려받아 깔 것이라는 것.

2.4. 他 社會人과 혼인한 경우

백정간의 결혼은 사실상 곤란을 느끼고 있는데 이것은 適齡者와 아울
러 對象者가 그리 많지 못하기 때문이다. 그래서 일부 지역에서는 일반
사회인과의 혼인을 하고 있는데 이에는 특별한 俗信과 승려들의 승인을
얻은 후에 행하여지고 있다.

(1) 달걀 굴리다 - 社會人과 結婚을 할 때 승려에게 승인을 얻다 〈江原

三陟〉

달걀을 굴린다는 것은 危險하고 힘든 일이라는 데서 社會人과의 結婚을 하기는 하지만 달걀 굴리는 것과 같은 위험성이 다분히 있다는 것.

(2) 북띵이 – 帶妻僧의 아들과 結婚한 白丁의 딸 〈忠北 鎭川〉

(3) 심청이 – 다른 사회인에게 시집가는 백정의 딸 〈全南 昇州〉

다른 사회인이 백정의 딸을 아내로 맞으려면 供養米를 사찰에 내고 불공을 드려야 된다는 데서 심청이와 유사.

(4) 삼발통(삼발아가리) – 白丁의 딸을 아내로 맞으려고 3년간 삭발하고 있는 다른 사회인 남자 〈忠南 公州〉

(5) 별때기 – 다른 사회인과 혼인하려고 승려의 허락을 얻는 것 〈釜山〉

별따기와 같이 다른 사회인과 혼인한다는 것은 어렵다는 것.

(6) 삼발엿 – 다른 사회인을 사위로 맞아들이기 위해 삼년간 백정 직업을 쉬는 백정 〈忠南 公州〉

데릴사위로 다른 사회인을 데려오려면 삼년간 백정 직업을 쉬어야 함.

(7) 떨쉽 – 아들이 같은 지역 섬 여성과 결혼하는 것 〈濟州 楸子〉

같은 지역 섬 여성과 결혼하는 것을 꺼리고 있으며 육지여성과 결혼을 시키고 있다. '떨쉽'은 '수염이 떨리다'로 같은 섬 여성과 혼인하는 것은 수염이 떨리는 무서운 일이라는 것.

(8) 건널목 – 陸地女性 〈濟州 楸子〉

자식의 아내는 반드시 육지에서 데려온다는 데서 건널목.

(9) 도톨짝 – 백정간에 상대가 없을 때는 중이 되는 것 〈釜山〉

'도톨'은 '승려', 즉 승려의 짝이 된다는 것.

(10) 조리묵 – 시어미한테 백정 출신이라고 들볶이는 시집간 딸 (다른
　　 사회인과 결혼) 〈京畿 廣州〉
　　 눈물을 조리 물 같이 흘리고 있다는 뜻.

(11) 조리 쌀 – 시어미한테 백정 딸이라고 천시를 당하여 화풀이로 남
　　 편에게 분풀이 하는 것 (다른 사회인과 결혼) 〈京畿 廣州〉

(12) 대바구니 – 다른 사회인과 결혼하여 잘 사는 딸 〈京畿 廣州〉
　　 대바구니에 들어 앉아 있는 셈이라는 것.

(13) 지아비턱 – 백정네라고 천시하는 (다른 사회에서 시집온) 며느리 〈京
　　 畿 廣州〉
　　 턱을 들고 건들거린다는 것.

(14) 시렁배지 – 백정네라고 도망친 (다른 사회에서 시집온) 며느리 〈京畿
　　 廣州〉
　　 '시렁배지' '시렁에 얹은 바가지' 바가지〉바아지〉배지. 시렁에 얹
　　 은 바가지는 떨어져 잘 깨진다는 데서 깨졌다는 것.

2.5. 백정 婚姻觀의 動搖

　백정들 간의 결혼만을 고집하는 그들이지만 대상자의 부족으로 다른
사회인과의 혼인이 승려의 承認과 특수한 俗信으로 합리화 되고 있지만
이 부자유스러운 결혼관이 그들에게 염증을 주어 이에 반항하고 자유로
운 戀愛觀이 싹트고 혼인이 문란해 가고 있는데 도시 주변에서 더욱 그
러한 경향이 있다.

(1) 똥지게 – 다른 사회인과 결혼하려고 집을 나간 아들 〈忠北 鎭川〉
　　 부모를 등지고 나간 아들은 똥지게와 같이 더럽다는 것.

(2) 개미허리 밟다 – 다른 사회 현대 여성과 결혼하다 〈京畿 富平〉

허리가 개미같다는 것.

(3) 바랑개비(호들개비) – 홀아비 백정 〈서울 왕십리〉

바람개비는 바람이 불면 돈다는 데서 온 말로 곧 바람이 불면 돌 (결혼할) 것이라는 것.

(4) 구렁이 – 첩 둔 백정 〈京畿 富平〉

구렁이와 같다는 것.

(5) 오줌통(오줌독, 베개통) – 첩 둔 백정 〈京畿 水原〉

오줌통은 밤에 한 번씩 쓴다는 데서 性과 관련 있는 말.

(6) 고무래 맞추다(빗장걸다) – 홀아비 백정이 과부와 결혼하다 〈京畿 富平〉

(7) 물독 – 아내를 자주 바꾸는 백정 〈京畿 廣州〉

물독 물을 자주 갈아 부어야 된다는 데서 생긴 말.

(8) 오동박(톱통) – 홀아비 백정에게 시집온 처녀 〈京畿 富平〉

'박'은 乳房, '오동'은 오동나무열매로 젖꼭지를 가리키는 것.

(9) 오동바가지 – 이혼한 백정 〈京畿 富平〉

바가지는 박을 쪼개서 만든다는 데서 부부를 쪼개 놓았다는 것.

(10) 수수땡비(숫땡비) – 식모를 아내로 데리고 사는 백정 〈서울 往十里〉

식모는 수수비질을 한다는 데서 온 말.

(11) 싸래비 – 本妻한테 내쫓긴 妾 〈서울 往十里〉

싸리비로 본처가 쓸어버렸다는 것.

(12) 질그릇 – 寡婦가 시집 온 지 얼마 안 되어 죽은 백정 〈京畿 廣州〉

질그릇은 깨지기 쉽다는 데서 깨졌다는 것.

(13) 담배통 – 妾을 꽉 쥐고 있는 本妻 〈京畿 富平〉

담배통은 재떨이를 두들긴다는 데서 첩을 두들긴다는 것.

(14) 옴단지 – 전실 자식을 데리고 시집온 과부 〈京畿 富平〉

가렵고 께름칙하다는 것.

(15) 아가리쌈지 – 첩에게 주는 돈 〈京畿 富平〉

　　입을 막는 것이라는 것.

2.6. 家庭狀況

(1) 바가지탈춤 – 아내 자랑하는 백정 〈京畿 水原〉

　　아내 자랑하는 것은 마치 탈춤을 출 때 바가지로 한 탈과 같다는 것.

(2) 진똥통 – 병신인 아내 〈京畿 水原〉

　　귀찮고 냄새난다는 것.

(3) 주발뚜껑(사발깨) – 가족을 꼼짝 못하게 쥐고 있는 백정 〈京畿 水原〉

　　밥뚜껑을 열었다 덮었다 자유로이 할 수 있다는데서 가족을 마음대
　　로 손아귀에 넣고 흔든다는 것.

(4) 고염통(풀자루) – 아내에게 쥐여 사는 백정 〈京畿 水原〉

　　아내에게 쥐여 사노라니까 고염과 같이 검게 속이 탈 것이라는 것.
　　'풀자루'는 여자가 주물락주물락 한다는 데서 남편을 풀자루 다루
　　듯 한다는 것.

(5) 보리가마 – 아내의 잔소리에 고민하는 백정 〈서울 往十里〉

　　보리는 다른 밥보다 씻고 짓기가 힘들다는 데서 생긴 말.

(6) 쑥대통 – 아들에게 쥐여 사는 백정 〈京畿 水原〉

　　집의 기둥이 못 되고 쑥대와 같이 미약한 존재라는 것.

(7) 놀부이 – 돈이 있어도 인색하게 구는 백정 〈京畿 廣州〉

　　흥부전에서 놀부가 인색하게 굴었다는 데서 유래된 말.

(8) 흥부이 – 돈은 없어도 마음이 어진 백정 〈京畿 廣州〉

(9) 쐐기고토리 – 남편주머니에서 돈을 몰래 꺼내는 아내 〈京畿 富平〉

　　쐐기와 같이 쏘는 존재라는 것.

(10) 뙤놈발끝(백돼지) - 몸이 비대한 백정 〈京畿 富平〉

중국여성은 전족을 해서 발이 퉁퉁하다는 데서 생긴 말.

(11) 개살구오리 - 잔소리가 심한 백정 〈京畿 富平〉

잔소리가 개살구와 같이 시다는 것.

(12) 사둔촌 - 마음이 어진 백정 〈京畿 廣州〉

(13) 먹통 - 성미가 매우 까다로운 백정 〈京畿 廣州〉

먹통은 검다는 데서 남의 마음을 먹통과 같이 시꺼멓게 태운다
는 것.

(14) 씀방대(오이대가리, 씨바굼이) - 가족이 많은 백정 〈京畿 水原〉

가족이 많아서 쓰다는 것.

(15) 소바리 - 가족이 많은 백정 〈京畿 富平〉

소바리는 짐을 싣는다는 데서 짐이 무겁다는 것.

(16) 주리틀다(조리잡다) - 가족이 많아서 제대로 식사를 못하다 〈京畿
水原〉

배가 고파서 주리를 트는 것과 같다는 것.

(17) 연필통(살통) - 자식 많은 백정 〈서울 往十里〉

연필통에는 연필, 지우개, 칼, 컴퍼스 등 여러 가지가 가득 들어있
다는 데서 가족이 많다는 것.

(18) 명석창고(가래헛간) - 아들만 있는 백정 〈京畿 富平〉

아들이 벌어서 명석에 늘어놓을 것이 많다는 것.

(19) 고무래창고 - 딸만 있는 백정 〈京畿 富平〉

시집갈 때 고무래 같이 끌어갈 딸이 창고에 그득하다는 것.

(20) 간장댁 - 아내 〈京畿 高陽〉

간장을 다룬다는 데서 생긴 말.

(21) 목화씨 - 아내 〈京畿 富平〉

흰 솜만 남기고 목화씨는 떨어진다는 데서 어린 아이를 목화씨 떨
어뜨리듯 한다는 것.

(22) 쇠스랑갈퀴 – 아내 〈京畿 水原〉

긁는다는 데서 바가지를 긁는 아내와 비슷하다고 하여 생긴 말.

(23) 뺑뚱이 – 살찐 아내 〈京畿 高陽〉

뺑뺑하고 뚱뚱하다는 데서 생긴 말.

(24) 똥두부 – 살찐 아내 〈京畿 富平〉

똥두부는 잘 되지 않은 두부. 두부는 후물후물하다는 데서 살이
쪄서 흐물흐물하다는 것.

(25) 발때기다 – 동네 사람한테 아내가 미움 받다 〈京畿 廣州〉

발에 때가 끼면 발을 부끄러워 내놓지 못하듯 남에게 부끄러워 내
놓지 못하겠다는 것.

(26) 쨍소리 – 아내가 도망치는 것 〈京畿 廣州〉

아내가 도망치니 머리가 쨍한다는 것, 즉 머리가 아찔하다는 것.

(27) 호이국(오이국) – 돈을 갖고 도망친 아내와 아들 〈京畿 廣州〉

오이 냉국은 시원히 잘 넘어간다는 데서 눈 깜짝할 사이에 잘도
도망갔다는 것.

(28) 갈피리 – 남편 몰래 쌀 퍼다 파는 아내 〈京畿 廣州〉

갈대로 만든 피리를 불며 하는 행동이라는 것.

(29) 삿대자루 – 동네 사람한테 인심 잃은 아내 〈京畿 廣州〉

동네 아낙네들에게 삿대질, 즉 손가락질을 당한다는 것.

(30) 쓴쑥 – 시어미말을 듣지 않는 아내 〈京畿 廣州〉

쑥과 같이 쓰다는 것.

(31) 종이풀 – 시어미와 마음이 맞는 아내 〈京畿 廣州〉

종이와 풀은 붙는다는 데서 서로 마음이 잘 붙는다는 것.

(32) 코딱지 – 시어미를 비로 때리며 덤벼드는 아내〈京畿 廣州〉
코딱지 같이 필요 없고 더러워 떼어버려야 시원하겠다는 것, 즉
아내를 떼어야 되겠다는 것.

(33) 맞대기 – 시아비의 사랑을 받는 아내〈京畿 廣州〉
서로 사랑을 맞댄다는 것.

(34) 코멩이 – 폐병에 걸린 아내〈서울 往十里〉
코멩멩이 소리를 한다는 데서.

(35) 잰내비목 – 부끄럼을 잘 타는 아내〈京畿 廣州〉
잔나비의 항문이 붉다는 데서 부끄러워 얼굴이 붉어진다는 것.

(36) 냄비숯 – 잔소리 심한 아내〈京畿 富平〉
숯불에 냄비의 전이 끓듯 아내가 끓는다는 것.

(37) 보리피리 – 男便이 病席에 오래 눕자 도망친 아내〈京畿 廣州〉
보리피리 불며 달아났다는 것.

(38) 유피리 – 아내가 남편 몰래 친정에 갔다 오는 것〈京畿 廣州〉
'柳' 버들피리, 버들피리 불며 갔다 왔다는 것.

(39) 빨래거품 – 화장을 몹시 하는 아내〈京畿 富平〉
얼굴을 희게 빨래거품 일듯 문지른다는 것.

(40) 두께비잔등 – 不具子息〈서울 往十里〉
두꺼비와 같이 행동이 느리고 두꺼비 등과 같이 갈라져 있다
는 것.

(41) 톱밥 – 옴 옮은 아들〈京畿 富平〉
톱밥이 옴과 같이 동글동글하다는 데서 생긴 말.

(42) 톱밥가마 – 홍역 앓는 어린이〈京畿 富平〉
홍역은 활활 잘 타는 톱밥과 같이 열이 높다는 것.

(43) 모래가루 – 마마걸린 어린이〈京畿 富平〉

얼굴이 모래같이 된다는 것.

(44) 오디 – 갓난 어린이 〈京畿 富平〉

오디와 같이 귀엽다는 것.

(45) 오야붕다리 – 맏아들 〈京畿 富平〉

'오야붕'은 '親分(두목)'이란 일본어.

(46) 나무고무래(※ 목바리) – 아들 〈京畿 富平〉

나무고무래(白丁), 즉 튼튼한 고무래는 아니라는 것.

(47) 매눈깔 – 어린 아들 〈京畿 高陽〉

아이 때는 부모가 눈을 부릅뜨고 있어야 한다는 데서 생긴 말.

(48) 다람이 – 바람난 아들 〈京畿 廣州〉

다람쥐 같이 돌아다닌다는 것.

(49) 메뚜기대가리(큰 뜨물통) – 아들 〈京畿 廣州〉

메뚜기대가리는 빤들빤들 하다는 데서 말을 듣지 않는다는 것.

(50) 철망가시 – 깡패를 감시하는 아들 〈京畿 高陽〉

깡패가 오는가를 감시하고 있다는 데서 철망가시와 관련.

(51) 외눈퉁이 – 딸 〈京畿 高陽〉

딸 시집보내려면 걱정이 되어서 눈을 찌푸리고 있다는 데서 생긴 말.

(52) 고추가루 – 화장한 딸 〈京畿 富平〉

입술을 빨갛게 칠했다는 데서 고춧가루라고 함. 백정사회에서는 화장을 禁하고 있으나 말을 듣지 않는다고 함.

(53) 비누가루 – 파마한 딸 〈京畿 富平〉

비누가루는 거품이 많이 있다는 데서 파마한 것이 비누거품인 것 같다는 것.

(54) 통성냥 – 친척이 많이 와 있는 백정 〈서울 往十里〉

통성냥은 등이 많이 긁힌다는 데서 친척에게 뜯기는 것이 많다
는 것.

(55) 거머리 – 가족 〈京畿 富平〉

거머리가 피를 빨아먹는다는 데서 모두 놀고 빨아 먹기만 한다는
것.

(56) 쇠고무래 – 백정의 부모 〈京畿 富平〉

쇠고무래(백정)는 오래 산다는 데서 오래 되었다는 것.

(57) 화문석군(장기쟁이) – 땅을 산 백정 〈京畿 水原〉

화문석을 깔 형편이 되었다는 것.

(58) 멍석군 – 돈을 모은 백정 〈京畿 水原〉

멍석이 많으면 널 것이 많다는 데서 생긴 말.

(59) 미음국(땅거미) – 가난한 백정 〈京畿 富平〉

미음국, 즉 죽을 먹는다는 것.

(60) 소금배추 – 빚에 쪼들리는 백정 〈京畿 富平〉

배추를 소금으로 절이면 맥이 없다는 데서 빚쟁이에 쪼들려 저린
배추와 같이 맥이 없다는 것.

(61) 애호박 짜개다 – 자식이 죽다 〈서울 往十里〉

‘애호박’은 자식, ‘짜개다’는 죽다.

(62) 날수박 터지다 – 아내가 죽다 〈서울 往十里〉

上記 백정의 婚姻狀態를 보건대 혼인은 백정 특유의 전통적 遺習에
의해 白丁 간에서 이루어지는 것을 원칙으로 하고 있지만 대상자의 결핍
으로 他 社會人과 불가피하게 하고 있는데 이런 경우에는 곳에 따라 승
려의 승인을 얻거나 白丁職을 당분간 쉬거나 해서 해결을 짓고 있다.
그리고 배우자가 없어 혼인을 할 수 없는 경우에는 승려가 되어야 한다

는 등의 일련의 사실들은 폐쇄적인 백정사회에 있어서 苦衷相의 일면이
라 하겠다. 그러면 백정간의 혼인만을 고집하고 있는 遺習은 어째서 생
겼을까.

朝鮮의 特殊 階級層은 白丁에게 지독한 차별적 대우를 가했는데 各
邑 郊外에 집단으로 거주하게 하고 他 階級民과 雜居 또는 雜婚을 할
수 없도록 만들어 놓았던 것이다. 이에 대한 반항에서 비롯하여 백정은
백정 간의 혼인만으로 위안과 만족을 얻고자 하는 데서 백정의 聖職과
아울러 백정간의 혼인만이 聖스럽다는 전통적인 遺習을 생기게 했던 것
이라 여겨진다. 아울러 白丁들이 자신들이 사용하는 隱語가 他 社會語
보다 聖스럽다고 보는 言語觀도 白丁들의 婚姻觀과 밀접한 관련성을 가
지고 있다고 하겠다.

3. 衣冠關係

백정은 모든 면에 있어서 타 사회인과 다른 것을 자랑으로 여기고 있
는데 衣類나 冠에 있어서도 타 사회인과 특이하다.

3.1. 두루마기

두루마기는 他 社會人이나 입는 것이고 백정들은 입지 않는 것으로
禁하고 있다.

(1) 거적때기 – 두루마기 〈全北 南原〉
　　다른 사회인들이 달고 다니는 거적때기라는 것.
(2) 널찌기 – 두루마기 〈全北 南原〉

널따랗다는 것.

(3) 통광목 – 두루마기 〈京畿 水原〉

(4) 가마틀 – 두루마기 〈忠北 鎭川〉

가마 타는 사람 즉 양반들이 입는 것이라는 것.

(5) 홍포(紅袍) – 두루마기 〈江原 三陟〉

紅袍는 絳紗袍, 즉 임금이 朝賀 때에 입던 옷으로 양반들이 입는 다는 것.

(6) 털북세(털북새) – 두루마기 〈慶北 靑松〉

털과 같이 따뜻하게 한다는 것.

(7) 썩싸리 – 두루마기 〈忠南 公州〉

썩은 싸리로서는 비를 만들 수 없다는 데서 백정에게는 썩은 싸리 로 불쏘시개밖에 안 된다는 것. 그런데 곳에 따라서는 제사 때에는 두루마기를 입는다.

(8) 삼베 – 제사 때만 입는 옷 〈全南 昇州〉

3.2. 옷감

옷감도 비단이나 광목 등을 禁하고 재래의 무명을 주로 사용한다.

(1) 토리갑(狐遁甲) – 명주 〈慶北 靑松〉

(2) 창우지타래 – 명주 〈釜山 凡一洞〉

(3) 겁피리 – 무명옷 〈慶北 靑松〉

劫具(木花)에 접사 '리'가 붙어서 된 듯.

(4) 덥썩이 – 무명옷 〈全南 昇州〉

'덕석'이 변한 말인 듯, 즉 소의 등을 덮는 멍석.

(5) 가마니틀 – 무명옷 〈江原 三陟〉

가마니와 같이 뻣뻣하다는 것.

3.3. 저고리

저고리는 입되 동정과 옷고름이 특이하다.

(1) 두파리 – 저고리 〈京畿 水原〉
(2) 거저기 – 저고리 〈慶南 陝川〉

3.3.1. 동정

(3) 코딱지 – 까만 동정 〈全南 昇州〉
  흰 동정을 달지 않고 검은 동정을 단다고 함. 京畿道 廣州郡 大旺
  面 包谷里 똬리꼴에 있는 고리 백정들도 검은 동정을 달고 있음.
(4) 널때기 – 동정 〈忠南 公州〉
  흰 동정은 달되 속에 종이는 넣지 않음.
(5) 선녀바람 – 동정 〈慶南 陝川〉
  선녀의 바람이 일 듯 흰 동정은 산뜻하다는 것. 동정은 달되 자주
  갈아서 좋지 않다고 함. 이밖에 동정을 다는 곳이 濟州 楸子와 京
  畿 水原에서 달고 있으나 그 밖의 지역에서는 동정을 달지 않는다.
(6) 똥줄 – 동정 〈慶北 靑松〉
  동정은 양반들이나 다는 더러운 것이라는 것.
(7) 뼉골 – 동정 〈釜山 凡一洞〉
  '뼉골'은 '백골'의 戱語化. 동정이 희니까 '白骨' 즉 백골은 달 수
  없다는 것.
(8) 곱새돌 – 동정 〈全北 南原〉

'곱새'에는 바람에 날리지 않게 하기 위해 드문드문 나무꼬챙이로 박는 것이 예사인데 돌을 달아 놓는 것이 제격이 아니라는 데서 백정에게는 동정이 어울리지 않는다는 것.

3.3.2. 옷고름

옷고름을 달지 않고 거의 단추를 달고 있다. 濟州 楸子에서 고름을 달지 않는 이유로 고름은 길기 때문에 마귀가 붙기 쉽다는 데서 귀신을 막기 위한 것이라 한다.

 (9) 곱샛돌 – 옷고름 〈忠南 公州〉
    앞서 곱샛돌이 동정인 것과 같이 백정에게는 어울리지 않는다는 것.
 (10) 썩새끼 – 옷고름 〈慶南 陜川〉
    썩은 새끼와 같이 백정에게는 無用하다는 것.
 (11) 닻줄 – 옷고름 〈慶北 靑松〉
 (12) 고루 – 옷고름 〈江原 三陟〉
    옷고름을 매면 '고리'가 된다는 데서 '고루'는 고리의 방언.
 (13) 오디알 – 단추 〈全南 昇州〉

3.4. 조끼

조끼를 입지 않는다.

 (14) 짤팔이 – 〈京畿 水原〉
    짧은 팔이라는 것. 저고리는 두 팔.
 (15) 쪽가마 – 조끼 〈全北 南原〉

조끼는 乘轎의 一片과 같다는 것. 백정은 乘轎로서 屋轎를 사용
하지 못하고 下裝轎라고 하는 뚜껑이 없는 가마를 사용하였음.

(16) 가마쪽 – 조끼 〈忠南 公州〉

(17) 쪽가매 – 조끼 〈釜山 凡一洞〉

(18) 대까치 – 조끼 〈慶北 靑松〉

3.5. 토시

토시도 끼지 않는다.

(19) 순대통 – 토시 〈全北 南原〉

(20) 순대자루 – 토시 〈慶北 靑松〉

(21) 메주타루 – 토시 〈忠北 鎭川〉

(22) 밀자루 – 토시 〈釜山 凡一洞〉

3.6. 띠

띠는 반드시 무명띠를 띠고 가죽띠는 절대 띠지 않는다.

(23) 고래심줄 – 무명띠 〈江原 三陟〉

(24) 갈자리 – 무명띠 〈慶北 靑松〉

(25) 곱새널다 – 띠를 띠다 〈全南 昇州〉
    그런데 무명띠를 띠지 않고 새끼를 꼬아서 띠고 있는 곳도 있다.
    〈慶南 陜川〉 가죽띠를 두르는 백정은 한 명도 없다.

(26) 범꼬래 – 가죽띠 〈京畿 水原〉
    범꼬리와 같이 무서운 것이니 띠어서는 안 된다는 것.

(27) 신령쉼 – 가죽띠 〈忠南 公州〉

(28) 수염꽈리 – 가죽띠 〈慶北 靑松〉

　　백정은 고래로 가죽을 사용하지 않는 습관이 있다.

(29) 탯줄태기 – 허리띠

　　허리띠를 잃으면 아들복이 없다는 데서 생긴 말, 띠가 아마 탯줄
　　과 같이 길다는 데서 유래된 듯하다.

(30) 송장띠 – 죽은 아비 백정의 띠 〈忠北 鎭川〉

　　반드시 불에 태워야 한다. 그리고 백정이 죽었을 때에는 그 띠를
　　태워 재를 屠牛場 부근에 날리는 곳이 있는데 이유로는 혼백을
　　위로함이며 부정을 예방하고 잡귀를 막기 위해서라고 한다. (慶南
　　陜川)

(31) 목줄깔다 – 뒤 볼 때 허리띠를 목에 두르다 〈忠北 鎭川〉

　　뒤 볼 때 허리띠를 뒤에 두르는 것을 금하고 있는데, 개의 목을
　　매어 죽이듯 띠를 목에 두르는 것은 살생을 뜻하기 때문이라고
　　함. 그러므로 뒤 볼 때 띠는 손에 들고 있어야 한다. 〈全北 南原〉
　　잠잘 때 벗은 옷을 띠로 묶어도 안 된다. 〈忠北 鎭川〉 뿐만 아니
　　라 어린이를 업을 때 띠를 써서도 안 된다. 〈忠北 鎭川〉

3.7. 의류 기타

(32) 덜덜이 – 內衣 〈江原 三陟〉

　　덜덜 떨어서 입는다는 데서 생긴 말. 속옷은 금하고 백정은 조끼
　　없는 바지와 저고리만 입는다. 그리고 백정들은 겨울에도 옷에
　　솜을 얇게 넣는데〈忠南 公州〉 그들의 말에 의하면 다른 사회인은
　　내의와 두루마기를 둘러도 추위를 타지만 백정들은 성스러운 일
　　을 하니까 菩薩王이 돌보아 주어서 그리 춥지 않다는 것이다.

(33) 베옷 - 잘 때 벗어 놓은 옷 〈全北 南原〉

옷은 아무리 더운 여름이라도 웃옷을 벗어서는 안 되며 잘 때에
만 벗어야 된다고 한다.

(34) 굴뚝돌이 - 바지의 앞뒤를 바꾸어 입는 것 〈忠南 公州〉

바지를 앞뒤로 바꾸어 입어서는 안 된다.

(35) 날고기 - 실밥 〈全南 昇州〉

절대로 실밥이 밖으로 나와서는 안 된다.

(36) 삼태미 - 넓은 바지 〈釜山 凡一洞〉

바지의 폭이 넓어서는 안 된다.

(37) 삼발 때 - 3년 입은 옷 〈忠北 鎭川〉

옷을 한번 하면 오래 입을수록 재수가 좋다고 한다. 쉬 닳지 않고
수명이 길기 때문이라고 한다.

(38) 틀거적 - 까만 버선 〈忠北 鎭川〉

여기서는 흰 버선을 못 신고 까만 버선만을 신는다. 그리고 백정
들이 屠牛를 할 때에는 복장을 단정히 하고 들어가는 것이 공통
점이다.

3.8. 신발(靴類)

짚신은 신되 다른 고무신 같은 것은 금지되고 있다.

(1) 옥가마(玉轎) - 짚신 〈全南 昇州〉

(2) 더퍼리 - 짚신 〈忠南 公州〉

(3) 더퍼래기 - 짚신 〈忠北 鎭川〉

(4) 쌀겨죽 - 짚신 〈釜山 凡一洞〉

쌀 거죽과 같이 헤프게 닳는다는 것.

(5) 불킹이 – 물 추긴 짚 〈忠南 公州〉
짚신을 삼을 때 물을 추겨 짚을 불려서는 안 된다고 함.

(6) 깔 때 – 막짚(다듬지 않은 짚) 〈忠北 鎭川〉
짚신을 삼을 때에는 짚을 다듬어서는 안 되고 그냥 막짚을 사용해
야 된다고 함.

(7) 망내딸코 – 짚신의 좁은 앞코 〈全南 昇州〉

(8) 양배기 – 짚신의 넓은 앞코 〈忠北 鎭川〉
양반 '양코배기'의 略語
※ 지방에 따라서는 조금씩 다르지만 全南 昇州에서 백정의 짚신
은 앞코가 좁아야 된다는데 반하여 忠北 鎭川에서는 앞코가 넓어
야만 된다고 한다. 그리고 짚신 뒤축에 헝겊을 넣어서 삼아서는
안 된다고 함.(忠北 鎭川, 慶北 靑松)

(9) 떡떠구리 – 닳은 짚신 〈釜山〉
'떡광주리'의 떡을 다 먹으면 광주리만 남는데 그 광주리와 같이
얼기설기 구멍이 뚫어졌다는 것. ※ 닳은 짚신은 그냥 버리지 않고
반드시 태우는 곳도 있다.

(10) 원앙이 – 죽은 백정의 짚신 〈釜山〉
※ 백정이 죽으면 그 신던 짚신을 소의 뼈를 파묻은 곳에 함께 파묻
는데 '원앙새'와 같이 소뼈와 짚신이 다정스럽게 된다는 것. 다만
全北 南原郡 雲峯面 한 곳에만 고무신을 신고 있는 백정을 볼 수
있었다.

3.9. 갓(冠)

백정들은 갓을 못 쓰고 패랭이를 쓴다.

3.9.1. 패랭이

(1) 꽃꽂이 – 패랭이 〈忠南 公州〉
　　'꽃갈'이라는 데서 생긴 말인 듯하다.
(2) 꽃가지 – 패랭이 〈京畿 水原〉
(3) 뱅뱅이(틀다) – 패랭이 (쓰다) 〈江原 三陟〉
(4) 날날이 – 패랭이 〈釜山 凡一洞〉
(5) 터렁이 – 망건 〈忠北 鎭川〉

　다만 鎭川과 慶南 陜川에서만 망건을 쓰는데 갓을 쓰지 않는다. 그것도 손님이나 外來客이 올 때 쓰고 그 외에는 쓰지 않고 벗어 둔다. 그리고 패랭이 수선은 못한다고 하며〈忠南 公州〉 패랭이가 벗겨 떨어졌을 때에는 다른 사람이 없을 때에 써야 한다.〈忠南 公州〉 그리고 패랭이에는 끈을 달 수 없다고 한다. 濟州 楸子에서는 패랭이도 쓰지 않고 맨머리로 있다. 이 패랭이는 비가 올 때에 쓰면 안 되고〈全北 南原〉 屠牛할 때에는 반드시 패랭이를 써야 한다.〈全北 南原〉

3.9.2. 갓

갓은 한 곳도 쓰는 데가 없다.

(6) 똥구디기 – 갓 〈釜山 凡一洞〉
　　구더기가 꿈틀꿈틀하듯 갓을 쓰고 양반들이 꺼들꺼들한다는 것.
(7) 아가리함지 – 갓 〈忠南 公州〉
　　갓이 큰 입과 같다는 데서.
(8) 아가리 – 갓 〈全南 昇州〉
(9) 망태기 – 갓 〈江原 三陟〉

(10) 망태기끈 - 갓 〈京畿 水原〉
(11) 아가리수염 - 갓끈 〈全南 昇州〉
(12) 나부랙 - 갓끈 〈忠南 公州〉
(13) 애나리끈 - 갓끈 〈釜山 凡一洞〉
    아이를 낳았을 때 문에 거는 줄이라는 것.

3.10. 頭髮

머리는 삭발을 해야 되는데 아마 이것은 백정들이 불교신자이기 때문
에 불교의 영향으로 보인다.

(1) 도토리 - 삭발한 머리 〈江原 三陟, 慶北 靑松, 全南 昇州〉
(2) 도토라기 - 삭발한 머리 〈忠北 鎭川〉
(3) 달팽이 - 삭발한 머리 〈釜山 凡一洞〉
    머리가 달팽이와 같이 반들거린다는 것.
(4) 목탁통 - 삭발한 머리 〈忠南 公州〉
    목탁과 같이 반들거린다는 것.
(5) 곱새등 - 상투 〈釜山 凡一洞〉

상투는 틀지 않는데 慶南 陝川 한 곳만 지금도 상투를 틀고 있다. 陝川
郡 之林面 바위골 백정은 패랭이를 쓰지 않고 망건을 쓴다는 것은 앞에
서 말한 바 있다. 상투는 외로 틀어 꼰다. 그리고 상투는 틀지 않지만
머리를 기르고 있는 곳으로는 水原의 젊은 백정 중에서 볼 수 있다. 백정
들이 衣類와 冠에까지 그런 특이한 점을 볼 수 있는데 이것은 조선시대
에 백정에 대한 극심한 차별적 대우에서 비롯된 것이라 여겨진다.
  1. 백정들의 의관에 대한 제한으로 일반인이 쓰는 흑색의 갓을 쓸 수

없고 다만 대로 만든 패랭이(平京孔)를 쓰는데 일반이 사용하는 갓끈은
쓰지 않고 실끈을 허용한다.

2. 백정은 남녀 함께 두루마기와 조끼를 입을 수 없고 바지, 저고리만
입는다.

3. 백정의 처는 두발을 둘로 갈라 前方頭上에 돌려 얹어야 한다.

4. 乘物은 남녀 함께 屋轎를 쓸 수 없고 下裝轎만을 써야 되며 말을
탈 수 있되 안장을 써서는 안 되며 일생의 大禮인 혼인이나 상을 당할
때에는 衣冠만은 허락하였다는 것이다. 이러한 지독한 차별대우로 말미
암아 지금도 遺習이 전해지고 있는 것이다. 필자가 백정에게 왜 두루마
기와 조끼를 안 입고 고무신 등을 신지 않느냐고 물었더니 백정은 修道
士이기 때문에 다른 사회인과 같은 복장을 해서는 안 되며 修道士니만큼
사치를 禁해야 된다는 것이다. 이렇듯 차별적 대우로서 금지되던 복장의
제약을 지금 백정은 修道問題와 관련시키고 있는 것이다. 백정들의 옷
에 솜을 엷게 넣어도 춥지 않은 것은 보살왕의 보호로 그렇게 된다는
등의 복장 문제가 하나의 종교문제와 관련성을 지니게 되었다. 그리고
띠를 잃으면 자식복이 없다든지 사망한 백정의 띠를 태워서 도살장 주변
에 뿌린다는 것 등 역시 그렇다. 그리고 옷고름을 달지 않는 이유로서
옷고름이 길면 잡귀가 붙기 쉽기 때문이라고 믿고 있는 것 등은 복장의
차별적 대우를 합리화 하려는 데서 비롯하여 신앙적인 면에까지 이르게
된 것이라 하겠다. 나가서 백정의 신앙적인 접근의 직접적인 동기의 一
面은 차별적인 대우를 합리화 하려는 데서 비롯하였음을 또한 짐작할
수 있겠다. 짚신을 지금도 신는 것은 보수적인 그들의 생활태도와 배타
적인 면에서 그러리라 믿어진다.

4. 음식관계

(1) 물오이 – 蔬食하는 백정생활 〈京畿 富平〉

다른 사회인들은 여러 가지 반찬을 해 먹지만 백정은 물외, 즉 외
면 족하다는 것.

(2) 물단지 – 술을 모르는 백정 〈京畿 水原〉

다른 사회인들은 술을 한다는 데 반하여 백정은 물만 있으면 족하
다는 것.

백정들의 음식은 불교적인 영향으로 극히 제한되어 있다. 불교에
서는 일체의 육류와 五辛菜(마늘, 달래, 흥거, 파, 부추)를 禁하고 있
는데 백정들도 一切의 肉類와 그리고 오신채는 물론 자극성이 있
는 식불, 술, 담배 등도 금하고 있다.

4.1. 승려들의 禁食物

(1) 쫄쫄이 – 술 〈승려, 서울〉

(2) 고삐물 - 소고기 〈승려, 서울〉

'물'은 '나물'의 上略語. '고삐'는 소를 뜻하고 '나물'은 고기.

(3) 게거품 – 개고기 〈승려, 서울〉

여름에 더워서 개가 침을 게거품같이 낸다는 데서 나온 말.

(4) 종달이알 - 닭고기 〈승려, 서울〉

닭의 알이 종달새만 하다는 데서 생긴 말.

(5) 개비름 – 생선 〈승려, 서울〉

개비름은 비린내가 지독히 난다는 데서 생선 비늘과 비슷하다는 것.

(6) 두부나리 – 해파리 〈승려, 서울〉

해파리가 두부같이 물렁물렁하다는 데서 생긴 말.

(7) 송이버름 - 새우 〈승려, 서울〉

새우는 송이버섯과 같이 등이 굽었다는 것.

(8) 조개껍디기 - 새우젓 〈승려, 서울〉

조개껍데기를 먹을 수 없듯 승려들은 먹을 수 없다는 것.

(9) 쇳물 - 굴젓 〈승려, 서울〉

쇳물이 옷에 들듯 굴젓을 먹으면 쉽게 물이 든다는 것.

(10) 양재기물 - 꼴뚜기젓 〈승려, 서울〉

양재기의 나물.

(11) 소대가리 - 마늘 〈승려, 서울〉

'소머리'는 '마늘통'을 뜻함.

(12) 말대가리 - 파 〈승려, 서울〉

말대가리와 같이 좀 길다는 것.

(13) 서리치 - 똥(糞)을 준 무 〈승려, 서울〉

똥을 준 무는 서리를 맞아야 똥기운이 죽는다는 데서 생긴 말.

(14) 이슬치 - 오줌을 준 배추 〈승려, 서울〉

'이슬'은 '오줌'을 뜻함.

(15) 송진나무 - 날고구마 〈승려, 서울〉

날고구마에서는 진이 나온다는 데서 생긴 말, 진 나오는 것은 살
생의 피로 보기 때문에 먹지 않는데 삶은 것이나 구운 것은 먹음.

(16) 송진딱지 - 날감자 〈승려, 서울〉

날감자에서도 역시 진이 난다는 데서 생긴 말.

(17) 잣진 - 날오이 〈승려, 서울〉

날오이에서도 진이 나옴.

(18) 머리바늘 - 미꾸라지 〈승려, 서울〉

머리에 꽂는 바늘은 머리를 미꾸라지와 같이 쑤신다는 데서 생긴

말.

(19) 개미똥구멍 - 초 (酸)

개미똥구멍도 초같이 시다는 데서 생긴 말.

上記 食物에 대한 은어는 서울 曹溪寺의 승려한테서 禁食物에 대해 수집한 것이다. 백정의 禁食物도 승려의 禁食物과 유사한데 도리어 승려보다 禁食物이 더 많은 곳도 있다. 그리고 지방에 따라 禁食物의 차이가 있다.

4.2. 백정의 禁食物

4.2.1. 酒類

(1) 쥐덫 - 술 〈京畿 富平〉

쥐덫과 같이 위험하다는 것.

(2) 뜨물지짐이 - 술 〈忠南 公州〉

빛이 뜨물과 같다는 것.

(3) 고래등 - 술 〈全南 升州〉

'술고래'의 上略語에 '등'이 첨가됨.

(4) 갈지 - 술 〈慶南 陜川〉

술에 취하면 갈'之'字 걸음을 걷는다는 것.

(5) 고주망태 - 술 〈京畿 高陽〉

(6) 쫄쫄이 - 술 〈慶北 青松, 全北 南原, 江原 三陟, 京畿 水原, 서울 往十里〉

술을 잔에 따를 때 나는 擬聲語.

(7) 쫄쫄이 - 술 〈忠北 鎮川〉

(8) 쭐쭐꿀 - 술 〈釜山 凡一洞〉

4.2.2. 肉類

(9) 청강탕 - 고기 〈서울 往十里〉

청강수와 같이 위험한 禁物이라는 것.

(10) 돌뿌리피 - 소고기 〈京畿 富平〉

(11) 찔꺼기 - 고기 〈京畿 高陽〉

고기는 질기다는 것.

(12) 내파리(내포리) - 고기 〈濟州 楸子〉

'內包'에 '리'가 첨가되어서 이루어진 듯.

(13) 달팽이 - 고기 〈全北 南原, 慶南 陜川, 忠北 鎭川, 京畿 水原, 全南
昇州〉

(14) 달팽아리 - 고기 〈忠南 公州〉

(15) 달팬 - 고기 〈釜山 凡一洞〉

'고기'를 '달팽이'라고 한 것은 起源이 매우 흥미로운 것인데 山間
에 있는 승려가 너무 고기가 먹고 싶어서 달팽이를 잡아먹었다는
데서 나온 말.

(16) 달팽이 - 승려 〈서울 往十里〉

(17) 피랭이 - 물고기 〈忠南 公州〉

'피랭이'는 담수어의 이름 '피래미'.

(18) 덤벙딩이 - 물고기 〈京畿 水原〉

물에서 덤벙거린다는 것.

(19) 쏠쏠이 - 물고기 〈江原 三陟〉

물 속을 솔솔 다닌다는 데서 생긴 말.

(20) 과부 – 물고기 〈忠北 鎭川〉

　　과부가 남편을 그리듯 먹고 싶지만 먹지 못한다는 것.

(21) 청강뿌리 – 새우 〈京畿 富平〉

　　'청강수의 뿌리', 즉 白丁에게는 금물이라는 것.

(22) 낡은이 – 새우 〈忠南 公州〉

　　늙은이의 허리와 같이 굽었다는 것.

(23) 꼬부랑고개 – 새우 〈全南 昇州〉

　　새우등이 굽다는 데서.

(24) 꼬발통 – 새우 〈서울 往十里〉

　　'꼬발'은 '꼬불'.

　　※ 왕십리 백정들은 '새우'를 먹지 않지만 단 물고기는 먹는다 함.
　　새우는 허리가 굽었기 때문에 그것을 먹으면 쉬 늙고 허리가 굽는
　　다는 데서 절대로 먹지 않는다 함.

(25) 꼬부랑깽 – 새우 〈慶北 靑松〉

(26) 꼬랑이 – 새우 〈釜山 凡一洞〉

(27) 가재 – 새우 〈全北 南原〉

(28) 망건똥 – 새우젓 〈忠北 鎭川〉

　　망건의 윗부분과 새우가 비슷하다는 데서 망건똥.

4.2.3. 고추

(29) 호호탕 – 고춧가루 〈慶北 靑松〉

　　매워서 호호한다는 데서 생긴 말.

(30) 호호이 – 고춧가루 〈慶南 陜川〉

(31) 호멩이 – 고추 〈江原 三陟〉

　　'호멩이'는 '호미'의 사투리. 배워서 '호'한다는 의성어가 '호메이'

의 '호'와 관련하여 戱語的 類推作用으로 이루어진 듯.

(32) 염통쥐 - 고추 〈忠南 公州〉

염통은 붉으며 쥐는 쑤신다는 데서 고추를 먹으면 매워서 속을 쑤시는 것 같다는 것.

(33) 당근뿌리 - 고추 〈京畿 廣州〉

당근 뿌리와 같이 빨갛다는 것.

(34) 메지꼬리 - 고추 〈京畿 富平〉

'메지'는 '메기'. 메기의 꼬리는 먹지 못하고 버린다는 데서 백정 은 먹지 못한다는 것.

(35) 가재발 - 고추 〈全南 升州〉

가재발을 삶으면 빨갛게 된다는 데서 생긴 말.

(36) 호이떡 - 고추장 〈慶南 陜川〉

매운 떡이라는 것.

(37) 선지통 - 고추장 〈慶北 靑松〉

선지와 같이 붉다는 것.

(38) 선지국 - 고추장 〈京畿 水原〉

선지탕 - 고추장 〈忠北 鎭川〉

(39) 맹탕 - 고추장 〈全北 南原〉

매운탕이라는 것.

(40) 누탕 - 고춧가루 〈忠北 鎭川〉

淚湯, 매워서 눈물이 난다는 데서 생긴 말.

4.2.4. 식초

(41) 묽은찌 - 식초 〈京畿 廣州〉

(42) 시큼이 - 식초 〈慶北 靑松〉

4.2.5. 마늘

(43) 영감턱 – 마늘 〈忠南 公州〉
　　　마늘쪽의 생김이 영감의 턱과 같다는 것.

(44) 호들갑이 – 마늘 〈江原 三陟〉
　　　마늘을 먹으면 매워서 호들갑스럽게 군다는 데서 생긴 말.

4.2.6. 식혜

(45) 달중이 – 식혜 〈慶南 陜川〉
　　　식혜가 술이 된다는 데서 먹지 않음.

(46) 털털이 – 쉰밥 〈慶南 陜川〉
　　　쉰밥은 술을 할 수 있다는 데서 먹지 않음.

4.2.7. 기름

(47) 잿물국 – 기름 〈서울 往十里〉
　　　기름은 잿물국과 같이 먹어서는 위험하다는 것.

(48) 둥둥이 – 기름 〈釜山 凡一洞〉
　　　물에 기름은 둥둥 뜬다는 데서 생긴 말.

(49) 둥둥팔이 – 기름 〈京畿 水原〉

(50) 물방구 – 기름 〈忠南 公州〉
　　　물 위에 동그랗게 뜬다는 데서 생긴 말.

(51) 미끈이 – 기름 〈忠北 鎭川〉

4.2.8. 밤(栗)

(52) 토박씨 – 밤

날밤을 까면 붉은 밤물이 든다는 데서 먹지 않음. 즉 붉은 것은
피로 보아 살생을 꺼림.

4.2.9. 煙草

(53) 굴뚝 – 담배 〈釜山 凡一洞〉

(54) 담방기 – 담배 〈慶南 陜川〉

(55) 비빔이 – 담배 〈江原 三陟〉

연초를 비벼서 피운다는 데서 생긴 말.

(56) 첩 – 담배 〈忠北 鎭川〉

첩 생각나듯이 담배에 맛을 들이면 안 피우고는 못 견딘다는 것.

4.2.10. 其他

(57) 핀 – 아편 〈釜山 凡一洞〉

(58) 휭가리 – 고사떡 〈釜山 凡一洞〉

휭가리는 '휭하고 간다'의 약어인데 고사떡을 먹으면 모든 것이
휭하고 달아나 버리고 만다는 것.

(59) 가재다리 – 두부 〈忠南 公州〉

가재가 다리를 뚝뚝 잘 끊고 도망치듯 두부는 가재다리와 같이
잘 떨어진다는 것. 두부를 먹지 않는 이유로는 콩물이 흰 젖 같다
는 데서 먹지 않는데 그것은 이차돈을 처형하자 흰 젖이 솟아났
다는 데서 먹지 않는다고 함.

(60) 신선코 – 복숭아 〈江原 三陟〉

(61) 산신령 – 복숭아 〈忠南 公州〉

삼척의 설화에는 天國의 왕자가 복숭아를 훔쳐 먹은 罪報로 소가

되고 公州의 설화에서는 蟠桃園長이 복숭아를 훔쳐 먹고 소로
변하여 下界했다는 데서 복숭아는 天上의 神仙들이나 먹을 것이
라는 것.

(62) 신선도 – 복숭아 〈慶北 靑松〉

(63) 똥벼락 – 복숭아 〈全南 昇州〉

복숭아를 먹으면 똥벼락을 맞는다는 것. 한편 복숭아를 먹지 않
는 이유로서는 복숭아의 생김이 女陰과 같다는 데서 먹지 않는다
고 함.

4.3. 백정 금식물의 문란

백정들에겐 주류와 육류 등이 금식이 되어 있으나 이러한 백정의 戒는
일부에서 깨어져 가고 있다.

4.3.1. 酒類

(1) 맷돌 – 술 잘하는 백정 〈京畿 廣州〉

맷돌이 돌아가듯 술 취하면 맷돌과 같이 돌아간다는 것.

(2) 곱새틀다 – 백정이 술 취해 비틀거리다 〈京畿 廣州〉

발을 비틀비틀 곱새 트는 것과 같다는 것.

(3) 기름종지기 – 막걸리병 〈서울 往十里〉

(4) 종지기 – 술병 〈서울 往十里〉

(5) 꿀종지기 – 소주병 〈서울 往十里〉

(6) 새독 – 술병 〈京畿 富平〉

술병은 언제나 새 것이 된다는 것.

(7) 간장병 – 술병 〈京畿 高陽〉

(8) 시큼이 - 맛이 변한 술 〈서울 往十里〉

4.3.2. 肉類

(9) 망질 - 고기를 먹는 것 〈京畿 高陽, 京畿 水原〉
입에서 고기를 망질한다는 것.

(10) 빵굽는터 - 고기를 삶는 곳 〈京畿 高陽
※ 백정의 부엌에서는 끓이지 않고 屠牛場 근처에서 고기를 삶아
다 먹고 있음.

(11) 빵틀 - 고기 끓이는 솥 〈京畿 水原〉

(12) 쌀밥된장 - 장조림 고기 〈京畿 廣州〉

(13) 장자석 - 장조림하는 것 〈京畿 高陽〉

(14) 찜질 - 과부가 백정한테 시집와서 고기 먹고 배탈 나다 〈京畿 廣州〉

(15) 흙매시하다 - 순대국 해 먹다 〈京畿 富平〉
'흙매시 하다'는 '흙바르다' 순대 속을 흙으로 은유.

(16) 상량식하다 - 뼈를 고와 먹다 〈京畿 富平〉
'뼈'를 '材木'으로 은유.

(17) 가마굽다 - 장조림하다 〈京畿 富平〉

(18) 옹기굽다 - 소머리를 고다 〈京畿 富平〉

(19) 온돌방 - 소고기를 회를 해 먹는 것 〈京畿 廣州〉
온돌방은 따뜻하다는 데서 맛이 있어 살찔 것 같다는 것.

(20) 보리밥풋고추 - 불에 약간 거슬러 소금을 뿌려 먹는 고기 〈京畿
廣州〉

(21) 찬밥고추장 - 고추장에 삶은 고기를 넣은 것 〈京畿 廣州〉

(22) 피사리 - 고기살점만 먹는 것 〈京畿 富平〉
피사리는 피를 뽑는 것이라는 데서 살점만 골라 먹는다는 것.

(23) 노루덫 – 술안주인 고기 〈京畿 富平〉

위험하다는 것.

(24) 모비루통 – 초에 찍어 먹는 소의 염통 〈京畿 富平〉

염통은 모비루와 같이 미끈거린다는 데서 생긴 말.

(25) 생강뿌리 – 소의 간 〈京畿 富平〉

생강은 약이 된다는데 간은 약으로 소금에 찍어 먹는다는 것.

(26) 개부랄통 – 쓸개 〈京畿 廣州〉

쓸개가 개부랄과 같다는 것. 소 쓸개를 초에 찍어 먹는다.

(27) 송사리국 – 소고기를 썰어 초에 담근 것

(28) 감불열(재국) – 곶감을 불에 태워 소열에 찍어 먹는 것 〈京畿 高陽〉

곶감, 불, 소열의 略語.

(29) 후우탕 – 소발톱을 끓인 국물 〈京畿 高陽〉

'후우'는 안심이 될 때 내는 소리의 의성어. 소발톱 고은 것은 폐병에 좋다고 하는데 이것을 먹으면 후우하고 일어난다는 것.

(30) 오징어대가리탕(살모사대가리탕) – 胎牛를 푹 고은 물 〈京畿 高陽〉

胎牛가 물오징어의 머리와 같다는 데서 胎牛를 고아서 그 물에 産兒와 産母가 목욕을 하면 부정을 타지 않는다 함.

4.3.3. 기타

(31) 낙지대가리 – 소고기 먹고 체한 백정 〈京畿 富平〉

낙지는 거품을 뿜는다는 데서 체해서 입으로 뿜을 것(토할 것)이라는 것.

(32) 갈국 – 죽은 소고기 먹고 중독된 백정 〈京畿 高陽〉

갈(行)+국, 무덤으로 갈 것이라는 것.

(33) 갈산 – 죽은 소고기 먹고 죽다 〈京畿 高陽〉
    갈(行)+산(山), 즉 무덤에 간다는 것.

(34) 돈짝 – 고기 먹고 중독 사망한 백정의 처 〈京畿 富平〉
    장사 지내려면 돈이 든다는 것.

肉類와 酒類, 담배 등은 禁物로 되어 있다. 도시 주변의 백정들에게는
이것이 파괴되어 가고 있으나 지방에 갈수록 준수되고 있으며 高齡者일
수록 肉類를 입에 대지 않으며 家族도 一切 禁하고 있다. 京畿 富平의
젊은 백정들은 공공연하게 먹고 있다.

4.4. 일반 음식

승려들의 김장과 같이 고춧가루, 마늘, 파, 새우젓 등을 넣지 않고 담
근다. 그리고 제주 추자에서는 소고기를 제외한 다른 고기는 먹어도 무
방하다고 한다. 대체적으로 봐서 백정들의 음식은 승려들의 음식물과
비슷하다고 하겠다.

(1) 메뚜기밥 – 屠牛 후에 먹는 밥 〈京畿 廣州〉
    屠牛 후에는 손을 씻고 머리를 위로 흔히 쓰다듬는데 이렇게 해서
    메뚜기머리와 같이 대머리가 벗겨진다는 데서 손을 씻고 머리를
    쓰다듬고 먹는다는 데서 생긴 말.

(2) 파머리(실뱀탕) – 김이 나는 음식 〈서울 往十里〉
    김이 파뿌리와 같다는 데서 생긴 말.

(3) 묵싸리 – 묵은 쌀밥 〈京畿 富平〉
    '싸리'는 쌀+이〉싸리, 묵은 쌀이라는 것.

(4) 햇싸리 – 햅쌀밥 〈京畿 富平〉

(5) 솥따개꼭지 – 떡 〈京畿 富平〉

떡의 모양이 솥뚜껑 꼭지 같다는 것.

(6) 땅콩가위 – 명절떡 〈京畿 富平〉

'가위'는 秋夕, '땅콩'은 고소하다는 데서 명절떡은 맛있다는 것.

(7) 파뿌리국 – 생일떡 〈京畿 富平〉

검은 머리 파뿌리가 되도록 오래 살기 위해서 해 먹는다는 것.

(8) 단기울 – 간장 〈京畿 廣州〉

(9) 설물 – 뜨거운 숭늉 〈京畿 廣州〉

설설 끓는 물이라는 것.

5. 禁事

백정의 職을 하나의 修道過程으로 생각하는 그들이기 때문에 모든 행동에 있어서 修道的인 面에 입각하여 행동하고 있다. 두말 할 것도 없이 佛教的인 面에서다. 먼저 백정으로 禁하는 일부터 들어 보겠다.

5.1. 굿

(1) 배뱅이 – 굿 〈慶北 靑松〉

배뱅이굿에서 온 말.

(2) 날날이춤 – 굿 〈江原 三陟〉

굿할 때는 춤을 추며 돌아간다는 데서.

(3) 쾅놀이 – 굿 〈忠北 鎭川〉

쾅쾅 징을 치며 굿한다는 데서 생긴 말.

(4) 설거지 – 굿 〈京畿 水原〉

굿 하는 것을 설거지하듯 소리를 낸다는 것.

5.2. 칼로 나무 깎기

(5) 뼈맞추기 – 칼로 나무 깎기 〈全北 南原〉
뼈 맞추는 것과 같이 나무를 깎는 것은 위험한 짓이라는 것.

(6) 딱바리 – 나무 깎기 〈釜山 凡一洞〉
딱딱 소리가 난다는 것.

(7) 깍두기 – 나무 깎기 〈江原 三陟〉
깍뚝깍뚝 썬다는 것. 칼을 매우 귀중히 다루기 때문에 칼로 나무 같은 것을 깎는 것은 不淨을 탄다고 함.

5.3. 가죽일

(8) 가마짜기 – 가죽일 〈京畿 水原〉

(9) 가마니틀 – 가죽일 〈江原 三陟〉

(10) 가마치다 – 가죽일 〈제주 추자〉
소가죽이 가마니와 같다는 데서 생긴 말.

(11) 심줄끊기 – 가죽일 〈全北 南原〉
※ 屠牛 白丁은 皮革製造業을 겸하지 않는다. 皮革을 제조하는 자들은 갓바치라고 하여 屠牛 白丁과는 다른데 갓바치를 '두벌백정'이라고 하여 賤人이기는 천인이지만 工匠이기 때문에 朝鮮時代에도 屠牛 白丁과 같이 극심한 대우를 받지 않았다. 이 갓바치들은 屠牛 白丁과의 雜居 雜婚도 하지 않는 다른 階層들인 것이다.

5.4. 사냥

(12) 푸닥턴다 – 사냥하다 〈濟州 楸子〉

사냥은 푸닥거린다는 것. 살생을 꺼리는데서 온 것이라 여겨짐.
※ 조선시대에는 백정 계급의 생업으로 柳器匠, 屠殺, 畋獵 이어서
사냥까지 했었는데 아마 제주는 섬이어서 특수한 발달을 한 것 같
다. 지금도 京畿道 廣州 大旺에 있는 고리 백정들은 겨울에 사냥
을 하고 있다.

(13) 미래시들다 – 이잡는 것 〈慶南 陜川〉

'시래미'를 거꾸로 한 말. 이를 죽이지 않고 잡아서는 다른 곳으로
들어내 놓아야 한다는 것.

5.5. 賭博

(14) 곧은 낚줄 – 도박 〈全南 升州〉
물리지 않고 잃기만 한다는 것.

(15) 넉가래 – 도박 〈釜山 凡一洞〉
도박기구가 넉가래와 같이 네모지다는 것.

(16) 흥정붙다 – 도박하다 〈全北 南原〉

5.6. 竊盜

(17) 구멍뚫이 – 도둑질 〈慶南 陜川〉

(18) 나사질 – 도둑질 〈慶北 靑松, 釜山 凡一洞〉

(19) 달밤놀이 – 도둑질 〈京畿 水原〉

5.7. 誤入

(20) 구멍찾기 - 誤入 〈京畿 水原〉

(21) 대패질 - 誤入 〈江原 三陟〉

(22) 가지타래 - 誤入 〈忠南 公州〉
   penis를 가지타래로 은유.

(23) 낙배놀이 - 誤入 〈忠北 鎭川〉
   낚시배놀이, 배(船)가 同字異意語인 배(腹)로 聯想.

(24) 삿대질 - 誤入 〈慶北 靑松〉
   뱃(船)놀이의 삿대. 뱃(腹)놀이의 삿대.

(25) 꽃게발 - 誤入 〈全南 升州〉
   꽃게발은 잘 문다는 데서 女陰에 물렸다는 것.

(26) 콩까래 - 誤入 〈全北 南原〉

(27) 물수통싸다 - 誤入하다 〈慶南 陜川〉

(28) 개굴창 - 誤入 〈釜山 凡一洞〉
   개굴창과 같이 더러운 일이라는 것.

5.8. 其他

(29) 고삿질 - 제사 〈忠南 公州〉
   불교식 의식 이외 종래의 일반 사회에서 행해지는 조상에 대한
   제사를 지내지 않음.

(30) 염불쫓다 - 새끼 꼬는 것 〈濟州 楸子〉
   새끼는 묶는다는 데서 殺生과 관련되어 새끼 꼬는 것은 念佛을
   방해하는 것이 된다는 것.

(31) 살구씨까다 - 解産하다 〈江原 三陟〉

백정은 해산하는 것을 못 보는데 그 이유는 屠牛를 하기 때문에 産兒에게 부정이 들기 때문이라 한다.

(32) 콩명석 - 첫닭 운 후 性交하지 않는 것 〈全北 南原〉

(33) 달보기 - 새벽에 性交하지 않는 것 〈江原 三陟〉
첫닭 운 후나 새벽에 관계하면 부정을 탄다는 것인데 아마 이것 은 그 날의 피로를 막기 위해 이런 속신이 생긴 것 같음.

(34) 물총 - 手淫 〈慶南 陜川〉
소를 잡는 신성한 손이기 때문에 부정을 탄다는 것.

(35) 떡방아 - 밤중에 뒷간 가는 것 〈全北 南原〉

(36) 매끈덕 - 수염이 없는 턱 〈忠南 公州〉
수염이 있으면 잡귀가 달라붙는다는 데서 수염을 기르지 않음.

(37) 갈지놀이 - 길쌈 〈慶北 靑松〉
베를 짤 때 북이 갈之' 字와 같이 왔다갔다 하기 때문인데 說話에 길쌈을 잘하던 玉皇上帝의 딸이 下界로 쫓겨왔다는 데서 길쌈은 백정이 할 일은 아니라는 것.

(38) 넉팔이 - 춤추는 것 〈忠北 鎭川〉
양팔과 양다리를 움직인다는 데서 네팔〉넉팔.

(39) 뱅뱅굿 - 아편재배 〈全北 南原〉
아편을 맞으면 기운이 없어 머리가 뱅뱅 돈다는 것.

(40) 깜새알귀 - 거짓 〈慶南 陜川〉
밤말을 쥐가 듣고 낮말을 새가 듣는다는 속담에서 연상하여 '깜 새', 즉 '까마귀'의 알에도 귀가 있어 듣는다는 것.

(41) 가재구멍 - 재혼 〈京畿 水原〉
재혼하는 것은 구멍을 찾는 일이라는 것.

(42) 삿다리 - 혼인중매 〈釜山 凡一洞〉

'샅'은 살(股), 살에 다리를 놓는 역할이라는 것.

5.9. 修道生活의 문란

수도적인 면에서 절제의 생활을 하는 것이 원칙으로 되어 있으나 일부
에서는 이와 상반되는 생활이 벌어지고 있다.

5.9.1. 도박

(1) 마짱 – 도박 〈京畿 高陽〉

(2) 모돌 – 도박에 능한 백정 〈京畿 廣州〉
　　모돌은 '角石', 지폐가 네모지다는 데서 생긴 말.

(3) 외상 – 도박을 외상으로 하는 것 〈京畿 廣州〉

(4) 모상 – 맛돈 내고 도망하는 것 〈京畿 廣州〉
　　모상은 '角床', 즉 紙幣가 모난 床의 모습과 같다는 데서 생긴 말.

(5) 고추씨내다 – 도박에 돈을 잃었다 〈京畿 廣州〉

(6) 뽕따다 – 돈을 따다 〈京畿 廣州〉

(7) 오디 – 딴 돈 〈京畿 廣州〉
　　오디와 같이 맛이 있다는 것.

(8) 등걸뽑다 – 딴 돈을 다 쓰다 〈京畿 廣州〉

(9) 대갈멜치 – 도박하다가 일어난 싸움 〈京畿 廣州〉
　　주먹으로 멸치 머리와 같이 된다는 것.

(10) 가재발 – 도박하다 싸움이 일어나 맞아죽은 시체 〈京畿 廣州〉
　　가재는 말이 떨어질 때까지 물고 늘어진다는 데서 물고 뜯고 하다
　　가 가재발이 떨어지듯 목숨이 떨어졌다는 것.

(11) 섯다쟁이 – 화투하는 것 〈京畿 高陽〉

(12) 종지기쌈 - 담배내기 〈京畿 高陽〉

(13) 사발춤 - 술내기 〈京畿 高陽〉

(14) 쟁반상 - 내기 화투를 하다가 투전이 되는 것 〈京畿 高陽〉

5.9.2. 성관계

(15) 창구멍 - 여자 〈京畿 廣州〉
창구멍은 뚫린다 해서 여자도 그렇게 된다는 것.

(16) 홍도 - 호색백정 〈京畿 廣州〉

(17) 솥뚜껑 - 과부와 관계하는 것 〈京畿 廣州〉
밥이 끓어 넘으면 솥뚜껑을 들었다 놓는다는 데서 性交와 관련.

(18) 꼬리총 - 强姦未遂罪로 경찰에 붙들려 간 백정 〈京畿 廣州〉

(19) 오이냉이 - 백정 아들이 이웃처녀와 관계하는 것 〈京畿 廣州〉
오이냉국은 후루룩 들여마신다는 데서 그렇게 시원히 마셨다는 것.

(20) 갈대기 - 오입하는 아내 〈京畿 廣州〉
野外에서 갈대가 움직인다는 것.

(21) 말총꼬리 - 절도죄로 붙들려 간 백정 〈京畿 廣州〉
말총으로 참새 잡듯 경찰에 잡혀갔다는 것.

(22) 신창 - 형무소에 간 殺人 백정 〈京畿 廣州〉
신창은 닳고 더러운 것을 밟듯 그런 신세가 되었다는 것.

(23) 날창갈이 - 복역을 마치고 나온 백정 〈京畿 廣州〉
낡은 창, 즉 죄를 갈았다는 뜻.

(24) 감따기 - 고기를 暗賣하는 것 〈京畿 廣州〉
남의 감을 따려면 꼭지 떨어지는 소리를 내지 않기 위해 가만히
따듯 그와 같은 심정으로 고기를 몰래 판다는 것.

(25) 동곳쟁이 – 승려한테 고기값을 속이는 백정 〈京畿 廣州〉
　　동곳은 머리에 들어가 뵈지 않듯 속인다는 것.
(26) 먹자카눈 – 백정이 소 훔친 것을 알고 온 소주인 〈京畿 廣州〉
　　개구리 눈 같이 툭 튀어나와 가지고 따진다는 데서 생긴 말.

6. 出生과 死亡

출생과 사망의 경우에는 일반 민간에서 아직도 속신적인 遺習이 남아
있다. 해산하면 부정을 막기 위해 인줄을 띤다든가 산모가 난산으로 고
통을 느낄 때 지폐 뭉치를 음부 앞에 놓으면 태아가 돈을 보고 속히 나온
다든가 또는 산모의 남편이 지붕에 올라가 소 멍에를 메고 끄는 시늉을
하거나 우분을 태워 그 냄새를 산모가 맡으면 순산할 수 있다고 믿어지
고 지금도 지방에 따라 행해지고 있다. 백정에게도 이런 속신이 있는데
일반의 속신과는 달리 屠牛生業과 밀접히 관련하여 특히 聖牛觀에서 특
수하게 발달되었다. 백정의 출생과 사망에 관한 속신에서 그들의 생활이
일반인과 다른 점을 볼 수 있고, 백정 특유의 사상과 신앙이 가장 많이
반영된 것을 볼 수 있다.

6.1. 출생 관계 은어

(1) 미탈이 – 남아를 낳았을 때 띠는 인줄 〈京畿 高陽〉
　　'미탈이'의 '미'는 '尾'고, '탈'은 '털'(毛), 즉 '尾毛'의 뜻. 왼새끼에
　　소의 꼬리털(尾毛)만을 단다는 데서 이루어진 말.
　　※ 소의 꼬리는 파리를 쫓는다는 데서 잡귀를 쫓기 위함이라 함.
(2) 번디기탈 – 남아를 낳았을 때 띠는 인줄 〈京畿 水原〉

'번디기'는 PENIS를 뜻함. ※ 왼새끼에 숯과 붉은 헝겊을 단다.

(3) 통바지 - 男兒를 낳았을 때 띠는 인줄 〈京畿 富平〉

　　남자는 통바지를 입는다는 데서 생긴 말. ※ 왼새끼에 숯과 붉은
　　헝겊을 단다.

(4) 암탈이 - 女兒를 낳았을 때 띠는 인줄 〈京畿 高陽〉

　　'암탈'은 '雌毛'의 뜻.

　　※ 왼새끼에 고추와 붉은 헝겊을 단다.

　　※ 고추를 보면 雜鬼가 매워서 도망치고 붉은 헝겊을 보면 雜鬼가
　　무서워서 도망친다고 함.

(5) 개똥이 - 女兒를 낳았을 때 띠는 인줄 〈京畿 富平〉

　　천하게 불러야 無病하고 長壽한다는 데서 '개똥이'라고 함.

　　※ 왼새끼에 고추와 牛毛를 단다.

(6) 솔갑이진 - 女兒를 낳았을 때 띠는 인줄 〈京畿 水原〉

　　雜鬼가 들어오다가 소나무진에 달라붙듯 하라는 것.

　　※ 왼새끼에 고추와 牛毛를 단다.

(7) 진디깨비 - 쌍둥이를 낳았을 때 띠는 인줄 〈京畿 富平〉

　　'진디깨비'의 '진디'는 '진디기'의 略語. 雜鬼가 들어오다가 인줄에
　　진디기 같이 달라붙어 버리고 만다는 것.

　　※ 소발톱을 찍은 밀가루떡(익히지 않은 것)과 솔가지를 왼새끼에 달
　　고 소꼬리털을 외로 꼬아둔다. 밀가루 떡에 소발톱을 찍은 것은
　　소발톱이 두 조각이라는 데서 생긴 말.

(8) 찰가미 - 쌍둥이를 낳았을 때 띠는 인줄 〈京畿 富平〉

　　雜鬼가 들어오다가 찰거미에 먹히고 말라는 것.

　　※ 소발굽을 찍은 밀가루떡(익히지 않은 것)과 솔가지를 왼새끼에 달
　　고 소꼬리털을 외로 꼬아 매어 둔다.

(9) 통박쏠리다 - 姙娠 중인 아내가 까무러치다 〈京畿 水原〉

'통박'은 産母의 腹部.

※ 남편이 손뼉을 치고 세워 일으킨다.

(10) 기름앉다 - 初産일 때는 順産하기 위해 머리를 푼다 〈京畿 水原〉

기름과 같이 미끄럽게 쑥 나오게 한다는 데서 생긴 말.

(11) 통박안기다 - 解産의 경험이 있는 産母는 순산하기 위해 머리를

동여매다 〈京畿 水原〉

(12) 대찐통 - 産氣가 있어 배가 땡기기 시작하면 産母의 하복부에

붙이는 금방 눈 따끈한 牛糞 〈京畿 水原〉

(13) 대찐깡 - 山氣가 있어 배가 땡기기 시작하면 産母의 하복부에

붙이는 금방 눈 따끈한 牛糞 〈京畿 富平〉

(14) 엽전냥 - 産兒가 나오기 전 출혈(모라지물)이 심할 때 陰部에 넣는

소꼬리털 〈京畿 水原〉

(15) 구리동전 - 산아가 나오기 전 출혈(모라지물)이 심할 때 陰部에

넣는 소꼬리털 〈京畿 富平〉

(16) 앙마개비 - 난산일 때 순산하라고 陰部에 대는 소망(소의 입에 씌우

는 망) 〈京畿 高陽〉

앙마는 '網'의 音인 '망'을 '마앙' 二音節로 늘여 거꾸로 '앙마'. 難産

은 雜鬼가 방해하기 때문에 망으로 잡귀의 침입을 막는다는 것임.

(17) 다꽝대가리 - 난산일 때 순산하라고 陰部를 문지르는 소발톱 〈京

畿 水原〉

'다꽝대가리'는 '소발톱'을 뜻함.

※ 소발톱으로 女陰을 위에서 아래로 문지르면 잡귀가 물러가고

빨리 순산한다고 함.

(18) 멍멍이 -해산 중 산모가 까무러쳤을 때 어서 깨어나라고 남편이

陰部 앞에 고개 숙이고 소꼬리를 휘휘 저으며 우는 소울음 〈京畿 水原〉

멍멍이는 소울음의 擬聲語. 소울음은 두 가지로 울어야 하는데 첫 번째 우-ㅁ 메-에 움메 움메- 두 번째 메-에 으-ㅁ 메에- 두 번 연이어 울어야 한다고 함.

(19) 망울이 - 해산 중 산모가 까무러쳤을 때 어서 깨어나라고 남편이 陰部 앞에 고개 숙이고 소꼬리를 휘휘 저으며 우는 소울음. 첫 번째 움-머(머가 높음) - 메-으-ㅇ 음-메, 두 번째 움-메(메는 갑자기 높았다가 천천히 낮춤) 움-헤-에-음.

(20) 풀머리 - 산모가 産褥으로 고통을 느낄 때 산모 앞에 3년 묵힌 소의 발톱을 태워 그 냄새를 산모가 맡는다 〈京畿 水原〉

풀(解)머리(髮), 발톱 타는 냄새가 머리를 푼 것처럼 올라간다는 말.

(21) 가램머리 - 산모가 産褥으로 고통을 느낄 때 산모 앞에 3년 묵힌 발톱을 태워 그 냄새를 산모가 맡는 것 〈京畿 富平〉

(22) 찹쌀술 - 난산 중이어서 산모가 기운이 빠졌을 때 산모 앞에서 소 발톱을 태우고 그 태운 재를 소 오줌에 타서 먹는 약 〈京畿 水原〉

(23) 찹떡가래 - 난산 중이어서 산모가 기운이 빠졌을 때 산모 앞에서 소 발톱을 태우고 그 태운 재를 소 오줌에 타서 먹는 약 〈京畿 富平〉

(24) 고추자머리 - 난산일 때 순산하라고 陰部를 문지르는 소발톱 〈京畿 富平〉

'고추자머리'는 '고추잠자리' 붉은 것을 보면 잡귀가 도망친다는 데서 소 발톱을 보면 무서워 잡귀가 달아난다는 것.

(25) 껄끔아리 - 태아가 발부터 나오면 머리부터 나오라고 陰部에 대

는 소뿔 〈京畿 高陽〉

소뿔이 무서워 껄끔 도로 들어가 머리부터 나온다는 것임.

(26) 칭얼이 – 해산할 때 발부터 나오면 머리부터 나오라고 陰部 앞에
놓는 소의 머리 〈京畿 水原〉

칭얼거리는 것을 그치게 한다는 것임. 음부에 소머리를 갖다 놓고
소 입을 열었다 닫았다 열 번 가량하면 머리부터 나온다고 함.

(27) 응얼따이 – 해산할 때 발부터 먼저 나오면 머리부터 나오라고
陰部 앞에 소의 머리를 놓는 것 〈京畿 富平〉

응어리진 것을 딴다는 것임. '응어리'는 '不淨'이 들어 있다는 것임.

(28) 달깨방치기 – 해산할 때 팔부터 나오면 머리부터 나오라고 휘두
르는 소꼬리 〈京畿 소양〉

'달깨'는 '털'이고 '방치기'는 방망이의 방언으로서 털방망이, 즉
'소꼬리'.

(29) 개리발 – 해산할 때 팔부터 나오면 머리부터 나오라고 쓰는 소
발뼈 〈京畿 水原〉

'개리발'은 '개구리발'의 略語인데 소 다리뼈를 陰部 앞에서 개구
리 다리와 같이 구부렸다 폈다를 열 번 가량 한다는 데서 생긴 말.

(30) 낙타꼽새 – 해산할 때 발부터 나오면 머리부터 나오라고 쓰는
소 발뼈 〈京畿 富平〉

낙타등과 같이 뼈를 구부린다는 데서 생긴 말.

(31) 망치기 – 해산 후 출혈이 심할 때 소의 뼈를 陰部 앞에 뿌리고
붉은 보로 씌우는 것 〈京畿 高陽〉

'망치기'의 '망'은 '網'으로서 망을 치는 것은 不淨이 못 들어오게
막는다는 것임.

(32) 거죽이 – 해산 후 출혈이 심할 때 음부 앞에서 굴리는 소 눈알

〈京畿 水原〉

출혈이 심한 것은 잡귀가 붙어서 그렇게 된다고 생각해서 잡귀가 못 들어오게 거적을 친다는 것임.

(33) 깽깽이 – 난산일 때 순산하라고 산모의 陰部에 받치는 소의 머리 〈京畿 高陽〉

산모가 힘이 들어 깽깽한다는 데서 생긴 말.

(34) 꼬리채 – 해산 중 산모가 힘이 들면 소머리와 소뿔을 소꼬리 털로 싸서 잡는 것. 꼬리를 잡고 어서 나오라는 것 〈京畿 富平〉

(35) 끈주이 – 해산 중 산모가 힘이 들면 소머리와 소뿔을 소꼬리 털로 싸서 잡는 것 〈京畿 水原〉

끈을 잡고 나오라고 끈을 준다는 것.

(36) 보쌈지 – 해산할 때 산모가 순산하라고 타고 앉은 소머리 〈京畿 水原〉

※ 미리 산모가 소머리를 타고 앉아 있으면 순산한다고 함.

(37) 봉화질 – 쌍둥이를 낳았을 때 산아를 모두 엎어 놓고 남편과 아내가 소울음을 하는 것 〈京畿 水原〉

봉화가 여기저기서 오르듯 남편과 아내가 번갈아 운다는 것. 먼저 남편이 어허어–메–메 어허어–엠메– 하면 다음엔 아내가 음–(신 음소리) 메헤에–애대 헝–헝–음–(길게)

(38) 홧대놀음이 – 쌍둥이를 낳았을 때 산아를 모두 엎어 놓고 남편과 아내가 소울음을 하는 것 〈京畿 富平〉

(39) 찰검부라기 – 탯줄을 매는 소꼬리 털(대여섯 개) 〈京畿 富平〉

※ 탯줄에 소꼬리 털로 맨 다음에 가위로 끊는다고 한다.

(40) 물말다 – 산아를 처음 목욕시킬 때 소 오줌(한 사발 가량)을 타다 〈京畿 富平〉

(41) 북셍이 - 처음 목욕하는 산아 밑에 까는 소털 〈京畿 富平〉

(42) 물탕놀이 - 해산 후 곧 숨이 넘어가면 붉은 보를 씌우고 정화수를
뿌리는 것 〈京畿 富平〉
정화수를 뿌린다는 데서 물탕놀이.

(43) 물방구 - 해산 후 곧 숨이 넘어가면 흰 보를 씌우고 정화수를
뿌리는 것 〈京畿 水原〉

(44) 멩멩이 - 해산 후 곧 숨이 넘어가면 시체 밑에 소털을 깔고 붉은
보를 씌우는 것 〈京畿 高陽〉
목이 메어 하는 일이라는 것.

(45) 다리끼까불 - 유산된 태아 〈京畿 富平〉
'다리끼'는 눈에 나는 것, 유산된 태아를 뜻함. 태아가 까불고 먼
저 나왔다는 것.
※ 유산하면 산모의 등에 오줌을 바른다고 함.

(46) 참깨물 - 유산이 계속 될 때 牛糞을 불에 태워 식지 않은 것을
하루 동안 陰部에 대어 두었다가 관계하는 것 〈京畿 水原〉

(47) 보재기떡 - 유산이 계속 될 때 牛糞을 불에 태워 식지 않은 것을
하루 동안 陰部에 대어두었다가 관계하는 것 〈京畿 富平〉

(48) 꿀개미 - 임신이 되지 않을 때 牛糞을 태운 것에 남편의 입김을
불어 넣은 다음 陰部에 붙이고 하룻밤 동안 지난 다음에 관계하는
것 〈京畿 水原〉
개미가 꿀 먹듯 한다는 것.

(49) 꿀강아지 - 임신이 되지 않을 때 牛糞을 태운 것에 남편의 입김을
불어 넣은 다음 음부에 붙이고 하룻밤 동안 지난 다음 관계하는
것 〈京畿 富平〉

(50) 하늘소가리 - 너무 우는 아이일 때 송아지와 입을 맞추는 것 〈京

畿 富平〉

(51) 뒷축꿔매다 - 백일에 산모가 어린애의 발목에 소털을 매어 주다
〈京畿 水原〉

(52) 발굼치들다 - 백일에 산모가 어린애의 발목에 소털을 매어 주는
것 〈京畿 富平〉

(53) 만물상 - 변비증인 産母 〈京畿 水原〉
변비증이어서 변소에 가면 얼굴이 萬物相이 된다는 것.
※ 변소에 가 '옴메-'하고 소울음을 울면 便이 잘 나온다고 함.

(54) 미륵꼴이 - 변비증의 産母 〈京畿 富平〉
변소에 가서 얼굴이 미륵꼴이 된다는 것. 역시 소울음을 외마디
하면 잘 나온다고 함.

(55) 달팽이춤 - 백정이 변비증일 때에 외양간에 가서 외마디로 '메-'
하고 소울음을 내는 것 〈京畿 水原〉

(56) 뱅뱅이놀이 - 백정이 변비증일 때에 외양간에 가서 외마디로 '메
-'라고 소울음을 내는 것 〈京畿 水原〉

(57) 꼬부랑이 - 설사가 날 때 냄새 맡는 牛糞 〈京畿 水原〉
연기가 코로 꼬부라져 들어간다는 것.

(58) 깜뚜라지 - 설사가 날 때 냄새 맡는 우분 〈京畿 富平〉
깜뚜라지는 잘 터진다는 데서 어서 터지기 위해 한다는 데서 생
긴 말.

(59) 자끼 - 음식에 체했을 때 씹는 여물 〈京畿 水原〉

(60) 장돌이 - 소화가 잘 되지 않을 때 먹는 여물 삶은 물 〈京畿 水原〉
장돌이는 돌아다닌다는 데서 음식물이 돌아나오라는 것.

(61) 장돌뱅이 - 소화가 잘 되지 않을 때 먹는 여물 삶은 물 〈京畿 富平〉
장돌뱅이는 돌아다닌다는 데서 음식물이 돌아 나오라는 것.

6.2. 사망관계 은어

(1) 어멍이 – 임종할 때 우는 소울음 〈京畿 高陽〉

　　소울음의 의성어, '머엉'을 거꾸로 한 어멍으로 된 말

　　※ 백정이 소울음을 반드시 흉내 내는데 이것은 백정이 천국으로 간다고 天王에게 알리는 신호라고 한다. 소울음을 울어야 극락세계로 갈 수 있다고 함. 소의 울음의 흉내는 두 가지를 차례대로 해야 되는데 처음엔 '매애애–해–'하고 다음에는 '움매애– 해애'라고 울어야 된다. 첫 번째는 송아지의 흉내고 나중 것은 成牛의 울음소리라 함.

(2) 여수찜 – 臨終할 때 우는 소울음 〈京畿 富平〉

　　'여수'는 여우, 여우의 울음소리는 언짢다는 데서 울음소리가 여우의 울음과 같이 언짢게 들린다는 것.

　　※ 울음소리　㉠ 후–메에–에–멍멍–메–에 메–멍

　　　　　　　　㉡ 후–움메–움메–에–움–메–에

(3) 방패찜 – 臨終할 때 우는 소울음 〈京畿 水原〉

　　※ 울음소리　㉠ 에–헤–에–메–움멩–음

　　　　　　　　㉡ 움마–움마–움–

(4) 수땡이 – 백정이 임종할 때 베는 솔갈비뼈 〈京畿 富平〉

　　'수땡이'는 '갈비뼈'를 뜻함.

　　※ 갈비뼈를 베고 臨終을 하면 무덤에서 썩지 않는다고 함.

(5) 왕굴딱지 – 백정이 臨終할 때 베는 소갈비뼈 〈京畿 水原〉

(6) 도투마리 – 백정이 臨終하기 전에 베게 하는 소머리 〈京畿 水原〉

(7) 툇돌찜 – 백정이 臨終하기 전에 베게 하는 소머리 〈京畿 富平〉

(8) 뼈꿉찜 – 백정의 遺言 〈京畿 水原〉

뻐꾸기 울음과 같이 띄엄띄엄 힘들게 말을 한다는 데서 생긴 말.

(9) 다디미질 – 백정의 유언 〈京畿 富平〉

　　다디미질은 두들긴다는 데서 자식들에게 다디미질 즉 두들기는 일. 屠牛일을 잘하라는 소리라는 것.

(10) 개미발허리 – 遺言의 소리가 적어서 무슨 말인지 모를 때 백정 입에 갖다 대는 소귀 〈京畿 高陽〉

　　소리가 개미허리와 같이 가늘다는 데서 생긴 말.

　　※ 소귀를 갖다 대면 말소리를 크게 낸다 함.

(11) 확성기 – 遺言의 소리가 적어서 무슨 말인지 모를 때 백정의 입에 갖다 대는 소귀 〈京畿 水原〉

(12) 나발통 – 遺言의 소리가 적어서 무슨 말인지 모를 때 백정의 입에 갖다 대는 소귀 〈京畿 水原〉

(13) 겡까도리 – 臨終할 때 칼을 아들이 이어받는 것 〈京畿 富平〉

　　백정의 사망 후 싸움 즉 屠牛한다는 것.

(14) 물레질 – 칼을 자식에게 물려주고 소울음을 내는 것 〈京畿 水原〉

　　물레질을 돌린다는 데서 칼을 자식에게 돌려주었다는 것.

　　※ 울음소리는 움-메-메-

(15) 물레방아 – 칼을 자식에게 물려주고 소울음을 내는 것 〈京畿 富平〉

　　※ 울음소리는 움메-에-이

(16) 깨끔질 – 혼수상태에 빠져 遺言을 못할 때 말을 하게 하기 위해 소 발목을 갖다 방바닥을 탕탕치고 신발을 턱에 대는 것 〈京畿 富平〉

　　소발목으로 방바닥을 치는 것은 '깨끔질'

(17) 뚝땍이 – 임종할 때 헛소리를 자꾸 하면 어서 숨을 거두라고 칼로 도마를 세 번 치는 것 〈京畿 水原〉

(18) 통통방아 – 임종할 때 헛소리를 자꾸 하면 어서 숨을 거두라고
칼로 도마를 세 번 치는 것 〈京畿 富平〉
방아 찧듯 칼로 도마를 찧는다는 것.

(19) 깨비불 – 임종하면서 너무 고통스러워 할 때에 속히 숨을 거두라
고 소 눈알을 꼬챙이에 끼어 백정의 눈 위로 왔다 갔다 하는 것
〈京畿 水原〉
'깨비불' '도깨비불'의 약어. 도깨비불 같이 무서워 숨을 속히 거
둔다는 것.

(20) 깝부리 – 임종할 때 너무 고통스러워 할 때에 속히 숨을 거두라고
소 눈알을 꼬챙이에 끼어 눈 위로 왔다 갔다 하는 것 〈京畿 富平〉
'깝부리'는 도깨비불.

(21) 뻑땍지게 – 임종할 때 베개 밑에 대는 소의 발뼈 〈京畿 高陽〉
'뻑땍'은 '뼈'의 비어, '뼈지게'의 뜻. 소의 발뼈는 상지와 하지를
함께 베개 밑에 대는데 극락세계로 업어가기 위한 지게의 구실을
한다는 것.

(22) 도토말이 – 몹시 숨이 찰 때 머리에 금방 눈 따뜻한 牛糞을 얹는
것 〈京畿 富平, 水原〉

(23) 개떡딱지 – 임종하면서 숨(호흡)이 찰 때 먹는 소 오줌 〈京畿 高陽〉

(24) 쟁반이기름이 – 임종하면서 숨(命)이 잘 넘어가지 않을 때 목에
감는 소꼬리 〈京畿 高陽〉
쟁반에 기름이 도르르 구르듯 쇠꼬리를 감으면 숨(命)이 쉽게 넘
어간다는 데서 생긴 말.

(25) 쪽지발 – 숨(命)이 잘 넘어가지 않고 헛기침을 할 때 삶아 먹이는
소 발톱 물 〈京畿 高陽〉

(26) 방귀뽕 – 숨(命)이 끊어졌다 다시 숨이 돌 때에 숨을 어서 거두라고

도마 위에 소꼬리를 놓고 댕강 두 동강이로 내는 것 〈京畿 水原〉

(27) 딱치기 —숨(命)이 끊어졌다 다시 숨이 돌 때에 도마를 딱딱 치는
것 〈京畿 高陽〉

칼을 도마에 딱딱 친다는 데서 생긴 말. ※ 숨이 끊어졌다 다시
살아나는 것은 아직도 하늘문을 열지 않았으므로 칼도마를 치면
백정이 오는 줄 알고 天門을 빨리 열어준다는 데서 친다고 함.

(28) 지챠우 — 임종할 때 발짓을 몹시 할 때 소꼬리 털로 툭툭 치거나
계속 발짓을 하면 소꼬리 털로 발을 묶는 것 〈京畿 富平〉

'지챠우'는 '쥐차우'.

(29) 노루덧 — 임종하면서 발짓을 몹시 할 때 소꼬리 털로 발을 툭툭
치거나 계속 발짓을 하면 소꼬리털로 발을 묶는 것 〈京畿 水原〉

(30) 곱동상 — 앓아누웠을 때 소 발톱을 갈아서 끓인 물에 타 먹이는
약 〈京畿 水原, 富平〉

'곱돌'은 '소 발톱'을 뜻함. ※ 무슨 병이든지 만병통치약으로 소
발톱 간 것을 먹는다 함.

(31) 답부링 — 병자의 허리를 송아지로 하여금 뛰어넘게 하는 것 〈京
畿 水原〉

※ 송아지가 병자 허리를 뛰어 넘으면 병이 낫는다 함.

(32) 당당추 — 집안의 학질을 없애기 위하여 임종 전에 백정의 얼굴에
소뿔을 비벼 두는 것 〈京畿 水原〉

'당당추'는 '唐草'의 '唐'이 잇달아 온 것. 학질이 당추를 보면 매워
서 도망친다는 것.

(33) 꼬꼬이바이 — 임종하기 전에 소뿔을 잡고 흔드는 것 〈京畿 富平〉

'꼬꼬이바이'는 '꽃게발', 꽃게의 앞발이 물기도 하고 떨어지기도
하듯 뿔을 물고 떨어진다는 것.

(34) 꼬꼬이 – 임종하기 전에 소뿔을 잡고 흔드는 것 〈京畿 水原〉

(35) 싸리수깔 – 우분을 약으로 다룰 때 쓰는 새끼손가락 〈京畿 水原〉
　　※ 우분을 약으로 쓰려고 할 때에는 반드시 새끼손가락을 쓰는데
　　백정은 他界에서 가장 약한 존재라는 데서 쓴다 함.

(36) 도리토리 – 임종을 하면 소꼬리 털로 콧구멍을 막는 것 〈京畿
　　水原〉

(37) 살래이 – 임종을 하면 소꼬리 털로 콧구멍을 막는 것 〈京畿 富平〉

(38) 쌈김치 – 임종할 때 소의 머릿짓을 흉내 내는 것 〈京畿 高陽〉
　　김치로 쌈을 싸먹을 때에는 입을 크게 벌리고 머리를 젖히는 등
　　머릿짓을 한다는 데서 생긴 말. ※ 천국에 가서 백정이라는 것을
　　알리기 위해서라고 함.

(39) 땅머리 – 임종하기 전에 칼을 보면 머리가 깨진다는 것 〈京畿
　　高陽〉
　　땅하고 머리가 깨진다는 데서 생긴 말. ※ 임종 직전에는 어떤
　　일이라도 가족들에게 보이지 않는다고 함.

(40) 족치기 – 임종 후 시신을 검은 보를 씌우는 것 〈京畿 高陽〉
　　검은 보를 씌우는 것은 잡귀가 달라붙지 못하게 하는 것인데 잡
　　귀를 족친다는 것.

(41) 멧떼기 – 아내가 운명할 때 숨을 거두지 못하고 고통을 느낄 때
　　머리에 매는 소꼬리 털 〈京畿 水原〉

(42) 꿀단지 – 아내가 운명할 때 숨을 거두지 못하고 고통을 느낄 때
　　머리에 매는 소꼬리 털 〈京畿 富平〉

(43) 장기둔다 – 아내가 운명할 때 유언을 들으려면 가족이 모두 귀를
　　막고서 손뼉을 친다 〈京畿 富平〉

(44) 뗏장썰다 – 아내가 죽으면 시체 위에 소가죽을 씌운다 〈京畿 水原〉

(45) 도토리묵 - 임종 후 승려가 하는 염불 〈京畿 富平〉

(46) 꼬개이 - 통곡하는 유가족 〈京畿 水原〉

　　 '꼬개이'는 '곡괭이', '곡괭이'는 친다는 데서 통곡을 할 때 땅바닥을 친다는 것.

(47) 따따기 - 통곡하는 유가족 〈京畿 富平〉

(48) 개나팔 - 상여 나갈 때 유가족이 우는 것 〈京畿 水原〉

(49) 개나바이 - 상여 나갈 때 유가족이 우는 것 〈京畿 富平〉

(50) 꼬뚜라기 - 입관할 때 소털을 깔고 시체 위에 얹는 소 발톱 (많이 닳은 것일수록 좋다함) 〈京畿 水原 富平〉

(51) 메꾸라지 - 무덤을 팔 때 땅이 굳으면 땅을 내려치는 소뿔 〈京畿 水原, 富平〉

　　 소뿔로 굳은 땅을 받으면 구덩이가 잘 파진다는 데서 메꾸라지.

(52) 징친다 - 하관할 때 소의 꼬리를 휘휘 젓다 〈京畿 富平〉

　　 ※ 잡귀가 물러가라고 한다 함.

(53) 쟁반이슬 - 시체가 몹시 무거우면 가벼워지라고 머리맡에 뿌리는 소 오줌 〈京畿 水原, 富平〉

　　 ※ 몸이 무거우면 천국에 올라가기 힘들기 때문에 몸을 가볍게 한다고 함.

(54) 서리빨 - 떼를 입히지 않은 무덤 〈京畿 水原〉

　　 백정의 무덤엔 떼를 입히지 않기 때문에 서리를 그냥 받는다는 것.

　　 ※ 떼를 입히면 천국과의 왕래에 방해가 된다는 데서 입히지 않는다고 함.

(55) 얼도깨비 - 상여 〈京畿 高陽〉

(56) 딸댕이 - 상여 밑에 매다는 소 발톱 〈京畿 富平〉

　　 종 대신에 달랑거린다는 것.

(57) 나부랭이 – 상여 밑에 매다는 소 발톱 〈京畿 水原〉

(58) 주레박 – 상여 밑에 매다는 소 발톱 〈京畿 高陽〉

　　주렁주렁 달린 박과 같다는 데서 생긴 말. 이 발톱을 매달아 놓는
　　것은 상여가 무사히 묘에 가기를 원하는 뜻과 천국으로 가서 백
　　정이었다는 증명이 된다고 함.

(59) 이슬땀 – 떼를 입히지 않은 무덤 〈京畿 富平〉

　　이슬을 그냥 받는다는 데서 생긴 말.

(60) 진디몰이 – 유가족이 무덤 앞에서 통곡하고 난 후 무덤 앞에 놓고
　　가는 소뼈 〈京畿 水原〉

　　진딧물 즉 부정이 깃들지 않게 하기 위해 소뼈를 놓는다는 것.

(61) 도깹바늘(도깹침) – 유가족이 무덤 앞에서 통곡하고 난 후 무덤에
　　놓고 가는 소뼈 〈京畿 富平〉

　　도깨비바늘이니까 잡귀가 무서워 도망친다는 것.

(62) 고염단지 – 여우가 무덤을 판 구멍 〈京畿 水原〉

　　여우가 시체를 고용과 같이 꺼내 먹었다는 것. ※ 소뼈를 구멍에
　　넣고 다시 묻는다 함

(63) 숯가마통 – 여우가 무덤을 판 구멍 〈京畿 富平〉

(64) 미나리밭 – 백정의 혼이 가 있는 곳 〈京畿 水原〉

　　미나리밭은 땅이 질고 좋아야 잘된다는 데서 미나리밭이 좋은 곳
　　에 가 있다는 것, 즉 극락세계에 가 있다는 것.

　출생이나 사망에 관한 모든 속신이 일반 다른 사회와는 특별하게 소와
관련 되었다는 것은 백정의 聖牛觀이 그대로 반영된 것이라 하겠다. 백
정의 속신에서 볼 수 있는 것은 다른 사회인과는 어느 면으로든지 차이
를 갖고자함을 알겠다. 출생과 사망의 속신에는 불교적인 절차는 별로

찾아 볼 수 없고 오직 백정들의 전통적인 신앙이라고 할 수 있는 토템 (totem)에서 발달한 샤머니즘적인 것이라 하겠다.

인줄에 다는 고추는 잡귀가 매워서 재채기를 하고 도망칠 것이라든지 솔가지는 그의 송진에 잡귀가 들어오다가 붙으라고 띤다는 등의 백정의 관점은 매우 흥미 있는 것으로 일반인의 가정에서 띠는 인줄에 유래를 찾아볼 수 있는 좋은 방증재료가 되지 않을까 한다.

산모가 혼수상태에 빠졌을 때 남편이 고개 숙이고 소꼬리 털로 잡귀를 쫓으며 소 울음을 하는 사실들은 약 한 첩 쓰지 못하는 그들의 비통한 현실이 아닐 수 없으며 그들 신앙의 기원적인 면을 짐작할 수 있게 된다.

그리고 産兒의 100일에 소털을 발목에 매어준다는 사실들은 얼마나 소가 신성시 되고 있는가 하는 면을 알 수 있겠다.

발뼈를 깔면 발뼈가 지게가 되어 극락세계로 올려진다든가 상여에 발톱을 단다는 것 등은 매우 특이한 속신이라 하겠는데 발은 걷는다는 데서 죽어서 극락세계로 '가다'와 연상시킨 것은 매우 교묘하다고 하겠다. 그것은 遺言의 소리가 적을 때 소귀를 갖다 대는 것 등으로 짐작할 수 있는 것이다. 이러한 속신은 살생을 하면 지옥으로 갈 것이라는 생각과는 달리 백정의 생업이 聖職이라는 것을 통해 자기 위안과 殺生業의 합리화를 꾀해 자기 위안과 마음의 평정을 얻고자 하는 심리적 욕구에서 그런 속신이 생긴 듯하다.

• 일바리 – 소 앞을 가로 걷는 여자 〈京畿 高陽〉

'일바리'는 '일을 버렸다' 즉 '일이 틀렸다'의 뜻인데 여자가 소 앞을 지나가면 재수가 없어 그날 일을 버리게 된다는 것이다.

일반 속신에서는 남자 앞을 여자가 건너면 재수가 없다고 하는 유형의

俗信이다. 이러한 것들을 보아 백정의 俗信은 그들의 생업이 신성하다
는 데서 그의 來生觀과 소 崇拜思想과 관련되어 생겨난 것이라 하겠다.

사망에 있어서도 臨終 時에 소 울음을 운다든다 베개 밑에 소 발뼈를
댄다든가 임종할 때 자식에게 칼을 물려주고 소 울음을 운다는 일련의
사실들은 역시 백정들의 생활이 聖牛觀을 중심으로 하여 이루어지고 있
다는 것을 말하겠다. 그리고 산모도 그러하지만 병자의 약이라고 소 발
톱과 牛糞, 牛尿, 여물 등이 사용되고 있다는 사실들은 聖牛觀이 백정의
생활에 강력히 작용하고 있음을 알 수 있다. 俗信에 대하여 劉昌惇은
영국의 민속학자 프레이저(James George Frazer)의 저서인 『민족 과업』
(Folk's Task)에서의 문헌을 인용하면서 '원시적 俗信은 그 민족의 정치
체제, 경제조직, 결혼 및 가족생활과 기타 인권수호에 많은 이익을 끼침
이 認證되고 있다'고 하였다.[11]

上記 持論을 백정사회의 特殊俗信과 직결시키기는 고려를 할 문제가
있지만 어느 면으로 보아 그의 관점에서 볼 때 암시를 얻을 수 있다.
백정의 특수 속신에 屠牛生業의 殺生을 합리화 하려는 데서 비롯한 聖牛
觀을 볼 수 있다. 聖牛觀과 관련된 俗信을 가짐으로서 白丁階級에 대한
다른 사회인의 천시와 천대에 대항하는 반항적 심리에서 자기 위안을
얻을 수 있는 이익을 꾀하게 되며 産母의 고통과 죽음이 주는 인생의
허점, 불안과 공포 그리고 비애 등을 소화시키는 처방이 되며 殺生을
하는 등 생업을 마음 놓고 할 수 있는 정신적 요소가 된다 하겠다. 그리
고 백정들이 隱語를 신성시 여기는 그들의 언어관의 근원적인 사상을
백정들의 '出生과 死亡'에서 소를 중심으로 한 특수한 遺言을 통하여 엿
볼 수 있다 하겠다.

---

11 劉昌惇, 震民族의 動物觀, 白樂濬博士 還甲記念 國學論叢. 251面.

제6장

屠牛 關係 隱語

1. 屠牛 禁止日

釋迦의 誕生日에 屠牛하는 곳이 한 곳도 없다.(도시의 현대화된 屠牛場 제외) 이로 보아 백정이 불교적 영향을 받고 있음을 알 수 있다.

- 사파리 - 4월 8일 〈慶北 靑松, 慶南 陜川, 京畿 高陽〉
- 시루떡자루 - 4월 8일 〈忠北 鎭川〉
  시루떡을 해먹는 날이라는 것.
  그리고 지방에 따라 屠牛 禁止日이 다르다.
  백정의 生日에 잡지 않는 곳 〈全南 昇州, 全北 南原〉
  승려의 生日에 잡지 않는 곳 〈全北 南原〉
  陰曆 매월 15일에 잡지 않는 곳 〈全北 南原〉
  陰曆 9월 1일 잡지 않는 곳 〈忠南 公州〉
  陰曆 9월 15일에 잡지 않는 곳 〈慶北 靑松〉
  陰曆 12월 30일에 잡지 않는 곳 〈忠南 公州〉
- 한가새 - 秋夕 〈慶南 陜川〉

추석날엔 달이 밝음으로 鬼神들이 술을 마시고 주정하는 날이기 때문에 소를 잡으면 不淨을 탄다고 한다.

2. 屠牛刀

屠牛할 때에 사용하는 칼을 귀중히 보관하고 聖物視하고 있으며 녹이 쓸거나 칼을 紛失할 때는 매우 不吉한 것으로 믿으며 칼을 여자들이 보는 것을 꺼리고 있다.

2.1. 屠牛刀에 대한 隱語

(1) 신팽이 – 칼 〈濟州 楸子〉

'神팽이' '팽이'는 '지팡이'의 上略語, 즉 신의 지팡이라는 것.

(2) 옷또 – 칼 〈慶南 陜川〉

'刀'의 音'도'를 이음절로 '도오'로 늘여 거꾸로 한 것.

(3) 족보 – 칼 〈忠南 公州〉

칼은 하늘에서 준 직업의 표식으로서 하늘의 족보에 기록되어 있다는 것.

(4) 뱀따기 – 칼 〈忠北 鎭川〉

칼로 뱀을 딴다는 데서 생긴 말.

※ 忠北 鎭川에서는 칼이 聖物視 되지 않음.

(5) 무당꽃 – 칼 〈忠南 靑陽, 科陽〉

무당꽃은 '무당의 칼'인데 무당의 칼은 꽃같이 곱게 단장했다는 데서 생긴 말.

(6) 톱 – 칼 〈京畿 廣州〉

(7) 염주나무 – 칼 〈京畿 高陽〉

2.2. 칼(刀)의 繼承關係 隱語

(1) 족보씨 – 물려받은 칼 〈釜山 凡一洞〉
(2) 과거방 붙다 – 임종할 때 자식에게 칼을 물려주다 〈慶南 陜川〉
(3) 족보 붓끝 – 代代로 이어 받은 칼 〈全南 升州〉
(4) 족보 쓰다 – 代를 이어 칼을 받다 〈京畿 水原〉
(5) 애옷도 – 아비가 쓰던 칼 〈慶南 陜川〉
　　'애옷도'의 '애'는 '아비'의 下略語. '옷도'는 '刀'의 音'도'를 二音節
　　로 '도오'로 늘여 거꾸로 한 것.
(6) 촛불키다 – 승려 立會 下에 칼을 자식에게 계승하다 〈釜山 凡一洞〉
　　한편 아버지가 쓰던 칼을 자식이 계승해서 쓰지 않고 그냥 보관해
　　두는 곳이 있다.
(7) 족보띠기 – 보관해 둔 칼 〈京畿 水原〉
　　그리고 아비가 死亡했을 때 그 칼을 관에 함께 넣어 묻는 곳이
　　있다.
(8) 날쉼 – 아비가 쓰던 칼 〈忠南 公州〉
　　날(刀)이 쉬게(休) 됐다는 것.
(9) 족보캐다 – 칼을 관에 넣다 〈忠南 公州〉
(10) 도(刀)잽이 – 칼을 관에 넣는 것 〈江原 三陟〉
　　그리고 全南 昇州, 忠北의 鎭川 등에서도 관에 넣는데 저승에 가
　　서 백정노릇을 했다는 증거로 칼만 보면 閻羅天王이 極樂世界로
　　무사통과 시킨다는 것이다. 〈忠北 鎭川〉
　　죽은 백정이 사용하던 칼을 사찰에 바치는 곳도 있다.

(11) 족보 쓴다 - 칼을 寺刹에 바치다 〈慶北 靑松〉

그리고 칼을 屠牛할 때마다 승려한테 받아서 사용하는 곳도 있다.

(12) 전갈받다 - 屠牛할 때 칼을 승려한테 받다 〈忠南 公州〉

임종할 때에는 칼을 자식에게 직접 引繼하는데 칼을 자식에게 물려

줌으로써 死後 하늘에 가는 길이 열린다고 믿고 있다. 〈濟州 楸子〉

임종할 때 자식에게 칼을 인계할 기력이 없을 때에는 遺言으로써

인계가 성립된다. 〈全北 南原〉

白丁은 자식에게 칼을 물려주면 매우 吉한 것으로 믿고 있다.

(13) 옴딱개 - 자식이 물려받은 칼 〈慶南 陜川〉

'옴딱개'는 '옴을 닦다'의 '닦'에 접미사 '애'가 붙어서 된 말로서

옴을 닦아낸다는 것으로 不淨을 타지 않는다는 것.

(14) 지네 - 일생을 병 없이 지내는 것 〈慶南 陜川〉

'지네'는 병 없이 오래 산다는 것.

(15) 뽈타령 - 지옥으로 가는 길이 막히는 것 〈慶南 陜川〉

죽어서 지옥으로 갈 때에는 마귀의 안내로 가는데 뽈난 마귀를 받

아서 치우고 극락세계로 갈 수 있다는 것.

한편 죄지은 조상이 지옥에 떨어졌어도 칼을 자식에게 물려 줘 계

속 白丁職을 유지하게 한다면 조상을 극락세계로 인도할 수 있다

고 한다. 〈慶南 陜川〉

그리고 아비가 쓰던 칼을 3年喪 지나도록 쓰지 않으며 3年喪이

넘은 후 승려가 칼에 대하여 염불을 한 후 사용해야 되는데 만약

죽은 백정이 쓰던 칼을 승려의 염불 없이 사용하면 지금까지 修道

하던 모든 것이 水泡가 되고 破戒가 된다. 〈慶南 陜川〉

(16) 장원딱지 - 염불을 한 칼 〈慶南 陜川〉

2.3. 칼 가는 일에 관계된 말

칼을 백정이 갈지 않고 반드시 승려가 갈아 주는 곳이 있다.

(1) 날도깹 – 칼을 가는 승려 〈忠南 公州〉
   '날도깹'의 날은 '刃', '날의 도깨비'.
   칼에 녹이 쓰는 것을 매우 不吉하게 여기고 녹이 쓸 때에는 승려가
   갈아주는 곳이 있으며 녹이 쓸면 승려가 念佛하는 곳도 있다.
(2) 모밀국 – 녹이 쓸면 칼에 대해 염불하는 것 〈慶北 靑松〉
(3) 북북이 수염 – 녹쓴 칼을 승려가 가는 것 〈江原 三陟〉
   칼을 새파랗게 갈아서 수염을 북북 밀어내도록 간다는 것.
(4) 도토리 쑤다 – 녹쓴 칼을 승려가 갈다 〈釜山 凡一洞〉
(5) 참깨틀다 – 녹쓴 칼을 갈아서 다시 白丁에게 주다 〈全南 升州〉
   참깨를 털면 기름이 나온다는 데서 녹을 다 짜낸다는 것.
   칼에 녹이 쓸면 불에 그을려서 가는 곳도 있다.
(6) 불고기 – 칼에 녹이 쓸어 불에 그을리는 것 〈忠南 公州〉
   칼에 녹이 쓸면 불길하다는 것으로 믿는다.
(7) 불가사리 – 칼이 녹 쓸면 화재가 나는 것 〈京畿 水原〉
   '불가사리'는 쇠를 녹여먹는 짐승이라는 데서 불낸다는 것.
(8) 불티난다 – 칼에 녹이 쓸면 불이 난다 〈慶南 陜川〉
(9) 대찜 – 칼에 빗물이 들어 녹이 쓸면 매 맞아 죽는 것 〈慶南 陜川〉
   '대찜'의 '대'는 '竹', 즉 대의 찜질로 맞아 죽는다는 것.
   칼을 무딘 것을 써도 不吉하다.
(10) 솥뚜껑잔치 – 칼을 갈아 쓰지 않으면 비올 때 지붕이 새는 것
   〈江原 三陟〉

방안에 빗물이 떨어지면 솥뚜껑으로 우산을 삼는다는 데서 생긴 말.

백정이 칼을 가는 데도 俗信的인 것이 있다.

(11) 홀도깝 – 백정이 칼을 가는 것 〈忠南 公州〉

白丁이 칼을 가는 것은 도깨비를 홀리게 하는 일이라는 것, 즉 마귀를 쫓게 하기 위한 것이라는 것.

2.4. 屠牛刀의 보관 및 사용법

屠牛가 끝나면 칼을 깨끗이 씻은 후 일정한 장소에 보관하거나 곳에 따라서는 승려가 보관해 둔다.

(1) 삽자리 – 깨끗한 물로 씻은 칼 〈全南 昇州〉

(2) 창고쌀짝 – 승려가 보관해 둔 칼 〈忠南 公州〉

창고에 넣어두는 쌀짝이라는 것.

(3) 떡망이 – 승려가 보관해 둔 칼 〈江原 三陟〉

'떡메'는 떡을 치고 난 뒤 둔다는 데서 屠牛를 마치고 난 뒤 둔다는 것.

(4) 밑떡망 – 칼날은 반드시 밑으로 하여 둔다는 것 〈慶北 靑松〉

그리고 칼을 쓸 때에는 반드시 왼손을 써야 되는데, 이것은 전국에서 공통으로 나타나는 현상이다.

(5) 떨리신 – 칼을 왼손으로 쓰는 것 〈忠南 公州〉

왼손으로 쓰면 귀신이 떨어 도망친다는 것. 그리고 칼을 다룰 때 절대로 날을 쥐어서는 안 되고 반드시 자루를 쥐어야 한다. 칼은 주로 벽장 같은 데, 칼을 놓는 데가 있어 보로 싸서 두지만 慶南 陜川에서는 三年喪 동안에는 喪廳의 床 위에 정성껏 보관해 둔다.

(6) 인두깽이 - 칼자루 〈慶北 靑松〉

인두자루가 뜨거우면 자루를 잡듯 자루를 쥐어야 된다는 것.
그리고 칼자루에 헝겊을 감거나 칼자루를 새로 바꿀 수 없으며,
屠牛 時 칼자루가 빠지면 곧 맞출 수 없고 칼과 칼자루에 붉은
보를 씌워서 마귀를 쫓게 하고 井華水를 뿌린 후에 써야 되며, 칼
이 부러지면 한 달 동안 屠牛를 금해야 한다. 〈全北 南原〉

(7) 딱버리맞다 - 칼을 나무에 대면 벌을 받는다 〈釜山 凡一洞〉

나무에 칼을 대면 딱버리에 쏘이는 것 같이 禍를 입는다는 것.
그리고 칼을 여성이 보는 것을 불길하다고 믿고 있다.

(8) 태압풀다 - 칼을 아내가 보면 斷産한다 〈釜山 凡一洞〉

태압(태엽)이 풀리면 고장난다는 데서 어린애를 못 낳는 것임.

(9) 파리쉬다 - 여자가 칼을 보면 재수 없다 〈忠南 公州〉

(10) 홍동이 - 칼을 아내가 모르는데 두어야 하는 것 〈慶北 靑松〉

'홍동이' '紅東白西'의 下略語. '紅東白西'는 祭物을 차리는 위치를
이르는 말인데 칼을 놓아 둘 위치를 잘 알아야 한다는 것.

(11) 쌍굿질 - 아내가 칼을 보면 임신 못하다 〈京畿 水原〉

임신을 못 하니까 굿을 몇 번(쌍굿)해야 될 것이라는 것.

(12) 고기 쪼림 - 칼을 임신한 아내가 보면 流産하는 것 〈江原 三陟〉

(13) 삼탯줄 - 임신한 아내가 칼을 보면 탯줄이 끊어진다는 것 〈慶北
靑松〉

(14) 외파랭이 - 아내가 칼을 보면 喪妻 당한다 〈慶北 靑松〉

백정은 갓을 못 쓰고 파랭이(패랭이)를 쓴다는 데서 아내가 죽으면
외파랭이가 된다는 것.

(15) 짝졸이 - 아내가 칼을 보면 어린 아이가 소발에 채어 죽는 것 〈慶
北 靑松〉

(16) 연시 - 아내가 칼을 보면 소뿔에 받혀 죽는다 〈慶北 靑松〉
   소뿔에 연시 같이 꿰인다는 것.

(17) 엉띠기 - 소에게 칼을 뵈면 소가 무서워한다는 것 〈忠南 公州〉
   소가 칼을 보고 '엉'하고 비명을 질러 무서워한다는 것.

2.5. 屠牛刀 紛失 關係

(1) 솜털 - 칼을 잃고 누운 백정 〈慶南 陜川〉
   솜털과 같이 맥없이 되었다는 것.

(2) 쪽소금 - 칼을 잃으면 조상이 하늘에서 쫓겨난다는 것 〈慶南 陜川〉
   뿐만 아니라 대대로 極樂으로 갈 길이 막혀 버리고 만다는 것이다.

(3) 찰거미 늘어지다 - 칼을 잃으면 귀신이 달라붙는다 〈慶南 陜川〉

(4) 대가리목 - 칼을 잃으면 白丁職을 그만 두어야 된다는 것 〈慶北
   靑松〉
   全北 南原에서도 칼을 잃으면 白丁職을 사퇴해야 된다.

(5) 공출낸다 - 칼을 분실했을 때는 승려에게 신고하여 다시 칼을 사
   찰에서 가져다 승려에게 주다 〈全南 昇州〉

(6) 봄가마 - 칼을 잃으면 불이 난다는 것 〈江原 三陟〉

(7) 목쌈 - 칼을 잃어 그만 둔 백정 〈釜山 凡一洞〉
   목쌈, 즉 백정의 목이 달아났다는 것.

(8) 코멩이 - 칼끝이 부러지면 사찰에 쌀 한 가마 내는 것 〈釜山 凡一洞〉
   '코멩이'는 '코가 막히다' '숨이 막히다'로 쌀 한 가마를 바치기란
   기막힌 일이라는 것.
   그리고 慶南 陜川에서는 칼을 잃으면 소뿔에 받혀 죽는다고 한다.

2.6. 屠牛刀의 聖物視

屠牛에 있어서 가장 많이 사용되는 칼에 대해 성물시 되고 있음을 볼 수 있다. 임종할 때 자식에게 칼을 직접 인계해 준다는 것은 세습적인 직업관에서 오는 것이라 하겠다. 그리고 백정이 사용하던 칼을 관에 넣어서 묻는다는 것은 백정의 聖職觀에서 비롯한 것이라 하겠으며 칼을 분실하거나 녹이 쓸면 불길하게 믿고 있는 것은 칼의 성물시를 두드러지게 반영하고 있다 하겠다.

승려가 칼을 갈아 주거나 보관을 해 주는 등의 일련의 사실들은 살생의 합리화를 위한 한 방편에서 생긴 것이라 하겠다. 한편 屠牛에 있어서 사용되는 기구 중 칼만이 聖物視 되고 기타 연장 등은 성물시 되지 않는데 아마 이것은 屠牛에 있어서 가장 중요한 구실을 하기 때문일 것이다.

그리고 칼은 피를 내고 고기를 써는 것이기 때문에 성물시 함으로써 살생의 불안을 해소하려는 데서 성물시된 듯도 하다.

그러나 무엇보다도 屠牛의 생업을 聖職化하는 백정이기 때문에 그들의 가장 중요한 기구인 칼을 성물시한다는 것은 당연한 일이라 하겠다.

3. 왼손 관계

백정이 일반사회인과 다른 특이한 점의 하나는 왼손을 사용하고 있는데 왼손 사용을 神聖視하고 바른 손 사용을 기피하고 있다.

3.1. 왼손에 대한 은어

(1) 올림이 - 왼손 〈京畿 高陽〉
    소의 영혼을 상계로 올리는 구실을 한다는 데서 생긴 말.

(2) 빨랭이 – 왼손 〈慶北 青松〉
왼손은 바른 손보다 동작이 빠르다는 데서 생긴 말.

(3) 들리 – 왼손 〈全南 升州, 江原 三陟〉
왼손으로 하는 모든 행동이 하늘나라에 들린다는 것. '들리다'의
약어.

(4) 짝짜궁 – 왼손 〈濟州 楸子〉
'짝짜궁'은 어린이의 재롱.

(5) 팔팔이 – 왼손 〈慶南 陜川〉
모든 행동이 팔팔히 민첩하게 된다는 것.

3.2. 바른손에 대한 은어

(1) 떨림이 – 바른손 〈京畿 高陽〉
바른손은 죄를 지은 손이기 때문에 일반인이 하늘나라에 가면 지
옥으로 떨어진다는 것.

(2) 틀리 – 바른손 〈京畿 廣州〉
'틀리다'의 어간인 '틀리'. 다른 사회인은 바른손을 쓰기 때문에 극
락세계 가기는 틀렸다는 것 또는 틀린 행동을 하는 손.

(3) 외짝꿍 – 바른손 〈濟州 楸子〉
짝이 없다는 것.

(4) 날라라 – 바른손 〈江原 三陟〉
복이 날아간다는 것.

(5) 날리 – 바른손 〈全南 升州〉

(6) 빨대 – 바른손 〈全北 南原〉
속세인은 바른 손을 써서 빨리 빨아 먹듯 닥치는 대로 주워 먹는다

는 것.

(7) 털랭이 - 바른손 〈慶北 靑松〉

'털랭이'는 '털렁 떨어지다'의 부사가 명사로 된 것. 지옥으로 털렁
떨어진다는 데서 생긴 말.

(8) 뿔뿔이 - 바른손 〈慶南 陜川〉

모든 행동이 뿔뿔이 깨지고 만다는 것.

3.3. 왼손을 쓰는 이유

백정들은 왼손을 쓰는 이유를 다음과 같이 설명한다.

3.3.1. 사회인과의 구별

(1) 색까리 - 다른 사회인과의 구별 〈忠南 公州〉

바른 손은 속세(다른 사회)인이 사용하기 때문에 부정을 타므로 백
정은 왼손을 쓴다. 〈江原 三陟, 忠北 鎭川〉

(2) 바른손을 사용하는 사람은 많아서 천하지만 왼손을 사용하는 사람
은 드물기 때문에 귀한 존재다. 〈慶南 陜川〉

(3) 속세인이 사용하는 바른손은 잡귀가 달라붙기 쉬우니까 속세인은
죄를 짓는데 이런 속세인에 물들지 않기 위해 왼손을 쓴다. 〈慶南
陜川〉

(4) 죄를 짓는 손은 바른손이기 때문이다. 〈全南 昇州〉

3.3.2. 천국과의 관계

(1) 천국에는 왼쪽에 극락세계가 있고 바른쪽에 연옥이 있다. 〈忠南
公州, 全北 南原, 慶南 陜川, 濟州 楸子, 江原 三陟〉

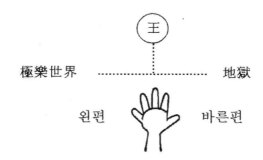

(2) 하늘나라의 제도는 왼손과 같다. 가운데 손가락이 '왕'의 위치에 있고 왼쪽으로 가난하고 착하고 벼슬 없는 사람들을 앉히고 바른 편에 힘으로서 나쁜 짓들을 한 자들을 앉힌다. 즉 왼쪽은 극락세계 이고 바른 쪽은 지옥이다.

(3) 백정들이 속세에서는 속세인들의 왼손과 같이 사용되지 않지만 천 국에 가면 백정은 매우 높은 자리에 선다. 〈全南 昇州, 全北 南原, 京畿 水原〉

(4) 천국으로 들어가는 길에는 왼쪽길이 좁은 데 왼손을 쓰는 사람은 왼손을 써서 안전하게 속히 들어갈 수 있다. 〈忠南 公州〉

(5) 하늘에 올라갈 때 외나무다리가 있는데 왼손을 쓰는 사람은 왼편 에 있는 줄을 타고 잘 갈 수 있지만 바른손을 쓰는 사람은 바른쪽 에 줄이 없으니까 잡고 갈 수 없다. 〈京畿 水原〉

(6) 天宮의 열쇠는 왼손에 구멍이 있어서 왼손잡이라야만 上界에 가서 도 속히 직업을 얻을 수 있다. 〈忠北 鎭川〉

(7) 천국에는 모두 왼손잡이다. 〈慶北 靑松〉

(8) 천국에서 심판을 할 때 왼손을 보이면 백정이었다는 것을 속히 알 수 있게 된다. 〈濟州 楸子, 慶北 靑松〉

(9) 하늘나라에서 심판을 할 때 왼손잡이라는 것을 알면 죄를 약간 지었다 하더라도 좋은 일을 많이 했을 것이라고 죄사함을 받는다. 〈全南 昇州〉

(10) 왼손이 힘이 더 세다. 〈全北 南原, 慶北 靑松, 忠南 公州, 全南 昇州〉

왼왕파리 - 소의 왼발 〈江原 三陟〉

소의 왼발이 힘이 더 세다고 함.

(11) 손금을 볼 때 왼손을 본다 〈全北 南原〉

(12) 소가 죽을 때에는 왼쪽 눈을 감고 바른 쪽 눈만 뜨니까 왼손으로 쥔 도끼를 못 본다. 〈全北 南原〉

(13) 왼손은 돈벌이가 잘 된다. 〈京畿 水原〉

(14) 복띠기- 왼손이 큰 백정 〈忠南 公州〉

왼손이 크면 손재간이 있고 복이 있다는 데서 생긴 말.

3.4. 바른 손을 쓸 경우

(1) 자손이 귀하다. 〈京畿 水原, 京畿 高陽〉

(2) 妻福이 없다. 〈京畿 高陽〉

(3) 禍가 온다. 〈京畿 高陽〉

(4) 이웃과 화목하지 못하다. 〈京畿 高陽〉

3.5. 일반 민간의 俗信으로 본 왼편

(1) 正月 丑日에 왼새끼를 꼬아서 소의 코뚜레나 말뚝 등에 매는데 이것을 '매김'이라고 한다. 이는 사람의 손이 닿는 곳마다 왼새끼를 꼬아서 매는 것인데 잡귀가 붙지 말라고 한다는 것이다. 〈金正達 論〉

(2) 섣달 그믐에도 왼새끼를 꼬았다가 새벽이 되면 사람이 손잡는 곳 즉 대문, 솥뚜껑, 찬장문, 문고리 등 왼새끼를 매는데 이것 모두 부정타지 않기 위해서이다. 〈平安道〉

(3) 인줄은 왼새끼이다. 잡귀는 왼새끼를 보면 무서워 도망친다.

(4) 喪事 時 허리의 띠는 왼새끼, 머리에 두르는 것도 외로 꼰 새끼.

(5) 장독 등에 짚으로 씌우는 것이 있는데 왼새끼를 사용함.

(6) 시체가 있는 방의 구들 고래나 지붕 위로 고양이가 지나가면 송장이 벌떡 일어날 때 상제가 왼뺨을 치면 넘어간다.

(7) 일본인들이 정월에 문에 다는 '시메나와(しめなわ)도 왼새끼로 되어 있음.

민간에서 '왼새끼'는 부정을 막고 잡귀를 쫓는 속신이 되어 있다.

3.6. 왼손과 바른손의 은어 비교

	왼 손		바른 손	
	은어	기능	은어	기능
京畿 高陽	올림이	소의 혼을 상계로 올리다.	떨림이	지옥에 떨어지다
慶北 靑松	빨랭이	왼손이 민첩하다.	털랭이	지옥에 떨어지다
慶南 陜川	팔팔이	왼손이 민첩하다.	뿔뿔이	일이 안 되다
江原 三陟	들리	소의 혼을 상계로 올리다.	날라리	일이 안 되다
全南 升州			날 리	일이 안 되다
濟州 楸子	짝짜꿍	귀염 받다.	외짝꿍	귀염을 못 받는다
京畿 廣州			틀리	지옥에 떨어지다
全北 南原			빨때	먹기만 한다

상기에서 본 바와 같이 왼손이 神聖視되고 있음을 보겠다. 민간에서 왼새끼는 부정을 방지하고 잡귀를 쫓기 위한 것인데, 백정의 세계에서는 왼손이 신성시되고 내세간과 관련되어 있다는 것은 매우 특이하다고 하

겠으며, 다른 사회인보다 왼손을 쓴다는데 우월감을 느낀다는 것은 사회
에 대한 반항의식에서 오는 것이라 하겠다.

4. 屠牛 前 僧侶의 冥福 祈願

屠牛 집행 전에 소에 대한 명복을 승려가 기원하여 염불을 한 다음
屠牛를 집행한다.

4.1. 京畿 高陽

염불은 암소와 수소가 다르고 춘하추동 계절에 따라 다른데 쉽게 풀이
하면 다음과 같다.

봄(春)

만물이 화창하고 삼라만상이 새싹이 트는 봄이니 綠陰芳草 우거진 극
락에 가서 만년천년 살고지라

　南無阿彌陀佛 觀世音菩薩 下瞰하옵소서.

여름(夏)

만물 중에 영특한 즘생(짐승)이 시냇가에 물을 먹으며 극락의 세계를
물 위에 그려 보누나. 저 물같이 싱싱하게 극락에서 살고지고.

　南無阿彌陀佛 觀世音菩薩

가을(秋)

오곡이 풍부하니 琪花瑤草 좋을씨고. 雪山天上에 심은 알곡 거둘 때가 되었도다. 우리도 극락에 가서 일꾼이나 되고지고.

南無阿彌陀佛 觀世音菩薩

겨울(冬)

백설이 滿乾坤한 겨울이 왔으니 雪山에 눈을 따라 극락에 가옵소서.

南無阿彌陀佛 觀世音菩薩

암소

죽기까지 복종이라 그 지조 좋을쎄라. 억만년 극락에서 풀 뜯어 씻어보라. 紅塵에 묻힌 겨를 보리수 밑에 씻고 극락에서 영원하도록 安樂平康 하올쎄라.

수소

한 많은 남의 살림에 내 털이 간 데 없네. 내 허리 씻어 줄 이 보살님밖에 없어라. 저 극락에서 내 紅塵을 씻고야 琪花瑤草 뜯으며 억만년 살고지라.

南無阿彌陀佛 觀世音菩薩

4.2. 慶北 青松

봄(春)

천산의 복숭아 牛公이 차지했네

봄이 되어 꽃이 피니 其 더욱 아름답다

어화라 이 천지를 극락이라 하니라

南無阿彌陀佛 觀世音菩薩

여름(夏)
하늘에 맺은 언약 땅에서 이뤄졌네
여름 되어 芳草에서 神水를 마시리라
인간속세 엉킨 원을 극락에서 풀으소서
인간속세 아픈 설음 극락에서 和하소서
南無阿彌陀佛 觀世音菩薩

가을(秋)
낙엽 지니 天山에도 가을이 오리로다
俗世에서 흘린 땀을 極樂에서 풀으리라
극락의 喜樂 속에 그대 몸을 담고서
관음장 釋迦如來 받들어 모소이라
南無阿彌陀佛 觀世音菩薩

겨울(冬)
萬山에 눈이 오니 흰빛이 새롭구나
죄 없이 죽을 몸이 其 더욱 애처럽다
天上의 如來座 그대를 이쁘시사
最上의 饗宴으로 그대를 맞으리라
觀世音菩薩 釋迦如來 下瞰하오소서

4.3. 全南 昇州

봄(春)

人間七十古來稀요 牛公短命天賦來라

한번 낳아 한 번 죽는 게 어찌 歸去來 아니랴

피땀으로 섬겼으니 극락에서 쉬리로다

南無阿彌陀佛 觀世音菩薩

여름(夏)

봄이 가고 여름오니 만산이 푸르도다

시냇가에 물 흐르니 극락이 안개로다

속세에 피땀이 극락의 꽃이 되어

영원히 살고지라

南無阿彌陀佛

가을(秋)

뼈 같은 나뭇가지에 삭풍이 불어오니

극락의 琪花瑤草 철따라 꽃이 피리라

牛公이 있을 극락 우리가 羨望하며

영원히 지키리라

南無阿彌陀佛

겨울(冬)

朔風이 눈과 같이 俗世를 내리우니

천상에 있을 牛公 부럽기 그지없다

우리도 牛公같이 피땀을 고삐삼아

天上極樂에 한 자리 메꾸리라
南無阿彌陀佛 佛陀 南無阿彌陀佛

4.4. 忠南 公州

봄(春)
山川에 눈이 녹아 萬山에 꽃이 피니
풀 뜯던 牛公太子 極樂에 가는구나
저리고 아픈 苦役 俗世人間 위해 바쳐
극락에 계신 황제 그대를 嘉賞ㅎ다하리
觀世音菩薩님 下瞰하소서 南無阿彌陀佛

여름(夏)
시냇가에 있는 풀이 푸르고 또 푸르다
극락에 있을 풀은 태자의 것이리라
극락에 계신 임금 그대를 맞이하여
금빛 옷에 잔치 풀이 그대를 위로하리
觀世音菩薩 觀世音菩薩

가을(秋)
하늘나라에 가을은 곡식이 많으리라
땀 흘려 애쓴 苦役 하늘에서 쉼이 있으리
涅槃에 穀食이 太子의 것이 되니
億萬年 살고지고 太子萬康 하리로다
南無阿彌陀佛 觀世音菩薩

겨울(冬)

눈꽃이 涅槃에 산이 되어 날으니

太子도 좋을씨고 기뻐하여 맞으리라

임금님 팔에 쉬어 後世를 가리키니

人間의 惡魔가 그의 앞에 屈伏하리

觀世音菩薩 深諒仰聽如何

4.5. 念佛内容과 백정의 聖職視

염불내용이 모두 소의 冥福을 기원하였는데 극락세계에 가서 영생하기를 기원하고 地界에서의 苦役을 위로한 것이라 하겠다.

全南 昇州의 '人間七十古來稀요 牛公短命天賦來라' 라고 한 것은 살생을 합리화 하려는 승려들의 사상을 엿볼 수 있다. 뿐더러 극락세계에 먼저 간 소를 羨望한다는 것도 역시 그런 이유에서 생각할 수 있을 것 같다.

慶北 青松의 '천상의 복숭아 牛公이 차지했네.'는 도교에서 일컫는 蟠桃思想이 반영되어 있다 하겠다.

忠南 公州에는 소를 '太子'라고 했는데 백정 설화의 주인공들의 '태자'와 일맥상통 하는 연관성을 지니고 있는 듯하다.

이 염불내용에서 통일된 기본사상은 소가 죽어서 극락세계로 간다는 것인데 이 사상은 곧 백정들의 聖職觀의 가장 기본사상이 되는 것과 일치되는 것이다.

이러한 염불내용으로 보아 백정들이 屠牛生業을 聖職視하는 데는 불교적인 강력한 영향을 입었으리라 믿어지며 승려와 백정이 합류할 수 있는 교량이 되었을 것이다.

승려가 소의 명복을 기원하는 염불은 직접적으로는 불교교리와 상반되는 살생을 합리화 하려는데 있다고 하겠다.

5. 屠牛 집행과정

屠牛의 생업을 신성시하는 백정들은 屠牛할 때에는 일체 일반어를 사용하지 않고 특수어를 사용하고 있다. 물론 도살장 외부에서도 특수어가 사용되고 있지만 그것은 人間을 대상으로 하는 특수어임에 반하여 도살장 내부에서는 '소'와 보이지 않는 天王(菩薩王) 雜鬼 등을 대상으로 하여 사용하고 있다는 점에서 은어의 성격이 특이하다. 前出 '隱語名稱考'에서 언급된 바 있지만 屠牛할 때 은어가 사용되는 것은 소가 극락세계로 가는 장소인 고로 俗世語(일반어)를 사용하지 않고 신성한 은어를 사용해야 부정이 타지 않고 잡귀가 무서워 도망치며 소가 무섬을 타지 않고 편히 극락세계로 갈 수 있게 된다는 것이다.

이렇듯 소의 魂을 편히 上界에 보내야 백정은 천왕(보살왕)의 눈에 들어 복을 받으며 사후 극락세계에 갈 수 있다는 종교적인 면에서 사용되고 있는 것이다.

屠牛場에는 屠牛할 때 백정과 승려 이외는 출입이 엄금되어 있으며 屠牛를 하지 않을 때도 쇠를 잠그고 다른 사람의 출입을 금하고 있다.

그리고 도살장이 私營일 때에는 반드시 승려가 소의 명복을 기원하고 屠牛를 집행하지만 屠牛場이 백정의 自營일 때에는 염불을 하지 않는 곳도 있다. 그러나 대개의 경우 自營일지라도 승려가 있은 다음 백정의 세습적이고 전통적인 특수한 방법과 절차에 의하여 반드시 왼손으로 屠牛가 진행되는 것이다.

5.1. 屠牛場에 대한 은어

(1) 天宮 〈忠北 鎭川〉

(2) 이슬바구미 〈京畿 富平〉

소가 이슬과 같이 사라지는 곳이라는 것.

(3) 도리도리 〈京畿 高陽〉

일반인은 머리를 도리도리 흔드는 곳이라는 것.

(4) 포말다리 – 비밀도살장 〈서울 下往十里〉

장기의 '包'가 '馬'를 다리 놓아 잡아먹듯 하는 곳이라는 것.

5.2. 引牛者

(1) 수청들이 – 소 잡으러 온 사람 〈京畿 高陽〉

(2) 햇고무신 – 송아지 잡으러 온 사람 〈京畿 廣州〉

송아지는 아직 발이 닳지 않아 햇고무신이라는 데서 사람을 가리킴.

(3) 한진애비(풍수쟁이) – 소 소개자 〈京畿 廣州〉

(4) 홍부리 – 인심 좋은 소 主人 〈京畿 高陽〉

'흥부전'에서 유래.

(5) 놀부리 – 인색한 소 주인 〈京畿 高陽〉

(6) 얄개(살모사) – 훔친 소를 소개하는 자 〈京畿 廣州〉

'얄개'는 '얄미운 개'의 약어. 얄미운 개는 훔쳐 먹는다는 데서 생긴 말이라 함.

(7) 알통숟갈(아웅알) – 송아지를 전문으로 훔쳐 오는 자 〈京畿 廣州〉

한 숟갈에 먹어 치운다는 것.

(8) 곰 보자기 – 소를 전문으로 훔쳐 오는 자 〈京畿 廣州〉

곰(熊)에게 보를 씌워 놓으면 미련하게 받아서 죽는다는데 소도
보자기만 씌우면 꼼짝 못하고 따라온다는 데서 생긴 말.

5.3. 외양간

(1) 여치기 집(※ 찍찍이간) – 외양간 〈京畿 高陽〉
소의 反芻하는 소리가 여치 소리 같다는 데서 생긴 말.
(2) 통새끼 – 외양간 〈京畿 富平〉
새끼통과 같이 소가 도사리고 앉는다는 데서 생긴 말.

5.4. 屠牛 前 飼料

곳에 따라서는 도살하기 전 소에게 마지막 먹이를 준다.

(1) 감김치 – 마지막 주는 사료 〈京畿 廣州〉
감이 떫을 때 김치를 먹으면 입이 개운하다는 데서 소가 도살의
고통을 개운하게 하기 위해 김치를 준다는 것.
(2) 주발 – 구유 〈京畿 高陽, 水原〉
(3) 새끼통 – 구유 〈京畿 富平〉
소먹이 그릇이 새끼통 같다는 데서 생긴 말.
(4) 싸래죽 – 뜨물 〈京畿 高陽〉
(5) 누른코 – 뜨물 〈京畿 水原〉
(6) 팥떡 – 풀 〈京畿 水原〉
(7) 애배채국 – 시래기 〈京畿 水原〉
'애배'는 '배채'의 '배'를 이음절로 늘여 '배애'로 하여 거꾸로 한
것임.

(8) 상추나물 - 乾草 〈水原〉

(9) 묵싸리 - 짚 〈水原〉

　　묵은 싸리.

(10) 햇싸리 - 山草 〈水原〉

(11) 풋싸리 - 아카시아 잎 〈水原〉

(12) 매미채 - 갓 베어온 풀 〈水原〉

　　낫이 안으로 휘어져 매미채와 같이 생겼다는 데서 낫으로 갓 베어

　　온 것이라는 것.

(13) 써레 - 풀 〈京畿 高陽〉

　　'썰다'에서 생긴 말.

(14) 세탁하다 - 소에게 물 먹이다 〈忠南 公州〉

(15) 되살이 - 소에게 물 먹이는 것 〈濟州 楸子〉

(16) 삿대질하다 - 소에게 물 먹이다 〈釜山 凡一洞〉

　　부산에서는 도살장에 들어가서 물을 먹인다.

(17) 말초 - 乾草 〈京畿 廣州〉

(18) 水草 - 生草 〈京畿 廣州〉

5.5. 屠牛 器物

(1) 촛대 - 도끼 〈京畿 廣州〉

　　촛대는 불을 킨다는 데서 도끼로 머리를 까서 소 눈에 불을 반짝이

　　게 한다는 것.

(2) 쪼다리 - 도끼 〈京畿 水原〉

　　'쪼다리'는 '손잡이'. 한편 도끼를 '낚돌'이라고도 하는데 낚는 돌이

　　라는 것. 즉 소를 낚는 것이라는 것.

(3) 개머리판 - 도끼 〈京畿 高陽〉

(4) 할비지팽이 - 손도끼(작은 것) 〈京畿 廣州〉
할아버지의 지팽이와 같이 가볍다는 것.

(5) 호랑새끼 - 뾰족한 손도끼 〈京畿 廣州〉
호랑이 새끼는 어려도 무섭다는 데서 생긴 말.

(6) 담배털이 - 쇠망치 〈京畿 廣州〉
담배 털 듯 쇠망치로 친다는 것.

(7) 김정승 - 심줄을 끊는 칼 〈京畿 廣州〉
巷談에 '김정승'이 무서웠다는 데서 무서운 칼이라는 것.

(8) 은행 꽃 - 발톱 따위를 벗기는 작은 칼 〈京畿 廣州〉
은행 꽃은 그 피는 것을 잘 볼 수 없다는 데서 칼이 너무 작어서
잘 뵈지 않을 정도라는 것.

(9) 딱따구리 - 고기를 찍어 내는 쇠갈고리 〈京畿 廣州〉
딱따구리 새는 나무를 찍는다는 데서 생긴 말.

(10) 참대 - 고기를 찍어내는 쇠갈고리 〈京畿 廣州〉

5.6. 寺營 도살장 屠牛 과정

5.6.1. 강원도 삼척 〈寺營〉

(1) 나리출도 - 소 入場
'나리'는 '소'를 뜻함.

(2) 기름마 - 소고삐를 백정이 잡는 것
'기름마'는 기르마(鞍).

(3) 도토리구르다 - 중이 들어오다
'도토리'는 '중의 머리' 또는 '목탁'을 뜻함.

(4) 파리사냥 – 염불하다

    염불하는 것은 비는 것으로써 파리가 발로 싹싹 비는 것과 같다는 것.

(5) 질겁뽕 – 붉은 보를 소등에 덮음

    잡귀가 붉은 보를 보면 질겁을 해서 방귀를 뽕 뀌며 달아난다는 데서 생긴 말.

(6) 아웅뽕 – 소눈을 가리는 것

    '눈감고 아웅 한다'의 속담에서 유래된 말.

(7) 양잿물 – 井華水(를 뿌림)

    양잿물은 독하다는 데서 정화수를 뿌리면 잡귀가 무서워 도망친다는 데서 생긴 말.

(8) 파리날리다 – 염불하다

(9) 기둥 다듬다 – 발을 묶다

    '기둥'은 '소발'을 뜻함.

(10) 지게 붙들다 – 백정이 꼬리 잡다

    지게가 넘어질까 하여 붙들 듯 소가 야단할까 하여 붙든다는 것.

(11) 가마솥 열다 – 소고삐 올리다

    솥은 열면 밥을 푼다는 데서 소고삐를 올리면 도살이 집행된다는 것.

(12) 파리앉다 – 두 번째 염불하다

(13) 앗찔 꽝 – (승려가 염불하는 가운데) 백정은 도끼로 屠牛 집행하는 것

    도끼로 꽝하는 순간 소가 아찔하게 쓰러진다는 것.

(14) 낙성식하다 – (소가 죽었으므로) 묶었던 발을 풀다

(15) 물통 – 목의 피를 내는 것

    물통에서 물이 나오듯 피가 쏟아진다는 것.

(16) 가마니 걷다 - 가죽 벗기다

　　'가마니'는 '소가죽'을 뜻함.

(17) 쌀가마 묶다 - 소가슴을 뻐개다

(18) 꼬리탕 - 內臟을 꺼내는 것

　　소의 내장은 꼬리와 같이 가늘고 길다는 데서 생긴 말.

(19) 쌀독쥐 - 고기 처치

　　쥐가 독의 쌀을 처치하듯 한다는 것.

(20) 통목침 - 목을 자르는 것

　　통목침은 소의 목을 뜻함.

(21) 통가마 - 발을 자르는 것

　　'통가마'는 가다(行)에서 '발'을 뜻함. '걸어가자'를 '자가용차로
　　가자'의 말과 같음. ※ 왼발부터 자름.

(22) 꿰탕 - 고기에다 붉은 보로 덮음

　　잡귀가 붉은 보를 보고 놀라서 꿰하고 넘어진다는 것.

(23) 도토리 날다 - 중이 퇴장하다

(24) 고무래 떨다 - 백정이 나오다

5.6.2 忠北 鎭川 〈寺營〉

(1) 대성출도 - 백정이 소고삐 잡고 도살장으로 입장

　　大聖出道. '大聖'은 '소'를 뜻함.

(2) 똑땍이 - 중이 목탁을 침

　　'똑땍이'는 목탁을 뜻함. 의성어.

(3) 살구씨 - 붉은 보로 소 눈을 가림

　　'살구씨'는 '소 눈'을 뜻함.

(4) 대추알 – 소에게 염불하는 것

'대추알'이 굴 듯 목탁소리가 군다는 것.

(5) 미주알 – 소 궁둥이를 목탁으로 가볍게 치는 것

미주알 부분을 친다는 데서 생긴 말.

(6) 도토리 바구니 – 승려가 퇴장하는 것

도토리는 '중의 머리' 또는 '목탁' 도토리를 바구니에 담았으니
나간다는 것.

(7) 대까부리 – 발 묶다

대(竹)는 소다리를 뜻함. 다리를 까불지 못하게 한다는 것.

(8) 좃때물다 – 목을 바로 매다

'좃때'는 '바'를 뜻함.

(9) 도깨비 신호 – 도끼로 머리를 까는 것

도끼로 머리를 깔 때 소의 눈에서 불이 번쩍 도깨비불 같이 난다
는 데서 생긴 말.

(10) 도깨비 봉화 – 도끼로 두 번 내리침

눈에서 불이 연거푸 일어난다는 것.

(11) 홀리개 – 소의 멱을 따다

이미 도깨비에 홀린 것이 되었다는 것.

(12) 조리미 – 목의 바를 풀다

'조리'를 쌀을 인다는 데서 떡살 즉 피를 내기 위한 것이라는 것.

(13) 떡살 바구미 – 피 받는 그릇

'떡살'은 '피'를 뜻함.

(14) 밧줄넘기 – 목의 피구멍 막다

피가 밧줄같이 쭉쭉 나오던 것을 막는다는 것.

(15) 새고무 – 가죽을 벗기는 것

'새고무'는 '가죽'을 뜻하는데 가죽이 고무와 같이 말랑말랑 하다 는 것.

(16) 짚신창 – 고기 처치

'짚신창'은 '고기'를 뜻함인데 짚신창이 닳아 떨어지는 것과 같다 는 것

(17) 고랑물치기 – 머리 자름

피가 흐른다는 데서 생긴 말.

(18) 고추씨 달다 – 소 꼬리 자르다

고추씨가 작다는 데서 꼬리는 소의 몸에 비하면 작다는 데서 생 긴 말.

(19) 새끼감다 – 창자를 처치하다

'새끼'는 '창자'를 뜻함.

(20) 산불놓다 – 붉은 보로 피 흘린 속 덮다

'산불'은 '붉은보'를 뜻함인데 귀신이 산불을 보면 도망친다는 데 서 생긴 말.

(21) 키까부리 – 정화수로 뿌리다

키로 까불다. 잡물을 날려 보낸다는 데서 잡귀를 쫓아 버린다 는 것.

(22) 고무래 튀다 – 백정이 나오다

(23) 천궁닫다 – 문을 닫다

'천궁'은 '도살장'을 뜻함.

5.6.3 忠南 公州 〈寺營〉

(1) 마패떴다 – 소 입장하다

'馬牌'는 '소'를 뜻함.

(2) 백기들다 - 백정 입장하다

'백기'는 '白旗'로서 '백정'을 뜻함.

(3) 바가지 들다 - 승려가 입장하다.

바가지는 승려를 뜻하는데 승려의 머리가 바가지 같다는 것.

(4) 흥정하다 - 승려가 목탁으로 소 궁둥이를 툭툭 치다

※ 소에게 안심을 시키느라고 목탁으로 친다고 함.

(5) 파리 - 염불

(6) 이슬받다 - (잠시) 백정이 퇴장하다

이슬은 깨끗하다는 데서 승려가 정화수를 먹이는 동안 백정은 이슬과 같이 사라질 소를 위해 부정 타지 않고 소의 혼이 上界에 무사히 가기를 빌어 깨끗한 마음을 가다듬으려고 나간다는 데서 생긴 말.

(7) 빵 내놓다 - 승려가 코뚜레를 풀러주다

코뚜레가 빵과 같이 둥글다는 데서 생긴 말.

(8) 세탁하다 - 소에게 정화수를 먹이다

(9) 청기들다 - 백정이 입장하다

(10) 적기달다 - 승려가 백정에게 칼을 주다

(11) 아웅궁 - 눈가림

(12) 냉이털 - 발묶음

발의 털이 냉이의 가는 뿌리와 같다는 데서 생긴 말.

(13) 갈지받다 - 屠牛집행

'갈之字' 걸음은 비틀거린다는 것.

(14) 베개 - 목자름

'베개'는 '목'을 뜻함.

(15) 푸대 - 가죽벗김

'푸대'는 '가죽'을 뜻함.

(16) 떡가래 - 다리 자름

'떡가래'는 '다리'를 뜻함. 떡가래는 잘라 먹는다는 데서 생긴 말.

(17) 엿부치기 - 고기처치

'엿'은 '고기'를 뜻함인데 맛있게 먹도록 한다는 것.

(18) 새끼타래 - 내장처치

'새끼타래'는 내장을 뜻함.

(19) 불타리 - 붉은 보 씌움

'火燒' 잡귀가 붉은 보에 火燒된다는 것.

(20) 백학날다 - 승려가 퇴장하다

'백학'은 승려를 뜻함.

(21) 쌔운탕 - 백정이 퇴장하다

끝나서 시원하게 되었다는 것.

5.6.4. 全北 南原 雲峯 〈寺營〉

(1) 꼬께끼다 - 백정 입장

'꼬께'는 '곡괭이'의 방언.

'곡괭이'는 '도끼'를 뜻함.

(2) 산신령감 - 소 입장

'산신령'은 山神靈, '감'은 가다(行)의 명사형

(3) 깍뚜기 - 승려 입장

'깍뚜기'는 승려를 뜻함. 깍두기 써는 소리가 목탁소리와 같다
는 것.

(4) 아웅이 - 눈가림

(5) 파리 – 염불

(6) 서까래 – 발묶음

　　'서까래'는 '발'을 뜻함.

(7) 해골탕 – 붉은 모를 씌움

　　붉은 보를 씌우는 것은 잡귀를 해골로 만들기 위한 것, 즉 잡귀를
　　없애버리기 위해 한다는 것.

(8) 넉가래 – 백정이 승려에게 칼을 줌

　　'넉가래'는 칼을 뜻함. '넉'은 '넷'으로 '四'인데 同音漢字인 '死'의
　　뜻을 지님.

(9) 지리가미 – 염불

　　'塵紙'의 일본훈독, 얇은 휴지와 같이 흐늘흐늘 염불한다는 것.

(10) 콩깍지 – 승려가 백정에게 주는 칼

　　'콩닦은이'가 '屠牛執行'인데 '콩'은 깍지 속에 들어 있다는 데서
　　'깍지'는 '칼'을 뜻함.

(11) 콩닦은이 – 屠牛執行

(12) 가마니 짜다 – 가죽 벗기다 (왼편부터)

　　'가마니'는 '가죽'을 뜻함.

(13) 통돌깨다 – 목자르다

　　'통돌'은 '목'을 뜻함인데 '통돌'은 '큰 돌'임.

(14) 연기쐬다 – 고기 처치하다

　　고기가 연기와 같이 사라지게 한다는 것.

(15) 깍뚜기 먹다 – 승려가 퇴장하다

(16) 꼬게굽다 – 백정이 퇴장하다

　　'꼬게'는 '곡괭이', '고쨍이'는 친다는 데서 치는 것을 구웠으니 끝
　　났다는 것.

5.6.5. 全南 昇州 雙巖 〈寺營〉

(1) 똥떼구르다 – 백정이 입장하다

　　'똥떼'는 '白丁'. '똥떼'는 '백정'을 뜻하는데 백정은 사회인이 똥덩
　　어리와 같이 천하게 여긴다는 것.

(2) 황태자 행차 – 소가 들어오다

　　'황태자'는 '소'를 뜻함.

(3) 조리꾼 – 승려가 입장하다

　　승려가 염불을 할 때 몸을 조리와 같이 흔들기 때문.

(4) 아웅 – 휘장 내림

(5) 먹칠하다 – 눈가리다

(6) 파리사냥 – 염불하다

(7) 경읽다 – 목탁으로 소의 궁둥이를 가벼이 때리다

(8) 칼쌈연습 – 붉은 보를 씌움

　　소를 잡기 전에 잡귀와 미리 칼싸움 연습을 한다는 것.

(9) 기둥통 – 다리 묶다

(10) 혼배기 – 승려가 소고삐를 잡는 것

　　'魂魄'을 상계로 보내기 위해 잡는다는 것.

(11) 구멍뚫다 – 屠殺執行하다

(12) 풋칼쌈 – 붉은 보 벗기다

　　잡귀와의 풋칼싸움이 끝났다는 것.

(13) 대패밥 – 목의 피를 내는 것

　　대패질을 하면 대패밥이 올라오듯 칼에 베어져 피가 난다는 것.

(14) 가마얼르다 – 가마 벗기다

(15) 곤장질 – 고기를 처리하는 것

棍杖질.

(16) 똥떼타다 – 백정이 퇴장하다

(17) 강아지 날다 – 승려가 퇴장하다

'강아지'와 같이 승려가 발발거리며 나간다는 것.

5.6.6. 慶北 靑松 波川 〈寺營〉

(1) 어사행차 – 소 입장

'御使'는 '소'를 뜻함.

(2) 머리풀다 – 정화수를 머리에 뿌리다

(3) 파리떴다 – 염불하다

(4) 부지깨군다 – 백정이 입장하다

'부지깨'는 '백정'을 일컫는 말인데 '부지깽이'와 같이 '백정'은 고
되다는 데서 생긴 말.

(5) 방아찧다 – 승려가 칼을 갈다

(6) 조공드린다 – 흰 보로 눈을 가리다

朝貢

(7) 기둥다듬다 – 발묶다

'기둥'은 '소발'을 뜻함.

(8) 목칼찬다 – 고삐풀다

고삐 푸는 것은 목에 칼찬 것과 같다는 것.

(9) 작두질 – 屠牛 執行

'작두질'은 '도끼질'을 뜻함.

(10) 푸대벌리다 – 가죽 벗기다

'푸대'는 '가죽'을 뜻함.

(11) 홍옥따다 - 머리 자르다

(12) 능금세다 - 고기를 처치하다

(13) 파리빠지다 - 승려가 퇴장하다

(14) 토막군다 - 백정이 퇴장하다

토막은 백정을 뜻하는데 백정은 고기를 토막 낸다는 데서 생긴 말.

5.6.7. 慶南 陜川 〈寺營〉

(1) 어사출도 - 소 입장

'御使'는 소를 뜻함.

(2) 구름꼈다 - 휘장을 내리다

'구름'은 '휘장'을 뜻한다. 휘장을 내리면 구름이 낀 것과 같이 흐리게 된다는 것.

(3) 눈쓸다 - 소를 비로 쓸어주다

(4) 골뚜기튄다 - 승려가 입장하다

'골뚜기'는 '승려'를 뜻함. 골뚜기의 머리와 승려의 머리가 반들반들하다는 데서.

(5) 소라군다 - 승려가 목탁을 칠 준비를 하다

'소라'는 '목탁'을 뜻함. '목탁치는 소리'를 '소라 구르는 소리'로 隱喩.

(6) 소라끈다 - 목탁과 염불을 하다

(7) 암내낸다 - 승려가 목탁으로 소궁둥이를 툭 치다

(8) 벼락감투 - 소의 눈을 가림

벼락(도끼)이 내릴 감투라는 것.

(9) 벼락망건끈 - 소의 앞다리 묶음

(10) 벼락날망건 – 소의 뒷다리 묶음

(11) 장도리턴다 – 칼을 백정이 승려에게 주다

(12) 대가리 턴다 – 백정한테서 받는 칼을 목탁에 툭 치다

(13) 마패수여 – 칼을 백정에게 주다

    '마패'는 여기서 '칼'을 뜻함. 즉 잡아도 좋다는 표지.

(14) 불거졌다 – 승려가 퇴장하다

(15) 난도질(亂刀) – 屠牛 執行

(16) 거적덮다 – 소 멱을 따다

(17) 불붙다 – 소피 받다

    '불'은 '소피'를 뜻함.

(18) 가마니 썬다 – 가죽 벗기다

(19) 새끼줄 매다 – 배창자 훑다

    '새끼줄'은 '창자'를 뜻함.

(20) 훗빨 – 뒷다리 베다

    '후'는 '後', '빨'은 발(足)의 硬音.

(21) 전빨 – 앞다리 베다

    앞발.

(22) 토막베개 – 목 자름

    '토막베개'는 목을 뜻함.

(23) 인단쟁이 – 소가죽에 소금 뿌림

    '인단'은 '소금'을 뜻함.

(24) 날라리 – 고기 처치

    날아가게 한다는 것.

(25) 불나갔다 – 휘장을 걷다

(26) 고무래토막 – 백정이 퇴장하다

5.6.8. 釜山 凡一洞 〈寺營〉

(1) 먼지두께 - 도살장 청소

　　먼지두께를 없앤다는 것.

(2) 재뿌리다 - 휘장 내리다(청소를 하고서)

　　'재'는 '검다'는 데서 어둡게 된다는 것.

(3) 도토리 구르다 - 승려가 입장하다

(4) 나리행차 - 소 입장

(5) 팽이 돌다 - 백정이 입장하다

　　'팽이'는 쳐야 돈다는 데서 '팽이', 즉 백정이 소를 치기 위해 입장

　　한다는 것.

(6) 삿대질하다 - 소에게 물을 먹이다

　　삿대질을 하면 배가 가는데 다음 행동으로 옮기기 위해 물을 먹이

　　는 것.

(7) 넉장군칼(넉군도) - 붉은 보를 소머리에 씌움

　　'넉'은 '넷', 즉 '四'. '四'는 同音 漢字인 '死'로 연상하여 잡귀를 죽

　　이는 보라는 것.

(8) 파리채 - 염불

(9) 해뜨다 - 휘장 올리다

　　환하게 된다는 데서 생긴 말.

(10) 타작하다 - 정화수를 소에 뿌리다

　　타작은 도리깨로 친다는 데서 정화수에 잡귀가 얻어맞는다는 것.

(11) 망아끈 - 승려는 염불을 하고 백정은 소고삐를 푸는 것

　　'망아지'는 고삐가 없다는 데서 생긴 말.

(12) 보리단 - 발묶음

보리단을 묶는다는 데서 생긴 말.

(13) 아웅깨 – 눈가림

(14) 보리타작 – 屠牛 執行

보리타작은 도리깨로 친다는 데서 도끼로 머리를 친다는 것.

(15) 가마치다 – 가죽 벗기다

(16) 널쪽깔다 – 고기를 처치하다

널쪽은 고기 베어낸 것을 뜻함.

(17) 달패이 좁다 – 승려가 퇴장하다

(18) 떡장군 죽다 – 붉은 보 벗기다

(19) 도토리 알 – 백정이 퇴장하다

5.6.9. 京畿 高陽 〈寺營〉

(1) 고무래 들다 – 백정이 입장하다

(2) 해캄쓰다 – 소의 눈을 가리다

(3) 탈새끼꼬다 – 앞발을 두 번 돌려 묶다

새끼는 두 겹으로 꼰다는 데서 생긴 말.

(4) 동이 꼬다 – 뒷발을 세 번 돌려 묶다

동이는 세 겹 이상 꼰다는 데서 생긴 말.

(5) 새파리 떨다 – 승려가 염불하다

(6) 망태흥정하다 – 승려가 목탁으로 소궁둥이를 가볍게 두 대 치다

(7) 곤두질하다 – 屠牛 執行하다

(8) 가마니 짜다 – 왼쪽 가죽부터 벗기다

(9) 가마니 털다 – 바른쪽 가죽 벗기다

(10) 곱새올리다 – 등가죽 벗기다

'곱새'는 '등가죽'을 뜻함.

(11) 빨줄묶다 - 목의 피를 내다

'빨줄'은 '가는 고무호스'를 일컫는 말인데 호스에 물이 나오듯 목에서 피가 나온다는 것.

(12) 투가레 팽가치다 - 코뚜레를 자르다

'투가레'는 '투가리'인데 '고삐'를 뜻함. '투가리'는 입이 원형이라는 데서 원형인 코뚜레를 뜻함.

(13) 말징벗다 - 발톱벗기다

'말징'은 '발톱'을 뜻함.

(14) 덧버선 깁다 - 다리를 자르다

'덧버선'은 '다리'를 뜻함.

(15) 파리채묶다 - 꼬리 자르다

'파리채'는 '꼬리'를 뜻함. 꼬리로 쇠파리를 쫓는다는 데서.

(16) 수통끊다 - 목을 자르다

'수통'은 '목'을 뜻함.

(17) 뒷다리 핥다 - 뒷다리의 왼쪽 각을 뜨다

(18) 옆다래 핥다 - 뒷다리 오른쪽 각을 뜨다

(19) 앞다리 핥다 - 앞다리 왼쪽 각을 뜨다

(20) 건늘다래 핥다 - 앞다리 오른쪽 각을 뜨다

(21) 실밥풀다 - 창자를 훑어내다

'실밥'은 '창자'를 뜻함.

(22) 실감다 - 내장을 꺼내다

(23) 장작패다 - 갈비를 자르다

'장작'은 '갈비'를 뜻함.

(24) 기둥쫍다 - 脊椎를 잘라내다

'기둥'은 척추(脊椎)를 뜻함.

(25) 지적말다 – 가죽을 벗겨 말다

　　'지적'은 '가죽'을 뜻함.

(26) 인단먹다 – 가죽에 소금을 뿌리다

　　'인단'은 '소금'을 뜻함.

(27) 넉가래 나누다 – 갈비를 四等分하다

　　'넉가래'의 '넉'은 '四'로 聯想되어 사등분을 의미.

(28) 신달래 뜨다 – 승려가 퇴장하다

(29) 찌푸리 털다 – 白丁이 술을 뿌리다

　　술을 뿌리면 잡귀가 찌푸리고 도망친다는 데서 생긴 말.

(30) 신발이 꺼지다 – 백정이 퇴장하다

(31) 앙코갔다 – 휘장 내리다

5.7. 私營 屠殺場

5.7.1. 忠南 靑陽郡 斜陽面 〈私營〉

(1) 물쌈 – 주발에 물을 떠옴

　　잡귀를 정화수로 싸움하여 물리친다는 것.

(2) 물 것 – 붉은 보 깔기

　　'물것'은 '붉은 보'를 뜻하는데 잡귀를 물어(咬) 버린다는 것.

(3) 머리 풀다 – 칼을 씻다

(4) 무당 꽃 – 칼을 붉은 보 위에 놓음

　　'무당꽃'은 '칼'을 뜻하는데 춤추는 무당의 꽃은 칼이라는 것.

(5) 마패 울다 – 소가 입장하다

(6) 아옹궁 – 눈가림

(7) 기둥세우다 – 발 묶다

(8) 굿떡 – 붉은 보 씌우다

'굿떡'은 '붉은 보'를 뜻하는데 붉은 보 씌우는 것은 굿할 때 떡과 같다는 것.

(9) 빨래 헹구다 – 소에게 정화수 붓다

(10) 구설 – 칼을 쥠

무당이 칼 쥐고 흔드는 것을 '구설질'이라고 하는 데서 온 말.

(11) 툇돌 – 소고삐를 뿔 뒤로 젖힘

툇돌은 딛고 들어간다는 데서 屠牛 집행 전에 딛는 것이라는 것.

(12) 미륵상 – 屠牛 執行

도끼로 머리를 치면 소의 상이 미륵상과 같이 된다는 것.

(13) 떡그림 – 고기 처치

백정에게 있어서 고기는 그림의 떡이라는 것.

(14) 조루 – 정화수를 뿌림

'조루'는 '조리(笊籬)'의 방언. 조리 밑으로 물이 주루룩 흐르듯 물을 뿌린다는 것.

(15) 어물쩍 – 백정 퇴장

어물쩍 끝내 버렸다는 것.

5.7.2. 全北 南原 山東 〈私營〉

(1) 산영감 – 소 入場

山令監.

(2) 날감투 – 백정 입장

'날감투'는 '백정'을 뜻함. 즉 도살할 때에만 패랭이를 쓴다는 데서 생긴 말.

(3) 쪽바가지 – 휘장 내림

'쪽바가지'는 '휘장'을 뜻하는데 휘장이 쪽바가지와 같이 걸려 있다는 것.

(4) 귀신감투 – 눈가림

(5) 꽃씨 뿌리다 – 물 뿌리다

'꽃씨'는 '물'을 뜻하는데 '물방울'이 '꽃씨'라는 것.

(6) 기둥다듬다 – 발 묶다

(7) 게딱지 – 屠牛 執行

게는 딱지를 뜯어야 먹는다는 데서 뜯는다는 것.

(8) 해골탕 – 쓰러진 소에게 붉은 보를 씌움

(9) 널짜다 – 붉은 보 벗기다

(10) 돌 맞추다 – 목 자르다

(11) 푸대 벌리다 – 가죽 벗기다

(12) 연기씌우다 – 고기를 처치하다

'연기'는 '고기'를 뜻하는데 '고기'가 연기와 같이 없어질 것이라는 것.

(13) 깃발날리다 – 물에 칼을 씻다

'깃발날리다'는 '승리했다', 즉 다 끝났다는 것.

(14) 꺼졌다 – 다 끝났다

5.7.3. 全南 昇州 外西 〈自警〉

(1) 황방울 – 소 入場

'황방울'은 '소'를 뜻하는데 방울소리가 난다는 데서.

(2) 아옹가리 – 눈가림

(3) 적선하다 – 정화수 뿌리다

積善하다.

(4) 통까래 – 발묶음
(5) 넉까래 – 屠牛 執行
(6) 토막쌈 – 목 자름
　　'토막'은 '목'을 뜻함.
(7) 담장두르다 – 가죽 벗기다
　　'담장'은 '가죽'을 뜻함.
(8) 형태질 – 고기 처리.
　　'형태'는 '笞刑'의 逆語. 고기를 칼로 태형하듯 다룬다는 것.
(9) 해골바가지 – 붉은 보로 덮다
　　붉은 보는 잡귀를 해골바가지로 만든다는 데서 생긴 말.
(10) 갈마매다 – 가죽을 처치하다
(11) 반디불날다 – 백정이 퇴장하다
　　'백정'은 도끼로 소를 까서 소의 눈에 불을 반짝 일으킨다는 데서
　　'반딧불'.
(12) 달걀찌다 – 휘장 내리다
　　달걀을 찌면 먹듯 다 먹게 됐다는 것.

5.7.4. 慶北 靑松 富南 〈私營〉

(1) 옥가마 군다 – 소 入場
　　'옥가마'는 소를 뜻하는데 玉轎 들어온다는 것.
(2) 반쪽들다 – 백정이 바가지에 물 떠오다
　　'반쪽'은 '바가지'를 뜻하는데 박을 쪼갠 반이라는 데서 생긴 말.
(3) 목칼차다 – 도끼 쥐다
(4) 아웅쟁이 – 눈가리다
(5) 대들보 – 발 묶다

'대들보'는 소의 발을 뜻함.

(6) 장판질 – 고삐 틀다

장판방(壯版房)은 판판하다는 데서 고삐를 트는 것은 소를 납작하게 하기 위한 것이라는 것.

(7) 대패다리 – 屠牛 執行

'대패'는 '밀다'에서 소를 밀어버린다는 것.

(8) 설거지 – 붉은 보를 씌우다 (약 5분간)

도살장의 설거지란 뜻으로 잡귀가 붙지 못하게 붉은 보로 깨끗이 한다는 것.

(9) 소금찌다 – 목의 피를 내다

소금은 피를 뜻하는데 피가 짭짤한 맛이 있다는 데서 생긴 말.

(10) 말뚝질 – 가죽 벗기다

말뚝질은 친다는 데서 칼로 가죽을 치며 벗긴다는 데서 생긴 말.

(11) 곱새걷다 – 고기 처치하다

(12) 동냥바지 – 물 뿌림

죽은 소의 영혼에게 물을 동냥으로 더 준다는 것.

(13) 종이고무래 – 백정 퇴장

'白丁'의 '白'과 종이가 하얀(흰) 색이라는 공통점에서 생긴 말.

5.7.5. 濟州 楸子 〈私營〉

(1) 마패떴다 – 소 入場

馬牌, 즉 어사가 떴다(왔다)는 것.

(2) 벼락난다 – 휘장내리다

휘장을 내리면 도끼벼락이 날 것이라는 것.

(3) 되살이 - 맑은 물을 먹이다

再生.

(4) 씁쓸이 - 비로 소등을 쓸어 줌

쓸고 쓴다는 것.

(5) 꾀쟁이 - 눈을 수건으로 가림

소눈을 수건으로 가려 꼼짝 못하게 한다는 것은 백정이 꾀를 쓰는 것이라는 것.

(6) 깡충이 - 네 발을 묶다

'네 발'은 묶어 놓으면 깡충 뛰기나 해야 갈 수 있다는 것.

(7) 번떡이 - 屠牛 執行

소 눈에 불을 번쩍 일으킨다는 데서 생긴 말.

(8) 싸개 - 붉은 보로 소를 덮음 (약 5분간)

(9) 날리다 - 휘장을 걷고 눈 가린 것을 풀다

휘장과 눈 가린 것을 날렸다는 것.

(10) 주게 - 목의 피를 내는 것

'주게'는 '주걱'의 방언. 피를 주걱으로 퍼낼 만큼 나온다는 것.

(11) 가맹이 털다 - 소가죽 벗기다

'가맹이'는 '가마니'.

(12) 득새끼 까다 - 목을 자르다

(13) 날사나끼 - 고기 처치

(14) 기름마 - 뼈 처치

(15) 장원 떴다 - 백정이 퇴장하다

5.7.6. 京畿 水原 〈私營〉

(1) 마패돈다 – 소가 들다

'마패'는 '어사'가 사용한다는 데서 '마패 돈다'는 '御使出道'와 같
은 뜻.

(2) 어사 쫄개 – 백정 입장

'어사', 즉 '소'의 부하는 '백정'이라는 것.

(3) 쏘깨비 – 정화수 뿌림

잡귀를 물로 쏜다(射)는 것.

(4) 아옹 – 소 눈을 가리다

(5) 기둥담다 – 발 묶다

(6) 세수시키다 – 집행하다

(7) 가마짜다 – 가죽 벗기다

(8) 떡 썰다 – 고기 처치하다

'떡'은 고기를 뜻함.

(9) 청산가리 – 붉은 보를 씌우다

잡귀에겐 붉은 보가 청산가리와 같이 독약이라는 것.

(10) 쏘신물 – 물 뿌림

'쏘신물'은 '射 水', 즉 잡귀를 쏠 물이라는 것.

(11) 말대갈 굴다 – 백정이 퇴장

'말대갈'은 '백정'을 뜻하는데 말대가리엔 뿔이 없듯 백정 머리는
뻔들뻔들 하다는 것.

5.7.7. 其他 地域

(1) 송곳자루 – 뿔 〈京畿 水原〉

'송곳'은 '뿔'을 뜻하고 뿔을 자루로 이용한다는 데서 생긴 말.

(2) 사발통(※ 토막장군) － 머리 〈京畿 水原〉

(3) 리야까(※ 보리자루) － 머리 〈京畿 廣州〉

   리야까(손수레) 바퀴가 둥글다는 데서 생긴 말.

(4) 사기다마(※ 마늘미똥) － 눈 〈京畿 水原〉

(5) 애꾸 － 눈 〈京畿 廣州〉

(6) 젱기다마 － 눈 〈서울 下往十里〉

   電氣.

(7) 버선코 － 귀 〈京畿 水原〉

(8) 말뚝귀신 － 귀 〈서울 下往十里〉

(9) 키 － 귀 〈京畿 高陽〉

   키는 선박의 방향을 정하는 기구.

(10) 외나팔통 － 귓구멍 〈서울 下往十里〉

(11) 장솔 － 코 〈京畿 水原〉

   '장솔'은 '큰 소나무'. '소나무의 잎새'는 콧털을 뜻함.

(12) 나팔통(※ 통수) － 코 〈서울 下往十里〉

(13) 굴뚝(※ 통담배) － 코 〈京畿 廣州〉

   담배를 피울 때 연기가 코로 나간다는 데서 생긴 말.

(14) 삼태기 － 입 〈京畿 水原〉

   삼태기와 입은 담는다(먹는다)는 것 공통점이 있어서 생긴 말.

(15) 절구깨(※ 절구통) － 입 〈서울 下往十里〉

(16) 연자 － 이(齒) 〈京畿 水原〉

(17) 신대감 － 혀 〈京畿 水原〉

   항담(巷談)에 '신대감'이라는 사람이 무척 인색하여 빚을 받으러
   오면 도망쳐 버렸다는 점이 먹을 것이 있을 때만 나오고 그렇지

않으면 들어가는 혀와 비슷하여 들락날락 한다는 데서 소의 혀를
일컬음.

(18) 절구깨 – 목 〈京畿 水原〉

(19) 껄(※ 통나무) – 목 〈京畿 廣州〉
목으로 껄떡 넘어간다는 데서 생긴 말.

(20) 고래심줄 – 식도(食道) 〈京畿 廣州〉
고래심줄이 굵다는 데서 생긴 말.

(21) 노 – 배(腹) 〈京畿 廣州〉

(22) 딸꾹젖통 – 유방 〈京畿 廣州〉
송아지가 젖을 딸국딸국 마신다는 데서 생긴 말.

(23) 떡판 – 궁둥이 〈京畿 高陽〉

(24) 절구통 – 궁둥이 〈京畿 水原〉

(25) 천둥마개 – 항문(肛門) 〈京畿 高陽〉
'천둥'은 '천동(天動)', 즉 분(糞).

(26) 불돌 – 항문(肛門) 〈京畿 水原〉
불돌과 같이 언제나 달아 있다는 것(빛이 붉다).

(27) 파리채 – 소꼬리 〈서울 下往十里, 京畿 水原〉

(28) 뚜쟁이 – 雌陰 〈京畿 水原〉

(29) 뜨덕국 – 雌陰 〈서울 下往十里〉

(30) 뜸쟁이 – 雄陰 〈京畿 水原〉

(31) 밀국수 – 雄陰 〈서울 下往十里〉

(32) 보가지배꼽 – 雄陰 〈京畿도 廣州〉

(33) 애숭풀 – 牛毛 〈서울 下往十里〉

(34) 섬바리 – 털 〈京畿 水原〉
수염〉섬. '바리'는 '簾'.

(35) 땅땅쟁이 – 발굽 〈京畿 水原〉

　　의성어(擬聲語).

(36) 올챙이 대가리 – 발굽 〈서울 下往十里〉

(37) 톱니바퀴(※ 육바리) – 발굽 〈京畿 高陽〉

(38) 개대가리문 – 발굽과 발굽 사이 〈京畿 廣州〉

　　개집의 문과 같이 좁다는 것.

(39) 작업종 – 준비(準備) 〈京畿 廣州〉

(40) 장막성 – 도살장 입구에 달린 휘장 〈京畿 廣州〉

(41) 작대기 쌈 – 받으려고 덤비는 소 〈京畿 廣州〉

　　작대기 쌈(싸움)이 벌어지면 이리 저리 피한다는 데서 소가 받으
　　려고 덤비니까 이리 저리 피한다는 것.

(42) 발치기 – 헛발질 하는 소 〈京畿 水原〉

(43) 쑥뻐리 – 겁이 나서 눈만 껌벅거리는 소 〈京畿 廣州〉

　　쑥과 같이 쓴 모양을 하고 있다는 것.

(44) 울림보 – 도살장 안에 들어와 우는 소 〈京畿 廣州〉

　　함포연습(※ 외동손자) – 소를 안심시키기 위해 뒷등을 손으로 쓰
　　다듬어 주는 것. 〈京畿 廣州〉

　　함포연습의 함포(艦砲)는 도살(屠殺) 집행임.

(45) 곱쓸머리(마당비) – 소의 털을 쓰다듬어 주는 것 〈京畿 高陽〉

(46) 진마리 – 비로 등을 쓸어 안심시키는 것 〈京畿 廣州〉

(47) 툇돌찜 – 소의 눈과 입을 가리는 것 〈京畿 水原〉

　　방이나 마루로 오를 때에는 툇돌부터 딛는다는 데서 屠殺 집행의
　　시작이라는 것.

(48) 나까우리 – 소의 눈에 가리는 보 〈京畿 廣州〉

　　'中折帽子'의 '中折'의 日本語訓音이 변한 말.

(49) 베뚜기 – 염불할 때 펄쩍 뛰는 소 〈京畿 廣州〉

메뚜기 같이 뛴다는 것.

(50) 메뚜기다리 – 염불할 때 펄쩍 뛰기 때문에 소의 발을 꼭 매는
것 〈京畿 廣州〉

(51) 바퀴소리 – 승려가 염불하기 싫어서 몇 마디만 하고 끝내는 것
〈京畿 廣州〉

(52) 마차지붕 – 중이 염불하기 싫으니까 목탁만 들었다가 놓고 끝내
는 것 〈京畿 廣州〉

(53) 구르마 심뽀 – 염불하기 싫으니까 고개만 몇 번 흔들고 마는 승려
〈京畿 廣州〉

'구르마'는 '수레'. '수레'와 같은 마음씨, 즉 슬쩍 구르고(고개 흔드
는 듯) 끝낸다는 것.

(54) 곰방대털다 – 염불하기 싫으니까 승려가 머리만 손으로 톡톡 치
고 끝내는 것 〈京畿 廣州〉

(55) 들메 – 염불 후에 먹이는 여물 〈京畿 廣州〉

'메'는 '도끼'를 뜻함. 마지막 여물을 주니 도끼를 들게 되었다
는 것.

(56) 송대갈 – 도끼로 머리를 깔 위치를 톡 때려 한번 겨누어 보는
것 〈京畿 廣州〉

送대갈. 머리를 보낸다는 것.

(57) 통대갈 – 급소를 단번에 깐 것 〈京畿 廣州〉

(58) 함포공격(※ 맷돌질) – 연거푸 도끼질 하는 것 〈京畿 廣州〉

(59) 송대감 – 한번 맞았는데도 꿈쩍하지 않는 소 〈京畿 廣州〉

항담(巷談)에 '宋大監'이 무척 힘이 세었다는 데서 생긴 말.

(60) 약멕이다(※ 쑥그릇) – 단번에 죽지 않기 때문에 또 한번 도끼질

하다 〈京畿 水原〉

(61) 함포명령(※ 꿍바리) - 소의 비명 〈京畿 廣州〉
또 한번 공격하라는 것.

(62) 녹두튀김 - 소의 悲鳴 〈京畿 高陽〉
녹두가 깍지에서 튀는 것 같다는 것.

(63) 회충똥(※ 인삼녹용) - 비명을 지르며 싸는 똥 〈京畿 廣州〉
회충이 나오듯 꿈틀꿈틀 한다는 것.

(64) 묵그릇(비누방울) - 입에서 뿜는 거품 〈京畿 水原〉

(65) 벼나까리 - 엎드려 죽은 소 〈京畿 廣州〉
볏단이 눌린다는 데서 그냥 눌리고 말았다는 것.

(66) 짠지머리 - 단번에 쓰러지는 소 〈京畿 廣州〉
짠지머리(배추밑) 나가듯 한다는 것.

(67) 재내비털 - 맥없이 죽은 소 〈京畿 廣州〉
'잰내비털'이 맥이 없다는 데서 생긴 말. '잰내비털'의 '잰'의 'ㄴ'
이 탈락됨.

(68) 짚나까리 - 발을 쭉 뻗고 죽은 소 〈京畿 廣州〉

(69) 쿠서리 - 목을 쭉 뻗고 죽은 소 〈京畿 廣州〉

(70) 간쪼리다 - 피 쏟고 죽다 〈京畿 廣州〉

(71) 김칫독 - 거품을 입에 물고 죽은 소 〈京畿 廣州〉
김칫독에 고라지 낀 것이 희다는 데서 생긴 말.

(72) 송아가루떡(※ 굼벵이떡) - 죽으며 싼 똥 〈京畿 水原〉

(73) 쫑다리 - 머리를 밑으로 박고 죽은 소 〈京畿 廣州〉
마늘쫑 등이 머리를 숙인다는 데서 생긴 말.

(74) 밭갈이(염불판지) - 발을 꿇고 엎드려 죽은 소 〈京畿 水原〉

(75) 백설탕(떡장구) - 죽었다는 신호 〈京畿 廣州〉

백설탕은 달다(甘)에서 맛있게 먹었다(屠殺)는 것.

(76) 장구찜질 – 죽었다는 신호 〈京畿 高陽〉

(77) 절구찰떡(※ 떡귀신) – 소가 쓰러진 후 귀신이 물러가라고 다시 한
번 앞머리에 도끼질 하는 것〈京畿 高陽〉
찰떡이 절구공이에 달라붙지 못하도록 하듯이 한다는 것.

(78) 꼬리지게 – 소의 멱을 따는 것 〈京畿 廣州〉

(79) 돌가마 – 목을 눌러 피를 내게 하는 것 〈京畿 廣州〉
돌가마로 누른다는 것.

(80) 삶은 묵 – 도끼에 맞아 나는 피 〈京畿 水原〉
피가 굳으면 묵같이 된다는 데서 생긴 말.

(81) 구로메단지 – 피 담은 그릇 〈京畿 水原〉
'구로메'는 '그림'.

(82) 흑싸리 들다 – 피를 한 곳에 모으다 〈京畿 富平〉
피가 식으면 검어진다는 데서 생긴 말.

(83) 딱지 – 피 〈京畿 高陽〉

(84) 토새물 – 피 〈京畿 廣州〉
뾰로새물이 피같이 붉다는 데서 생긴 말.

(85) 구력 – 가죽 〈京畿 水原〉

(86) 되배 – 소 가죽을 벗기어 까는 것 〈京畿 水原〉
가죽을 벗겨 되배한다는 것.

(87) 염라신(閻羅神) – 가죽 〈京畿 高陽〉

(88) 걸레질 – 각 떠 내다 〈京畿 水原〉

(89) 상자 짜다 – 각 떠 내다 〈京畿 富平〉

(90) 찔거기 – 고기 〈京畿 高陽〉

(91) 호박나물 – 넙적살 〈京畿 水原〉

(92) 송충이뼈 – 궁둥이살 〈京畿 高陽〉

살이 많고 뼈는 송충이처럼 뼈가 없는 듯하다는 것.

(93) 소라꽁지 – 궁둥이살 〈京畿 水原〉

(94) 대문갈비씨 – 갈비뼈 사이에 붙은 고기 〈京畿 廣州〉

(95) 꼬부랑할비 – 등가죽에 붙은 살 〈京畿 廣州〉

등가죽에 붙은 살은 長生不老의 약이 된다는 데서 그 살을 먹으
면 꼬부랑할비가 되도록 산다는 것.

(96) 걸레조박(개구리짭) – 벽에 걸어 놓은 고기 〈京畿 水原〉

(97) 덤비빔 – 창자에 붙은 기름 〈京畿 廣州〉

食肉店에서 덤으로 잘 준다는 데서 생긴 말.

(98) 도로빠이 – 뼈를 비틀어 끊는 것 〈京畿 廣州〉

(99) 도로빠꾸(※ 신접이) – 뼈를 꺾는 것 〈京畿 廣州〉

(100) 대들보 – 등뼈 〈京畿 水原〉

(101) 숫대집 – 갈비뼈 〈京畿 水原〉

(102) 앞장(※ 슬쟁이) – 앞다리 〈京畿 廣州〉

(103) 뒷창(※ 싱갱이) – 뒷다리 〈京畿 廣州〉

(104) 복숭아대가리(※ 달구지바퀴) – 발목 〈京畿 廣州〉

복숭아뼈와 관련.

(105) 거미줄 – 심줄 〈京畿 水原〉

(106) 깜부기 뽑다 – 심줄을 뽑아버리다 〈京畿 富平〉

깜부기 뽑아 버리듯 한다는 것.

(107) 감자꽃(※ 오이쫑) – 관절에 붙은 심줄 〈京畿 廣州〉

(108) 서낭당(※ 여물통) – 위 〈京畿 水原〉

(109) 쓴간 – 쓸개 〈京畿 高陽〉

(110) 기차깐 – 창자 〈京畿 廣州〉

기차와 같이 길고 꾸불꾸불하다는 것.

(111) 애뾰 — 창자 〈京畿 高陽〉

(112) 고무통 — 오줌보 〈京畿 高陽〉

(113) 바랑 — 태리(胎裏) 〈京畿 廣州〉

(114) 풍뎅이춤(※ 무당칼) — 움직이는 살덩어리 〈京畿 水原〉

　　풍뎅이와 같이 움직인다는 것. 움직이는 살덩어리가 있을 때에
　　는 부정이 탄 것이라고 하여 그 살점을 도려서 버리고 술과 정화
　　수 등을 뿌린다.

(115) 어리열간 — 움직이는 살덩어리 〈京畿 高陽〉

　　'열'은 '쓸개'. 쓸개와 같이 어렸다는 것.

(116) 솥뚜껑 — 움직이는 살덩어리 〈京畿 富平〉

　　밥이 끓을 때 솥뚜껑이 움직이는 것과 비슷하다는 데서 생긴 말.

(117) 불꼬챙이 — 코뚜레 〈서울 下往十里〉

　　소가 코뚜레만 잡으면 꼼짝 못한다는 데서 소에겐 불꼬챙이가
　　된다는 것.

(118) 섬발(※ 꿩감투) — 코뚜레 〈京畿 高陽〉

　　'섬발'은 '삼발이'가 변한 말. 삼발이 위는 코뚜레와 같이 둥글다
　　는 것.

(119) 안경테(※ 빼미) — 코뚜레 〈京畿 水原〉

　　'빼미'는 '코빼미'의 上略語.

(120) 솔방울 — 소방울 〈京畿 水原〉

(121) 목탁방맹이 — 소 방울 〈서울 下往十里〉

(122) 춤파리(※ 광대파리) — 쇠파리 〈京畿 高陽〉

(123) 송진(※ 올개미) — 고삐줄 〈京畿 水原〉

　　송진에 붙듯 소는 고삐줄에 붙어 있다는 것.

(124) 인단(※ 회가루) - 소금 〈京畿 廣州〉

　　가죽에 뿌리는 소금.

(125) 자라뚜껑 - 고기 담는 그릇 〈京畿 水原〉

(126) 대감꼭감 - 시장으로 갈 소고기 〈京畿 水原〉

　　大監들이 꼭감(곶감)을 빼 먹듯 먹을 것이라는 것.

(127) 염라젬시 - 肉庫店에 가져갈 소고기 〈京畿 水原〉

5.7.8. 은어 발생 기원의 사상적 근원

〈寺營〉

	지명	승려가 염불하다	술 및 물 뿌리다	붉은 보를 덮다	屠殺 執行하다
1	江原 三陟	파리 앉다	양잿물(물)	질겁뽕 , 꿩 탕	앗질 꽝
2	忠北 鎭川	똑땍이(대추알)	키까부리(물)	산불 놓다	도깨비신호
3	忠南 公州 甲寺	파리	세탁(물먹임)	불타리	갈지 받다
4	全北 南原 雲峯	파리		해골탕	콩닦은이
5	全南 昇州 雙巖	파리 사냥		칼쌈연습	구멍뚫다
6	慶北 靑松 波川	파리 떴다	머리 풀다(물)		작두질
7	慶南 陜川	소라 끈다			난도질
8	釜山 凡一洞	파리채	타작하다(물)	넉장군칼 (넉군도)	보리타작
9	京畿 高陽	새파리 떨다	찌푸리 떨다(술)		곤두질하다

〈私營〉

	지명	승려가 염불하다	술 및 물을 뿌리다	붉은 보로 덮다	도살 집행하다
1	忠南 靑陽 斜陽		빨래 헹구다(물) 조루	굿떡	미륵상
2	全北 南原 山東		꽃씨 뿌리다(물)	해골탕	게딱지
3	全南 升州 外西		적선하다(물)	해골바가지	넉까래
4	慶北 靑松 富南		동냥바지(물)	설거지	대패다리
5	濟州 楸子		되살이(물먹임)	싸개	번떡이
6	京畿 水原		쏘개비 쏘신물(물)	청산가리	세수시키다

上記 9箇處의 寺營과 6箇處의 私營의 屠殺場의 屠牛 執行 過程을 大略 特殊語를 通하여 살펴보았다.

寺營인 9개처는 모두 승려가 屠牛할 때 염불과 도살에 참가하고 있지만 私營인 도살장에서는 승려의 절차가 생략되고 있다.

상기 표에서 보건대 屠牛할 때에 잡귀를 쫓기 위해 소에게 井華水를 뿌리거나 붉은 보로 덮는 것은 寺營이나 私營 관계없이 전국적으로 공통됨을 볼 수 있는 것은 주목할 일이라 하겠다.

井華水를 뿌리거나 붉은 보를 덮는 것은 佛敎的 영향에서 이루어진 것으로는 볼 수 없고 한국의 土俗的 샤마니즘이 白丁 特殊의 聖職觀으로 인해 발달된 遺習이라 하겠다. 私營의 屠牛 白丁일수록 屠牛의 절차가 巫覡的이라 하겠으며 忠南 靑陽 斜陽의 隱語에 굿떡, 구설, 무당꽃 등 巫俗的인 述語가 隱語에 借用되는 사실들을 보아 더욱 그러하다.

白丁들의 설명에 의하면 雜鬼가 붉은 보를 보면 어찌나 무서워하는지 三代 前에 죽은 귀신의 뼈가 무덤에서 벌떡 일어나리만큼 무서워한다는 것이다. 일반 민간에서 인줄에 고추를 띠는 것은 남아의 표지라고 설명되지만 그들은 고추는 맵고 붉으니까 잡귀가 매워서 재채기를 하며 무서워 도망친다고 믿고 있는 것이다.

그리고 井華水를 뿌림으로써 不淨을 방지하고 雜鬼의 침입을 제거한다고 믿는 사실들도 巫覡的인 데서 생성된 것이라 하겠다. 屠牛의 절차에서 寺營과 私營의 차이점은 寺營엔 승려가 염불을 하고 약간의 절차가 있을 뿐 그 외 절차는 私營과 寺營 공통적이라 하겠다. 그리고 隱語가 같은 의도와 목적성을 가지고 사용되는 것도 공통된다.

그러면 여기서 중요한 문제가 하나 제기되는데 불교적인 절차와 백정 특수의 무격적인 절차와 그 어떤 것이 더 先次的이겠느냐 하는 문제라 하겠다.

불교적인 절차가 先次的이어서 私營의 백정들이 屠牛 절차를 모방했느냐 그렇지 않으면 백정 특유의 샤머니즘적인 절차가 先次的이어서 후대에 불교적인 절차가 첨가되었느냐 하는 문제가 상기 寺營이나 私營이나 공통되는 절차상의 사실들을 종합해서 보건대 샤머니즘적인 절차가 기본이 되어 후에 寺刹과 관련됨으로써 불교적인 절차가 첨가 되었으리라 여겨진다.

그것은 寺營의 백정들은 물론 私營인 屠牛白丁도 불교신자인고로 禁事로서 굿이나 고사떡 그리고 고래로 내려오는 토속적인 절차에 의한 조상에 대한 제사가 금지되고 불교적인 절차만을 주장하는 그들에게도 무속적인 정화수를 뿌리고 붉은 보를 씌우고 각을 떠 놓은 살덩어리가 움직이면 不淨이 탔다고 불안을 느끼는 것들로 보아 샤머니즘적인 절차가 선행적이었다는 것을 확증한다 하겠다.

절차의 형식에서 나아가 내용적인 사상도 샤머니즘적인 것이 先次的이라는 결론을 얻을 수 있겠다.

井華水를 뿌리거나 붉은 보 등을 씌우는 절차는 조선 시대에 같은 賤民이었던 무당에서 영향을 입었으리라고 생각된다. 그것은 무당에게 붉은 색이란 잡귀를 쫓고 정화수 등도 같은 의도에서 사용됨을 보아 더욱 그러하다. (※ 九. 巫堂의 隱語로 본 白丁의 '色彩觀' 참조)

이는 곧 백정들이 사용하는 은어의 발생 기원의 근원적인 사상이 불교적인 것이냐 샤머니즘적인 것이냐 하는 문제도 결정하여 주리라 믿는다.

제7장

산댓군(廣大)의 隱語로 본 백정

〈蒐集地 및 對象者〉

京畿道 楊州郡 和道面 月山里 231
金德萬 4221年 6月 14日生 (71세)

江原道 楊口郡 東面 芝石里 3區
楊國植 4217年 7月 2日生 (75세)

江原道 楊口郡 南面 道村里
趙 杰 4220年 6月 12日生 (72세)

1. 隱語 關係

1.1. 隱語의 呼稱

(1) 쪽제비 털말 – 탈춤 추는 광대가 쓰는 隱語 〈京畿道 楊州〉
(2) 오무쟈놀이 – 人形劇 광대가 사용하는 隱語 〈京畿道 楊州〉

(3) 삿대놀이 – 다리굿 광대가 쓰는 은어 〈京畿道 楊州〉
(4) 배꼽놀이 – 假面劇 광대가 사용하는 隱語 〈京畿道 楊州〉

1.2. 은어를 사용하는 이유 및 機能

(1) 황금줄기 – 世襲的인 聖職 保全 〈江原道 楊口〉
※ 天王은 은어를 써야 좋게 본다고 함.
(2) 초달걀 – 聖職 保全 〈京畿道 楊州〉
※ 달걀껍데기가 초에 말랑말랑 해지듯 은어를 사용하면 부정이나 잡귀가 맥을 추지 못한다는 것.
(3) 옷우르기(옷오르기) – 잡귀의 방해를 제거 〈京畿道 楊州〉
※ 隱語를 사용하면 雜鬼는 옻이 오를 것 같아 질겁을 해서 도망친 다는 것. 잡귀는 은어를 모른다 함.
(4) 떡바이 – 機密 維持 〈京畿道 楊州〉
'떡바이'는 '바우'(바위). 바위와 같이 굳게 비밀을 지킨다는 것.
※ 俗世人이 산댓놀이나 산댓군의 비밀을 알면 부정이 들기 때문 이라 함.

1.3. 使用時

(1) 산댓놀이, 탈춤, 인형극, 가면극 등을 할 때
(2) 祭祀 지낼 때
(3) 俗世人이 와서 秘密을 要할 때
(4) 일반 생활

2. 산댓군(廣大) 職業觀

(1) 족보 줄기 – 대를 이어받은 산댓군 〈京畿道 楊州〉

(2) 족보상 – 천상에서의 賞 〈京畿道 楊州〉

죽어 天上에 가면 厚한 賞이 있다고 하는데 대를 이어 물릴수록
天上에서의 賞은 크다 함.

(3) 기끔이똥 – 다른 직업을 가지려고 아내와 이혼한 자 〈京畿道 楊
州〉

'기끔이'는 '찌꺼기' 또는 '쓰레기', 즉 더럽다는 것. ※ 마을에서 추
방당함.

(4) 기름똥 – 다른 직업을 가진 아들 〈京畿道 楊州〉

옷을 벗겨 기름방울과 같이 만들어 내어 쫓는다는 데서 생긴 말.

(5) 탈바가지 기름 – 다른 직업을 가지려는 마음을 품는 자 〈京畿道
楊州〉

다른 직업을 가지려고 마음에 품어도 날벼락을 맞아 머리가 탈바
가지 같이 되어 기름이 날만큼 무서운 일이라는 것.

(6) 물레곳 – 다른 직업을 가지려고 다른 사회인과 혼인한 산댓군 아
들 〈京畿道 楊州〉

다른 사회인과 혼인하면 물귀신과 산신령에게 납치당하여 물레곳
과 같이 돌림을 한다는 데서 생긴 말.

(7) 쪽박 – 轉職 〈京畿道 楊州〉

※ 전직하면 3개월 후에 3대가 멸하여 쪽박만 뎅그렁 남게 된다는
데서 생긴 말. 이렇듯 산댓놀이의 직업을 神聖視하는 그들은 다른
사회인의 직업, 특히 演劇 관계를 賤視하고 있다.

① 삑삑이 – 현대극 〈京畿道 楊州〉
② 쩨리리쩨리리 – 영화 〈京畿道 楊州〉
③ 잰내비부대 – 써커스 〈京畿道 楊州〉
④ 요꼴이 – TV 〈京畿道 楊州〉
⑤ 잇삼보시 – 라디오 〈京畿道 楊州〉
⑥ 잇솜보시 – 축음기 〈京畿道 楊州〉
⑦ 갈보쌈지 – 俳優 〈京畿道 楊州〉

3. 교육관

산댓군도 자녀들의 교육에 있어서 백정과 같이 새교육을 거부하고 산 댓군, 백정, 무당, 기생의 자녀들끼리의 서당교육을 시키고 있다.

(1) 잡탕 – 다른 사회인의 자녀와 함께 공부하는 것 〈江原 楊口〉
(2) 비누칠한다 – 자녀가 다른 사회 학교에 가면 山台劇하다가 아비의 목이 부러진다 〈京畿 楊州〉
    ㉠ 비누칠 하면 희다는 데서 '죽음'을 뜻함.
    ㉡ 비누칠 하면 거품이 일어나는 것처럼 거품을 물고 죽다.
(3) 양재물국 – 다른 사회 교육 〈京畿 楊州〉
    자녀가 다른 사회 교육을 받으면 자손이 끊어진다는 데서 양재물 과 같이 학교 교육은 금물이고 독하다는 것.
(4) 서당개 – 서당교육 〈江原 楊口〉
(5) 윈장틀이 – 서당 선생 〈京畿 楊州〉
    서당 훈장은 윈장을 틀고 가르친다는 데서 생긴 말.

(6) 노다지 – 학교 〈江原 楊口〉

노다지(金錢)가 들어야 공부할 수 있다는 데서 생긴 말.

(7) 회추리 – 학교 교사 〈江原 楊口〉

학교 교사는 회초리로 학생들을 때리기만 한다는 것.

4. 혼인 관계

(1) 청산가리 – 다른 사회인과의 혼인 〈京畿 楊州〉

청산가리와 같이 금물이라는 것.

(2) 도토리칼 – 帶妻僧의 아들 〈京畿 楊州〉

'도토리'는 승려를 뜻함.

※ 대처승의 아들과 혼인할 수 있음.

(3) 씨래기죽 – 처가살이 하는 백정 아들 〈京畿 楊州〉

백정 아들이 산댓군의 딸과 혼인하려면 3년 처가살이를 해야 되는
데 그동안은 시래기 죽을 먹는 처지라는 것.

(4) 첫빨이 – 산댓군네로 시집오는 무당 딸 〈京畿 楊州〉

5. 의복 관계

(1) 날날이 파리 – 산대놀이 할 때 입는 옷 〈京畿 楊州〉

(2) 털털이 가매 – 집에서 입는 옷 〈京畿 楊州〉

(3) 백골단지 – 동정 〈京畿 楊州〉

'백골'은 '동정을 뜻함'.

※ 동정을 달지 않음.

(4) 가죽담방구 - 두루마기 〈京畿 楊州〉

※ 두루마기 입지 않음.

(5) 담방대 - 조끼 〈京畿 楊州〉

조끼주머니에 담밧대를 넣는다는 데서 생긴 말.

※ 조끼를 입지 않음.

6. 왼손 관계

(1) 방불타 - 왼손을 사용하면 하늘나라에 가서 광대표식이 되다 〈京畿 楊口〉

(2) 불까새 - 불까치 〈京畿 楊州〉

바른 손으로 칼질을 하면 불까치가 불을 지른다는 데서 생긴 말.

(3) 멩멩이 - 귀머거리 〈京畿 楊州〉

바른 손으로 귀구멍을 쑤시면 귀가 막힌다는 데서 생긴 말.

(4) 멍멍이 - 바른 손으로 콧구멍을 쑤시면 코가 막히는 것 〈京畿 楊州〉

산댓군들도 백정과 같이 모두 왼손을 사용한다.

(5) 우우끼 - 바른 새끼 〈京畿 양주〉

'우'는 '右'. 바른 새끼는 꼬지 않으며 왼새끼를 꼬아서 사용하고 지붕의 곱새도 외로 꼬아 엮는다.

7. 禁食

(1) 질갱대왕 – 소고기 〈京畿 楊州〉

　　질기다는 데서 생긴 말.

　　肉食은 牛肉뿐만 아니라 다른 肉類도 禁食하고 있음.

(2) 호이비 – 매운 것 〈京畿 楊州, 江原 楊口〉

　　그리고 쉰 것이나 신 것들과 酒類도 禁하고 있다.

8. 祭事의 節次 〈京畿 楊州〉

(1) 봉화신호 – 붉은 헝겊 내걸다

(2) 기름통 – 정화수 그릇 (놓다)

(3) 심줄 – 지방(을 쓴다)

(4) 댑심줄 – 창호지 (깐다)

(5) 송진 – 창호지 위에 솔잎 깐다

(6) 신호쌈 – 제삿장을 검은 보로 씌운다

(7) 동갱기름 – 허리띠(를 바치다)

(8) 불꽃이슬 – 정화수 (뿌리다)

(9) 대마리 – 머리털(을 세 개 뽑아 바침)

(10) 정화수 뿌림

(11) 옹기통 – 모자 (바침)

(12) 징징이 – 북(을 침)

(13) 짱짱이 – 방울 (흔들다)

(14) 송진덕국 – 솔잎을 입에 문다

(15) 동갱자루 – 허리띠를 두름

(16) 봉화(접싸리) – 붉은 보를 걷다

(17) 흑싸리뗑 – 까만 보를 걷다

(18) 홍싸리쨩 – 제사상 치우다

9. 출생과 사망 관계

9.1. 出生

(1) 술되빡 – 男兒 〈江原 楊口〉

남아일 때는 문턱에 붉은 기(붉은 헝겊 찢은 것)를 단다. 남아는 커서
술 되박이나 없앨 것이라는 데서 생긴 말.

(2) 눈물되빡 – 女兒 〈江原 楊口〉

여아일 때에는 붉은 헝겊에 산모의 머리카락을 매어서 단다. 여아
는 커서 눈물 되박이나 흘릴 거라는 것.

(3) 피되박 – 쌍둥이 〈江原 楊口〉

쌍둥이일 때는 흰 헝겊을 째서 문에 단다. 사망의 우려가 있어 피
되박이 될 거라는 것.

(4) 인단딱징이 – 解産할 때 胎兒가 발부터 나오면 陰部에 바르는 牛
尿 〈江原 楊口〉

牛尿 방울이 仁丹粒 같다는 데서 생긴 말.

(5) 풀종이 – 解産할 때 손부터 나오면 陰部에 이겨서 바르는 牛糞
〈江原 楊口〉

(6) 몍쌈 – 難産일 때 産母의 陰部에 대는 소뿔 〈江原 楊口〉

소뿔이 잡귀의 몍을 잡아 쌈(싸움)을 하여 물리치고 順産하게 된다

는 데서 생긴 말.

(7) 여물통 – 産母가 기절을 하면 산모 입에 대는 소의 網 〈京畿 楊州〉

(8) 코복이 – 産母와 産兒의 건강을 위해 山神靈께 제사 드리는 것
〈江原 楊口〉

(9) 꼭감 – 산모의 발목에 매는 붉은 헝겊 〈江原 楊口〉

9.2. 死亡

(1) 골되박 – 해산하자 곧 사망한 산아 〈江原 楊口〉
'골'은 '무덤'을 뜻하는 데 무덤으로 가게 된다는 것. ※ 문에는 흰
헝겊을 찢어서 단다.

(2) 넉꼴 – 산모와 산아가 함께 사망한 시체 〈江原 楊口〉
'넉'은 '四'인데 '死'와 同音인데서 죽음을 의미. 죽은 꼴이라는 것.
※ 산모와 산아가 함께 죽으면 소머리와 함께 묻는다.

(3) 넉눈깔이 – 원인 모르게 사망한 産兒 〈江原 楊口〉
※ 소뼈와 함께 묻는다.

(4) 찻떡고물 – 100일 이내에 사망한 산아 〈江原 楊口〉
※ 소가죽을 덮어서 묻는다.

(5) 가락국수 – 사망한 乳兒 〈京畿 楊州〉
사망한 유아의 발과 팔 등을 가락국수의 올로 隱喩 하였음.

(6) 공출가마 – 노인무덤 〈京畿 楊州〉
무덤에 떼를 입히지 않아 가마니 덮은 것 같다는 것.

(7) 깔쿠리 – 무덤 팔 때 땅이 굳으면 땅을 긁는 소 발톱 〈江原 楊口〉

(8) 기름대패 – 젊은 사람 무덤 〈京畿 楊州〉
떼를 입히지 않아 대패로 민 것 같다는 것.

(9) 딱지 – 관(棺) 〈江原 楊口〉

　　※ 시신이 무거울 때 소털을 관에 단다.

(10) 불꼬채이 – 상여 밑에 다는 소 발톱 〈江原 楊口〉

　　상여를 따라오는 잡귀를 소 발톱이 불꼬챙이(부지깽이)와 같이 찌
　　른다는 것.

(11) 덮어리 – 여우가 무덤 파면 틀어막는 소 망(網) 〈京畿 楊州〉

(12) 불베랑이 – 무덤에 풀이 나면 불을 지르는 것 〈京畿 楊州〉

　　무덤에 불 벼락을 준다는 것.

(13) 더벅머리 – 자손이 없는 무덤 〈京畿 楊州〉

　　자손이 없어 무덤을 가꾸지 않아 풀이 더벅머리 같이 자라났다는
　　것.

(14) 싹뚝이 – 자녀라고는 딸밖에 없는 무덤 〈京畿 楊州〉

　　아들이 없고 딸만 있을 때는 딸이 무덤의 풀을 모두 깎는 것이
　　아니라 반만 깎는다.

(15) 찔뚝이 – 자녀가 없고 아내만 있는 무덤 〈京畿 楊州〉

　　※ 자녀가 없을 때에는 아내가 무덤 가운데에 상투같이 남겨두고
　　뽑는다는 데서 찔뚝, 즉 완전히 풀을 없애지 않았다는 것.

10. 승려와의 관계

(1) 도토리 굽다 – 승려를 대접하다 〈京畿 楊州〉

(2) 도토리 따러 간다 – 사찰의 경사 때 일을 도와주러 간다 〈江原
　　楊口〉

　　'산댓군'은 불교신자이며 승려가 파계하여 백정이 되었다가 다시

백정에서 쫓겨나면 산댓군이 될 수 있다. 〈京畿 楊州〉

11. 무당과의 관계

(1) 산대놀이 또는 탈춤할 때 입는 옷은 무당이 지어 준다. 〈京畿 楊州〉
(2) 무당이 병들어 굿을 못할 때에는 산댓군이 대신 무당옷을 입고 신을 불러 드린다. 〈京畿 楊州〉
(3) 무당이 딸만 있을 때에는 산댓군의 아들을 데릴사위로 삼되 3년 후엔 분가해야 한다. 〈京畿 楊州〉
(4) 무당은 매월 보름(陰)날 산댓군을 위해 신을 불러준다.

12. 기생과의 관계

(1) 천용이 – 산댓군의 아내가 된 기생 〈京畿 楊州〉
'川龍'. '개천에서 용 났다'는 속담에서 생긴 말.
(2) 소망아지꼬래 – 기생이 년2회 바치는 쌀 〈京畿 楊州, 江原 楊口〉
※ 3월과 10월 두 번씩 바치는데 그것은 기생의 조상에 대해 제사를 대신 지내주기 때문에 무덤 하나에 쌀 한 가마씩 낸다 함.
(3) 돌자갈돌 – 기생의 養子 〈京畿 楊州〉
※ 기생이 자녀를 못 낳으면 산댓군의 아들을 양자로 삼는다.

13. 백정의 은어로 본 광대

(1) 탈가마니 – 백정이 된 광대 〈江原 楊口〉

(2) 매친갱이 – 광대의 딸 〈江原 春城〉

광대의 딸이 백정 아들에게 시집올 수 있다.

(3) 쌀단지 – 남편(백정)이 죽은 과부 〈江原 春城〉

※ 백정의 아내였던 과부에게 청혼할 수 있다.

(4) 두젖통 – 광대가 죽으면 백정 무덤 옆에 묻는 것 〈江原 春城〉

제8장

무당의 은어로 본 백정

백정의 모든 생활면에서 토속적인 샤머니즘에서 비롯한 백정 특유의 생활양식을 많이 발견할 수 있었는데 샤머니즘의 주인공이라고 할 수 있는 무당의 생활에서 백정과 공통되는 점만을 추출해 보려 한다.

○ 蒐集地 및 對象者

　　서울특별시 城北區 貞陵洞 山 2의 9

　　　　趙 立 粉 4231년 1월 12일생 (61세)

　　京畿도 楊州郡 광적면 가남리

　　　　李 玉 女 4244년 11월 27일생 (46세) 외 2명

1. 隱語 關係

1.1. 隱語의 名稱

(1) 날호이 – 隱語 〈서울 貞陵〉

　　㉠ 生膾. 날회는 잘 넘어간다는 데서 타인이 은어를 해득하지 못

하니까 잘 넘어간다는 것.

ⓛ 굿하는 일이 날회 넘어가듯 잘 되어간다는 것.

(2) 노랑둥이 – 隱語 〈京畿 楊州〉

㉠ 隱語를 사용하면 雜鬼의 얼굴이 노랗게 질리고 만다는 것.

ⓛ 노랗게 속이는 말이라는 것.

1.2. 隱語 사용의 경우

(1) 풍구질 – 굿할 때 〈서울 貞陵〉

(2) 넉두리질 – 귀신 부를 때 〈서울 貞陵〉

(3) 동구라미(날날이) – 굿하는 중에 금전과 쌀 등을 말할 때 〈서울 貞陵〉

(4) 어물떼기 – 굿하다 말이 막혀 생각이 나지 않을 때 〈서울 貞陵〉

(5) 얼벙이 – 굿하다 말이 막혀 생각이 나지 않을 때 〈京畿 楊州〉
신을 부를 때 俗世語는 금지되어 있으며 굿하는 중에 俗世語를 하면 神이 노하여 도망친다고 함. 〈京畿 楊州〉

2. 聖職觀

(1) 쌍가마 – 죽은 뒤 쌍가마를 타고 천상으로 간다는 것 〈서울 貞陵〉

(2) 세습적인 직업이기 때문에 조산의 혼이 잘 지켜 보호해 주고 있다.

(3) 세상에서 천대 당하지만 천상에서 우대 받는다. 〈서울 貞陵〉

(4) 세상에서 천대 당할수록 천상대왕은 더욱 무당을 믿음직스럽게 여긴다. 〈서울 貞陵〉

(5) 가물콩 – 직업을 바꾸면 삼대에 걸쳐 자손이 끊어지는 것 〈서울

貞陵〉

자손이 가뭄에 콩 나듯 한다는 데서 생긴 말.

(6) 족보타령 – 임종할 때 장녀에게 巫女衣와 방울, 칼을 물려주는 것 〈서울 貞陵〉

그리고 楊州 巫堂 李玉女의 말에 의하면

㉠ 巫堂의 職業은 매우 神聖하다.

㉡ 神과 가까우므로 禍가 적다.

㉢ 神이 身邊을 보호해 주고 있기 때문에 마음의 안정을 얻을 수 있다.

㉣ 자식이 轉職하면 三代에 걸쳐 子孫이 끊기고

㉤ 무당이 中途에 轉職하면 날벼락을 맞고 그 시체는 불가마귀가 물어뜯는다.

㉥ 무당이 轉職을 할 마음만 먹어도 굿하다가 신의 노여움을 받아 죽는다.

3. 聖牛觀

(1) 신령꾼 – 소 〈서울 貞陵〉

(2) 후레꾼 – 고양이 〈서울 貞陵〉

'후레꾼'의 '후레'는 '후레자식'의 '후레', 즉 버릇없게 훔쳐 먹는다는 것.

(3) 싹뚝꾼 – 귀 〈서울 貞陵〉

소는 神靈者로서 聖視되고 다른 동물은 聖視되지 않는다.

소를 聖視하는 이유로서.

ㄱ 소는 하늘에서 귀양 온 하늘 대왕의 신하다.

ㄴ 소는 인간에게 積善을 하였다.

ㄷ 소는 죽어 天上에 간다.

ㄹ 소는 죄를 씻기 위해 人間 俗世에서 일을 한다.

ㅁ 소는 天上大王의 용모와 같다. 〈서울 貞陵〉

그리고 楊州 巫堂 李玉女는

ㄱ 소의 피는 신의 피와 같다.

ㄴ 소의 털이 신의 털과 같다.

ㄷ 소는 하늘에서 왕이 타고 다닌다.

무당이 소를 신성시하는 것과 백정이 소를 신성시하는 공통점이 있고 다른 동물은 聖視하지 않는 것도 공통된다.

무당의 聖牛觀 중에서 天上大王의 容貌가 소와 같다는 것은 백정의 聖牛觀에서는 볼 수 없는 특이한 것이라 하겠다.

4. 굿 關係

4.1. 굿 관계 은어

(1) 우리꼬 ─ 소꼬리로 제사상을 내려치며 귀신을 쫓는 것 〈서울 貞陵〉

'우'는 '牛'의 字音. '리꼬'는 '꼬리'의 逆語.

(2) 쇵뿌리 ─ 소뿔 위에 돈을 올려놓는 것 〈서울 貞陵〉

'쌍'은 '황소'의 逆語 '소황'이 一音節로 줄어진 말.

※ 돈을 끌어가는 잡귀를 쫓기 위함이라 함.

(3) 쌍터리 – 굿 대상자의 발목에 소털을 매고 돌리는 것 〈서울 貞陵〉

※ 소털로 발목을 매는 것은 잡귀는 어지러워 달아나고 깨끗한 몸만 남으라고 하는 것이라 함.

(4) 배추쌈 – 病者의 이마에 牛糞을 올려놓는 것 〈서울 貞陵〉

'배추쌈'은 牛糞을 뜻함.

(5) 쟁반목 – 굿을 하다가 神이 오지 않으면 井華水를 뿌리는 것 〈서울 貞陵〉

※ 不淨이 타서 神이 오지 않으니까 부정을 쫓아 버리고 神을 맞는다 함.

(6) 자라벌이 – 굿하기 전에 마시는 정화수 〈서울 貞陵〉

※ 굿하기 전에 정화수를 마셔야 춤이 잘 추어진다고 함.

4.2. 굿 절차 〈京畿 楊州〉

① 이슬씨 – 물 떠 옴

② 침장사 – 제사상에 음식을 들여 옴

③ 딸랭이 – 방울 흔들기

④ 솔이슬 – 물 뿌림

⑤ 풍 – 솔까지 쥐고 흔들기

⑥ 돌이돌이 – 굿

⑦ 눈요기 – 돈 또는 쌀 놓음

⑧ 질검이 – 소피를 뿌림

⑨ 꿩꿩이 – 소가죽 북을 침

⑩ 알거지 - 음식을 엎음
⑪ 염라코 - 붉은 보 씌움
⑫ 무당퇴장 - 떨파리

굿할 때 소와 관련성이 많고 붉은 보와 검은 보 그리고 井華水를 사용
하는 따위는 백정과 무당의 공통점으로 特記할 일이다.

5. 혼인관계

(1) 버리통 - 다른 사회인과의 혼인 〈서울 貞陵〉
  벌(蜂)통. 벌통을 건드렸다가는 쏘이듯 큰 일 난다는 것.
  ※ 다른 사회인과의 혼인은 금지됨.
(2) 국화뿌리 - 수절하는 과부 무당 〈서울 貞陵〉
  ※ 국화의 뿌리는 서리가 와도 꽃을 피운다는 데서 절개가 좋다는
  것.
(3) 공출가마 - 백정의 아들에게 시집가는 딸 〈서울 貞陵〉
  백정이 홀아비일 때는 무당과부와 혼인할 수 있으며 승려가 파계
  하고 백정이 되어도 무당과부와 혼인할 수 있다. 그리고 무당이
  될 딸은 같은 무당이거나 백정의 아들에게 출가시킨다. 〈서울 貞
  陵〉
(4) 새끼끈 - 백정의 자식인 데릴사위 〈京畿 楊州〉
(5) 가운데 고리 - 중매 〈京畿 楊州〉
  ※ 승려가 백정 아들과 무당 딸을 중매한다. 무당이 딸을 출가시키
  려면 백정을 통해 승려에게 중매를 의뢰한다.

(6) 땅꾼 - 자식이 없을 때 양자로 데려온 백정 아들 〈서울 貞陵〉
　　'땅꾼'의 '땅'은 '땅잡았다(땡잡았다)'의 '땅'. 무당의 양자로 들어가
　　면 땅잡는다는 것, 즉 좋은 수가 생긴다는 것.

　혼인도 백정과 유사하며 무당인 과부가 백정 홀아비와 혼인할 수 있다
는 것을 보아 백정과 무당, 광대 그리고 승려들이 상호관련성을 지니고
있음을 알 수 있다. 이러한 상호관련성은 동일 천민이었다는 계급적인
면에서 비롯하였다는 것을 알 수 있다. 그것은 백정에게 자식이 없을
때에는 무당 아들을 양자로 삼는 것으로 보아 더욱 확실하다. 〈白丁,
江原 楊口〉

6. 기생과의 관계

(1) 시녀털 - 시집보내기 위해 기생으로 보낸 무당 딸 〈京畿 楊州〉
　　※ 딸이 크면 출가시키기 위해 기생으로 1년 동안 보냈다가 다시
　　불러 들여 동일 계급인에게 시집보낸다.
(2) 냄비꼭지 - 파계하여 기생이 된 무당 〈京畿 楊州〉
(3) 파리애비 - 백정의 양자로 간 기생의 아들 〈京畿 楊州〉
(4) 날노리개 - 기생 〈서울 貞陵〉
　　※ 기생에서 물러나면 무당이 될 수 있다.

백정의 隱語로 기생과의 관계를 보면

　장구파리꿈틀 - 기생과 혼인 〈白丁, 江原 楊口〉

굴레 벗은 망아지(退妓)가 되었으므로 자유로이 혼인할 수 있다 함.

조선시대에 '八賤'이었던 백정, 무당, 기생, 승려들의 관계를 보여 준다고 하겠다.

7. 色彩觀

   (1) 질거바리 – 赤色 〈서울 貞陵〉
     잡귀가 적색을 보면 질겁을 해서 도망친다는 데서 생긴 말.

   (2) 염라국 – 赤色 〈京畿 楊州〉

   (3) 송장버리 – 黑色 〈서울 貞陵〉
     잡귀가 黑色을 보면 송장과 같이 느껴 접근을 하지 않는다는 데서 생긴 말.

   (4) 끌가마 – 黑色 〈京畿 楊州〉

   (5) 액빼 – 白色 〈서울 貞陵〉
     白丁의 字音 '白'을 二音節로 늘여 거꾸로 한 말.

   (6) 마패딱지 – 굿할 때 입는 붉은 옷 〈京畿 楊州〉

   (7) 소꿉놀이 – 굿할 때 붉은 허리띠를 두르는 것 〈서울 貞陵〉

   (8) 마패줄 – 굿할 때 두르는 붉은 허리띠 〈京畿 楊州〉

   (9) 징백이 – 굿할 때 손에 감는 붉은 헝겊 〈서울 貞陵〉

  (10) 대들 춤 – 굿할 때 모자꼬리에 붉은 헝겊을 다는 것 〈서울 貞陵〉

  (11) 혼백이 – 굿할 때 쓰는 모자꼬리에 다는 붉은 헝겊 〈京畿 楊州〉

  (12) 뒷돌짜배기 – 굿을 하다 힘들면 붉은 헝겊으로 코를 막는 것 〈서울 貞陵〉

잡귀의 침입을 방지하기 위해서 붉은 헝겊으로 코를 막는다 함.

(13) 조리물 – 굿할 때 나오는 콧물 〈서울 정릉〉

 ※ 굿할 때 콧물이 나오면 붉은 헝겊으로 닦는다.

(14) 자배기물 – 굿하며 돌다가 어지러우면 눈을 검은 헝겊으로 가리
는 것 〈서울 貞陵〉

자배기 물을 버릴 때에는 앙금과 찌꺼기 등을 깨끗이 버리기 위해
휘저어서 버린다는 데서 생긴 말.

(15) 독깝신 – 음식 밑에 까는 검음 보 〈서울 貞陵〉

(16) 먹물딱개 – 굿할 때 쓰는 모자 테두리에 다는 검은 헝겊 〈京畿
楊州〉

도깨비가 검은 보를 보고 달라붙지 못한다는 것.

(17) 점백이 – 음식 위에 덮는 흰 보 〈서울 貞陵〉

백정들이 屠牛할 때나 출생과 사망의 의식에 사용되는 적색과 흑색의
보가 무당들도 같은 의도에서 사용하고 있음을 볼 수 있었다. 이 색채적
인 것은 무당의 영향을 백정이 받은 듯하고 무당이 굿할 때나 또는 출생
과 사망에 따른 의식에서 사용되는 聖牛觀은 백정의 영향을 무당이 입은
듯하다.

백정이나 무당의 공통적인 생각인데 붉은 색은 血色이므로 잡귀들이
무서워한다는 것이고 검은 색은 잘 더러워지지 않으므로 不淨이 물들지
않는다는 것이다.

원시인들이 적색을 숭상한 것은 日色, 月色, 火色 등이 어둠과 추위와
공포 등을 해소하여 주고 특히 불은 연소하는 힘과 음식을 익히게 하는
구실을 하므로 초인간적인 힘이 있는 것으로 생각하여 주로 생활문제와
밀접히 관련되었던 것이다.

뿐더러 적색은 눈에 빨리 띠는 시각적인 작용이 있다. 이러한 원시인
들의 색채관이 한국의 토속적인 샤머니즘을 기반으로 한 무당의 직업과
관련되어 특수한 발달을 이룬 듯하다.

8. 禁食

(1) 두더지구멍 - 소고기 〈서울 貞陵〉

※ 다른 육류는 먹고 牛肉만은 먹지 않는데 牛肉의 禁食 이유는
신령한 소의 영혼이 고기에 깃들어 있을지 모르기 때문이라 한다.

(2) 신령갱이 - 소고기 〈京畿 楊州〉

(3) 나팔똥구멍 - 매운 것 〈서울 貞陵〉

※ 매운 것을 먹으면 호- 하고 내부는데 그때 무당의 몸에 있던
신이 나간다는 데서 禁食.

(4) 호불이 - 매운 것 〈京畿 楊州〉

매워서 '호하고 불다'에서 생긴 말.

(5) 잰내비 꼬리 - 신 것 〈서울 貞陵〉

신 것을 먹으면 얼굴을 찡그리는데 이렇게 되면 신이 냉대하는 줄
알고 도망간다 함.

(6) 만물 연불 - 신 것 〈京畿 楊州〉

(7) 장때기춤 - 단 것 〈서울 貞陵〉

※ 단 것을 먹으면 이가 썩는데 이렇게 되면 死後 天上에 가서 이가
다 빠졌으면 下界에서 도둑질해 먹고 빠진 줄 알기 때문에 禁食한
다고 함.

(8) 지라리 - 쉰밥 〈서울 貞陵〉

※ 상을 찡그리면 신이 도망간다는 데서 생긴 말.

禁食의 根源的 動機는 불교에서 肉類와 五辛菜 등을 금하고 있다는 데서 영향을 받아 巫堂의 특수한 禁食物을 이룬 듯하다.

佛敎에서의 肉類 禁食은 殺生과 五辛菜 등으로 생리적인 절제를 의도하고 있다. 무당은 聖牛觀으로 牛肉만 禁食했는데 신 것, 매운 것, 단 것 등을 禁食하는 것은 모두 신앙적인 면 때문이라 하겠다. 백정과 광대 등의 금식이 승려 그대로를 본받았다고 하겠지만 역시 백정이나 광대 특유의 금식관이 발달된 것이라고 하겠다.

9. 왼손

(1) 팔팔이 – 왼손〈서울 貞陵〉

(2) 날날이댁 – 왼손〈京畿 楊州〉

(3) 홀감이 – 왼손을 사용하는 것〈京畿 貞陵〉

(4) 떨떨이 – 바른손〈서울 貞陵〉

두짝이 – 바른손〈京畿 양주〉

굿할 때 신을 부를 때 반드시 왼손을 사용한다. 왼손을 쓰는 이유로는

㉠ 바른손은 속세인이 죄를 많이 짓는 손이므로 왼손이 신성하다.〈서울 貞陵〉

㉡ 왼손의 엄지 손가락 쪽에 天上 大神明이 있다.〈서울 貞陵〉

㉢ 왼손 쓰는 사람이 드물기 때문에 왼손 쓰는 사람들끼리는 서로 잘 통할 수 있다.〈서울 貞陵〉

신은 왼손잡이다.

ⓔ 족보딱지 - 死後 天上에 갔을 때 무당의 표식. 〈서울 貞陵〉

왼손을 사용하는 것도 屠牛白丁과 고리白丁, 광대, 무당 등이 동일하다.

10. 출생과 사망과 治病 관계

10.1. 출생

(1) 고리 - 解産한 男兒의 발목에 매는 붉은 헝겊 〈서울 貞陵〉

(2) 꽈리 - 解産한 女兒의 손목에 매는 검은 헝겊 〈서울 貞陵〉

(3) 되빡 쌀알 - 소 눈을 바늘에 꿰어 다는 男兒의 인줄 〈서울 貞陵〉

(4) 새기모가지 - 소털을 외로 꼬아 다는 女兒의 인줄 〈서울 貞陵〉

(5) 말누깔서방 - 雙童兒일 때 인줄에 매단 소꼬리 〈京畿 楊州〉

(6) 고추동냥 - 雙童兒일 때 Penis를 소꼬리 털로 묶는 것 〈서울 貞陵〉

(7) 깜새알 - 女雙童兒일 때 새끼발가락에 소꼬리 털을 매는 것 〈서울 貞陵〉

(8) 풀거미 - 難産일 때 陰部에 붙이는 牛糞(갓 눈 것) 〈서울 貞陵〉

(9) 인삼이 - 難産일 때 마시는 소피 〈京畿 楊州〉

(10) 미친년길 - 순산하려고 陰部 앞에서 소 발톱을 태우는 것 〈京畿 楊州〉

(11) 쌍가마줄 - 인줄 〈서울 貞陵〉

   ※ 왼새끼라야 된다.

(12) 도빼기 - 私生兒의 인줄 〈서울 貞陵〉

   ※ 私生兒일 때는 바른 새끼에 소 발톱을 매단다.

(13) 굴돌 － 私生兒 〈京畿 楊州〉

巫堂이 私生兒를 낳았을 때에는 産兒의 발에 소발톱을 달아 白丁
한테 보낸다는 데서 굴러가는 돌이라는 것.

10.2. 사망

(1) 떵꿍이 － 임종할 때 백정한테서 얻어다 벽에 거는 소머리 〈서울
貞陵〉

(2) 쪽바가지 － 불에 타죽었을 때 뿌리는 牛尿 〈서울 貞陵〉

(3) 꽝콩 － 임종할 때 숨을 거두지 못하고 힘들어 할 때 씌우는 붉은
보 〈서울 貞陵〉

(4) 알통이 － 무녀의 屍身은 全裸體로 검은 보로 싸는 것 〈서울 貞陵〉

(5) 빨가닥 － 무당의 屍身은 全裸體로 소뼈와 함께 왼새끼로 묶는 것
〈京畿 楊州〉

(6) 물따리 － 解産할 때 사망한 産母의 머리 위에 소 발톱을 올려놓는
것 〈서울 貞陵〉

(7) 기름마 － 무덤을 팔 때 땅이 굳으면 정화수를 뿌리는 것 〈서울
貞陵〉

(8) 두부짜기 － 屍身을 왼새끼로 묶는 것 〈서울 貞陵〉

(9) 코빵기 － 임종할 때 숨을 거두지 못하고 고통스러워 할 때 소털을
코에 넣고 부비는 것 〈서울 貞陵〉

(10) 조리가미 － 임종 후 곧 무녀의 시신에 소털을 매는 것 〈서울 貞陵〉

(11) 알밤이 － 떼 덥지 않은 무덤 〈京畿 楊州〉

※ 무당의 무덤에는 백정과 광대와 같이 떼를 입히지 않는다.

(12) 양재물국 － 백정한테 소털을 얻어 다 외로 꼬아 시어미 죽으라고

태우는 것 〈京畿 楊州〉

10.3. 治病 관계

(1) 날고무래 – 百日咳 앓는 유아에게 牛尿를 먹이는 것 〈서울 貞陵〉
(2) 두드럭지 – 홍역 〈서울 貞陵〉
 ※ 홍역에는 소발톱을 구운 물에 불려 그 물을 먹인다.
(3) 구럭지(구럭이) – 허리 구부러진 노인 〈서울 貞陵〉
 허리가 구럭이 같이 굽었다는 데서 생긴 말.
 ※ 지팽이에 소뿔을 깎아 맞춰 짚고 다닌다.
(4) 될꾸미 – 과부가 상사병으로 죽으면 소 혀로 입술을 핥게 하는
 것 〈서울 貞陵〉
 될꾸미는 '成夢'. 살아서 꿈을 이루지 못했으니까 죽어 꿈에서나마
 이루어지라는 것.
(5) 베개놀이 – 허리를 삐었을 때 소 안장을 매고 자는 것 〈서울 貞陵〉
(6) 기둥통 – 발을 삐었을 때엔 소발목에 대고 비빈다 〈서울 貞陵〉
(7) 꿀루러기 – 감기 〈서울 貞陵〉
 ※ 소 망을 입에 댄다.
(8) 콜록이 – 폐병 〈서울 貞陵〉
 ※ 소간을 끓여 먹는다.

출생과 사망 그리고 治病에 있어서 牛尿, 소 발톱, 牛毛 등이 사용되
는 것은 백정과 광대 등과 공통된다. 治病에서는 백정이 아닌 일반민간
에서도 사용되는데 平北 碧潼 昌城에서는 발을 삐었을 때에 牛糞으로
찜질을 하고 平北 龍川에서는 발을 삐었을 때 牛尿로 찜질을 한다. 〈平
北 金正達 談〉

이 밖에도 더 例擧할 수 있으나 이런 治病 方法은 무당을 통해 민간에
전파된 듯하다.

11. 백정의 은어로 본 무당과의 관계

   (1) 고무래 파리 – 백정 아들에게 시집온 무당 딸 〈백정, 江原 春城〉
   (2) 파리고무래 – 무당 아들에게 시집간 백정 딸 〈白丁, 江原 楊口〉
   (3) 삯바느질 – 백정이 사십 세 후에 무당과 결혼 하는 것 〈白丁, 江原
     春城〉
   (4) 파리 족보 – 무당의 양자로 간 백정 아들 〈江原 楊口〉
   (5) 젖통이 – 무덤 〈白丁, 江原 春城〉
    무당과 백정의 무덤은 이웃에 있으며 모두 떼를 입히지 않는다.

상기에서 본 바와 같이 백정과 무당이 血緣的으로도 關聯性을 지니고
있음을 알겠다. 이러한 혈연적 관련이나 신앙적인 면과 생활양식의 類似
는 학대 받는 천민 계급끼리 집단을 이루어 상호 협력하는 데서 비롯하
였음을 단정하겠다.

마무리

上記서 은어 발생 기원을 중심으로 하여 은어로 백정생활의 이모저모를 살펴보았는데 종합적으로 정리하면 다음과 같다. (무당과 광대의 은어는 금년 2월 상순에 수집한 것이기 때문에 전반적인 관련성을 가지고 고찰하지 못했다.)

1. 백정

(1) 백정의 屠牛 생업은 소의 혼을 上界에 보내주는 聖職으로서 백정이 來世에 상계(극락세계)서 우대 받을 수 있다고 믿고 있다.

(2) 소는 신성한 동물(totem)로서 백정의 손에 죽어야 극락세계로 갈 수 있다고 믿고 있다.

(3) 屠牛場은 거의 (私營도 있지만) 寺刹에서 경영관리하고 있으며 백정은 승려의 指導 監督 하에 있는데 寺刹과 白丁의 관련은 승려가 조선시대에 들어와서 賤民으로 白丁과 同級 集團으로 轉落하였기 때문이라 하겠다.

이리하여 동일 계급인 백정, 승려, 무당, 산댓군 등의 천민끼리 각 특유의 생활양식이 상호영향을 주어 어느 면에서는 천민 공통의 특수 풍습을 형성하였다.

특히 다른 사회인과는 혼인이 금지되어 있으나 동 계급끼리는 양자와 혼인을 할 수 있고 상호 협조하는 데서 생활과 신앙에 상호 영향을 더욱 주었을 것이다. 그리고 무당과 광대의 생활에서 聖牛 관계는 백정의 영향을 입은 듯하고 백정의 금식은 승려의 영향을 입은 듯하며 백정의 색채관은 무당의 영향을 입은 듯하다.

(4) 백정이 거의 불교신자이며 백정의 생업을 聖職으로 여기는 동시에 수도과정으로 생각하여 주로 불교적인 면에서 절제생활을 하고 있으나 밑으로 흐르는 사상의 근원은 불교적이라기보다는 토속적인 샤머니즘이라 하겠다. 무당과 산댓군 생활에서 백정과 공통점을 엿볼 수 있다는 데서 더욱 그러하다.

(5) 백정은 다른 사회인에 대해 排他的이고 忌避的이며 保守的이어서 다른 사회인과 어느 면으로든지 특이한 생활을 하고 있는데, 이런 특이한 점을 그들은 신성하게 여기고 신앙적인 면에서 자랑으로 여기고 있다.

(6) 屠牛 과정에서나 死牛에 대한 冥福 祈願祭에서 불교적인 절차를 볼 수 있으나 이것은 後次的이고 근원적으로는 무속적인 데서 비롯한 것이라 하겠다. 무당의 굿과 광대의 조상에 대한 제사절차와 공통점이 있는 것으로 보아 확증할 수 있다.

뿐만 아니라 왼손의 사용이나 色彩觀 그리고 출생과 사망 등 모든 생활에서 공통점이 있는 것으로 보아 더욱 그러하다.

(7) 백정의 모든 생활양식과 생활태도에서 신앙과 屠牛 生業과 소 숭배사상이 강력히 작용하고 있는데 특히 출생과 사망 관계에서 더욱 그러하다.

(8) 그러나 백정의 모든 생활 태도와 생활양식 그리고 屠牛 절차와 신

앙설화 등이 다른 사회에서 천대 받는데 대한 일종의 반항으로서 천민이었던 같은 계급의 협조와 단결을 통해 살생의 직업을 聖職 化 하려는 합리화의 의도에서 自慰를 얻고자 하는 욕구에서 발달 한 것이라 하겠다.

(9) 이질적인 종교와 이질적인 직업을 가지면서도 신앙과 생활에서 서 로 영향을 입고 혈연적 관계까지 맺게 된다는 것은 계급적 차별이 주는 천민(승려, 백정, 무당, 기생, 산대인-광대-)들의 공동운명이라 하겠다.

(10) 백정의 전통적이며 세습적인 모든 遺蘗은 시대의 흐름과 더불어 현대적인 생활양식과 사조에 의해 무너져 가고 있다.

2. 은어 발생 기원

2.1. 은어를 사용하는 이유와 은어의 기능

2.1.1. 도살장 내부에서 사용되는 경우

㉠ 소는 신성한 동물로서 죽어서 혼이 上界로 올라가는 신성한 곳이 므로 俗世語(일반어)를 사용하면 不淨을 탄다.

㉡ 소가 죽음에 임박했을 때에는 더욱 영특해져서 인간의 일반어를 알아듣기 때문에 屠牛에 관한 말을 하면 마지막 가는 길에 공포심 을 주기 때문에 편히 보내기 위해서다.

㉢ 잡귀는 신성한 은어를 사용하면 접근을 하지 못하는 고로 소의 혼 이 上界에 무사히 갈 뿐 아니라 백정의 신변도 안전하다.

㉣ 은어를 사용하면 소가 공포를 느끼지 않고 잡귀도 접근하지 못해

소의 혼이 상계로 편히 갈 수 있게 되는데 이렇게 되면 天王(또는 菩薩王)이 기특히 여겨 백정이 죽어 극락세계에 가서 좋은 대우를 받는다.

2.1.2. 屠牛場 외부에서 사용되는 경우

㉠ 俗世語(일반어)가 싫다.

㉡ 隱語는 신성한 고로 수도자인 백정은 外人이 내방할 때 신성한 말을 써야 속세의 풍습에 물들지 않는다.

㉢ 俗世人(다른 사회 일반인) 이 내방할 때 그들이 모르는 은어를 사용함으로써 우월감을 느낄 수 있다.

㉣ 은어를 사용함으로써 자녀들이 백정의 聖職을 계승하게 된다.

㉤ 俗世人이 내방할 때 비밀을 요할 때 사용된다.

㉥ 은어는 일반어보다 재미가 있고 웃음과 유쾌한 기분을 준다.

㉦ 은어를 사용함으로써 백정간의 우의가 두터워진다.

2.2. 백정의 隱語觀

백정은 그들이 사용하는 特殊語에 대하여 神聖視하고 呪術的이며 魔術的인 힘이 있는 것으로 믿고 있다.

이와 같은 생각은 고대인이 詩歌를 주술적 마술적인 것으로 생각하던 것과 공통된다. 신라의 鄕歌가 대부분 그렇고 특히 處容歌는 잡귀를 물리치는 궁중의식으로 사용되었다. 이와 같은 생각은 우리나라에서 무당의 呪術이 그렇고 불교의 念佛이 그렇고 특히 降魔, 眞言 같은 것은 더 말할 나위도 없다. 오늘날도 각 종교에서 기도를 그렇게 마술적인 힘이 있는 것으로 믿고 있는 것과 공통된다.

　그러나 백정 은어의 경우는 屠牛 生業을 神聖視하는 데서 이 생업을 보장하고 백정의 末世觀과 관련성이 있는 巫覡思想에서 비롯하여 특히 소에 대한 토템(totem)에서 발달한 것이라 하겠다. 모든 백정들의 은어는 신앙적인 산물이란 것을 단언할 수 있다.

　그 신앙의 근원적인 사상은 소에 대한 토템적인 것과 관련된 토속적인 샤머니즘에서 비롯한 것이라 하겠다. 그러므로 백정 은어의 발생 기원은 신앙적인 것으로 屠牛 生業을 중심으로 소에 대한 토템과 토속적인 샤머니즘을 기반으로 하여 발달한 것이라 하겠다.

　이렇듯 신앙적인 기원을 가지는 백정의 은어 기원에 강력히 작용한 것은 賤職인 백정의 생업을 聖職化하고 屠牛를 합리화하려는 것과 밀접한 관련성을 지니고 발전되었을 것이라 믿으며, 나아가서 백정의 생업을 賤視하는 다른 사회인에 대한 反抗心理와 살생을 하는데서 오는 공포심을 해소하여 마음의 평정을 얻으려는 욕구와 관련되었으리라 본다.

　그리고 屠牛場 외부에서 사용되는 隱語는 白丁 外의 집단(도둑, 밀수자, 마약중독자, 창녀 등)의 隱語 發生 起源과 동일하다고 하겠다.

　그러나 은어를 사용함으로써 속세에 물들지 않는다는 것과 은어를 사용함으로써 자녀들에게 백정의 성직을 계승하게 될 것이라고 믿는 것은 신앙적이라 하겠다. 그리고 일반어보다 은어가 재미있고 웃음과 유쾌한 감정을 주기 때문에 사용된다는 것은 인간이 새로운 것을 욕구하는 심리에서 생긴 것이라 하겠다.

　다른 사회인과 폐쇄된 그들의 진부한 생활에서 언어로서 自慰를 얻고자 하는 일종의 슬픈 오락도구로서 은어가 사용된다 하겠다.

3. 백정과 광대, 무당의 은어 비교

	隱語를 사용하는 경우	隱語 使用의 根源的 對象	隱語 使用의 機能
백정	屠牛場 내부 ① 屠牛할 때 ② 소에 대한 冥福을 祈願할 때 ※ 屠牛場 內部에서는 一般語 使用 禁止	① 天王(菩薩王) ② 牛 ③ 雜鬼	① 소의 혼을 上界에 무사히 보낸다. ② 소에게 恐怖心을 주지 않는다. ③ 不淨 防止 ④ 雜鬼를 쫓는다. ⑤ 身邊의 保護(雜鬼로부터) ⑥ 白丁이 죽어 極樂世界에 간다.
	屠牛場 外部 ① 俗世人이 왔을 때 ② 기타	① 天王(菩薩王) ② 俗世人	① 俗世의 風習 浸透 防止 ② 秘密維持(俗世人에게) ③ 俗世人에게 聖職 誇示 ④ 백정의 聖職을 자녀에게 繼承할 수 있다. ⑤ 白丁 간의 友誼 敦篤 ⑥ 自慰(재미있고 유쾌하다)
산댓군(광대)	① 上演 ② 祭祀 ③ 俗世人이 있을 때 ④ 기타	① 天王 ② 雜鬼 ③ 俗世人	① 聖職 保障 ② 雜鬼를 쫓는다. ③ 不淨 防止 ④ 俗世人에게 聖職 誇示 ⑤ 秘密 維持 ⑥ 俗世의 風習 浸透 防止 ⑦ 身邊 保護 ⑧ 末世에 極樂世界에 간다. ⑨ 廣大 間의 友誼 敦篤 ⑩ 自慰
巫堂	① 굿 ② 俗世人이 오거나 있을 때 ③ 其他	① 天王 ② 몸에 있는 保護神 ③ 雜鬼 ④ 俗世人	① 聖職 保障 ② 雜鬼를 쫓는다. ③ 不淨을 防止한다. ④ 聖職 誇示 ⑤ 秘密 維持 ⑥ 身邊 保護 ⑦ 聖職을 자녀에게 계승할 수 있다. ⑧ 巫堂 間의 友誼 敦篤 ⑨ 來世에 福을 받는다.

上記 比較表에 나타난 바와 같이 隱語는 白丁, 巫堂, 廣大 모두에게 信仰的인 面에서 使用되고 있다.(白丁은 對象으로 소가 하나 더 있을 뿐이

다.) 그러므로 백정, 광대, 무당의 隱語 發生起源은 모두 샤머니즘적이
다. 다만 白丁은 屠牛 生業과 관련하여 발달되었다고 생각되는 소에 대
한 토템적인 것이 添加되었다고 하겠다.

제 2 부
서울 里巷特殊集團의 秘密記號

머리말

　隱語는 각 特殊集團 내에서 주로 音聲을 빌어서 사용하는 것으로 不良輩, 娼女, 罪囚, 麻藥中毒者, 癩病患者, 卜術者, 巫堂, 사냥꾼, 땅꾼, 호텔종업원, 학생, 軍人, 商人, 僧侶, 密輸者, 그리고 山蔘採取人(심마니), 白丁 등 廣範圍한 집단에서 발달하여 사용되고 있다. 本 拙稿에서 논하고자 하는 것은 이런 은어와는 달리 裏巷 特殊集團 內에서 記號를 통하여 사용되고 있는 秘密記號(Secret Sign)에 대하여 언급하려 한다.

　이 비밀기호는 그들의 권익과 안전을 보장하고 행동을 隱匿하기 위하여 사용하는 것으로 이런 비밀기호들은 그 사회의 特殊 言語的인 사실로서 어떤 가치를 가질 것이라 믿는다. 隱語는 직업적인 특수집단과 불량배 집단 등 각 집단에 걸쳐 발달했다고 하겠지만 이 비밀기호는 필자가 조사한 범위 내에서 본다면 서울 裏巷 특수집단에서만 사용되는 것 같다. 이 기호는 極秘에 속하고 비밀히 사용되는 것이기 때문에 자료수집에 많은 난관이 있었으며 波瀾曲折이 重疊되어 不祥事까지 일어나는 등 실로 모험이었으며 고충이 컸다. 자료 수집에 약 1년 가까이 걸렸다고는 하나 아직도 충분한 자료라고는 할 수 없고 미비한 점이 있을 것이라는 것을 솔직히 말하여 둔다.

제1장

裏巷 특수집단 형성의 사회적 배경

佛蘭西에서 15세기에 불량배들의 은어가 발달하였다. 百年戰爭 이후 혼란 속에서 崩壞에 직면했던 국가권력이 사회 질서를 제대로 유지하지 못하고 있었다. 이때를 이용하여 불량배들로 조직된 집단이 국내 도처에서 창궐하였다. 이렇게 혼란한 특수사회 이전에도 다소 胚芽的인 상태로 不良輩가 存在하였겠지만 전쟁후의 混亂期를 틈타서 불량배들이 왕성했던 것이다. 이러한 사회적 현상은 우리 韓國에도 그대로 적용된다. 36년간 일제의 壓政에서 갑자기 얻은 解放과 自由, 그리고 軍政의 容共政策과 아울러 이에 대한 右翼陣營의 반공투쟁전개, 政黨의 亂立, 權力의 擴大를 위하여 反對黨에 대한 압력과 테러와 암살, 북한에서 共産虐政을 반대하여 南下한 월남민, 6·25동란으로 인해 사상적·정치적·경제적·문화적인 혼란, 傷病軍警의 續出, 執權者들의 不正事件, 徵兵忌避를 위한 가지가지의 奇行, 戰爭孤兒 및 未亡人 續出 등 일일이 열거할 수 없으리만큼 社會惡을 釀成할 수 있는 환경에 처하게 되어 不良輩 生成에 好條件을 賦與하였다.

執權者들의 無能力은 이들 特殊集團을 단속하지 못하고 도리어 그들을 정치적으로 이용하는 처지에까지 이르렀다. 조직을 漸次的으로 擴大

强化한 特殊集團의 두목은 民議院에 출마하여 그들의 組織力과 풍부한 金錢을 이용하여 當選 工作에 성공하여 正面的으로 정치적 무대에까지 이르게 되었던 것이다.

처음에는 소규모적이었던 집단이 점차 규모가 커지고 점진적으로 조직력이 강화될 뿐 아니라 강력한 정치적 배경, 財閥家 그리고 권력기관 등과 손을 잡게 된 것이다. 해방 전에 서울에는 '京電派', '優美館派', '東洋劇場派'들이 있었다. '京電派'는 無料 乘車者를 주먹으로 除去하는 임무를 하였고, 극장 집단들은 극장의 입구에서 역시 주먹으로 無料 入場者를 除去하고 부하들은 극장의 광고지를 돌리거나 깃발 등을 들고 다녔다. 이와 같이 企業主들이 그들의 사업을 保障하고 이익을 도모하기 위하여 暴力輩들에게 報酬를 주면서 고용하고 있었다. 현재도 전국 각지에 있는 극장의 입구에는 주먹패들이 보수를 받고 종사하고 있으며 큰 요정이나 유흥가에도 거의 이들 집단이 배치되어 있다. 이와 같은 현상은 미국에서 더욱 현저하였다. 미국에서 禁酒令이 내리자 미국 내의 大酒造場이 一切 閉門을 당하게 되어 이들 酒造業者들은 資本을 캐나다로 옮기고서는 거기서 酒類을 만들어 미국 本土로 密輸하였는데 이 密輸를 폭력배들이 擔當하였던 것이다. 이들 暴力輩들은 酒類를 密輸함으로써 報酬를 얻었고 이를 방해하는 경찰들은 폭력으로 제거했던 것이다. 그러므로 警察이 本意 아닌 賂物을 받으면서 묵과했고 도리어 밀수를 경찰이 협조하였다 한다. 우리나라를 한동안 공포에 떨게 했던 '땃벌떼'이니 '백골대'니 하는 따위의 테러가 政治的 背景 下에 행해졌다는 것은 이미 알고 있는 사실이다. 만약 警察에서 그들 特殊集團을 철저하게 메스를 가하면 警察活動에 막대한 支障을 초래한다. 왜냐하면 경찰의 생명선이라고 할 수 있는 정보를 그 特殊 集團員들에 의존하는 비중이 크기 때문이다. 搜査를 하는데 그들의 협조가 막대한 貢獻을 하고 있으며

間諜 摘發에도 공이 큰 것이다. 뿐만 아니라 그들에게 경제적인 도움도 받고 있기 때문에 그들 행동을 일부 경찰들은 도와주는 일이 있으며 共同作戰을 하는 경우도 있다 한다.

　그러므로 경찰들이 特殊 集團을 이용하는 한편 때로는 그와 반대로 그들에게 이용당하고 있는 형편이다. 현재 서울에는 약43집단이 있는데 그 중에는 政治的인 色彩를 띠고 때로는 정당과 권력 기관을 배경으로 하여 폭력적 행동을 자행하고 있다. 연설방해, 선거방해사건 등 黨利를 위한 集團的인 暴行이 가해질 때에 뒤에서 폭력배를 움직이고 있는 것도 거대한 권력가들이다. 이들 각 집단의 두목들은 거의 무기를 휴대하고 있으며 '밤의 치안국장'이나 '경찰서장'이라는 은어가 있듯 그들이 쥐고 있는 권력이란 상상도 할 수 없으리만큼 거대하다. 이들 특수집단은 강대한 권력기관과 정당, 기업주 등을 배경으로 하여 위로는 정치적 활동에서 아래로는 강도, 소매치기, 절도, 날치기, 들치기, 횡령, 강간, 공갈 협박 등 가지가지 행동을 직업적으로 행하고 있는 것이다.

제2장

秘密記號(Secret Sign)의
基本的 性格 및 用途

1. 비밀기호의 기본적 성격

　말이 시간적 공간적 제약을 받기 때문에 記號인 문자가 발생했다는 것은 再論을 要하지 않는다. 집단들이 隱語로서는 그들의 행동상 시간적 공간적 제약을 받을 때에는 특수하게 발달한 繪畵性이 다분히 포함된 기호를 사용하고 있다. 기존 문자의 종류는 表意文字와 表音文字로 나눌 수 있는데 특수 집단 내에서 사용하고 있는 기호는 表意性이 포함되어 있을뿐더러 表音文字에 속하는 것도 있기 때문에 한 마디로 表意記號라고도 할 수 없다. 表意文字 중에는 회화성을 다분히 포함한 회화문자와 회화문자가 발달한 상형문자와 漢字들을 들 수 있다.

　그런데 里巷 집단 내에서 사용하고 있는 기호는 繪畵文字나 象形文字를 병용하고 있기 때문에 한 가지 통칭을 붙이기 어렵다. 이 기호 중에는 한자를 차용하고 거기에 기호를 더하는 것이 있는가 하면 알파벳을 차용하고 한글 기타 기호 등을 차용하여 하나의 암호로서 사용되고 있다. 이 기호는 그들 상호 간의 연락 시에 사용되는 것으로 비밀을 유지하기 위해 만들어진 것이다. 그래서 그들이 사용하는 부호를 통틀어서 Secret Sign 즉 비밀기호라 이름하여 보았다.

북한의 간첩들이 월남할 때 이미 남한에서 蠢動하고 있는 간첩들과 접선하기 위해 회화성을 띤 기호를 사용하고 있다. 간첩들이 예정대로 월남에 성공하면 북한에서 지정한 장소에 가서 그림을 그려 놓았다가 다시 일주일 후에 가면 기호가 添記되어 있음으로써 접선의 암호가 되는 것이다. 예를 들면 다음과 같다.

(ㄱ) 서울역의 공동 변소에 꼬리 없는 토끼를 그려 놓으면 남한에 이미 준동중인 간첩이 접선 기호로서 꼬리를 그려 넣는다. (동아일보 1958. 3. 12. 付 제3면)

(ㄴ) 안경만을 그려 놓으면 이미 남한에 있던 간첩은 얼굴을 그려 넣는다. (동아일보 1958. 3. 5. 付 제3면)

(ㄷ) 파고다 공원의 밖에 남자 Sexual Selection을 그려 놓으면 접선신호로서 여자 Sexual Selection을 그려 넣는다. (동아일보 1958. 3. 13.)

(ㄹ) 지정된 공원의 벽에 사람의 머리를 그려 놓으면 그 위에 감투를 그려 넣는다. (동아일보 1958. 3. 13. 付 제3면)

이상 그림은 경찰이거나 일반인이 볼 때에는 흔히 있는 낙서로 그린 것과 같이 느끼고 말 것이다. 里巷 특수사회의 集團員들이 사용하는 기호도 바로 이런 심리적인 것을 이용하여 그것으로써 의사를 소통하고 있는 것이다. 이런 심리적 현상이 비밀기호의 기본적 성격이라 할 것이다.

2. 용도

비밀기호가 사용되는 경우와 전달방법 등을 보면 매우 교묘하다. 사용되는 용도를 들면 다음과 같다.

> (a) 구속 중이거나 미결수로 수감되어 있는 집단원의 석방운동에 필요한 정보교환과 그리고 음식물, 의류 등의 差入物品의 요구와 가족의 안부전달.
> (b) 두목이 부하에게 하는 작전 명령 및 示達文.
> (c) 수감 중인 집단원간의 연락.
> (d) 집단원간의 연락 및 他 區域에 대한 抗議文.
> (e) 다방이나 바(bar) 같은 데서 암호(argot)로, 의사소통이 곤란을 느낄 때에는 신문지 같은데 낙서하는 것 같이 하면서 공작을 熟議할 때 등에 사용된다.

구속 중이거나 수감 중인 집단과의 전달방법은 차입물품의 포장지 같은데 낙서와 비슷한 그림을 그려서 전달하거나 빵 속 같은데 쪽지를 넣어 전달하고 있다. 그리고 면회 시에 말로는 정보를 교환할 수 없기 때문에 기호가 교환되며 만약 발각된다 할지라도 휴지에 낙서한 것밖에 되지 않으므로 어려움을 모면한다. 그러므로 비밀기호는 낙서와 같은 인상을 줘야 되므로 회화성을 띠게 되는 것이다. 그래서 기호는 절약을 요구하며 하나의 기호에 많은 뜻이 포함되도록 하는 노력이 필연적으로 생기게 되는 것이다. 비밀기호는 주로 많이 사용될 경우는 지령문 및 보고문 등에 사용된다. 한편 비밀기호는 문자를 전연 모르는 문맹자에게 그림으로 전달한다. 문자는 배워야 알지만 그림은 배우지 않아도 해득이 용이하므로 많이 이용되는 것이다. 일선에서 전투가 불리하여 국군과 UN군이 지리멸렬하게 되어 어느 산골짜기에서 만났었는데 언어가 통하지 않으므로 주로 몸짓 손짓으로 의사를 교환하고 그것이 불충분할 때에는 그림으로 의사를 소통하기도 한다. 집단의 무리 사이에도 문자를 모르는 자에게 그림을 통하여 의사를 전달하는 경우가 있다. 이 기호는 특수집단에서도 중요한 특수직책에 있는 자만이 알고 말단 부하들은 비밀기호가 있는지조차도 모르고 있다.

제3장

비밀기호(Secret Sign)의 例와 考察

편의상 19부문으로 나누었고 기호에 대하여서는 여섯 가지로 분류하였다.

① 象形記號 ：'六書'의 상형문자인 '日, 月, 山, 水, 人, 虎' 등과 같이 사물을 상형한 기호.

② 指事記號 ：'六書'의 지사문자인 '上, 一, 二, 三' 등과 같이 사건을 추상적으로 상형한 것이고 상형적 암시성을 표상한 기호.

③ 會意記號 ：'六書'의 회의문자에서는 '武, 好, 母, 男, 林, 森, 炎' 등과 같이 두 글자 이상의 글자가 결합하여 이루어진 자를 가리키는데 주로 여기서는 상형기호와 지사기호를 결합시켜 이룬 기호.

④ 連象記號 ：하나의 기본이 되는 기호에 새로운 기호를 첨가함으로써 유사한 말을 表象하는 기호가 분화된 것이나 기호의 위치를 바꿈으로써 반대어 또는 同類의 의미적 분화를 이루는 기호.

⑤ 借象字記號：기존 문자나 기존의 기호 등을 차용하거나 또는 차용자에 새로운 기호를 첨가하여 새로운 기호를 이룸.

⑥ 變形字記號 : 한글의 字母 中 모음을 변형시킨 것.

'取象語란 隱語 原語 中 어떤 것을 취해서 記號化 했느냐를 가리킨 것이다. 取象語가 隱語로 되어 있을 때에는 그 말의 기호는 은어를 취해서 이루어진 것이 된다.

1. 集團 關係

(1)	(2)	(3)	(4)	(5)	(6)	(7)	(8)
(9)	(10)	(11)	(12)	(13)	(14)	(15)	(16)
(17)	(18)	(19)	(20)	(21)	(22)	(23)	(24)
(25)	(26)	(27)					

番號	取象語	隱語	原語	分類
1	原語	딸딸이	自轉車 專門 竊取者	象形記號
	자전거 車體의 象形으로서 '自轉車'란 말도 表象하지만 더 나아가서 '자전거 전문 절취자'란 뜻과 '자전거를 전문적으로 절취하다'란 문장의 뜻을 포함하고 있다.			
2	原語	무꾸리 장사	石炭 專門 竊取者	象形記號
	머리 위에 인 것은 훔친 석탄이 들어 있는 자루를 象形한 것임. 석탄을 파는 것은 주로 여자임.			

	原語	시라이꾼	종이 줍는 자	象形記號
3	내려 그은 두 線은 집개이고 아래 四角形은 종이. 隱語 '시라이꾼'은 일본어 hirou(拾)에서 借用한 것인데, h〉s로서 hi〉si.			
	隱語	지까다비	見習部下(똘만이)	象形記號
4	隱語인 '지까다비'는 일본어로서 漢字語로 '地下足袋'인데 그 신의 바닥을 상형한 것임. 지까다비는 주로 作業靴로 사용됨.			
5	原語	장물애비	竊取品 賣買 紹介者	指事記號
	物品을 이리저리 처리한다는 것을 抽象的으로 表象함.			
6	原語	감투재비꾼	帽子 專門 竊取者	會意記號
	象形記號인 帽子와 행동을 表象하는 指事記號가 결합된 것으로 모자에 대한 행동, 즉 모자절취자를 表象한 것임.			
7	原語	바람잡이	監視者, 步哨	會意記號
	위 동그라미는 사람의 빈 마음을 가리킨 指事記號이고 아래 것은 두 눈(眼)을 상형한 것으로서 타인의 빈 마음을 노린다는 데서 이루어진 기호.			
8	原語	人力車모타	택시 拳銃 强盜	會意記號
	上部는 택시의 내부 斷面圖를 마름모로 놓았고 두 화살표는 택시 내에서 격투를 가리킨 指事記號.			
9	原語	꼬재비	소매치기	會意記號
	便紙封套와 같은 것은 pocket이고, pocket에 행동의 指事記號인 화살표가 들어가니 돈을 빼앗는 소매치기. '꼬재비'는 '꽃잡다'에서 온 말로 '꽃'은 '돈'을 뜻함.			
10	原語		挾雜輩	會意記號
	Heart 안에 눈(眼)을 그렸음. 삼각형의 기호는 壓迫한다는 것을 表象. 마음의 눈을 압박한다는 것			
11	原語	뚜룩	盜賊	會意記號
	별표는 夜間. 線은 담. 즉 별이 반짝이는 캄캄한 밤에 담을 넘어 들어간다는 것인데, 하나의 詩的인 이미지를 주는 기호			
12	隱語	짚신	正式部下	連象記號
	짚신의 날을 象形한 것. 隱語 '짚신'은 그들의 處地가 짚신과 같다는 데서 생겨난 것.			
13	隱語	로오마이 짚신	(말쑥하게 차린)正式 똘만이	連象記號
	'12'의 記號에 線을 더함. 集團員들이 행동할 때 服裝이란 하잘 것 없지만 말쑥하게 차리고 나서면 一流紳士나 다름없는 盛裝을 한다. '로마이 짚신'의 '로마이'는 洋服 名인 日本語 '료오마이'에서 온 말. '똘마니'의 형성은 돌(石)〉똘+마니(接詞)로 이루어진 듯. 이 '똘마니'는 매우 흥미 있는 말로서 부하들의 一般通稱語이고 그들의 일 종류에 따라 呼稱이 다르다. ① 짚신(짚신창) - 도둑의 부하 ② 구두창 - 폭력배의 부하			

③ 걸레 – 걸인들의 부하
④ 손걸레 – 시라이군(바구니를 메고 종이 따위를 줍는 사람)의 부하
⑤ 버선걸레 – 營業집에 從事하는 少女

'짚신창', '구두창', '걸레', '버선' 등은 모두 그들의 고된 處地를 나타내고 있음을 알 수 있다. 똘마니는 돌과 같은 존재라는 의미로 길에 굴러다니는 '돌'처럼 밟히고, 채이고, 깨지고, 비 맞고, 여름엔 타고, 겨울에는 어는 고된 처지를 나타낸 말.

驛에서 승객들의 車票를 사주는 척 하면서 거스름돈을 떼어먹고, 주머니를 노리는 자들을 **똘패**, **똘패**, **똘찌기**, **똘찌기**'라고 일컫는 것으로 보아 '똘마니'에서 '똘'은 '돌'이 변한 것임을 알 수 있다.

'똘패'는 '石派'고 '똘찌기'는 '돌'의 黃海道 地方의 方言. 그리고 '**똘마니**'의 '마니'는 '아주마니', '오마니' 등의 略語인 듯.

14	原語	똘만이	部下	連象記號
	갈쿠리와 같은 뾰족한 것은 敵(警察, 取締機關)을 指事한 것이고 위의 점은 集團員을 가리킨 것임. 언제나 집단원들은 對敵의 緊張狀態에 놓여 있다는 것을 表象함. '14'의 부호에 검은 큰 점이 하나 더 있는데 이것은 頭目을 가리킴.			
15	原語	왕초	頭目	連象記號
16	原語	꼬재비	소매치기	借象字記號
	M은 Money의 M을 빌림. Money를 옆으로 가로 찌르는 행동 즉 소매치기를 表象함. '9' 참조.			
17	原語	앙초	頭目	借象字記號
	8字가 一 위에 있으니 팔자가 늘어졌다는 것으로서 왕초의 八字란 것은 호박이 넝쿨째 떨어진다는 데서 온 것임.			
18	原語	똘만이	部下	借象字記號
	8字가 새끼줄에 매여 달렸으니 곧 매어 있는 몸. 왕초에게 매어 있는 똘마니			
19	原語	夜間治安局長, 왕초	頭目	借象字記號
	集團輩 中에서 頭目이 '王'이므로 '王'字를 빌림직 하고 '王'字 주위에 '( )'의 기호는 똘마니가 警護한다는 것이고, '" "'은 별의미가 없는 것 같고, 다만 '왕'字를 Camouflage 한데 지나지 않는 것 같다.			
20	原語	강짜	强盜	借象字記號
	강도의 첫 자 '强'에 '" "'를 첨가했는데, 이 引用符는 '19'와 같이 별의미가 없고 '强'이란 字를 Camouflage한데 지나지 않는 것 같다.			
21	隱語	양아치	乞人	變形字記號
	'양아치'라고 읽으며 모음'ㅑ'는 적은 고리 점 'ㅇ'이고 '치'에 붙은 기호는 모음'ㅣ'를 변형시킨 것이다. '양아치'는 '동냥아치' 略語.			
22	隱語	구름	族譜	變形字記號
	'ㄱ' 아래에 있는 기호는 모음 'ㅜ'이며 'ㄹ' 아래에 있는 中聲은 모음 'ㅡ'를 변형시킨 것이다. 족보라 함은 集團員들의 소속 및 경력을 말함인데, 경력 중 가장 평가되는 것은 犯行 件數와 刑務所에 들어간 件數와 服役 年限이다.			

	隱語	개장국	見習部下(똘만이)	變形字記號
23	개장국이라 읽으며 '개'의 變形字 '지'는 ㅏ + ㅣ = ㅐ의 공식으로 아래 'ᆞ'에 'ㅣ'를 첨가한 것임.			
24	隱語	얌생이	몰래 훔치는 자	變形字記號
	얌생이의 變形字			
25	隱語	하꼬노리	列車 內 竊取者	變形字記號
	하꼬노리의 變形字. 隱語 '하꼬노리'는 일본어의 隱語 hakonori(箱乘)를 借用한 말. 일본에서 '하꼬노리'는 '열차내의 소매치기'의 뜻과 신문기자의 隱語로서 신문기자가 談話記事를 取材할 목적으로 목적 인물과 同乘한 것.			
26	隱語	족속	集團員	變形字記號
27	隱語	개구리	벙어리	變形字記號
	'개구리'의 變形字. 그들의 행동을 容易하게 진행시키기 위한 수단의 하나로서 벙어리로 假裝할 때도 있지만 그들 集團輩 중에는 진짜로 벙어리가 있는데, 그들은 누구보다도 충성심이 강하고 용맹하여 활약이 우수하다고 한다. 벙어리의 隱語 개구리는 벙어리의 反對語와 비슷한 것으로 乞人들의 根據地를 天國이라고 하는 것과 同質의 말이다.			

이상 集團輩 稱號의 기호를 볼 것 같으면 '4'의 見習 部下의 기호를 '지까다비'에서 取象하였는데, '23'을 보면 原語는 같지만 隱語는 '개장국'으로써 變形字記號에서 取象했는데 同意의 말을 하나는 象形記號로 하나는 變形字記號로 表象했다. 그리고 '9'의 소매치기의 會意記號와 '16'의 소매치기 기호인 借象字記號로 表象되어 있다. '15' 頭目의 連象記號와 '17'의 同意 異記인 借象字記號와 '19'의 기호도 역시 借象字인데, 이렇게 同義語가 異記號로 表象된다는 것은 매우 흥미 있는 현상이라 하겠다.

董作賓은 '中國文字의 起源'에서 埃及(이집트)과 磨些(雲南省 麗江의 蠻)의 會話文字와 甲骨文字를 비교하면서 다음과 같이 말했다.

1. 造字 時에 對象이 같고 心理도 같았던 것은 文字가 서로 같아질 수 있다.
2. 造字 時에 對象이 같고 印象이 달랐던 것은 文字가 반드시 다르다.

    3. 造字 時에 地理的 環境이 달랐던 것은 文字가 반드시 다르다.
    4. 造字 時에 社會的 背景이 달랐던 것은 文字가 반드시 다르다.

  이상 네 가지를 秘密記號에 직접 적용시키기는 考慮와 愼重을 期해야 되겠지만 많은 暗示를 주고 있다. 集團員들의 區域制가 엄격하다는 것은 그들 언어에서 지리적 환경이 많이 작용하고 있음을 보여 주고 있다. 서울驛派 집단원에게는 驛을 중심한 隱語가 발달한데 비하여, 鍾3派 집단원에게는 私娼에 대한 隱語가 발달한 것 등을 예로 들 수 있다. 그러므로 비밀기호의 제작에 있어서도 지리적 환경이 작용할 것이라는 것은 쉽게 짐작할 수 있다. 지리적 환경이 다르기 때문에 製作者가 다를 것이고 각 집단 내에 있어서 隱語가 독자적인 발달을 이루듯 기호도 독자적으로 발달하였기 때문에 同意異記號가 생겼을 것이다. '9'는 소매치기를 表象한 것인데, 'A'라는 사람은 'a'地區에서 포켓에 화살표를 함으로써 돈을 빼앗는다는 것으로 表象하여 取象對象이 포켓이고, '16'은 製作者가 다른 'B'라는 사람이 'b'라는 地域에서 포켓을 取象한 것이 아니고 직접 Money에서 取象한 것이다. 같은 종류의 사물이라도 글자를 만든 사람이 취상한 것이 다르거나, 혹은 인상이 다른 경우에는 만들어 낸 기호가 달라질 수 있는 것은 당연한 현상이겠다. '雨'는 甲骨文字에서는 上部에는 雲層이 되고 아래는 빗방울이 떨어지는 것을 象形했는데, 이집트의 繪畵文字에서는 하늘에서 빗방울이 아니라 물이 내리는 것을 취상했고, 磨些의 繪畵文字에는 비가 올 때에는 산과 땅에 물이 흘러서 돌아가는 모양을 본떠 만들었다. 이와 같이 글자를 만드는 사람이 다름으로써 기호가 달라지는 것이다.

  그리고 비밀기호를 만드는 데 있어서 가장 강력하게 주의를 기울인 것은 비밀이다. '1'의 기호를 보더라도 '자전거'의 車體 象形이 '自轉車

專門 竊取者' 나아가서 '자전거를 절취한다'로서 한 문장의 뜻이 한 기호에 壓縮되어 있다. 그러므로 비밀기호는 비유(Comparison)적 성격이 농후하다. 기호 '1'과 같은 것은 提喩(Synecdoche)에 속한다고 볼 수 있다. 同一物 意味의 擴大를 表象하고 있기 때문이다.

통계(1)

집단 관계의 칭호

象形記號	指事記號	會意記號	連象記號	借象字記號				變形字記號		계	取象語	
				漢字	英字	한글	기타	隱語	原語		隱語	原語
4	1	6	4	2	1	2		7		27	10	17

集團員들의 구성과 행동이 多種多樣하고 복잡성을 띠기 때문에 비밀기호의 형성과정도 多種多樣함을 통계에서 알 수 있다.

2. 凶器

番號	取象語	隱語	原語	分類
28	原語	닭다리	拳銃	象形記號
29	原語	카이젤	칼빈銃	象形記號
	위 線에 點線이 있는 것은 實彈을 表象함.			
30	原語	스파이크	큰 못	象形記號
31	原語	드라이바	뺀찌	象形記號
32	原語	맹꽁이	手匣	象形記號
	手匣은 경찰에서 사용하는 것도 있지만 集團員들이 경찰로 假裝하여 일반인의 犯行을 발견했을 때에는 이를 사용하여 金錢을 강요함.			
33	原語	빠	捕繩	象形記號
	捕繩을 象形함. 바 〉 빠			
34	原語	돼지털	회초리	象形記號
	이 회초리는 가죽으로 만든 것인데, 집단원에 대한 벌을 가할 때 사용되거나 또는 일반인에게 폭행을 가할 때에 사용됨.			
35	原語	삿대	열쇠	象形記號
	열쇠를 象形한 것인데, 맞쇠로 住宅에 침입하거나 물품을 넣어 둔 창고나 금고 등의 쇠를 만들어 所持하고 있다.			
36	隱語	창돌	投石	象形記號
	화살표는 槍이고 하부의 波線은 돌			
37	隱語	화살	匕首	象形記號
38	隱語	뽀트	자물쇠	象形記號
	上部의 돛과 船體. 아래의 波線은 수면을 表象함.			
39	隱語	타임	羅針盤	指事記號
	隱語인 타임을 가리키는 바늘로서 나침반을 表象. 集團員들의 夜間行動에 사용됨.			
40	原語	콩알	총탄	會意記號
	'0'은 총탄을 본뜬 것이고 그 둘레에 점이 여섯 개 있는데, 이것은 六六砲의 '六'을 表象한 것임.			
41	原語	고리고리	스위찌	借象字記號
	삼각형이 서로 상하로 맞대어 그려졌는데, 上部는 '十', 下部는 '一'로서 兩極이 합침으로써 하나의 統一 즉 電流가 통하여 電燈이 켜진다는 것.			
42	原語	꾸지	칼(刀)	變形字記號
	隱語 '꾸지'는 日語 aikuchi(匕首)의 上略語.			
43	隱語	모찌떡	권총	變形字記號

	隱語 '모찌떡'은 일본어 mochi(餠)에 떡이 다시 붙음. 假拳銃을 떡으로 빚어서 만든다는 데서 유래된 말.			
44	隱語	두꺼비등	手榴彈	變形字記號
	手榴彈이 두꺼비 등 같은 데서 유래된 隱語			
45	隱語	엽전떡	獵銃	變形字記號
	變形字에 있어서 'ㅓ'와 'ㅕ'는 左便에 쓰이는데, 점이 두 개일 때에는 'ㅕ'이고 하나일 때에는 'ㅓ'이다.			

통계(2) **凶器**

象形記號	指事記號	會意記號	連象記號	借象字記號				變形字記號		計	取象語	
				漢字	英字	한글	其他	隱語	原語		隱語	原語
11	1	1					1	3		18	7	11

凶器는 그 실체의 象形이 容易하기 때문에, 18개의 記號 중 11개의 기호가 象形記號로 되어 있다.

3. 警察 및 司法 關係

集團輩들과 對敵關係에 있는 警察과 檢察, 裁判, 刑務所에 관한 記號들이다.

(46)	(47)	(48)	(49)	(50)	(51)	(52)	(53)

(54)	(55)	(56)	(57)	(58)	(59)	(60)	(61)

(62)	(63)	(64)	(65)	(66)	(67)	(68)	(69)
(70)	(71)	(72)	(73) 王	(74) 王	(75)	(76) 告	(77) 소
(78) 天	(79) 天	(80) 天	(81) 天	(82) 天	(83) 下/上	(84) 出	(85) 法
(86) 天	(87)	(88) 15H	(89) 12H	(90) 10m	(91) 6m	(92) 3m	(93)
(94) (ㅎ)	(95)	(96) H₀	(97) 小双	(98) 中双	(99) 大双	

番號	取象語	隱語	原語	分類
46	隱語	두꺼비	機動警察	象形記號

番號	取象語	隱語	原語	分類
	隱語	두꺼비	機動警察	象形記號

46 　隱語 두꺼비를 記號化한 것인데, 곤충과 같이 그려져 있다. 이는 隱語인 두꺼비에 다시 비밀 유지를 위한 작용에서 더욱 변형시킨 것으로 은유(Metaphor)적 성격을 지닌 기호라고 하겠다.
　그러므로 이 기호의 형성과정은 原語〉隱語〉(두꺼비의 象形)〉두꺼비의 變形(곤충과 같음, Metaphor的)의 四段階의 과정을 밟았다고 볼 수 있는데, 이와 같은 현상은 특수 집단의 특수성 즉 機密維持를 위한 작용이라 하겠다. 機動警察은 移動性이 있기 때문에 두꺼비로 뜻하였음. 한편 隱語 '두꺼비'는 '왕초'의 別稱이기도 하다.

番號	取象語	隱語	原語	分類
47	原語	고리	守衛室	象形記號

47 　正門 入口의 象形. 수위실을 상형한 것이 아니라 정문 입구를 상형한 것으로 Metaphor的이라 할 것이다. 隱語 '고리'는 문고리를 달고 있다는 데서 유래됨.

番號	取象語	隱語	原語	分類
48	隱語	뺑끼통	便桶	象形記號
49	原語	동자꾼	炊事罪目	象形記號

49 　炊事는 입에 食物을 넣기 위한 것이라 할 것인데, 숟갈로 대표하여 表象함.

50	原語	골	刑務所	指事記號
	壁과 天井이 密閉된 곳, 즉 監房을 가리킴.			
51	原語	냄비막걸리	刑務所 內에서 하는 沐浴	會意記號
	구형(矩形)은 沐浴桶을 본뜬 것이고, 검은 점은 사람이 물에 들어가 머리만 내밀고 있는 것을 表象.			
52	隱語	한술 더 뜬다	죄명이 하나 더 붙다.	會意記號
	숟갈 위에 죄가 떨어지는 것을 表象.			
53	原語	작찌비물먹다	遺言하다	會意記號
	上部 구형(矩形)은 종이(紙), 점선은 글자이고 그 아래는 鉛筆이다.			
54	原語	말똥장군	判事	會意記號
	裁判棒과 卓上			
55	原語	쌔리간	警察署	連象記號
	留置場의 문을 본뜬 것인데, 오른쪽 점 셋은 열쇠 구멍이고 왼쪽 가로 그은 線은 內部를 들여다보는 곳.			
56	原語	빵	派出所 및 支署	連象記號
	열쇠구멍의 위치를 바꾸고 들여다보는 구멍을 없앰으로써 간략히 함. 警察署보다 간략한 곳은 支署나 派出所.			
57	原語	빵깐	刑務所	連象記號
	警察署를 표시한 기호의 열쇠구멍과 들여다보는 구멍의 위치를 완전히 바꾸었음.			
58	原語	짜브	刑事	連象記號
59	原語	쌔리	巡警	連象記號
	刑事는 주로 色眼鏡을 썼기 때문에 이 안경을 表象했고 巡警은 無色眼鏡으로써 이를 表象하였다. 그런데 순경이 무색안경을 使用한다는 데서 유래된 것은 아니고 형사의 기호에서 類似語의 뜻을 약간의 기호의 차이로서 表象한 것이다.			
60	隱語	넥타이 商人	屍體	連象記號
	왼편 발에 있는 것은 絞首刑에 使用되는 밧줄인데, 이미 生命이 끊겼다는 것.			
61	原語	마도가라스	上訴	連象記號
	오른 쪽의 것은 法廷에서 사용되는 裁判棒. 화살표는 행동의 上昇, 즉 上告.			
62	原語	가잠	棄却	連象記號
	'61'의 위치를 반대로 놓음으로써 반대어인 기각(棄却).			
63	原語	고물카	新入罪囚	連象記號
	罪囚의 服裝을 본뜬 것임. 胸部에 눈(眼)을 그린 것은 생명체란 것을 表象.			

64	原語	고물짝	古參罪囚	連象記號
	'63'을 거꾸로 놓음으로써 반대어를 表象.			
65	原語	딱지떼다	不起訴	連象記號
	起訴狀에 印章이 찍혀 있는 것인데, 글자가 없는 것으로 不起訴를 表象.			
66	原語	딱지붙다	起訴	連象記號
	不起訴의 記號에 點線을 두 개 添記함으로써 반대어인 起訴를 表象.			
67	原語	넥타이풀다	無罪	連象記號
	눈과 코가 완전히 解放되고 자유로움을 表象. 隱語 '넥타이풀다'의 '넥타이'는 絞首刑에 처할 때 사용하는 밧줄을 뜻함.			
68	原語	산다징	懲役	連象記號
	⌐은 監房, 눈과 코는 암흑, 즉 감방 안에서의 눈과 코는 암흑이므로 징역을 表象. 隱語 '산다징'은 '징역을 살다'의 주어+술어의 공식을 바꿔서 '살다+징역' '산다 징역'의 略語.			
69	原語	망건벗다	無期懲役	連象記號
	한쪽 눈이 떠 있는데, 이는 살아날 가망이 있다는 것.			
70	原語	바가지장군	無期懲役囚	連象記號
	無期懲役囚가 되어 오래 刑務所에 收監되어 있으면 頭部의 脫毛가 심하여 바가지 같이 된다는 데서 유래. 한편 죽어야 감옥에서 나오게 되므로 '해골'을 '바가지로'.			
71	原語	비둘기 타다	無期 求刑	連象記號
	無期懲役의 기호 위에 裁判棒을 添記함으로써 求刑의 뜻을 表象.			
72	原語	넥타이 見習工	死刑囚	連象記號
	양쪽 눈 사이에 위로 오르는 것은 火葬으로 인해 오르는 연기. 監房의 기호가 생략되었는데, 이는 死刑囚에겐 감방이 문제가 아니고 연기가 될 신세에 처하였다는 것			
73	原語	넥타이 支配人	刑務所長	借象字記號
	監獄 안에서의 王. 隱語 '넥타이지배인'의 '넥타이'는 絞首刑에 사용되는 밧줄.			
74	原語	가문치	臨時刑務官	借象字記號
	'一 0 一'은 西大門 刑務所의 번지.			
75	隱語	네루 首相	鐵道警察	借象字記號
	王의 外形은 印度의 略圖, 네루는 'rail'에서 생긴 隱語.			
76	原語	넥타이工場設立登記	死刑執行公告	借象字記號
	'告'는 '公告'의 '告'를 딴 것이고 눈 모양은 생명, 점선은 글자 生命에 대한 公告, 즉 死刑執行公告.			
77	原語	가리	淸掃罪囚	借象字記號
	'소'는 '淸掃'의 '掃'자를 借用하였고 外形은 쓰레받기임.			

78	隱語	넥타이 工場煙氣	死亡	借象字記號
	'天'은 '天國'의 天자를 차용하였고 火葬場의 煙筒에서 煙氣 오르는 것.			
79	原語	달걀빵	총살	借象字記號
	天字의 右便에 있는 기호는 長銃의 안전장치인데, 안전장치가 풀어짐으로써 天國으로 直行한다는 것임.			
80	原語	넥타이 工場	死刑執行刑務官	借象字記號
	刑務所 안에서 영원히 地上에서 天國으로 가게 하는 사람.			
81	原語	넥타이 모찌	死刑場에서 마지막 주는 담배	借象記號
	天國으로 가기 직전 피우는 담배.			
82	原語		死刑執行刑務官	借象字記號
	天國으로 가게 하는 자. '80'참조.			
83	原語	큰집잔치	裁判	借象字記號
	裁判棒은 상하를 맞바꾸어 놓음. 裁判이란 아무리 高官富豪였을지라도 下層의 위치에 속하게 된다는 것.			
84	原語	앞문 執行猶豫	出監	借象字記號
	出監의 '出'자만을 떼서 기호를 더함.			
85	原語	중대가리	檢事	借象字記號
	'法官'의 '法'자를 차용함.			
86	原語	갈	故鄕	借象字記號
	刑務所 안에서 故鄕을 그리워하는 마음이란 하늘나라 이상의 憧憬이다. 감방의 기호를 거꾸로 그렸는데, 고향을 그리는 마음이란 감옥의 담을 넘고 하늘의 새와 같이 자유로이 할 수 있다는 데서 유래됨. 隱語 '갈'은 '가다'의 語幹 '가'에 未來의 語尾 'ㄹ'이 붙음.			
87	原語	똥줄타다	求刑이 一年	借象字記號
	'1H'의 'H'는 해(YEAR)의 'ㅎ'의 알파벳. 1H는 일 년. 裁判棒은 檢事의 求刑을 表象함.			
88	原語	토시벗다	15년 懲役	借象字記號
89	原語	빤쯔벗다	12년 懲役	借象字記號
90	原語	양말벗다	10개월 懲役	借象字記號
	10M의 M은 Moon의 M字를 딴 것으로써 '月'을 뜻함.			
91	原語	저고리벗다	6개월 懲役	借象字記號
92	原語	바지벗다	3개월 懲役	借象字記號
93	原語	개배째지기	刑務所 牧師	借象字記號
	'圓' 안에 '十'은 十字架.			

94	原語	청도라지	29일 拘留	借象字記號
	'一 0 一'은 西大門 刑務所의 번지			
95	隱語	오등가다장군	刑務官	借象字記號
	인체에 '5'를 그렸음.			
96	原語	엎힌두더지장군	特務隊員	借象字記號
	黑白, 黑點을 添記함으로써 HID란 것을 Camouflage.			
97	原語	사랑채	檢察廳	借象字記號
	'小'자를 변형화한 것으로 檢察廳, 高等法院, 大法院 중 적은 것은 檢察廳임으로 '小'를 씀.			
98	原語	행랑	高等法院	借象字記號
	'中'字의 變形.			
99	原語	안방	大法院	借象字記號
	'大'字의 變形. 隱語로 檢察廳이 '사랑채', '고등법원'이 '행랑', '대법원'이 '안방'으로 되어 있는데, 가옥의 방으로 隱語가 命名되었음은 매우 흥미롭다.			

집단배들에게 있어서 警察과 檢察과 法院, 刑務所 등은 가장 警戒의 對象이 되는 동시에 關心事이기에 그들의 행동 遂行上 多大한 比重을 차지하고 있다. 集團員 중에 被逮되어 警察, 檢察, 法院으로 넘어 가게 되면 이들을 釋放시키고 刑罰의 減免을 위해 왕초는 金錢과 人物들을 動員하여 갖은 수단과 방법을 다하고 있다. 그리고 言渡를 받고 服役 중인 集團輩에 대해서는 差入品을 보낸다든가 服役 중인 가족의 安否를 전하여 慰勞를 하고 있다. 이러한 釋放運動과 죄의 減免工作과 慰勞는 똘마니들의 士氣를 昻揚시키고 그들의 組織力을 强化하는데 큰 힘이 된다. 그들의 對敵關係에 대한 記號는 특히 機密維持를 위한 심리적 작용이 강하게 반영되어 있다. 收監 및 拘束者들과의 情報交換이 極秘密裡에 이루어지는 특수성에서이다. '46'은 機動警察의 隱語 '두꺼비'를 取象한 것인데, 隱語인 두꺼비의 實體象形이 아니라 더 변형하여 곤충과 같이 그려져 있다. 이는 비밀기호의 重秘密記號라 하겠다. '52'의 '罪名이

하나 더 붙다'의 기호는 순갈에 떨어지는 것과 같은 것을 取象하였는데,
他人이 보면 음식물과 관련된 것으로 생각해 볼 일이지 죄와 관련시켜
보기는 힘든 일이다. '55', '56', '57'과 같이 警察署와 支署, 刑務所의
기호가 留置場이나 監房門의 열쇠구멍을 본뜬 것이나 '58', '59'와 같이
刑事와 巡警의 기호가 色眼鏡과 無色眼鏡을 상형한 따위도 機密維持의
心理作用이 강력히 반영되었다. 그러므로 取象語의 全實體를 상형하는
것이 아니라 대상이 되는 사물의 특징적인 것을 抽出하여 일부분만을
取象하고 있는 것이다. 인간이 어떤 뜻을 나타냄에 있어서는 크게 두
가지로 나눌 수 있는데, 하나는 말(馬)이나 나무(木)와 같은 實體 表象과
하나는 희다(白), 뛰다(走) 등의 品態 表象이다. 그런데 이 兩種 表象의
차이를 여러 가지로 설명할 수 있겠지만, 여기서 살펴보려는 것은 그
表象이 單一的이냐 複合的이냐 하는데 있다. 예를 들면 말(馬)은 '네다리
가 있다', '家畜用馬', '乘馬用', '목이 긴 동물', '잘 뛰는 동물', '서서 자
는 동물' 등 여러 가지 表象이 통합되어 있다. 그러나 '희다'의 品態表象
은 '흰 눈', '흰 날개', '흰 개', '흰 얼굴' 등에서 '白'이란 것만은 單一的이
다. 그러므로 實體 表象은 복합적인데 반해서 品態表象은 단일적이라
할 수 있다. 實體表象이 複合 表象이란 것을 좀 더 설명한다면 우리가
나무(木)나 풀(草)이라고 하면 막연한 감이 있지만, 그래도 정리된 表象
이 있다. 나무라는 것은 '지상에서 자란다', '잎이 있다', '줄기가 굳다'
등 여러 表象의 묶음이 포함되어 있다.

그런데 우리가 줄기가 굵고 굳으며 키가 큰 식물을 만나게 된다면,
이것이 나무인지 풀인지 애매하게 된다. 우리가 영화에서 보는 열대지방
에서 자라나는 식물은 그것이 나무인지 풀의 일종인지 분간하기 어렵다.
나무와 풀의 複合表象 중 그 어느 일부라도 合致되지 않을 때에는 우리
의 두뇌는 혼돈을 일으킨다. 이러한 사실을 돌이켜 말한다면 원래 나무

와 풀이란 實體表象은 複合表象의 묶음이라는 것을 말하여 주고 있다. 그런데 비밀기호는 외형적으로는 實體表象의 성격을 띠지만, 내면적으로는 그 실체의 특징적인 것을 추출해서 單一的인 表象을 하고 있기 때문에, 解得에 있어 그리 혼돈을 일으키지 않는다.

앞서도 언급된 바와 같이 裁判에 관한 기호에 裁判棒이 대표적으로 表象되는 것이라든지, 죽음에 관계된 기호에 '天國'의 '天'字를 借用한 것이라든지, 징역의 기호에 눈이 반쪽만 검은 것 등은 複合表象 중 단일적인 表象으로 추출해낸 것이라 하겠다. 기호를 언뜻 보기에는 難解할 것 같으나 그렇게 해득이 어렵지 않다. 왜냐하면 대상의 내용을 서로 환하게 잘 알고 있기 때문이고 기밀유지의 필요상 실체의 전체 表象이 곤란하지만, 특징적인 것을 추출해내서 단일적 表象을 이루었기 때문이다.

통계(3)

象形記號	指事記號	會意記號	連象記號	借象字記號				變形字記號		計	取象語	
				漢字	英字	한글	其他	隱語	原語		隱語	原語
4	1	4	18	16	7	1	3	·	·	54	7	47

54개의 기호 중 借象字記號가 首位인데, 이는 死刑에 관한 기호와 懲役에 관한 기호가 발달되었기 때문이다. 그리고 連象記號는 18개로 連象記號 總累計의 약 30%를 占하고 있는데, 이는 集團輩들의 對敵關係에 대한 특수성에서 오는 현상일 것이다.

4. 職業 및 特徵的으로 본 人稱

(100)	(101)	(102)	(103)	(104)	(105)
(106)	(107)	(108)	(109)	(110)	(111)
(112)	(113)	(114)	(115)	(116)	(117)
(118)	(119)	(120)	(121)	(122)	(123)
(124)	(125)	(126)	(127)	(128)	(129)
(130)	(131)	(132)	(133)	(134)	(135)
(136)	(137)	(138)	(139)	(140)	(141)
(142)	(143)	(144)	(145)	(146)	(147)
(148)	(149)	(150)	(151)	(152)	(153)
(154)	(155)	(156)	(157)	(158)	(159)

(160)	(161)	(162)	(163)	(164)	(165)
쫀 α,	단꼴	큰들	고ㅈ둥	ㅅ 공	기붕
(166)	(167)	(168)	(169)	(170)	(171)
ㄴ로ㄹ지	흐α봄	홍풍ㅅ.	海상	둥ㅌ,ㅣ	뭥、ㅇ

番號	取象語	隱語	原語	分類
100	隱語	소금쟁이	福德房主	象形記號
	소금쟁이는 물 위를 뱅뱅 도는 벌레. 福德房主는 소금쟁이와 같이 뱅뱅 돌아다닌다는 데서 생긴 말.			
101	隱語	지당장관	農林部長官	象形記號
	고개를 숙이고 있는 것을 象形. 前 某農林部長官이 大統領의 말이라면 모두 '지당하외다'라고 하였다는 일화에서 隱語가 생김.			
102	隱語	뱅뱅이	女選擧運動員	象形記號
	뱅뱅이란 것은 놀음의 일종으로서 기호와 같은 판을 뱅그르르 돌리고 송곳 같은 것으로 금을 찍어 景品을 타는 것. 뱅뱅이가 뱅그르르 돌아가는 것과 같이 女選擧運動員이 분주히 돌아다닌다는 데서 생긴 것.			
103	原語	녹음판	도래미 아나운서	象形記號
	마이크와 마이크의 선을 象形.			
104	隱語	사타구니	劇場賣票員	象形記號
	허리를 앞으로 굽혀 사타구니 사이로 뒤를 보는 것을 象形했음. 賣票의 창구가 좁은 것을 사타구니 밑으로 보는 것과 같다는 데서.			
105	隱語	빨래	病院長	象形記號
	줄에 널어놓은 빨래를 본뜸.			
106	原語	노란약방	醫師	象形記號
	外傷治療役 붕대를 붙인 것.			
107	隱語	펨푸	密賣淫紹介者	象形記號
	womb과 testicles			
108	原語	개구리춤	댄스 初步인 女性	象形記號
	발과 다리를 겨우 벌릴 줄 안다는 것을 表象.			
109	原語	흑뗀놈	댄스에 能熟한 女大生	象形記號
	'108'에 비해 손에 曲線도 있고 몸도 쓸 줄 안다는 것을 表象.			
110	隱語	다꾸왕	料理師	象形記號

	原語	배화꽃	잘생긴 妓生	象形記號
111	수탉의 볏, 암탉보다는 수탉이 더 고움.			
112	原語	메주콩자루	못생긴 妓生	象形記號
	뒷머리의 상형			
113	原語	학비리	學生	象形記號
	학생의 특징적인 것, 펜의 상형.			
114	隱語	뽀트	秘書	象形記號
115	原語	붕어색씨	茶房 레지	象形記號
	卓上 위 heart 안에 두 눈이 있는 女性을 象形하며, 한 눈을 감고 한 눈을 크게 뜬 것을 그렸는데, 레지가 손님에게 눈으로 wink를 한다는 것을 表象.			
116	隱語	합죽이	長老	象形記號
	長老는 말을 잘한다는 데서 입을 크게 表象하였음.			
117	原語	양철통	곱추	象形記號
118	隱語	葉錢	韓國人	象形記號
119	隱語	핫바지	시골사람	象形記號
	바지와 저고리를 상형.			
120	隱語	무명저고리	역에서 갓 꾀어온 시골 處女	象形記號
	저고리의 목과 깃과 옷고름만을 象形.			
121	原語	청천강의 乙支文德 자지	배나온 남자	象形記號
	下腹部를 表象.			
122	原語	새우꼽새	손병신	象形記號
	鐵製義手를 상형함.			
123	原語	다마짱	눈썹이 긴 여자	象形記號
124	隱語	임진강의 迫擊砲	둔부가 풍만한 여성	象形記號
	두 개의 굴곡선은 임진강이고 가운데는 迫擊砲彈.			
125	隱語	먹자파	賂物을 좋아하는 者	象形記號
	床과 箸			
126	原語	하와이	허수아비	象形記號
	농작물 위에 十字形이 서 있는데 십자형이 허수아비다.			
127	原語	곤조통	말썽꾸러기, 不平分子	指事記號
	행동이 위아래로 종잡을 수 없다는 것을 表象.			

128	原語	하와이	全羅道出身者	指事記號
	heart안에 둥근 점. 즉 마음에 점이 있으니 믿을 수 없다는 것.			
129	原語	무꾸리處女	老處女	會意記號
	橫線 위에 四角形은 가마를 象形한 것이고 x표는 틀렸다는 것을 가리킨 것인데, 가마 타고 시집가기는 틀렸다는 것임. 隱語가 '무꾸리처녀'인데, '무꾸리'는 점친다는 뜻으로서 언제 시집을 갈 수 있나 또는 婚談이 진행되는 남성에 대하여 이리저리 알아보고 궁합이 맞나 무꾸리를 한다는 데서 생긴 말.			
130	原語	오꼬시	戰爭孤兒	會意記號
	'—'는 地, 'x'는 전쟁, '0'는 아이를 가리키는 것으로 地上에서 戰爭으로 인해 孤兒가 생겼다는 것을 表象.			
131	隱語	민둘레	줏대 없는 여성	會意記號
132	隱語	녹음판	通譯官	會意記號
	녹음테이프를 상형.			
133	原語	딸딸구지	劇場案內員	會意記號
	게시판 안에 案內標.			
134	隱語	救護物資	牧師	會意記號
	두 개의 동그라미는 救護物資의 포대이고 그 아래 별표는 美國을 가리킴.			
135	隱語	對馬島商人	驛 構內아나운서	會意記號
	동그라미는 對馬島를 가리킴. 화살표가 아래위로 향한 것은 말(語)이 많다는 것. 對馬島 商人이 원래 말이 많고 떠들어댄다는 데서 생긴 말.			
136	原語	道民證	시골사람	會意記號
	heart 안에 눈(眼). 마음속에 눈이 있으니까 純眞하다는 것으로 시골사람을 表象함.			
137	原語	따라지	越南民	連象記號
	'—'은 3·8선인데, 3·8선을 넘었다는 것을 表象.			
138	隱語	따라지게다짝	북한에 妻를 두고 온 자	連象記號
	'137'의 기호에 '게다'를 添記함. '게다'는 나막신으로 일본어임.			
139	隱語	금초롱	茶房 女主人	連象記號
	화살표가 굴곡이 있는 것은 마담들의 애교전술을 表象. 빠 마담보다는 질이 낫다는 것으로 '—'이 첨가되었음.			
140	隱語	은초롱	빠 마담	連象記號
	質的으로 봐서 빠 마담은 다방마담보다는 낮기 때문에 2급.			
141	隱語	문둥이	慶尙道出身	借象字記號
	'H'字는 heart의 'H'이고 'H' 주위에 점이 8개 있는데, 이것은 '팔자가 나쁘다'의 '팔'에서 생긴 말. 그러므로 경상도 출신자들은 문둥이로 팔자가 글렀다는 것.			

142	原語	찐따	절름발이	借象字記號
	'土'字 옆의 기호는 절룩거리는 발을 表象함.			
143	原語	노랭이	吝嗇한 사람	借象字記號
	heart가 아래로 내려가는 것을 表象.			
144	原語	끼고도는 기름	夫婦同伴	借象字記號
	'十'字 는 夫, '一'는 婦, '0'은 동반. '夫婦는 同心一體'			
145	原語	깨리	戀人	借象字記號
	'十'는 男, '一'은 女, 수학적으로 흔히 十一=0이라고 하는데 '二'에 '一'를 가하여 '三'이 되었는데, 이것은 평범의 한계를 넘어서 戀情關係에 있다는 것을 表象.			
146	隱語	깔치	數次에 걸쳐 性關係가 있었던 여인	借象字記號
	'깔치'의 첫 字 '깔'의 變形字. 그 아래에 女陰. 안에서 두 눈이 맞았다는 것으로 數次에 걸쳐 性關係가 있었던 연인.			
147	原語	허가 맡은 도둑놈	長官	借象字記號
	官은 '長官'의 아랫자를 차용. '引用符'는 護衛한다는 것으로 배경이 세다는 것을 뜻함.			
148	原語	군학비리	假學生	借象字記號
	'高'는 고등학교의 '高'字이고 양편의 두 선은 모자의 흰 테두리.			
149	原語	햇싸리	男子大學生	借象字記號
150	原語	삐리	學校	借象字記號
	地理附圖에서 사용되는 學校 符號를 차용함.			
151	原語	해파리족속	船員	借象字記號
152	原語	합승택시	二重間諜	借象字記號
	'十', '一' 전기 fuse, 즉 融合시키는 것. 敵과 我方을 융합시키는 것으로써 二重間諜. 隱語인 합승택시는 賣淫窟에서 本妻와 性關係를 '자가용차 탄다'라고 하며 誤入하는 것을 '合乘택시 탄다'고 함.			
153	隱語	救護物資	牧師	借象字記號
	왼편에 있는 것은 聖經이고 둥근 것은 救護物資의 주머니고 그 안에 '六·二五'는 六·二五 동란을 表象함.			
154	原語		抱主	借象字記號
	womb 안의 王, 즉 pander			
155	原語	농자파	將棋에 陶醉된 자	借象字記號
	위 두 개의 四角形은 將棋쪽. 왼편 아랫것은 '將軍'의 '장'의 變形字이고 오른편의 것은 '명군'의 '명'의 變形字임.			
156	隱語	종달새	娼女	借象字記號
	LK는 'Lark'의 略字			

157	隱語	市民證	서울시민	變形字記號
158	隱語	깔	情婦	變形字記號
159	隱語	메주	못생긴 妓生	變形字記號
160	隱語	찐따	절름발이	變形字記號
161	原語	댕기꼬랭이	단골손님	變形字記號
162	隱語	건달	有閑層	變形字記號
163	隱語	곤조통	不平分子	變形字記號
	같은 말이 '127'에는 指事記號로 表象되어 있음.			
164	原語	해파리왕초	뱃사공	變形字記號
	隱語 '해파리왕초'의 '해파리'는 바다에 떠다니는 것.			
165	隱語	게비	先生, 年長者	變形字記號
	隱語 '게비'는 '에비'의 '에'에 'ㄱ'이 첨가된 듯.			
166	隱語	노리개	百貨店 女店員	變形字記號
167	隱語	할아범	大統領	變形字記號
168	隱語	청포장사	호떡장사	變形字記號
169	原語	모란봉	老妓	變形字記號
170	隱語	동태	黑人美軍	變形字記號
171	隱語	잉어	白人美軍	變形字記號

職業 및 특징적으로 본 人稱의 기호가 72개인데, 그 중 人體에서 取象한 기호가 12개밖에 되지 않고 그 외의 기호는 직업이나 인물의 특징적인 것을 추출해서 記號化했다. 人體에서 取象한 12개의 기호 중에도 신체의 全身을 象形했다고 볼 것이 불과 5개밖에 되지 않는다. 그리고 他動物에서 取象한 것으로 소금쟁이와 수탉이 있다. 이렇듯 인물의 기호가 인체에서 取象한 것이 12개로 全 72개의 약 15%에 지나지 않는다는 것은 기호 解得에 있어서 복잡함을 피하기 위한 심리적 작용이라 하겠다. 사실상 인체에서 72개나 되는 기호를 만들어내기란 어려울 것이다.

통계(4)

象形記號	指事記號	會意記號	連象記號	借象字記號				變形字記號		計	取象語	
				漢字	英字	한글	其他	隱語	原語		隱語	原語
27	2	8	4	7	3	4	2	12	3	72	37	35

借象字記號가 16개, 變形字記號가 15개로 모두 31개인데, 全體 72개의 약40%나 된다는 것은 기호제작의 간소화에서 비롯하였을 것이다. 72개나 되는 人稱의 記號를 인체에서 取象하기란 매우 어려운 일이 아닐 수 없다.

5. 軍 關係

(172)	(173)	(174)	(175)	(176)	(177)
(178)	(179)	(180)	(181)	(182)	(183)
(184)	(185)	(186)	(187)	(188)	(189)
(190)	(191)	(192)	(193)	(194)	(195)
(196)	(197)	(198)			

番號	取象語	隱語	原語	分類
172	隱語	건빵	陸軍	象形記號
173	原語	허제비춤	擧手敬禮	象形記號
174	原語	망건	訓練帽	象形記號
175	原語	갓	鐵帽	象形記號
176	隱語	개병대	海兵隊	象形記號
	狗骨을 象形, '개병대'의 개(狗)에서 象形.			
177	原語	눈가리기	身體檢查	象形記號
	좌측의 둥근 것을 眼, 그 아랫것은 인체의 象形, 右便의 것은 身長器.			
178	原語	막까	天幕	象形記號
179	隱語	군고구마	假憲兵	象形記號
	고구마를 굽는 통을 象形			
180	隱語	능구렁	軍需物資	象形記號
181	隱語	게다짝	階級章	象形記號
	keda(下駄)의 象形.			
182	原語	말패	mark	象形記號
183	原語	소패	師團mark	象形記號
184	原語	개패	名札	象形記號
185	隱語	빈대떡	共産黨	象形記號
186	原語		統一	指事記號
187	原語		解放	指事記號
188	原語	군건빵	假軍人	連象記號
	'172'와 連象關係. '172'의 陸軍의 기호인 건빵에다 X표를 添記함으로써 假軍人.			
189	隱語	은사	銀武功勳章	連象記號
	隱語 '은사'는 '銀絲'로서 은실에 구슬을 낀 것.			
190	隱語	동사	金武功勳章	連象記號
	'189'에 色을 더함으로써 銅絲.			
191	隱語	은메달	假軍人	連象記號
	검은 둥근 점은 가짜를 뜻하고 별표는 軍의 標識이다.			
192	隱語	동메달	假傷痍軍人	連象記號
	가짜의 기호 밑에 keda게다(下駄)로서 假傷痍軍人을 뜻함.			

193	原語	게또	休戰線	借象字記號
194	原語	대소딸	女軍	借象字記號
	'女'字 아래에 女陰의 상형.			
195	原語	고급, A,B,C	女軍大尉	借象字記號
	大尉의 계급장에 右便 것은 女陰의 象形.			
196	隱語	개고기	海兵隊	借象字記號
	'D'는 'dog'의 첫 字이고 갈고리는 賣肉店에서 고기를 꿰어 매다는 것.			
197	原語	헤이따이	休暇	借象字記號
	'고'는 '故鄕'의 첫 자이고 고향으로 향한다는 것이니까 휴가를 뜻함. 隱語 '헤이따이'는 일어 heidai(兵隊)로 軍隊를 뜻함.			
198	隱語	돈산	論山訓練所	變形字記號

　　軍 關係의 記號는 행동할 때 假裝을 하기 때문에 발달하였다. 그리고 假軍裝을 하고 工作 中 取締(단속)機關인 憲兵의 訊問에 답하기 위해 軍 內部 組織 등도 환하게 알아 둘 필요가 있다. 특히 계급장이나 mark 등은 絶對 必要한 것이다.

통계(5)

象形記號	指事記號	會意記號	連象記號	借象字記號				變形字記號		計	取象語	
				漢字	英字	한글	其他	隱語	原語		隱語	原語
14	2	·	5	2	1	1	1	1		27	13	14

6. 交通關係

(199)	(200)	(201)	(202)	(203)	(204)

(205)	(206)	(207)	(208)	(209)	(210)
(211)	(212)	(213)	(214)	(215)	(216)

番號	取象語	隱語	原語	分類
199	隱語	씨름마	TAXI	象形記號
	씨름마라고 불리는 곤충을 象形함.			
200	隱語	부채	돛	象形記號
201	隱語	깔퀴쌀	닻줄	象形記號
202	隱語	깔퀴	닻	象形記號
203	原語	혹	帆船	象形記號
	'中'字 같은 것은 돛을 象形, '3'字 같은 것은 갈매기 나는 모습을 象形.			
204	原語	잠자리	飛行機	象形記號
205	原語	딱지	車票	象形記號
206	原語	하꼬방	찦	連象記號
207	原語	통성냥	電車	連象記號
208	原語	벤또	트럭	連象記號
209	原語	쇠가죽창	戰車	連象記號
210	隱語	고무풍선	보트	連象記號
211	隱語	쥬브풍선	모터보트	連象記號
212	原語	딱지	車票	變形字記號
	'205'에는 象形記號로 表象되어 있음.			
213	隱語	생도미	帆船	變形字記號
	'203'에는 象形記號로 그려져 있고 隱語가 혹으로 되어 있으나, 여기서는 隱語가 생도미로 되어 있다. 記號는 '생도미'의 '도미'를 變形字로 함.			
214	隱語	작은집	驛 構內	變形字記號
215	隱語	짤짤이	統一號	變形字記號

216	隱語	청개구리	汽車座席	變形字記號
	隱語 청개구리는 좌석을 씌운 것이 푸르고 한편 集團員들이 자리를 먼저 청개구리가 나뭇잎에 낼름 올라앉듯 차지했다가 나중에 자릿세를 要求한다는 데서 온 듯.			

통계(6)

象形記號	指事記號	會意記號	連象記號	借象字記號				變形字記號		計	取象語	
				漢字	英字	한글	其他	隱語	原語		隱語	原語
7			6					4	1	18	9	9

　交通에 관한 기호는 變形字記號를 除하고서는 거의 取象語의 實體的 象形이다.

7. 器具

(217)	(218)	(219)	(220)	(221)	(222)
(223)	(224)	(225)	(226)	(227)	(228)
(229)	(230)	(231)	(232)	(233)	(234)
(235)	(236)	(237)	(238)	(239)	(240)

(241)	(242)	(243)	(244)	(245)	(246)

(247)	(248)	(249)	(250)	(251)	
  	 	BEER	 	 	

番號	取象語	隱語	原語	分類
217	隱語	장백산치마	寢臺(刑務所)	象形記號
218	原語	배지	바가지(刑務所)	象形記號
219	原語	맹꽁이	싸이렝	象形記號
220	原語	강냉이	harmonica	象形記號
221	原語	풍치다	懷中時計	象形記號
	懷中時計와 時計줄			
222	原語	붕어아가리	ink병	象形記號
223	隱語	인두	色鉛筆	象形記號
224	原語	휴즈	鉛筆	象形記號
225	原語	달걀귀신	쟁반	象形記號
226	原語	가오루	茶匙(찻숟가락)	象形記號
227	原語	개오리	食卓	象形記號
228	原語	말총	椅子	象形記號
229	原語	조화	먼지떨이	象形記號
230	原語	말대가리	양복솔	象形記號
231	原語	꿩대가리	구둣솔	象形記號
232	原語	갈치대가리	칫솔	象形記號
233	隱語	숟갈	뚜껑	象形記號
234	原語	대가리	성냥알	象形記號
235	隱語	새우수염	비짜루	象形記號
236	原語	쇠머루	理髮器	象形記號

237	原語	개머리	面剪	象形記號
238	原語	논두렁	지게	象形記號
239	原語	OB맥주	재떨이	象形記號
	OB맥주회사에서 宣傳用으로 재떨이를 돌렸기 때문에 생긴 기호.			
240	原語	와이샤쓰	푸대	象形記號
241	原語	매미채	연보채	象形記號
242	隱語	전봇대	숟갈	指事記號
	언덕에 電柱가 서 있는 것.			
243	原語	백화	귀걸이	指事記號
	'3'과 같은 것은 耳, '0'귀걸이			
244	隱語	혁대	목걸이	指事記號
245	原語	장판	성냥황	會意記號
	성냥을 컨 자국과 '0'는 성냥알			
246	原語	볼록줄	수화기	連象記號
247	原語	네지기	送話機	連象記號
248	原語	소다가루	세숫대야	借象字記號
	세숫대야 아래에 물(水)의 화학기호 H_2			
249	隱語	깡통	병	借象字記號
	beer를 깡통이라고 함.			
250	隱語	색꼴아치	銀컵	變形字記號
251	隱語	최고깡통	냄비	變形字記號

'217'과 '218'은 '三'의 警察 및 司法關係에 넣어야 할 것인데, 器具關係 編에 넣었다. 여기에 있는 기구들은 주로 竊取한 물품들에 관한 것들이 대부분이다.

통계(7)

象形記號	指事記號	會意記號	連象記號	借象字記號				變形字記號		計	取象語	
				漢字	英字	한글	其他	隱語	原語		隱語	原語
25	3	1	2		2			2		35	8	27

　35개의 기호 중 象形記號가 25개로서 약 70%를 차지하고 있으며, 原語에서 取象한 것이 27개가 되는데, 이는 器具의 記號가 그들의 행동에 있어서 그리 機密에 속하지 않는 것들이기 때문이다.

8. 金錢關係

(252)	(253)	(254)	(255)	(256)	(257)

(258)	(259)	(260)			

番號	取象語	隱語	原語	分類
252	隱語	엽전두냥	은행에서 갓 내어온 돈	象形記號
253	隱語	두꺼비	돈뭉치	象形記號
254	隱語	국물	寄附金	象形記號
255	隱語	공양미	納付義務金	象形記號
	義務金은 集團輩들이 1日間에 벌어서 의무적으로 내는 돈인데, 구두닦이는 하루에 50圜이고 正式 集團員이 되면 1500圜을 내야 된다. 만약 그날 義務金을 벌지 못하면 꿔서라도 낸다. 隱語 '供養米'는 沈淸傳의 三百石과 관련된 듯하며 기호는 쌀을 넣어 두는 倉庫.			
256	原語	씽	金錢	象形記號
	紙幣에 人物이 그려져 있음을 表象. '씽'은 '심', '힝'이라고도 하는데, 이 隱語는 일본의 隱語를 차용한 外來 隱語. 日本의 不良輩(도둑, 소매치기)들이 金錢의 의미로 사용하는 隱語인데, 이것도 根源的으로는 僧侶들의 金錢의 의미의 隱語를 불량배가 차용한 隱語다. 일본 승려들이 금전을 'hing'이라고 하였는데, 이것은 '兄'의 宋音임. 힝〉싱〉씽			
257	原語	오꼬시	假軍票	借象字記號
	위의 둥근 점은 '假짜'를 뜻하고 아래 기호는 美貨를 뜻함.			

	原語	이딸리	副收入	借象字記號
258	소매치기의 기호 뒤에 숫자'2'가 첨가되었음. 二次的인 收入 그것은 副收入. 隱語 '이딸리'는 伊太利에서 유래된 것인데, 이태리가 不良輩들의 本據地라고 할 수 있기 때문이다.			
259	隱語	개장국	扶助金	變形字記號
260	隱語	합쭉빠이	新聞紙로 만든 가짜 돈.	變形字記號

통계(8)

象形記號	指事記號	會意記號	連象記號	借象字記號				變形字記號		計	取象語	
				漢字	英字	한글	其他	隱語	原語		隱語	原語
5							2	2		9	6	3

記號 9개 중 6개가 隱語에서 取象되었다는 것은 金錢關係가 더욱 極秘에 속하고 있음을 보여 주고 있다.

9. 人倫 關係

番號	取象語	隱語	原語	分類
261	原語	왈래	시어머니	象形記號
261	기호는 담뱃대인데, 시어머니가 담뱃대로 며느리를 들볶는다는 데서 생김. 隱語 '왈래'는 日可日否의 '日'에서 유래된 듯.			
262	隱語	쌀가마 안에 든 쥐	장인	象形記號
263	隱語	관음보살	시아버지	象形記號
264	原語		저이(三人稱)	指事記號
265	原語		나(一人稱)	指事記號
266	原語		너(二人稱)	指事記號
267	原語		아버지와 어머니	連象記號
268	原語		너와 나	連象記號
269	隱語	개씹에 보리알	데릿사위	會意記號
269	女陰 안에 点이 10개 있는데, '10'이 십〉硬音.			
270	原語	다마	막내아들	借象字記號
270	'十'은 男으로 아들, '十一'은 男女, '二'는 結合, 'E'는 'END'의 첫 자로 막내아들.			
271	原語	다미	첫딸	借象字記號
271	'一'은 여자로서 딸, '十一二'는 男女結合, 즉 부모의 결합에 의하여 'H'는 happy의 첫 자. 첫딸은 행복을 뜻한다는 데서.			
272	原語	도미	첫아들	借象字記號
272	'十'은 남자로서 아들, '十一二'는 男女結合, 'H'는 happy의 첫 자로서 행복의 상징인 첫 아들. 隱語를 보면 첫아들이 '도미', 첫딸이 '다미', 막내아들이 '다마'인데, '도미'는 해산어류인 듯. 백인 미군의 隱語가 '잉어' 흑인미군이 '동태'인 것으로 보아 '도미'도 역시 어류인 듯. '다미'와 '다마'는 '도미'에서의 ablaut적인 발달인 듯.			
273	原語	기생충	妾	變形字記號
274	原語	팟죽대가리	데릴사위	變形字記號
275	隱語	작은 게비	母	變形字記號
276	原語	샌님	서방님	變形字記號
277	隱語	큰 게비	父	變形字記號
278	隱語	레코드판	姉	變形字記號

'267'의 '아버지와 어머니' '268'의 '나와 너'인데 原語를 살펴본다면 두 가지의 의미가 한 개의 기호 안에 포함되어 있다. '와'를 하나의 품사로 가정한다면 三品詞에 해당되는 말을 表象하고 있는 셈이다. 繪畫文字나 象形文字나 漢字는 한 字에 하나의 의미 이외에 더 포함된 것이

없다. 하나의 기호에 三品詞를 表象하고 있다는 것은 秘密記號의 特殊性이라 할 것이며 앞서도 지적한 바와 같이 秘密記號는 表意文字라기보다는 word character라고 하는 것이 더 나을 것이다. 漢字를 분석하여 본다면 한 글자가 單一語로서 單一의 의미를 表象한 것은 얼마 되지 않는다. 즉 山, 川, 草, 木 虫 등은 사물의 명칭을 表象한 기초적인 문자라 할 것이다. 그런데 기본이 되는 한 문자가 다른 기본적인 문자와 倂合하여 한 글자를 이루고 있다. 木을 예로 들어 본다면 材, 柿, 枝, 松, 板, 枕 등 얼마든지 더 들 수 있다. 漢字는 文字 上에는 一字(一音節)와 같지만 古代에 올라가면 二音節語가 글자를 만들 때에는 하나로 집약되어 글자를 만들었다 한다. 즉 두 개의 단어가 합쳐서 하나의 글자를 이룬 것이다. 埃及(이집트)의 繪畵文字 시초에 완전히 그림으로 뜻을 대표했는데, 나중에는 일부의 그림은 聲音을 대표하게 되었고 마지막에는 그림이 進化하여 정리된 기호로 되어버려 완전히 音을 표시하게 되었다는 것을 傍證하는 것이 된다. 현 埃及 문자는 音만을 표시하고 있는데 현재 한자는 音과 뜻을 함께 表象하고 있는 것이다. 비밀기호에는 原語를 품사별로 본다면 여러 품사가 하나의 기호에 집약되어 있는 것이 대부분이다. 한자는 口頭語로서는 二音節語였지만 漢字를 만들 때에는 一字로서 집약시켜 놓은 것만은 의심할 여지가 없다. '1'의 기호를 예로 들어 본다면 자전거 차체의 상형으로서 '自轉車專門竊取者'의 말을 表象하고 있다. 우선 漢字로는 8字로 표현되었으며 한글로 표시한다면 '오직 자전거만 훔치는 놈'으로서 格을 品詞로 잡지 않고 보더라도 '오직, 자전거, 훔치는, 놈' 4개의 단어가 表象되어 있다. 이것은 비밀기호가 일반성을 띤 다른 表意文字와 다른 점이라 하겠다.

통계(9)

象形記號	指事記號	會意記號	連象記號	借象字記號				變形字記號		計	取象語	
				漢字	英字	한글	其他	隱語	原語		隱語	原語
3	3	1	2	3				3	3	18	6	12

10. 衣類 關係

(279)	(280)	(281)	(282)	(283)	(284)
(285)	(286)	(287)	(288)	(289)	(290)
(291)					

番號	取象語	隱語	原語	分類
279	原語	새끼줄	넥타이	象形記號
280	原語	쟁개비뚜껑	휘장	象形記號
281	原語	토시	장갑	象形記號
282	原語	쇠가죽	털양말	象形記號
283	原語	푸대옷	사지옷	象形記號
284	原語	불랭크	담요	象形記號
	블랭크는 blanked			
285	隱語	실밥	여자가 머리에 쓰는 수건	象形記號
286	原語	새파란 코	색동저고리	象形記號

287	原語	땅딸보	속옷	象形記號
288	原語	두루마기	Sleeping bag	象形記號
289	原語	몽당비	이불	變形字記號
290	原語	구둘짱	담요	象形記號
291	原語	뙤놈 빤쯔	작업복	象形記號

통계(10)

象形記號	指事記號	會意記號	連象記號	借象字記號				變形字記號		計	取象語	
				漢字	英字	한글	其他	隱語	原語		隱語	原語
10									3	13	1	12

　衣類에 관한 13개의 기호 중에 10개가 象形記號이고 原語에서 取象한 것이 12개나 된다는 것은 의류에 관한 것은 그리 비밀을 요하지 않는다는 생각의 반영일 것이다. 의류에 관한 것은 주로 軍需用品인데, 이것은 軍需物資 窃取와 시장에서 매매되는 軍服과 관련이 있기 때문이다.

11. 性 關係

(292)	(293)	(294)	(295)	(296)	(297)
(298)	(299)	(300)	(301)	(302)	(303)
(304)	(305)	(306)	(307)	(308)	(309)

(310)	(311)	(312)	(313)	(314)	(315)

(316)	(317)	(318)			

番號	取象語	隱語	原語	分類
292	原語	똥딴지춤	抱擁	借象字記號
	乳房을 象形했음.			
293	原語	강가루	姙娠 중인 女性	象形記號
294	隱語	下水道	尿道	象形記號
295	隱語	타임	멘스(menses)	象形記號
296	原語	멍	子宮(womb)	象形記號
297	原語	쪽빠리	난봉꾼(lady killer masher)	指事記號
	屈曲 있는 행동을 表象.			
298	原語	금실은실	曲線美	指事記號
299	隱語	숯불먹었다	소원풀었다	指事記號
	隱語 '숯불먹었다'는 性交(sexual intercourse)이다. 숯불을 먹으면 속이 뜨거울 것인데, 이를 性交(sexual intercourse)에 비유한 것임. ▽는 숯불이 뱃속으로 들어가 뜨끔하다는 것을 가리킴인 듯.			
300	隱語	머리가 핑 돈다	異性이 그립다	會意記號
	女陰에 대한 行動.			
301	原語	보트장사	性暴行(outrage)	會意記號
	▽는 性交(sexual intercourse). 女陰의 외향적인 행동 즉 性暴行(outrage).			
302	隱語	開通式	約婚	會意記號
	膣部의 處女膜(virginity)를 뚫고 들어가는 행동.			
303	原語	빼판	궁둥이(女)	會意記號
	걸음을 걸을 때 궁둥이가 요리조리 움직인다는 데서 유래된 듯.			
304	原語	싫어요달아요	初面인 여성에게	連象記號

			푸로포즈(propose)하다가 拒絕당함.	
		입술을 상형함.		
305	原語	놓아요달아요	여성이 남성에게 푸로포즈했다가 거절당함.	象形記號
306	原語	깨리	戀人	借象字記號
		'十'은 男, '一'은 '女', '二'는 '結合' 즉 戀人 마음이 '一'이 되니까 연인을 表象함.		
307	原語		性交(sexual intercourse)	借象字記號
		자궁(womb) 안에서 '十', 즉 남자와 두 마음이 통했다는 것을 表象.		
308	原語	접붙다	豫備 性交(sexual intercourse)	借象字記號
		자궁(womb) 안에 '十, 一', 男女가 抱擁하고 있음을 表象함.		
309	原語	한코	性交(sexual intercourse) 1회	借象字記號
310	原語	두코	性交(sexual intercourse) 2회	借象字記號
311	原語		男性的	借象字記號
		'十'는 男, 오른쪽의 것은 눈을 크게 부릅뜨고 있는 것, 즉 사내답다, 용감하다, 씩씩하다, 활발하다 등의 의미를 지니고 있음.		
312	隱語	오강	여성의 腹部	變形字記號
313	隱語	합빠이	愛嬌 윙크(wink)	變形字記號
314	隱語	잰내비	넙적다리	變形字記號
315	隱語	왕골	賣淫料	變形字記號
316	隱語	뱅뱅이	절름발이 창녀	變形字記號
		'142'에는 절름발이 借象字記號로 表象되어 있으나 여기에는 절름발이 창녀임.		
317	隱語	오무쨔	돈으로 買受한 女性	變形字記號
		隱語 오무쨔는 日語인데 장난감.		
318	隱語	누룽지	유산(流産)	變形字記號

'누룽지 긁어라'하면 '산부인과에 가서 流産시켜라'가 된다. '누룽지'는 의사가 子宮(Womb)에서 流産手術을 할 때 긁어낸다고 하는 데서 누룽지란 隱語가 생겼다. 女性不良集團員과의 관계에서 出産과 流産과 性交(sexual intercourse)에 관한 隱語가 발달되어 있다. 집단들의 생활이란 돈이 생기면 먹는 것과 여성과의 享樂에 하루하루를 보내는 것이 그들의 生態라 할 것이다. 몇 가지 性에 대한 隱語를 들어본다면 호두알(入院費), 마이너스(外傷 治療), 實彈 차다(診療 結果 姙娠이 확인되었다.), 탕수육(쌍둥이), 회쳤다(手術하였다.), 장조림(死兒를 출산하였다.), 새우(出産이 처음인 여성), 갈퀴창(手術臺), 모조리(한데 묶은 手術器 – 가짜 의사로서 流産 전문을 하는 자가 있는데, 그가 가지고 다니는 手術器임)

性에 대한 기호와 隱語는 그 어느 부문보다 다량으로 발달되어 있다.
성에 대한 기호는 工作對象(女性)의 進行程度를 보고하는데 사용된다.
集團員들은 交際 중인 女性이나 工作 對象인 所謂 愛人에 대하여도 보고
해야 한다. 集團輩들에게 가장 많이 유혹당하는 사람은 17, 18, 19세의
여성과 여학생층이고 산부인과에 가보면 集團員들의 性行爲에 대한 결
과를 자세히 알 수 있다.

통계(11)

象形記號	指事記號	會意記號	連象記號	借象字記號				變形字記號		計	取象語	
				漢字	英字	한글	其他	隱語	原語		隱語	原語
5	3	4	2				6	7		27	11	16

12. 病 關係

(319)	(320)	(321)	(322)	(323)	(324)
(325)	(326)	(327)	(328)	(329)	(330)
(331)	(332)	(333)	(334)	(335)	(336)

番號	取象語	隱語	原語	分類
319	原語	깡밥	肺病患者	象形記號
	肺를 상형함.			
320	原語	노란동자루	注射器	象形記號
321	隱語	사꾸라잎	梅毒初期者	象形記號
322	隱語	흑싸리	장질부사	象形記號
323	原語	따통	阿片中毒者	會意記號
	注射針 위 둥근 것이 있는데, 이것은 살이 썩어 들어간다는 것을 表象함.			
324	原語	따통	阿片中毒者	會意記號
	'323'과 같은 말인데, 기호만 다르다. 즉 이 기호에서는 아편은 살을 마르게 하여 뼈만 남게 한다는 것에서 말을 象形하였다.			
325	隱語	구공탄지리	痔疾	會意記號
	九孔炭을 象形했는데, 구멍은 三孔이고 뿔과 같은 것은 둔부.			
326	隱語	고뿔 걸렸다	性病에 걸린 남자	連象記號
	感氣 걸릴 때 사용하는 마스크(mask) 또는 生理帶(menses band).			
327	隱語	감기 걸렸다	性病에 걸린 女子	連象記號
	마스크(mask)의 끈이 네 개 있음.			
328	原語	寫眞師	X-ray	借象字記號
	'十'은 赤十字의 病院 標識, 위의 것은 X-ray.			
329	原語	홍싸리	마마(天然痘)	變形字記號
330	隱語	봉숭아	初期淋疾患者(男)	變形字記號
331	隱語	밀집모자	重梅毒患者	變形字記號
332	隱語	홍두	傳染病	變形字記號
333	隱語	임신부	肥大한 看護婦	變形字記號
334	隱語	샐쭉영감	眼科醫師	變形字記號
335	隱語	오줌싸게	重淋疾患者	變形字記號

'323'과 '324'는 같은 말을 表象한 것인데 기호가 다르다. 注射器를 상형한 것은 兩 記號가 같지만, '323'은 指事記號로서 살이 썩어 들어간다는 것이고, '324'는 아편으로 말미암아 뼈만 남을 것을 상형하였다. 그들이 사용하고 있는 기호는 서울 시내에서 거의 通用되지만 구역에

따라 기호에 약간의 차이를 발견할 수 있다. 그것은 기호의 제작자들이 取象의 대상이 다른 데서 오는 것이라 여겨진다. '323'을 지은 사람은 아편은 살을 썩게 한다는 것을 取象하였고, '324'의 기호를 만든 사람은 아편은 몸을 마르게 하여 뼈만 남게 한다는 것을 取象한 것이다. 그러나 두 제작자들은 모두 아편이 주는 인체의 피해를 表象한 것이 된다.

통계(12)

象形記號	指事記號	會意記號	連象記號	借象字記號				變形字記號		計	取象語	
				漢字	英字	한글	其他	隱語	原語		隱語	原語
4		3	2				1	7	1	18	11	7

13. 處所 關係

(337)	(338)	(339)	(340)	(341)	(342)
(343)	(344)	(345)	(346)	(347)	(348)
(349)	(350)	(351)			

番號	取象語	隱語	原語	分類
337	隱語	망치질패	鐵工所	象形記號
338	隱語	호떡집	百貨店	象形記號

	隱語 호떡집은 百貨店이 마치 중국의 호떡집과 같이 떠들썩하다는 것. 기호는 두 개의 호떡임.			
339	隱語	대포집	다이야(diamond)工場	象形記號
340	原語	하꼬방	銀行	象形記號
	銀行建物과 窓을 表象			
341	隱語	칸느 製品	映畵社	借象字記號
	隱語는 칸느 映畵祭와 關聯.			
342	隱語	天國	乞人들의 巢窟	借象字記號
343	原語	개도리	首都劇場	借象字記號
344	原語	오도리	團成社	借象字記號
345	原語	모도리	中央劇場	借象字記號
346	原語	매도리	明寶劇場	借象字記號
347	原語	도토리	國都劇場	借象字記號
348	原語	작은 경무대	國會議長室	借象字記號
	國會議長室이 西大門에 있다는 데서 '西'字를 취함.			
349	隱語	노란도둑	交通康生會販賣員	變形字記號
	交通康生會販賣員을 '노란 도둑'이라고 하는데, 이 交通康生會 列車販賣員들도 集團의 一員임. 비좁은 열차 내에서 물건을 파는 한편 승객들의 짐이나 돈 같은 것을 소매치기 하고 있기 때문이다. 販賣員으로 나가기 전에는 集團의 본부에서 행동에 필요한 훈련을 받고 파견된다.			
350	原語	쎌	場所(자리)	變形字記號
351	原語	福德房	茶房	

통계(13)

象形記號	指事記號	會意記號	連象記號	借象字記號				變形字記號		計	取象語	
				漢字	英字	한글	其他	隱語	原語		隱語	原語
4				7	1			1	2	15	6	9

15개의 기호 중 건물을 직접 象形記號로 만든 것은 銀行의 기호밖에 없다. 建物을 象形化한다는 것은 매우 복잡성을 띄기 때문이라 하겠다.

14. 飲食 關係

(352)	(353)	(354)	(355)	(356)	(357)
(358)	(359)	(360)	(361)	(362)	(363)
(364)	(365)	(366)	(367)	(368)	(369)
(370)	(371)	(372)	(373)	(374)	(375)
(376)	(377)	(378)			

番號	取象語	隱語	原語	分類
352	隱語	삐루	막걸리	象形記號
	beer통을 따는 것을 상형함.			
353	隱語	빠따뭉치	치스와 빠터	象形記號
	cheese와 butter			
354	原語	태창	순대국	象形記號
355	隱語	도래미화탕	콩나물국	象形記號
	樂譜의 一部를 상형함.			
356	原語	두뿔	사슴담배	象形記號
357	原語	녹두꽃	파랑새담배	象形記號
	'새야 새야 파랑새야/ 녹두 꽃에 앉지 마라/ 청포장사 울고 간다'에서 유래됨.			
358	原語	코바리	담배꽁초	會意記號
	꽁초가 땅에 떨어지는 것을 表象함.			

		강아지	담배(刑務所 內에서 몰래 피우는 담배)	會意記號
359	原語	강아지	담배(刑務所 內에서 몰래 피우는 담배)	會意記號
	∧은 입 안에 든 담배. 屈曲線은 人體인데 刑務所에서는 몰래 피워야 되기 때문에 몸을 비꼬는 것으로 그렸음.			
360	原語	양똥	폭까스	會意記號
	Knife 자루에 둥근 것은 고기임.			
361	原語	부시기	담배	連象記號
	성냥알			
362	原語	꼬바리	담배꽁초	連象記號
363	原語	깡시다이	깡보리밥	連象記號
	밥에서 김이 오르는 것을 象形.			
364	原語	백시다이	쌀밥	連象記號
365	原語	안 먹어도 사는 밥	安南米밥	借象字記號
	'亞'字 안에 '米'.			
366	隱語	나이롱국	기름이 약간 떠 있는 고기국	借象字記號
	'Nylon'과 국그릇, 나이롱국을 '돼지장화 신고 건너는 국'이라고도 함.			
367	隱語	백시다이	쌀밥	借象字記號
	'364'에는 쌀밥을 그릇에 오르는 김으로 表象했음. 백은'白'이고 '시다이'는 變形字임. '시다이' '희다'에서 생긴 말. 히다〉씨다+〉시다이.			
368	隱語	아시다이	보리밥	借象字記號
369	隱語	소월	진달래담배	借象字記號
370	原語	쫄쫄이	술(酒)	變形字記號
371	隱語	시다이	밥	變形字記號
372	原語	군밥	찬밥	變形字記號
373	隱語	송장물	간장	變形字記號
374	原語	시케	고추장	變形字記號
375	隱語	뚱딴지	설렁탕	變形字記號
376	隱語	된장꾹	배추김치	變形字記號
377	隱語	꿀딴지	장국밥	變形字記號
378	隱語	시루쌀	가께우동(倭食)	變形字記號

담배와 술(酒)과 같은 기호는 서울 시내 到處에 있는 僞造品 製作과 관련을 가지게 된다. 각종 僞造品을 몰래 만드는데 으레 집단원이 한

묶 낌.

통계(14)

象形記號	指事記號	會意記號	連象記號	借象字記號				變形字記號		計	取象語	
				漢字	英字	한글	其他	隱語	原語		隱語	原語
6		3	4	4	1			6	3	27	12	15

15. 選擧 關係

(379)	(380)	(381)	(382)	(383)	(384)
(385)	(386)	(387)			

番號	取象語	隱語	原語	分類
379	隱語	하마	演說	象形記號
	河馬의 입(口). 演說은 입을 크게 벌림.			
380	隱語	고무장갑	宣傳포스터	象形記號
381	隱語	부고	포스터	象形記號
382	隱語	활빈당	民主黨	指事記號
383	隱語	용되다	立候補하다	會意記號
	연못에서 龍이 올라가는 것을 表象.			
384	隱語	복덕방	協商選擧	借象字記號
	'福'은 '福德房'의 첫 자이고 '5'는 '五福'이란 데서 유래되었고 協商選擧는 쌍방에 복이 될 수 있다는 데서.			
385	隱語	쌀겨	삐라	變形字記號
386	隱語	담방구	選擧資金	變形字記號
387	隱語	국수바퀴	賣票運動	變形字記號

선거에 관한 기호와 隱語는 최근 발달하였다. 여름이 되면 海水浴場이나 漢江 주변 그리고 遊園地를 중심으로 하여 기호와 隱語가 발달한다. 그러나 겨울이 되면 이상의 기호와 隱語는 자취를 감추고 冬期의 계절적인 隱語와 기호가 발달한다. 그리고 기호가 代置되는 경우가 있는데, '240'의 기호가 얼마 전까지만 해도 쌀자루를 상형했지만 최근에 이르러서는 세탁소에서 세탁한 와이셔츠를 넣어주는 종이봉투로 대치되었다. 이것은 요즘에는 쌀가게에서 쌀을 종이봉투에 넣어 주기 때문이다.

만약 한국에서 올림픽대회가 열리게 된다면 이 방면의 기호가 생기게 될 것이며, 參議員 選擧가 있다면 역시 그 방면에 대한 것이 생성될 것이다. 그리고 釜山이나 仁川 등지에서는 항구와 관련된 隱語가, 稅關에서는 密輸에 따르는 隱語가 생기게 되는 것이다. 그러므로 기호와 隱語는 지리적 환경과 계절적으로 항상 流動, 生成, 消滅이 빈번하다고 할 수 있다.

통계(15)

象形記號	指事記號	會意記號	連象記號	借象字記號				變形字記號		計	取象語	
				漢字	英字	한글	其他	隱語	原語		隱語	原語
3	1	1		1				3		9	9	

선거에 관한 기호가 모두 隱語에서 取象되었다는 것은 특이하다.

16. 時令 關係

(388)	(389)	(390)	(391)	(392)	

番號	取象語	隱語	原語	分類
388	原語	몬트	아침	會意記號
	태양이 산에서 솟아나와 빛을 發射하는 것을 表象함.			
389	原語	아벤토	저녁	會意記號
	해가 서산에 떨어져 빛이 下向.			
390	原語	문트	낮	會意記號
	해가 산의 중천에 떠 있는 것.			
391	原語	멘트	새벽	會意記號
	아직 해가 다 떠오르지 않음.			
392	原語		내일	會意記號
	해가 산에서 완전히 떨어져 있음.			

　　甲骨文字에서는 '朝'字의 取象은 平原 草野에 아침 해가 동쪽에서 솟아오르고 殘月이 하늘에 걸려 있는 경치를 그렸는데, 埃及(이집트)의 繪畵文字는 地平의 丘陵에서 해가 나오는 것을 그렸고, 마사(磨些 雲南省 麗江의 蠻)의 繪畵文字는 동산에 해가 나서 광선이 發射되는 형상을 그렸다. '暮'字를 보면 甲骨文字는 해가 풀숲 속에 떨어지는 것을 그렸다. 갑골문자에서는 태양의 배경이 초원임에 반하여, 埃及은 平地인 丘陵이고, 마사(磨些)의 繪畵文字는 高山으로 되어 있다. 중국의 董교수가 지적한 바와 같이 地理的 環境의 差異가 文字에 영향을 준다는 것의 立證이 된다. 중국의 造字 地域은 黃河流域의 大平原이었으니까 草原이 배경이 되었을 것이고, 埃及은 나일강가에 있으므로 매년 한 번씩 洪水가 氾濫하여 쌓아올린 흙 언덕 외에는 高山峻嶺이라고는 없으니 배경이 평지인 구릉이었고, 마사(磨些)족의 造字 地点은 雲南 木金 士司가 管轄하는 無量河邊인데 그 곳에는 한 봉오리가 막아버리면 천지가 가득 찬다는 高峰이 있기 때문에 태양의 배경이 高山으로 되어 있는 것이다. 비밀기호의 時令을 表象하는 기호와 고대 繪畵文字와 甲骨文字가 取象對象이 비슷한 것은 매우 흥미로운 일이다. 공통된다고 해서 이것을 고대 繪畵文字

의 영향을 입었을 것이라고 본다는 것은 너무나도 近視眼的이라 하겠는데, 그것은 각 민족 간의 공통되는 심리의 반영이라고 봐야 할 것이다.

통계(16)

象形記號	指事記號	會意記號	連象記號	借象字記號				變形字記號		計	取象語	
				漢字	英字	한글	其他	隱語	原語		隱語	原語
		5								5	5	

17. 行動 關係(動詞)

(393)	(394)	(395)	(396)	(397)	(398)
(399)	(400)	(401)	(402)	(403)	(404)
(405)	(406)	(407)	(408)	(409)	(410)
(411)	(412)	(413)	(414)	(415)	(416)
(417)	(418)	(419)	(420)	(421)	(422)
(423)	(424)	(425)	(426)	(427)	(428)

番號	取象語	隱語	原語	分類
393	隱語	찍다	救出하다	象形記號
	괭이를 象形.			
394	隱語	까다	구타하다	象形記號
395	隱語	허풍선	恐喝威脅하다	象形記號
	風船을 상형함.			
396	原語	갈기다	쓰다(書)	象形記號
397	原語	타붙다	싸우다	指事記號
398	原語		돌리다	指事記號
	행동을 表象한 화살표가 두 번 돌려있음. 물건을 훔쳐서 돌려놓거나 매를 죽도록 때려서 눕혀 놓음.			
399	原語	꼬린다	낚는다	指事記號
	행동의 화살표에 낚시추가 달려있음. 고기를 낚는 것이 아니고 물품을 낚는다든지 여성을 낚는다든지 하는데 사용됨.			
400	原語	따리	아양떨다, 윙크(wink)하다.	指事記號
	행동을 가리키는 화살표가 둘인데 윙크(wink)를 가리키며 愛嬌를 부리는 것을 가리킴.			
401	原語		게우다	指事記號
	金錢이나 物品 같은 것을 着眼했다가 도로 내놓는 것인데, 기호의 右便에 내려 그은 선의 짧은 것은 목구멍이 적은 것을 가리키고, 좌편에 내려 그은 선은 右便보다 길다. 목구멍으로 넘어가지 못할 것을 도로 게워 놓는다는 것.			
402	原語		하다(爲)	指事記號
403	原語		하다(爲)	指事記號
	'402'와 같은 말을 表象함. 화살표도 행동을 가리킴.			
404	原語	박쥐털뽑다	覆面하다.	指事記號
	눈을 감은 것을 表象. '박쥐털 벗어라'하게 되면 覆面을 감추라는 뜻이다.			
405	原語		볶다(妨害)	指事記號
406	原語	꺼지다	가다(行)	指事記號
407	原語	돌리다	내세우다	指事記號
408	原語	까지다	오다(來)	指事記號
409	原語	다구리	몰매를 맞다, 몰매를 치다	指事記號
	점선이 다섯인 것은 손가락의 개수를 가리킴.			
410	原語	메스	힘을 내다	指事記號

411	原語	쇼빵	空砲를 쏘다	指事記號
	實彈이 나가는 것을 表象함.			
412	原語	가다	죽다(行)	會意記號
	죽어서 天國으로 간다는 것을 表象.			
413	原語	찹쌀엿	눈을 가리다	會意記號
414	隱語	말꼬리 놓으라	싸게 팔라	會意記號
	말꼬리 옆으로 行動의 화살표가 두 개 아래로 向하고 있음.			
415	原語	실린다	찾다	會意記號
	행동의 화살표가 안으로 들어옴.			
416	原語	가로채다	발길로 차다	會意記號
417	原語	비	눈물(涙)이 나다	會意記號
	눈물이 떨어지는 것에서 取象			
418	原語	벙어리빰치기	口頭訊問하다	희의기호
	'⊙'은 사람의 마음을 表象. 입으로 상대의 마음을 알아낸다는 것임.			
419	原語	뚫어진 호주머니	橫領하다	會意記號
	heart 안의 검은 점은 사람의 마음. 사람의 마음을 바깥으로 끌어낸다는 것으로써 橫領을 뜻함.			
420	原語	여우노리	橫領	會意記號
	한 눈은 크고 떴으며 한 눈은 작고 감았는데 wink할 때 눈을 지그시 감는 것에서 取象함.			
421	原語	망태들고 돼지잡다	거리에 나가서 지나가는 여성을 잡아오라	借象字記號
422	原語	타다	매맞다	借象字記號
	불이 세 번 나면 집안이 망한다는 俗談에서 온 것인데, '3'은 불이 세 번 난다는 뜻. 매 맞는 것은 그들에게 있어서 큰 打擊이니까 불이 나는 것과 같다.			
423	原語		逃亡가다	借象字記號
	←은 마음이 정상적인 상태. H는 heart의 'H', 도망은 상대의 마음의 빈틈을 보아 가는 것이기 때문에.			
424	原語		軍票 새치기하다	借象字記號
	화살표가 둘 서로 엇갈려 '딸라'를 향해 行動			
425	原語		분배하다	借象字記號
	上下의 行動, 즉 분배를 表象			
426	隱語	쌍말다	取하다	變形字記號

| 427 | 隱語 | 곤조 | 말썽부리다 | 變形字記號 |
| 428 | 隱語 | 다구리 | 몰매 맞다 | 變形字記號 |

36개의 記號 중 순전히 動詞로 파악할 수 있는 기호는 약 25개 정도밖에 없다. 그 外의 기호는 名詞인지 動詞인지 一見해서 구분하기 어렵다. '395'의 기호는 隱語인 허풍선(恐喝威脅)을 그렸는데, 이것이 名詞와 動詞로 兼하여 使用되고 있다. '393', '394', '395'의 各 記號도 동사인지 명사인지 一見해서는 알 수 없다. 여기에 수록된 500개의 기호 중 動詞임을 一見해서 알 수 있는 것은 불과 5%에 지나지 않는다. 表意文字인 漢字도 各字를 단독으로 본다면 품사를 구별할 수 있는 形態論的 구별이 없다. 즉 '人'일 때에는 사람을 뜻하고 '人之'일 때에는 '그것을 사람이라 본다'이고 '人立'일 때에는 '사람과 같이 선다'다. ※ /NIEN/이란 단어를 表象한 '人'만을 볼 때에는 품사를 구별할 수 없다. '門'은 '문'이란 것이지만 '左傳'에서는 '문을 닫는다'라는 의미가 表象되어 있다고 하였다. 이렇듯 象形文字는 문자의 관계를 살펴 볼 때에 비로소 품사를 알 수 있게 되는 것이다. 비밀기호도 역시 25개의 기호를 빼놓고는 명사가 그대로 아무런 特別記號를 가하지 않아도 거의 動詞가 되는 것이다. 秘密記號를 品詞 別로 본다면 90% 가량이 體言에 속한다. 영어나 독일어, 프랑스어에는 명사가 50% 이하를 점하고 있는데, 중국어에는 70% 이상이 名詞로 되어 있다. 중국어에 70% 이상이 명사라는 것은 중국민족이 사물의 구체화를 좋아하는데서 왔다고 한다. 비밀기호에 체언의 수가 절대적 다수인 90%를 차지하고 있는데, 이것은 비밀기호의 특수성도 있겠지만 體言이 절대 우위를 점하고 있는 것은 表意文字의 共通運命이라 하겠다.

통계(17)

象形記號	指事記號	會意記號	連象記號	借象字記號				變形字記號		計	取象語	
				漢字	英字	한글	其他	隱語	原語		隱語	原語
4	15	9		1	1		3	2	1	36	7	29

指事記號가 15개나 된다는 것은 동사가 하나의 抽象語이기 때문이다.

18. 其他

(429)	(430)	(431)	(432)	(433)	(434)
(435)	(436)	(437)	(438)	(439)	(440)
(441)	(442)	(443)	(444)	(445)	(446)
(447)	(448)	(449)	(450)	(451)	(452)
(453)	(454)	(455)			

番號	取象語	隱語	原語	分類
429	隱語	감투	직위	象形記號
430	隱語	뿌로찌	다리(橋)	象形記號
	여자들의 장식품. 隱語인 'Bridge'의 音과 비슷한데서.			
431	隱語	봉지쌈자루	俸給	象形記號
432	隱語	구두창	聖經(Bible)	象形記號
433	原語		校門	象形記號
434	原語	빨간딱지	令狀	象形記號
435	隱語	멍군아!	천천히	象形記號
	장기쪽			
436	隱語	장군아!	빨리	象形記號
437	原語	입빠이	많이	指事記號
438	隱語	까망크레옹	黑色映畵	象形記號
439	隱語	비둘기	書信連絡	會意記號
	편지 봉투와 비둘기			
440	原語	백장놈	進級	會意記號
	階級章이 上昇하는 것을 表象			
441	原語	치기	賭博	會意記號
	花鬪를 나타냄.			
442	隱語	강짜냐	매우 세냐	借象字記號
	'강짜냐'의 '강'의 '强'			
443	隱語	약짜냐	괜찮으니?	借象字記號
444	隱語	탱고냐 왈쓰냐?	처녀냐 과부냐?	借象字記號
	'T'는 'Tango'의 첫 자인'T', 'W'는 'Walts'의 첫 자 'W'			
445	原語	가싯물	어떻게 될까?	借象字記號
	'?'를 변형시킨 것			
446	原語	소고기냐? 말고기냐?	진짜냐? 가짜냐?	借象字記號
	'●'는 가짜를 뜻함			
447	原語	비지타불	비스타비죵	借象字記號
	'Vista Vision'의 'Vista'만을 딴 것.			
448	原語	씹네마	극장 씨네마스코프영화	借象字記號
	'Cinemascope'의 'cine'만 딴 것.			
449	隱語	공꼬	공짜, 무료	變形字記號

450	隱語	인주	Rouge	變形字記號
451	原語	뽕벌레	암캐	變形字記號
452	隱語	밤찡	夜市場	變形字記號
453	隱語	비둘기알	이익이 本價의 2배가 되다	變形字記號
	비둘기는 알을 두 개만 낳기 때문에 이익 2배를 여기서 取象함.			
454	隱語	이력서	始末書	變形字記號
455	隱語	결의문	自白書	變形字記號

통계(18)

象形記號	指事記號	會意記號	連象記號	借象字記號				變形字記號		計	取象語	
				漢字	英字	한글	其他	隱語	原語		隱語	原語
9	1	3		1	3	1	2	5	2	27	15	12

　副詞의 기능을 가진 기호는 '435'의 천천히, '436'의 빨리, '437'의 많이 등 3개밖에 없다. 集團員들의 행동에 있어서 절실히 필요한 것 외에는 기호가 발달하지 않는다. 記號는 주로 體言이 발달하고 述語래야 동사가 약간 있고 형용사와 그 외 修飾言은 극소수에 지나지 않는다.

19. 數詞

(456)	(457)	(458)	(459)	(460)	(461)
(462)	(463)	(464)	(465)	(466)	(467)
(468)	(469)	(470)	(471)	(472)	(473)

(474)	(475)	(476)	(477)	(478)	(479)
(480)	(481)	(482)	(483)	(484)	(485)
(486)	(487)	(488)	(489)	(490)	(491)
(492)	(493)	(494)	(495)	(496)	(497)
(498)	(499)	(500)			

番號	取象語	隱語	原語	分類
456	原語		1	指事記號
457	原語		2	指事記號
458	原語		3	指事記號
459	原語		4	指事記號
460	原語		5	指事記號
461	原語		6	指事記號
462	原語		7	指事記號
463	原語		8	指事記號
464	原語		9	指事記號
465	原語		10	指事記號
이상은 1에서 10에 이르기까지의 기본 기호라 할 것이다.				
466	原語		11	指事記號
	'1'은 10, 그 오른쪽에 기본단위'1'			
467	原語		12	指事記號
468	原語		13	指事記號

469	原語		14	指事記號
470	原語		15	指事記號
471	原語		16	指事記號
472	原語		17	指事記號
473	原語		18	指事記號
474	原語		19	指事記號
475	原語		20	指事記號
476	原語		21	指事記號
477	原語		25	指事記號
478	原語		50	指事記號
	'X'는 50단위, X에 다시 기본단위 10의 기호를 첨가해야 됨.			
479	原語		60	指事記號
	'XII' 60단위, 여기도 역시 기본의 10단위를 써야 함.			
480	原語		70	指事記號
481	原語		100	指事記號
	'478'과 같이 'X'는 50단위인데 이 50단위를 두 개 竝書하고 기본 단위 10을 첨가함.			
482	原語		7	借象字記號
	'7'과 '七'을 결합한 것.			
483	原語		8	借象字記號
	'八'字를 ◇. 하나 거꾸로 해서 결합함.			
484	原語		9	借象字記號
	'9'를 약간 변형시킴. 變形字記號라 할 수 있겠지만 편의상 借象字記號에 넣음.			
485	原語		10	借象字記號
	'9'에다 점 1개를 더하면 10.			
486	原語		11	借象字記號
	'9'에다 점 2개를 더함.			
487	原語		12	借象字記號
488	原語		13	借象字記號
489	原語		14	借象字記號
490	原語		15	借象字記號
	'9'의 '字'는 없지만 9에 5를 더한 것으로 表象됨. 9 + 6 = 15			

491	原語		16	借象字記號
492	原語		17	借象字記號
493	原語		18	借象字記號
	위 낚시와 같은 기호는 15, 15 + 3 = 18			
494	原語		19	借象字記號
	15 + 3 + 1 = 19			
495	原語		20	借象字記號
496	原語	이찌	100	借象字記號
	'0'은 '100'에 해당됨.			
497	原語	니	200	借象字記號
498	原語	셈	300	借象字記號
499	原語	시	400	借象字記號
500	原語	고	500	借象字記號

數詞에 대한 기호의 形成을 보면 로마자의 숫자와 비슷한 점이 많다. '474'에서 '481'까지의 記號 系列과 '482'에서 '495'까지, '497'에서 '500' 까지의 기호는 그 형성 과정이 다름을 알 수 있다. 이렇게 기호가 다른 것은 구역에 따라 製作者들의 個性에 의해 取象의 對象이 다른 데서 오 는 것이다. 그러므로 그들의 기호 중에는 각 集團員 간에 서로 통하지 않는 것도 있게 된다. 이것은 각 집단에서 특유한 기호를 만들어 사용하 고 있다.

통계(19)

象形記號	指事記號	會意記號	連象記號	借象字記號				變形字記號		計	取象語	
				漢字	英字	한글	其他	隱語	原語		隱語	原語
26				2	17					45		45

六書에서 數詞는 指事文字에 속하고 있다. 비밀기호에 있어서도 借象字記號가 있지만 근본적으로는 借用된 숫자도 指事性을 띠고 있다. 그러므로 수사는 모두 指事的인 성격을 띠고 있다 할 것이다. 數詞에 관한 기호는 각 集團 間에 공통되지 않는 것이 있고 한 集團 內에서만 통용되는 기호가 발달하고 있다. 그러므로 同數를 나타내는 기호의 종류가 여러 가지 종류가 되는 것이다.

20. 文章

(一, 1)	(一, 2)	(一, 3)	(一, 4)	(一, 5)	
(二, 1)	(二, 2)	(二, 3)		(三, 1)	(三, 2)
(三, 3)	(三, 4)	(三, 5)	(三, 6)	(三, 7)	
(四, 1)	(四, 2)	(五, 1)	(五, 2)	(五, 3)	(五, 4)
(五, 5)	(五, 6)		(六, 1)	(六, 2) 갈타	(六, 3) 교의
(六, 4) 남노	(六, 5) 예	(六, 6)		(七, 1)	(七, 2)
(七, 3) 담방	(七, 4)		(八, 1)	(八, 2)	(八, 3)

(八, 4)		(九, 1)	(九, 2)	(九, 3)	(九, 4)
(九, 5)		(十, 1)	(十, 2)	(十, 3)	(十, 4)
(十, 5)		(十一, 1)	(十一, 2)	(十一, 3)	(十一, 4)

一. ① 내일 ② 말쑥하게 차린 똘만이(로마이짚신) ③ 5 ④ 團成社극장 (모도리) ⑤ 오다, 보내다(까지다)

→ 내일 말쑥하게 차린 부하 5명을 단성사극장으로 보내라.

二. ① pander ② 納付 義務金 (공양미) ③ 오다(까지다)

→ pander한테서 의무금을 받아오라.

三. ① 돈(씽) ② 많이(입빠이) ③ 노처녀(무꾸리) ④ 낚다. 유혹 하다(꼬린다) ⑤약혼(개통식) ⑥ 횡령하다(뚫어진 호주머니) ⑦ 발길로 차다(가로채다)

→ 돈 많은 노처녀를 꾀어서는 약혼을 한 다음 돈을 빼앗고서는 차버려라.

四. ① 배나온 남자 (乙支文德 자지) ② 도둑(뚜룩)

→ 배나온 남자네 집에 가서 물건을 훔쳐 오라.

五. ① 시골서 갓 올라온 처녀(무명저고리) ② 1 ③ 낚다(꼬린다) ④ pander ⑤ 돈(씽), 오라(까지다)

→ 시골서 갓 올라온 여성을 꾀어서는 pander에게 데려다 주고 돈을 받아 오라.

六. ① 某黨(활빈당) ② 立候補者의 男秘書 ③ 구타(다구리치다)

→ 某黨에서 입후보한 사람의 남자 비서를 구타하라.

七. ① 某黨(활빈당)   ② 立候補하다(龍되다)   ③ 選擧資金(담방구)
④ 소매치기(꼬재비)
→ 某黨에서 立候補한 사람의 선거자금을 奪取(소매치기) 하라.

八. ① 警察署(쌔리깐)   ② 留置場(골)   ③ 돈(씽)   ④ 찍다(구출하다)
→ 警察署 留置場에 있으니 돈을 써서라도 구출해다오.

九. ① 二重間諜(合乘 택시)   ② 돈(씽)   ③ 橫領(뚫어진 호주머니)
④ 가다(꺼지다)   ⑤ 刑事(쨔브)
→ 二重間諜의 돈을 다 빼앗았으니까 형사에게 데려다 주라.

十. ① 罪名이 하나 더 붙다(한술 더 뜬다)   ② 檢事(중대가리)
③ 愛嬌, 交際(따리)   ④ masher(쪽바리)   ⑤ 無罪(넥타이 풀다)
→ 죄명이 하나 더 붙을 모양인데, 검사가 色家이므로 교제를 해
서 무죄가 되도록 하라.

十一. ① 저녁(아벤트)   ② 눈썹이 긴 여자(다마쨩)   ③ 暗號(국민병증)
④ 가다   ⑤ 書信連絡(비둘기)   ⑥ 오다(까지다)
→ 저녁에 눈썹이 긴 여자에게 암호를 전하고 연락 문서를 받아
오라.

문장의 구성을 보면 일상생활의 口頭語를 순서에 의해 配列해 놓으면
된다. 중국어는 언어 구조로 보면 孤立語라서 一字一字마다 관념을 표
시하고 있는데, 말의 배열 순서에 의해 文意가 달라진다. 그러나 비밀기
호에 있어서는 主語와 述語를 바꿔놓아도 意思가 소통된다. 表意文字인
漢字엔 별로 語尾의 변화와 같은 屈折現象이 없고, 일본어의 助詞나 독
일어의 定冠詞, 英語의 前置詞와 같은 抽象的 形態部가 없는 것과 같이
비밀기호에 있어서도 語尾나 格과 같은 抽象的 形態部가 없다. 그리고

문장을 해득함에 있어서 기호는 뜻을 취하는 것이기 때문에 讀者에 의해 취하는 뜻은 같지만 읽는 것은 다를 수 있다. 문장의 예문(三)을 들어 설명한다면 '시골서 갓 올라온 女性을 꾀어서 포주에게 데려다 주고 돈을 받아오라'라고 읽을 수 있고 '시골 처녀를 낚아서는 포주에게 팔아서 돈을 가져오라' 등으로 뜻은 다르지만 同音으로 읽히지 않는다. 이것은 古代繪畫文字를 읽는 것과 공통된다. 그리고 기호의 배열은 直行, 橫行 두 종류가 모두 사용되고 있다. 중국의 甲骨文字는 直行下行이었다. 그러나 마사문자(磨些文字)의 배열은 橫行 뿐이었고 實體的인 기호의 나열이었다. 비밀기호의 특수성의 하나는 한 기호에 많은 뜻을 축약시켜야 되는 것이므로 述語가 생략되는 경우가 많다. '나에게 과자를 주오'가 '나 과자'처럼 名詞의 두 단어로 축약되듯 記號에 있어서도 이렇듯 생략된다.

문장(九)에서 '가다'의 기호를 생략하여도 뜻이 통한다. 그리고 문장 (六)과 같이 隱語를 이미 있던 문자를 그대로 혼용하기도 하며 變形字記 號도 함께 倂用된다. 埃及의 繪畫文은 橫直 2種이 병용되었다. 集團員 의 記號가 橫行, 直行 2種으로 사용되고 있다는 것은 한글이 下行直列이 었는데, 최근 橫行을 장려하고 사용함에서 오는 영향일지도 모른다. 허나 그것보다는 機密維持를 위한 心理的 努力에서 낙서와 같은 印象을 줘야 된다는데 起因한다고 보는 것이 나을 것이다. 그리고 기호의 형태를 보면 대체적으로 角形이지만 일정한 형태를 볼 수 없는데 이것은 집단원의 기호가 秘密의 특수성에 의해 생기는 현상일 것이다.

제4장

秘密記號의 綜合的 考察

1. 統計(綜合)

象形記號	指事記號	會意記號	連象記號	借象字記號				變形字記號		計	取象語	
				漢字	英字	한글	其他	隱語	原語		隱語	原語
171	33	49	49	46	37	9	21	65	20	500	170	330

象形, 會意, 連象의 기호가 총 500개 중 253개로서 전체의 56%에 해당되는데, 이 기호는 거의 繪畵文字의 성격을 지니고 있다. 이 繪畵文字의 성격을 띤 기호는 문자의 原始形으로서가 아니라 文字가 고도로 발달한 오늘에 意識的으로 集團員들의 권익 옹호와 기밀유지를 위해 발달된 것이기 때문에 根本 發生의 심리적 동기가 다르다. 指事記號는 주로 數詞와 행동에 관한 動詞가 여기에 포함되어 있다. 이는 동사와 수사의 實體的 象形이 곤란하기 때문이다. 日本의 소위 '假名'도 일종 借象字로 볼 수 있지만 집단원들의 借象字와는 그 성격이 근본적으로 다르다. 일본의 'kana'는 漢字의 일부를 借用했지만 집단원들의 借字는 일부가 아니라 글자 전체를 借用하고 거기에 새로운 기호를 가하게 되는 것이다.

그러므로 借象字記號와 變形字記號는 文字史上에 있어서 특수한 발달
이라 할 것이다. 借象字記號에서 漢字가 46개로서 가장 높은 比率을 보
이는데, 이것은 漢字의 영향이 집단의 記號 制字에 있어 끼친 영향을
보여주며 한편 集團의 特殊性 즉 기밀유지의 필요에 의한 작용도 있었을
것이다. 한글에서 借用한 것이 9개에 지나지 않은 것도 비밀기호의 특수
성으로 보아야 할 것이다. 變形字記號의 累計가 85개인데, 取象語를 隱
語에서 많이 취했는데 반하여 다른 기호는 은어보다 原語에서 더 많이
取象했다. 이는 기호의 難解性을 緩和하기 위한 노력에서 이루어졌을
것이다.

2. 分類

기호의 例 提示에서 본 바와 같이 분류를 ① 象形記號 ② 指事記號
③ 會意記號 ④ 連象記號 ⑤ 借象字記號 ⑥ 變形字記號 등 여섯 가지로
나누어 보았다. 분류에 있어서는 無理가 많았는데, 그것은 그의 形成過
程이 多種多樣하기 때문이다. 許愼이 『說文解字』에서 말한 '六書'를 참
고하여 편의상 분류해 본 것이다. 象形, 指事, 會意 등의 명칭은 六書에
서 인용한 것이지만 그것과는 同質일 수는 없는데, 그것과는 시대적 차
이가 있고 機密維持라는 데서 비롯한 것이기 때문이다. 그리고 '六書'는
數千 年에 걸쳐 繪畫文字가 정리된 것을 가지고 분류했기 때문에 어느
정도 체계적으로 분류할 수 있었을 것이다. 기호에 따라서는 같은 기호
이지만 會意記號에 넣을 수도 있고 象形記號에 넣을 수 있는 등 두 부문
에 속할 수 있는 것들이 있는데, 이것들은 편의를 위해 가장 가까운 부문
에 넣었다. 그러므로 분류에 있어서 엄격할 수 없고 애매한 점이 있었음

을 말하여 둔다.

① 象形記號

'六書'의 상형문자는 造字 對象을 상형하였으면 곧 取象物의 의미를 表象하는 것이 되었다. 사람을 옆에서 象形한 것은 '人'字이요, 팔 벌린 것을 앞에서 象形하면 '大'字다. 그러나 집단의 기호에 있어서는 原語의 실체가 그대로 상형되는 것도 있지만 '393'과 같은 것을 보면 '구출하다'의 隱語 '찍다'의 기호화가 '도끼' 하나만 그려져 있기 때문에 原意를 파악하려면 우선 第一段階로 隱語를 알아야 하며 찍는 것이 '도끼'이기 때문에 '救出하다'의 의미라고 파악할 수 있는 數 段階의 과정을 통해야만 解得할 수 있게 된다. 앞서도 언급된 바 있지만 '自轉車'의 象形은 '自轉車 專門 竊取者'라는 것과 나아가서 '자전거를 절취하다' '자전거를 절취하라' 등 하나의 문장을 포함하고 있는 함축성 있는 기호이다. (379)와 같이 選擧 演說의 기호가 河馬의 입만을 상형했는데, 이것은 取象 對象의 일부분만을 추출해서 表象하였다. 六書에서 말하는 象形文字 '山, 水, 虎, 弓, 刀' 등은 取象 對象의 사물의 全貌를 기호화한 것인데, 집단의 기호에 있어서는 사물의 전체를 상형한 것도 있지만 특징적인 일부분만을 추출해서 기호화한 것이 많다.

董作賓은 甲骨文字는 繪畫文字(picture writing)가 아니고 상형문자(hieroglyphic writing)라고 하였는데, 집단원의 기호는 繪畫文字와 象形文字의 兩面을 소유하고 있다고 하겠다. 엄격히 구분한다면 繪畫記號와 象形記號를 따로 나누어야 하겠으나 편의상 모두 象形記號에 넣었다. 첨가해서 한글의 자모 중 中聲은 天, 地, 人을 表象한 指事記號라고 할 것 같으면 子音은 發聲器管을 본뜬 象形記號라 할 것이다.

② 指事記號

指事記號는 '六書'에서 말한 바와 같이 실체를 상형하기 어렵기 때문에 추상적인 象形記號로서 象徵的인 暗示를 준다. 漢字에서도 數詞가 거의 指事記號로 되어 있는데, 여기서도 借象字記號의 數詞를 除해 놓고는 모두 指事記號다.

③ 會意記號

'六書'의 會意文字는 旣成의 문자 두 개 이상 결합된 것을 가리키나 여기서는 주로 象形記號와 指事記號가 결합된 것을 여기에 넣었다. 漢字의 會意文字는 '好', '男', '炎' 등인데, 이를 '女', '子', '田', '力', '火' 등으로 細分하여도 고유의 뜻을 지니고 있지만, 集團의 會意記號에 있어서는 보는 바와 같이 거의 細分이 불가능하다. 다만 附隨되어 하나의 뜻을 나타냈다.

④ 連象記號

基本的인 한 기호에 다시 기호를 첨가함으로써 類似한 말을 表象하는 기호가 分化되었다. 기호의 위치를 바꿈으로써 同類의 의미적 분화를 꾀하는 것들이다. 連象記號의 기본이 되는 기호는 모두 取象할 대상의 특징적인 것을 추출해 내어 表象되어 있다. 이것은 '六書'에서 말한 諧聲文字와 類似點이 있다. 漢字語에서 '靑'은 */ceŋ/으로서 '맑고 깨끗한 것'을 가리키고 있는데, 여기에 변을 더하여 그와 同質의 類似性을 띤 文字가 生成된다.

淸 - 맑은 물
晴 - 맑은 날씨

睛 - 맑은 눈

精 - 고운 쌀

이상을 보면 기본적인 '靑'에 다시 'ㅣ', '日', '目', '米' 등이 左便에 첨가되어 새로운 문자가 이루어졌다. 이와 같은 비슷한 원리로서 集團의 기호의 連象記號는 기본적인 기호에 새로운 기호가 다시 첨가되거나 위치가 변동됨에 따라 기본기호의 성격을 띤 다른 기호가 생기는 것이다. 漢字에서는 諧聲文字가 全 漢字의 총수의 약 80%-90%를 점하고 있는 連象記號는 累計 49개로써 10%에 해당된다. 한글의 자모 ㅏ/ㅓ, ㅗ/ㅜ 등도 집단 기호의 連象記號式으로 분류한다면 위치의 변동에 따라 母音의 音相이 달라진다고 할 것이다.

⑤ 借象字記號

旣成文字나 기존의 기호 등을 借用하거나 借用字에 새로운 기호를 첨가하여 다른 기호를 만드는 것 따위다. 借象字記號는 113개로 총수의 22%에 해당되는데, 表意文字로 볼 때에는 특수한 발달이라 할 것이다. 113개 기호 중 46개가 漢字를 借用하였고, 英字가 37개 차용되었는데, 이는 漢字와 英字가 그들의 기호제작에 있어서 기존의 문자가 영향을 주고 있음을 보여 주고 있다. 한글을 차용한 것은 불과 9개밖에 안되는데, 이것은 集團輩의 기호가 가지는 비밀을 유지하기 위한 심리적 작용에 의해 쉬운 한글보다 漢字나 英字들을 借用했을 것이다. 借象字記號는 變形字記號와 함께 세계 文字史上에 그 類例를 찾아볼 수 없으리만큼 特殊集團의 기호가 지니는 특수한 발달이다.

⑥ 變形字記號

특수집단의 기호 500개 중 變形字記號는 85개로 전체의 17%를 차지하고 있다. 象形, 指事, 會意, 連象, 借象字記號 등은 表意性을 지니고 있지만 變形字記號는 한글 母音의 형태만 바꾸어 놓은 表音文字라 할 것인데, 이런 점이 다른 기호와 크게 구분된다. 變形字記號가 생기게 된 이유를 速斷할 수는 없으나 대개 다음과 같은 몇 가지를 들 수 있을 것이다.

　　　a. 抽象名詞와 같이 象形化가 곤란한 말이 계속해서 續出하므로,
　　　b. 漢字와 같이 새로운 말이 생기면 새로운 글자를 만들어야겠는데, 字數가 많아지면 복잡하고 사용에 불편하므로 간소화를 위한 심리적 노력,
　　　c. 古代文字와는 달리 旣成文字의 영향으로 인해 變形의 試圖에서 생겼을 것이라는 것 등을 들 수 있다.

變形字記號 85개 중 隱語를 取象한 것이 65개로서 原語에서 取象한 것보다 40개가 더 많다는 것은 機密維持의 작용에서 오는 현상일 것이다. 母音의 變形을 綜合的으로 다시 정리하면 다음과 같다.

<u>變形字記號</u>

(1) 單母音

　ㅇ. (ㅏ)　　　ㅈ (가)

　,ㅇ (ㅓ)　　　ㄱ (거)

　ㅇ (ㅗ)　　　ㄲ (교)

　⊙ (ㅜ)　　　ㄱ (구)

　ㅇ (ㅡ)　　　ㄱ (그)

　ㅇ (ㅣ)　　　ㄱㅇ (기)

　ㅇㅣ (ㅐ)　　　ㅈㅣ (개)

　·ㅇㅣ (ㅔ)　　　ㄱㅣ (게)

　ㅇㅣ (ㅚ)　　　ㄱㅣ (괴)

(2) 重母音

① ˙ (ㅣ, ㅓ, ㅗ, ㅜ, ㅏ)　　ㅅ.ㅁㅈㅇ,　　ㅎ.ㄲ,ㄴㅇ.

② ㅇ, (ㅣ)　　　　　　　ㅇㅇ ㅇ. ㅊㅇ,

③ ㅇ (ㅣ, ㅓ, ㅗ, ㅜ, ㅏ)　ㅅㅇ ㅁㅈ·　　ㄱㅇ

④ ˙˙ (ㅑ, ㅛ, ㅠ)　　　　ㄷㄹ ㄱㅇ ㄱㅇ

⑤ ㅣ (ㅔ, ㅐ)　　　　　ㅈ ㅂㅇ,　　ㅇㅁ ㅅㅇ ㅇ,

(3)

○。 (ㅑ)	가。 (갸)
:○ (ㅕ)	ㅋ (겨)
오 (ㅛ)	ㅍ (교)
◎ (ㅠ)	굥 (규)
오오 (ㅘ)	ㄲ오. (꽈)
◎오 (궈)	혀이 (켸)
◎.이 (ㅐ)	굥◐ (긔)
-◕◕ (ㅢ)	

그런데 (1)과 (2) 표는 같은 系統의 變形字이고, (3)의 표는 각 區域
別로 變形字의 형식이 다름을 들었다.

(3) ①의 'ㅣ'는 모음 'ㅣ"ㅓ"ㅗ"ㅜ'ㅏ 등으로 사용된다. a는 '市民證'
   의 變形字이다. b는 '하꼬노리'의 變形字임.
   ②는 모음 'ㅣ'의 變形임. '양아치'의 變形字.
   ③은 모음 'ㅣ', 'ㅓ', 'ㅗ' 등으로 두루 사용되고 '시민증', '쿡' 등의
   變形字.
   ④는 'ㅑ', 'ㅛ', 'ㅠ' 등으로 사용됨. '달걀국'의 變形字.
   ⑤는 'ㅔ', 'ㅐ' 등으로 쓰이며 '게비' '얌생이'의 變形字記號임.

이상 例를 종합적으로 든 바와 같이, 變形字는 裏巷特殊集團들의 구역
에 따라 특수하게 多種多樣하게 變形되어 사용되고 있음을 볼 수 있다.

마무리

1.

① 古代繪畵文字 및 象形文字는 자연발생적으로 점차적인 발달을 했으나 裏巷特殊集團 內의 비밀기호는 의식적인 제작으로 급진적인 발전이라고 볼 수 있다.

② 고대문자는 문자가 없는 원시적 형태에서 일반성을 띠고 발전을 했으나 裏巷特殊集團 內의 비밀기호는 기존의 영향을 받으면서 特殊集團 內에서 高次元的으로 閉鎖的인 발달을 하였다.

③ 古代繪畵文字는 事物 自體의 象形이 그 사물의 뜻을 표했지만 비밀기호는 그 특수성에 의해 取象 對象의 특징적인 것을 추출해서 表象했다.

④ 古代文字를 이룬 사회적 배경은 비교적 단순한데 비하여 裏巷特殊集團의 비밀기호를 이룬 사회적 배경은 복잡성을 띠고 있기 때문에 取象 對象이 많아서 多種多樣하게 발달하였다.

2.

① 一般文字의 발생과 같이 裏巷特殊集團 內의 비밀기호는 隱語의

時間的·空間的 制約을 解消하고 機密維持의 강력한 요구에서 발생되
었다.

  ② 비밀기호는 變形字記號를 제하고는 表意文字라기보다는 表語文字
(word character)라 할 것이다.

  ③ 秘密記號는 기존의 表意文字보다 더 生成, 消滅의 頻度가 크다.

  ④ 비밀기호는 제작자나 제작한 지리적 환경의 차이에 의해 기호의
차이를 발견할 수 있으며 同意異符號가 생기게 되는 원인이 된다.

  ⑤ 비밀기호는 기밀유지를 위한 강력한 요구에 의해 때로는 낙서와
같은 인상을 줘야 되기 때문에 일정한 字形이 없다.

  ⑥ 비밀기호 중 借象字記號와 變形字記號는 문자 상에 그 類例를 찾
아 볼 수 없으리만큼 특수한 발달을 하였다.

  ⑦ 隱語는 여러 집단 직업적인 면에서 多方面에 걸쳐 발달을 하였으나
비밀기호는 오직 裏巷特殊集團 內에서 행동의 隱閉를 위해서 제작되었다.

  ⑧ 隱語는 發生起源이 다양해서 비밀을 要하지 않는데도 발달했지만
비밀기호는 오직 秘密維持를 위해서 생겨났다.

  ⑨ 秘密記號는 그의 特殊性에 의해 社會性을 민감히 반영하고 있다.

參考文獻

1. 李崇寧. 隱語考, 一石李熙昇先生頌壽記念論叢, 一潮閣, 1957.

2. 金允經. 朝鮮文字及語學史. 朝鮮紀念圖書出版社. 1938.(震學出版社, 1946.)

3. A. Dauzat, 李基文譯. 言語學原論, 民衆書館, 1955.

4. 董作賓. 中國文字의 起源.

5. 藤堂明保. 中國語源漫筆. 大學書林, 1955.

6. 市河三喜, 服部四郎 共著. 世界言語槪說, 下卷. 中國編, 研究社, 1955.

〈국어국문학 19호에 게재된 '隱語文字考'를 다시 修正 添加하였음.〉

부록

제1장

은어와 문학

    불란서(佛蘭西)에서 은어(隱語)가 문학작품에 처음으로 사용된 것은 12세기 후반 장 보델(Jean Bodel)의 종교적 희곡 『성 니콜라스의 유희(Jeu de Saint Nicolas)』가 문헌적으로는 처음이다. 당시 불란서(佛蘭西)의 종교적 연극은 성탄절 등의 종교적 의식의 하나로서 교회 내부에서 상연되었는데 라틴어로 희곡이 쓰여졌으며 배우는 신학도(神學徒)들이었다. 이런 라틴어로 된 연극은 평신도(平信徒)들의 구미에 맞지 않았기 때문에 그리 환영을 받지 못했고 평신도들은 불란서어(佛蘭西語)로 된 작품을 갈망하였다. 이때 장 보델(Jean Bodel)이 은어를 포함한 대중적인 불어(佛語)로 희곡을 써서 무대를 교회 내부에서 앞뜰로 옮기고 이윽고 도시의 광장으로 옮겨 평신도는 물론 일반 대중에게도 환영을 받았다. 물론 제재는 성서(聖書)에서 취했지만 인간세계의 현실적 생활을 재현하는 동안 성서에 나오는 기적을 개입시키는 형식을 취하여 기적극(奇蹟劇, Miracles)이라는 하나의 장르를 형성하게 되었던 것이다. 그리고 낭만파(浪漫派) 이후 빅토르 위고(Victor Hugo)의 『레미제라블(Les Misèrables)』과 『파리의 성모 마리아(Notre-Dame de Paris)』에 많은 예어(隸語)가 사용되었고 유젠 슈(Eugene Sue), 발자크(H. de Balzac), 카르코(F. Carco)

등이 은어를 문학작품에 사용하는 등 오늘날 프랑스에서 은어(隱語)의 문학적 가치는 무시할 수 없는 존재에 놓여 있다. 필자가 조사한 바에 의하면 우리나라 작품에서 은어가 처음으로 사용된 것은 1953년 6월경 부터 태양신문(太陽新聞)에 연재되었던 김래성(金來成)의 『인생화보(人生畵報)』의 제2부 투쟁(鬪爭)의 장중(章中) 소제목(小題目) 「소년(小年)들의 생태(生態)」 「격류(激流) 속에서」 「하늘이 의욕(意慾)하는 것」인 것 같다. 그리고 1954년 6월에 현대문학지(現代文學)지에 발표된 추식(秋湜)의 추천작품 『부랑아(浮浪兒)』이고 다음에 1957년 10월 5일에 단행본으로 발간된 황순원(黃順元)의 장편소설 『인간접목(人間接木)』이고 최근 '어느 고아(孤兒)의 수기(手記)'로 된 김성필(金成弼)의 『생일 없는 소년』에 많은 은어가 사용되어 있다. 이상 작품에서 사용된 은어를 추려내어 간략히 어학적인 해설을 가한 다음 문학에서 은어의 효용성(效用性)을 말하려 한다.

1. 『인생화보(人生畵報)』 김래성(金來成) 작, 장편소설

(〈 〉에는 의미와 당작품(當作品)에 나온 빈도수(頻度數)이고 ※는 필자의 해설임.)

1) 힝 〈금전(金錢) 3〉 ※ 일본의 은어에서 온 외래 은어 'hing'은 'sing'과 함께 일본의 불량배(도적, 소매치기)들이 금전의 뜻으로 사용하는 은어인데 이 'hing'은 일본승(日本僧)들이 사용하던 은어를 불량배가 차용한 것임. 일본승들이 금전을 'hing'이라고 하였는데 이것은 우리나라의 승려가 술(酒)을 '곡차(穀茶)'라고 하는 것과 비슷한 성격의 은어로서 '형

(兄)’의 송음(宋音)임. ‘힘’, ‘싱’으로 병용(倂用)되는데 이것은 우리나라 말에 ‘ㅎ〉ㅅ’ 현상이 있는 것과 같다. 예(例). 헤다(算)=세다, 흉보다=숭보다

2) 쟈브 〈형사(刑事)〉 ※ ‘쟈브’는 ‘쨔보’, ‘짜브’, ‘짭브’라고도 하며 형사는 눈을 옆으로 ‘째서 보다’, ‘쨔려보다’라고 하는데 이것의 약어(略語)이다.

3) 쌔리 〈주로 파출소 및 지서 순경 1〉 ※ ‘쌔리’는 ‘싸리(추(萩))’ 쌔리(umlaut)’. 파출소와 지서 순경들은 손수 싸리비질을 한다는 데서. 불량배들이 파출소와 지서의 순경을 무서워하지 않고 서(署)에 있는 순경을 경계(警戒)하여 ‘독수리’, ‘옴두꺼비’ 등 무섭고 징그러운 것으로 형언(形言)하였음. 프랑스 불량배의 은어 중 헌병을 비(箒. balai)라고 한 것은 그들의 경계대상이 되지 않는다는 데서 이루어진 것으로 좋은 대조(對照)가 되리라 생각된다.

4) 수갑 〈시계 3〉 ※ 시계는 팔에 차는 수갑과 같다는 데서.

5) 푸시기 〈담배 1〉 ※ 부시기=푸시기, 부시로 부싯돌을 쳐서 붙인다는 데서. 부시+기(접사)

6) 걸 〈밥 2〉 ※ ‘걸식(乞食)’ ‘걸인(乞人)’ 등의 하략어(下略語).

7) 쪼치기 〈반찬 1〉 ※ ‘쪼지기’라고도 함. 쪼지기=쪼치기. 반찬은 ‘쪼리고 지져 만들다’는 데서 어간(語幹)인 ‘쪼-’ ‘지-’에 접사 ‘-기’로 이루어짐. 쪼+지+기(접사)

8) 꿀꿀이 〈식당 같은 데서 나오는 찌꺼기 2〉 ※ 꿀꿀이 돼지같이 먹을 것이라는 데서.

9) 개코 〈구두 2〉 ※ 구두는 ‘구두(狗頭)’와 관련하여 ‘개코’와 비슷하다는 데서.

10) 뒷다리 〈권총 2〉 ※ 닭의 뒷다리 같다는 데서. ‘닭다리’라고도 함.

11) 쿠사리 대감 〈길에 떨어진 것을 주워 먹는 거지 4〉 ※ '쿠사리'는 일본어의 '썩다'는 'kusari'에서 차용함. '대감(大監)'은 거지의 소굴을 '천국(天國)'이라고 하는 것과 같이 그들의 처지(處地)를 우대, 과장하였는데 이것은 위안적인 심리에서 생겨난 말.

12) 따시다 〈꺼내다 4〉 ※ 연상어(聯想語)

13) 땡이다 〈괜찮다, 좋다, 수가 생겼다 1〉 ※ '땅이다', '땅잡았다' 등으로 사용되는데 이것은 일본에서 온 외래은어(外來隱語). 우리나라 도박(賭博)의 술어(術語)는 일본어를 차용한 것이 많은데 이 '땅'도 일본은어 'dang'에서 온 것임. 우리나라 도박에서도 '장땅', '구땅'으로 사용되고 있음. '땅'은 도박(賭博)에서 끝수가 높다는 데서 '괜찮다', '좋다', '재수가 생겼다' 등으로 전용(轉用)되는 것임. 일본 불량배들의 은어 중 'dang'은 도박자(賭博者)의 은어와는 달리 금품(金品), 이득(利得), 회뢰(賄賂)의 의미를 지니고 있음.

14) 꽃재비 〈소매치기 4〉 ※ 돈은 아름다운 것. 즉 '꽃재비'의 '재비'는 '잡이'이므로 '꽃잡이', '꽃을 잡는다', '돈을 잡는다'.

15) 하꼬노리 〈열차(列車) 내(內)의 소매치기 1〉 ※ 일본에서 온 외래은어. 일본에서 'hakonori'는 '열차 내의 소매치기', '기자(記者)들의 은어(隱語)로 신문기자가 담화(談話) 기사(記事)를 취(取)할 목적인물(目的人物)과 동승하는 것'을 의미함.

16) 왕초 〈두목(頭目) 13〉 ※ 왕초(王草), 왕초(王草) 밑에는 초자(草字)가 붙은 말로 '묵은 초(草)', '건초(乾草)', '매초(草)', '내초(來草)' 등이 있는데 그들의 처지(處地)를 나타낸 말이라 보는데 '초(草)'라고 한 것은 '초개(草芥)와 같은 인생(人生)', '초로(草露)와 같은 생명(生命)'에 쓰이는 '풀포기'와 같은 인생(人生)이라는 것임.

17) 빵뚜럭 〈형무소 3〉 ※ '빵간'이라고도 함. '빵간'의 '빵'은 형무소에

들어가면 빵 문제가 해결된다는 데서 온 것이라고 보기 쉬우나 '왕초(王草)'들의 말에 의하면 그것보다 해방 전에는 전과자들의 호적초본 등에는 전과자라는 빵 같은 둥그런 도장이 찍혀진다는 데서 생긴 말이라 함. '빵점이다'의 '빵'은 '0'점으로 빵의 형용어. 속어에 '빵장났다', '빵났다'라고 있는데 이 '빵'은 즉 puncture의 약어(略語)로서 「탄로(綻露)나다」의 의미. 하어(下語) '뚜럭'은 '뚫다'의 어간(語幹) 뚫+억(접사)=뚜럭이 된 듯(?). 도둑은 '뚫어 들어가는 행동(行動)'이라는 데서. 속어(俗語)에 '뚫러 오다'는 '없는 것을 얻어 오다', '탐색(探索)해 오다'. 그리고 '어디 가서 뚫러 올까'의 의미는 '어디 가서 얻어 올까'. '빵뚜럭'은 '빵간'의 하략어(下略語)인 빵+뚜럭(盜)=빵뚜럭인 복합명사(複合名詞).

2. 『부랑아(浮浪兒)』 추식(秋湜), 단편소설

1) 삘기새끼 〈시골 소년 33〉 ※ '삘기'는 띠의 새로 돋아나는 순. '삘기'는 봄에 시골 소년들이 뽑아 먹는데 매우 달콤한 것으로 지방(地方)에 따라 '삐기', '삐비기'라고도 함. 창녀(娼女)들의 은어(隱語) 중 '생삘기꾼'은 시골처녀가 서울에 왔다가 유인(誘引)되어 전락(轉落)된 창녀, '헌삘기꾼'은 시골 젊은 과부가 서울에 왔다가 유인(誘引)되어 전락(轉落)된 창녀(娼女). '삐기쟁이'는 서울에 취직(就職)시켜 준다고 시골서 유인해다가 포주(抱主)에게 팔린 창녀(娼女)를 가리킴. '삘기새끼'는 역(驛)의 불량배(不良輩)에게 유인되어 소지품(所持品)을 빼앗기게 된다.

2) 흰딱지 〈양키 시계(時計) 1〉 ※ '흰'은 미군(美軍)의 살빛이 백색(白色)이라는 데서. 딱지는 게딱지에서. 시계(時計)의 은어(隱語)로서는 '똑대기(똑댁거린다는 데서)', '지겟다리(분침)'의 V자형이 지겟다리 같다는 데

서) 등이 있음.

3) 송장부대 〈미군부대(美軍部隊) 2〉 ※ 미군(美軍)은 송장과 같이 길다는 데서.

4) 펨푸 〈뚜쟁이 1〉 ※ 미군(美軍)이 사용하는 은어가 유용(流用)된 외래은어(外來隱語). 펨푸는 'Pamper' 즉 '지나치게 만족(滿足)시키다', '배불리 먹다', '응석하다' 의미에서 성적(性的)인 만족(滿足)을 채워주게 한다는 것.

5) 피조리 〈부인(婦人) 1〉 ※ 결혼(結婚)하면 여성(女性)은 쌀을 이는 조리질을 한다는 데서 조리. 피는 '루쥬'의 빛 또는 멘스(menses)의 피(blood). 창녀(娼女)의 은어(隱語) 중 '쌀조리'는 행복하였던 결혼생활을 회상하여 눈물을 가끔 흘리는 창녀(娼女)인데 쌀 일 때 조리 밑으로 주루룩 흐르는 물을 눈물에 비유하였음.

6) 초간나 〈처녀(處女) 1〉 ※ 초(初)간나. 간나는 처녀(處女)의 방언(方言).

7) 양아치 〈거지 1〉 ※ 량(糧)+아치(접사).

8) 따리 〈아양, 애교(愛嬌) 1〉 ※ 아양 '떨다'의 떨+이=떠=떠리=따리

9) 빠이 〈배당(配當) 1〉 ※ 일본어(日本語) 「분배(分配)」의 상략어(上略語).

10) 돛달다 〈떠나다, 출발하다 1〉 ※ 원인=결과로 된 환유(換喻 metonymy)어(語).

11) 올리다 〈거두다, 승리하다 1〉 ※ 연상어(聯想語).

12) 시간 〈all night가 아니고 short time으로 창녀(娼女)와 지내는 것 1〉 ※ '긴 밤'은 all night이다.

13) 꽃제비 〈소매치기 3〉

3. 『인간접목(人間接木)』 황순원(黃順元) 작, 장편소설

1) 똘마니 〈부하 4〉 ※ '똘'은 돌(石)=똘+마니(접사)=똘마니. 이 똘마니는 매우 흥미 있는 말로서 일반 통상어(通常語)이고 그들의 部類에 따라 명칭이 다르다.

① 도둑의 부하(部下) - 짚신, 짚신창
② 폭력배(暴力輩)의 부하(部下) - 구두창
③ 걸인(乞人)들의 부하 - 걸레
④ 시라이꾼 〈바구니 메고 종이 줍는 자〉의 부하(部下) - 손걸레
⑤ 영업(營業)집에 종사(從事)하는 소녀(少女) - 버선켤레

'짚신창'이나 '구두창'이나 '걸레'나 '버선'이나 모두 그들의 고된 처지를 상징하는 말들임을 알 수 있다. '똘마니'는 '돌'과 같은 존재로서 길에 굴러다니는 '돌'이 밟히고 채이고 깨지고 비 맞고 여름엔 달고 겨울에는 어는 고된 처지를 상징한 말임. 역(驛)에 있는 '똘마니'들(손님에서 차표를 사 주는 척 하고 거스름을 요구하고 주머니를 노리는 자)을 '돌패' 또는 '똘패', '돌찌기' 또는 '똘찌기'로 병용(倂用)하여 칭(稱)하고 있음을 보아 돌=똘 되었음을 확언(確言)할 수 있다. '돌패'는 '돌의 무리'〈石群, 石波〉, '돌찌기'는 돌의 方言〈黃海道〉. '찌기'는 고대(古代) 몽고어(蒙古語) 'čilagun'와 관련(關聯)된 듯. '전기알 다마'와 같이 한자어(漢字語)+순수국어(純粹國語)+일본어(日本語)와 같이 '돌(국어(國語))+찌기(몽고어)'. 현대(現代) 몽고어(蒙古語)에서 돌은 'čolô'. 〈李崇寧(이숭녕) 박사는 산삼채취인(山蔘採取人)의 은어(隱語) '찌-기'(岩)를 몽고어(蒙古語)의 고어와 관련(關聯)시킨 것은 탁견(卓見)이라 여김〉. '똘마니'의 '마니'는 설악산의 산삼채취인(山蔘採取人) 은어(隱語) 중 사람을 가리키는 접사(接詞)로 사용되었는

데 아마 「어머니」 「오마니」 등의 상략어(上略語)인 듯(?).

　2) 팽매질 〈돌팔매질 1〉 ※ 돌팔매질의 약어(略語). 팔매질은 팔로 매질한다는 것〈옛날엔 석전(石戰)〉.

　3) 꺼져라 〈가라, 물러가라 2〉 ※ 연상어(聯想語).

　4) 실렸다 〈들어있다 2〉 ※ 연상어(聯想語).

　5) 때신다 〈훔치다, 꺼내다 2〉 ※ 따시다=때시다〈摘〉.

　6) 큰집 〈형무소(刑務所) 4〉

　7) 작은집 〈경찰서 1〉 ※ 비밀 유지와 아울러 언어에서 주는 압박감을 해소하려는 심리 작용에서 생겨난 말.

　8) 떳다 〈나타나다 10〉 ※ 연상어(聯想語).

　9) 날러라 〈달아나라 1〉 ※ 연상어(聯想語).

　10) 바가지 〈헌병(憲兵) 1〉 ※ 철모(鐵帽)의 형용어(形容語).

　11) 괴댁이 〈고양이 1〉 ※ 괴+댁(宅)이=괴댁이.

　12) 어깨 〈폭력배(暴力輩) 1〉 ※ 어깨를 뼈기고 다닌다는 데서.

　13) 국물 〈이득품(利得品) 1〉 ※ 건더기보다 국물이 영양 가치가 더 있다는 데서.

　14) 날림 〈소매치기 할 때 쓰는 가락지에 달린 칼날 1〉 ※ 날래게 찢는다는 데서.

　15) 쌍팔이 〈외팔이 12〉 ※ 외팔이를 풍자(諷刺)로 표현한 역의어(逆意語).

　16) 힝잡이 〈소매치기 11〉 ※ 삥잡이라고도 하는데 이 삥은 도박(賭博)에서 '장삥', '구삥'이니 하는데서 생긴 말임. '삥'은 포루투갈의 'Pinta'의 하략어(下略語). 이 'Pinta'는 card의 한 끝자리. 'Pin'은 일본(日本)을 거쳐 온 은어(隱語).

　17) 씽 〈금전(金錢) 1〉 ※ 힘=씽.

　18) 쌔릿간 〈파출소(派出所) 3〉 ※ 쌔리〈순경(巡警)〉+간(間)=새릿간.

19) 빵간 〈유치장(留置場), 형무소(刑務所) 2〉

20) 바람잡이 〈감시자(監視者) 4〉 ※ 바람은 경찰(警察) 또는 감시할 대상자. 달려올 때에 바람이 인다는 데서.

21) 꼬누다 〈겨누다 1〉 ※ 연상어(聯想語).

22) 날치기 〈들고 있는 것을 날래게 채는 자 1〉 ※ 날치기는 주로 혼자서 행함.

23) 묵은초 〈고삼자(古參者) 9〉

24) 건초 〈고삼(古參) 4〉 乾草

25) 내초 〈소매치기 견습(見習) 7〉 ※ 내초(來草) 갓 들어 온 풀, 그리고 앞서 나온 은어(隱語) 중.

26) 쌔리 〈3〉

27) 왕초 〈60〉

28) 쨔브 〈1〉

29) 꽃잡이 〈3〉

30) 힘 〈1〉

31) 양아치 〈걸인(乞人) 1〉

4. 『생일(生日) 없는 소년(少年)』김성필(金成弼) 작. 수기(手記)

1) 다구리 〈몰매 3〉 ※ '딱다구리'의 상략어(上略語). '딱다구리'가 주둥이로 나무를 찍는 것에서 무수히 때린다는 것.

2) 토끼다 〈도망가다 8〉 ※ 토끼(兎)+다=토끼다, 신(靴)+다=신다로 동사(動詞)로 되는 것과 같다.

3) 깔치 〈부인(婦人) 14〉 ※ 깔다의 깔+치(접사)=깔치. '까래'라고도 함.

'덮치'는 남자(男子).

4) 왕건 〈고기 건더기 4〉 ※ '건디기' 중 왕(王)은 '고기건디기'.

5) 쫄쫄이 〈주(酒) 2〉 ※ 술잔에 '쫄쫄' 따른다는 데서의 의성어.

6) 광대 〈집어던지다 3〉 ※ 광대(廣大)가 한참 돌아가며 집어던진다는 데서.

7) 조다 〈바보, 소매치기 당한 경험이 없는 자(者) 23〉 ※ '좋다'의 ㅎ을 묵음(默音)시켰음. '소매치기 해도 좋다'는 의미.

8) 눈깔 빼기 〈헤드라이트 빼기 1〉 ※ 자동차 조명등(照明燈)을 전문으로 빼는 자.

9) 럭잽이 〈도둑 2〉 ※ '뚜럭'의 상략어(上略語)에 잡이가 붙음.

10) 뺑코 〈미군(美軍) 20〉 ※ 코가 높다는 데서 뺀코=뺑코.

11) 장군 〈소매치기 1〉 ※ 장기 둘 때 장군 멍군 하다가 말을 잡아먹듯 소매치기 할 때에는 이리 밀고 저리 밀어 마치 장기 둘 때 장군 멍군 하는 것과 같다는 것.

12) 개미장 〈행인(行人) 2〉 ※ 개미가 집단이동(集團移動) 할 때 장(市) 보러 간다고 한다는 데서.

13) 딸딸이 〈자동차(自動車) 11〉 ※ 의성어(擬聲語).

14) 딴통 〈아편(阿片), 아편쟁이 18〉 ※ 따통=딴통. '따통'은 대통에서 변한 것, 옛날엔 주로 아편(阿片)은 담배통에 넣어 피웠다는 데서. (현재도 대통에 넣어 피우기도 하지만) 대통=따통=딴통, '쪽'이라고도 하는데 '아편(阿片)'의 '편(片)'의 훈(訓).

15) 한코 〈아편(阿片) 한 대, Sexual intercourse 1회(回) 3〉 성적(性的)으로 '코'는 'Semen'. '한코'는 원래 Sexual intercourse의 횟수를 가리켰는데 아편중독자는 아편 한 대가 Sex 한코에 해당된다는 것임. 『생일(生日) 없는 소년(少年)』에는 99개의 단어가 있는데 지면 관계로 해설을

생략하고 지금까지 나타난 작품의 통계를 내보면 다음과 같다.

제목	작자	장르	발표 연월	작품에 나온 은어 수(數)	총 빈도수	처음 발표지
인생화보 (人生畫報)	김래성 (金來成)	장편소설 (長篇小說)	1953.6	17	48	태양신문 (太陽新聞)
부랑아 (浮浪兒)	추식 (秋湜)	단편소설 (短篇小說)	1954.6	13	19	현대문학 (現代文學)
인간접목 (人間接木)	황순원 (黃順元)	장편소설 (長篇小說)	1958.10	31	154	단행본(單行本) 中央文化社發行
생일 없는 소년	김성필 (金成弼)	수기(手記)	1958. 5	114	787	단행본(單行本) 女苑社 發行
계(計)				175	1012	

　이상은 각 작품에 나오는 은어를 들어 간단히 은어의 형성과정을 설명하고 통계를 내본 것이다. 『인생화보(人生畫報)』에서 작자는 은어를 조심스럽게 다루면서 소매치기들이 이런 은어가 사용되고 있다는 것을 소매치기와 대화를 통하여 소개에 그친 감이 있지만 우리나라 문학에서 처음으로 은어를 사용하였다는 '이니셔티브(initiative)'는 문학사적으로나 어학적(語學的)인 면에서 특기(特記)할 일이 아닐 수 없다. 『부랑아(浮浪兒)』에서는 13단어의 은어를 사용하였는데 대화를 통함이 없어 나열에 그친 감이 있다. 『인간접목(人間接木)』에서 황순원(黃順元)은 『인생화보(人生畫報)』나 『부랑아(浮浪兒)』와는 달리 장편(長篇) 전역(全域)에 걸쳐 은어의 비중을 크게 두어 작자가 작품에 방언을 곧잘 이용하여 지방적(地方的) 색채(色彩)의 환기적(喚起的) 작용의 효과를 노렸다. 『인간접목(人間接木)』에서도 고아원(孤兒院)의 특수사회(特殊社會) 소년들의 사회적 환기작용(喚起作用)을 일으키는데 효용적(效用的)이었다. 은어(隱語)를 소년들의 대화를 통하여 등장시켰고 작자 자신도 은어에 대한 해설을 약간 꾀했다. 『생일(生日) 없는 소년(少年)』은 수기(手記)로 자신의 경험

을 그렸기 때문에 풍부한 은어(隱語)를 사용하였으나 그들 사회에서도 보편성이 없는 부정확한 은어를 사용하였음을 몇 개 찾아볼 수 있었다. (은어에 보편성이 없는 것이 특징이기도 하지만.)

무릇 문학작품에서 은어(隱語)의 사용은 사회 환경에 상응한 환기작용(喚起作用)을 일으키며 문체론적(文體論的)으로는 작중인물(作中人物) 성격의 부조(浮彫)를 위해 사용되는 것이라야 한다. 그리고 일반소설(一般小說)에 교양 있는 인물의 은어(隱語)와 속어(俗語) 등을 혼입(混入)하는 것은 부분적으로는 독자에게 친근감을 주는 동시에 일부 문체(文體)의 긴장감을 환기적(喚起的) 가치(價値)를 지니고 있어야 하는 것이다. 이런 의미에서 볼 때 상기(上記) 작품들에 은어(隱語)를 사용한 공(功)을 인정하고 사회 환경에 상응한 환기적(喚起的) 작용을 양식화하는데 어느 정도 효과적이었다고 할 수 있으나 문체론적인 면에서 인물 성격의 부조(浮彫)를 위함이 적었고 호기심으로 은어 삽입(挿入)에 지나지 않은 감(感)이 있다. 은어는 특수어(特殊語)로서 방언(方言)과 자매어(姉妹語)라고 할 수 있어 방언이 문학어(文學語)에 사용되는 것은 지방적(地方的) 색채(色彩)를 문체(文體)에 첨가하는 환기적(喚起的) 기능이 양성되는 것과 같이 은어는 특수한 사회적 색채를 문체에 가해야 되리라 믿는다. 아울러 은어에서 그들의 생활 감정과 생리가 풍겨져야 할 것이다. 『부랑아(浮浪兒)』에서 '삘끼새끼'라는 은어의 빈도(頻度)가 33회(回)나 나오고 있는데 주인공인 박달이라는 소년도 그 뜻은 모른다 했고 작자 자신도 무엇을 나타내고 있음인지 모르는 것 같다. 만약 작자가 '삘끼새끼'라는 어원(語源)을 알고 역(驛)에서 시골 소년을 붙들어 올 때나 골목으로 끌고 들어가 주머니를 터는 장면에 가서 은어의 어원을 이용하였다면 좀 더 재미있게 묘사되지 않았을까 한다. 즉 시골에서 '삘끼'를 뽑아 먹을 때 연결시켰으면 은어는 완전히 문체에 용해되었을 것이다. 작가에게 그런

어원까지 알아내라는 것은 무리한 요구이다. 이런 은어에 대한 과학적 검토는 어학자(語學者)가 하여 작가들에게 소재(素材)를 제공하는 등 공동 작업에서 가능할 일이라 믿는다. 이런 의미에서 앞으로는 문학자(文學者)와 어학자(語學者) 간의 협동작업(協同作業)이 이루어져야 할 것이다. 백철(白鐵)은 미국 시찰을 마치고 돌아와 지난 7월 16일 귀국 강연회에서 미국서는 '문학 재료(材料)는 언어'라는 견지에서 언어의 기능 연구를 중대시(重大視)한다는 것을 보고하고 앞으로 우리나라에서도 문학자(文學者)와 어학자(語學者) 간의 합동연구(合同研究)가 성(盛)해지기를 주장한 바 있는데 필자로서는 이에 크게 공명(共鳴)하는 바이다. 영국이나 프랑스 같은 데서는 어학자(語學者)들이 현대어와 작가(作家)들이 이룩한 작품에 나타난 언어(言語)에 대하여 과학적 검토와 분석을 가하여 작가들에게 많은 도움을 주고 있다. 앞으로 우리나라 어학자(語學者)들도 현대어(現代語)와 문학어(文學語) 방면에 많은 관심을 가지고 문학어(文學語)의 지향(志向)을 위해 연구가 진행되어야 할 것이다. 은어(隱語) 자체에 대한 정확한 이해 없이 작품에 사용한다는 것은 마치 참외 속이 달다고 해서 참외씨를 그냥 먹고 그냥 배설하는 것이나 다름이 없지 않을까. 은어 주로 특정한 계급(階級) 및 직업(職業) 그리고 불량배(不良輩)(도둑, 소매치기, 강도, 사기꾼, 폭력배……) 등 특수(特殊) 사회집단(社會集團) 내에서 그들 행동의 은폐(隱蔽)와 비밀(秘密) 유지(維持)와 이익을 꾀하기 위한 수단으로서 사용하는 언어로 일반사회의 언어와는 달리 폐쇄적인 발달을 해온 특수언어(特殊言語)이다.

그리고 은어(隱語)는 비밀을 요하지 않는데도 발달되고 있는데 그런 것으로는 산삼채취인(山蔘採取人)들의 은어가 있다. 이는 속세(俗世)의 말을 산에 가서 하면 산신령(山神靈)에게 부정(不淨)을 타서 산삼(山蔘)을 발견할 수 없을 것이라는 원시 신앙적인 면에서 발달된 것이다.

　　그리고 나병환자(癩病患者) 수용소(收容所) 내부에서는 비밀유지(秘密維持)보다 은어(隱語)가 하나의 슬픈 만화적(漫畫的), 오락적(娛樂的) 성격(性格)을 띤 것들도 있다. 그리고 북한(北韓)에서 공산당(共産黨)에게 압박(壓迫) 받는 대중(大衆)들은 소위(所謂) 귀 아프도록 떠들어대는「위대한 김일성(金日成) 만세(萬歲)」를「위대(胃大)한 김일성(金日成) 망세(亡歲)」로 解釋하고 옥수수 튀긴 것을「공화국과자(共和國菓子)」라고 김일성(金日成)을「죽장군」이라고 풍자(諷刺) 야유(揶揄)하는 것이다. 또한 공산당(共産黨)에 대한 경계(警戒)에서 발달(發達)한 은어(隱語)도 ① 사과 (겉으로는 열성분자인 체 하나 사실은 공산주의자가 아닌 사람) ② 수박(진짜 빨갱이지만 겉으로는 공산주의자가 아닌 체 하는 자) ③ 도마도, 닝징(人蔘) (겉속 진빨갱이) 등으로 생겨났다. 물론 이 밖에도 여러 가지로 설명되겠지만 제한된 지면에서 자세히 논할 수는 없고 은어가 일반어(一般語)와 다른 점은 두 가지가 있는데 하나는 특정(特定)한 사회집단(社會集團) 내에서 생겨나서 그 안에서만 통하는 말이고, 둘째로는 일반사회(一般社會)에 사용되는 공통어(共通語)와는 어떠한 점에서든지 차이가 있다는 것이다. 특수어(特殊語)에 속할 수 있는 방언(方言)도 앞서 말한 은어(隱語)와 같은 두 가지 조건을 갖추고 있다고 하겠지만 은어는 신분, 직업에 의해 사회적(社會的) 언어집단(言語集團) 내에서 발달 사용되고 있음에 반하여 방언은 언어집단 내에서 사용된다는 점이다. 그래서 은어를 방언이라 하고 방언은 지역방언(地域方言)이라고도 하는 것이다. 방언과 은어의 엄격한 차이는 방언은 지역적인 차이에서 자연발생적(自然發生的)이며 공개성(公開性)을 띠었음에 반하여 은어는 의식적(意識的)으로 창작(創作)하여 사회성(社會性)을 민감히 반영하면서 폐쇄적(閉鎖的)인 발달을 하였다는 것이다. 끝으로 필자가 수집)한 은어를 소개함으로써 우리나라 은어현상의 일면을 대신하려 한다.

① 띤별 〈성병(性病)을 의식적으로 옮겨주는 창녀(娼女)〉 *창녀.
'띤'(James. Dean)의 'Dean', 별(星)은 'star'로서 배우(俳優)를 은유(隱喩).
'띤'이 출연(出演)한 '이유 없는 반항'과 관련하여 '반항(反抗)의 star'. 이
'띤별'은 현숙(賢淑)한 아내로서 단란한 부부생활을 하였었는데 남편이
매음굴(賣淫窟)에서 성병(性病)을 아내에게 옮겼기 때문에 이에 실망하여
남편과 이혼한 후 창녀가 되어 뭇 남성들에게 성병을 의식적으로 옮겨
줌으로써 남성에 대한 반항적 복수를 하고 있는 것임.

② 고추두부 〈영아(嬰兒)인 자식(子息)의 간(肝)을 약(藥)으로 먹으려고
꺼낸 것〉 *나병환자. '고추'는 '어린 몸둥아리', '두부'는 간(肝)이 두부같
이 말랑말랑하다는 데서. 부부(夫婦)가 나병환자(癩病患者)인 고로 자식
의 장래를 생각하여 부모와 같은 처지가 될 것을 두려워 부모의 병이라
도 나아야 되겠다는 데서 자식의 간(肝)을 꺼내 먹는다 함.

③ 깰찜 〈아편(阿片)의 인에 몰려 아내의 몸을 팔아서 아편 맞는 것〉
*아편환자. '깰'은 'girl'에서 변한 말. '찜'을 '찜질', 'girl'로 찜질한다는
것임.

④ 폭탄 〈담배〉 *고등학생. 고등학교 학생들이 소지하고 있는 담배는
소지품 검사에 걸리면 위험하다는 데서.

⑤ 염라국월급 〈흠장비(欠葬費)〉 *화장소(火葬所). 염라국(閻羅國)으로
보내기 위한 비용이라는 데서.

⑥ 미재 〈점(占)〉 *복술맹인(卜術盲人). '재미'의 역어(逆語), 점(占)치
는 것은 '재미'가 좋은가 나쁜가를 알아본다는 것에서.

⑦ 넥타이 지배인(支配人) 〈刑務所長〉 *형무소 죄수(刑務所罪囚). 교수
형(絞首刑) 시 사용되는 밧줄을 넥타이로.

⑧ 주둥이부대 〈합창대(合唱隊)〉 *고아원(孤兒院). 주둥이를 놀린다는
데서.

⑨ 황태자 〈변소(便所)에 유기(遺棄)된 영아(嬰兒)시체(屍體)〉 *똥 푸는
사람. '황태자(皇太子)'가 아니라 '황태자(黃太子)', 황분(黃糞)의 洗禮를
받았다는 데서.

⑩ 닭오리 〈여성으로 분장한 남접대부(男接待婦)〉 *호텔 종업원. '닭
잡아먹고 오리발 내민다'는 속담에서.

⑪ 골동품 〈간첩(間諜)이 바꾸러 온 미화(美貨)〉 *달러 상인(商人). 북
한(北韓)에서 왔으니까 오래 되었다는 것. 그리고 만약 경찰(警察)에 발각
되면 그 간첩(間諜)에서 바꾼 미화(美貨)는 골동품이 된다는 데서.

⑫ 누룽지 긁다 〈유산(流産) 시키다〉 *산부인과(産婦人科) 간호원(看護
員). 누룽지는 태아(胎兒). '긁다'는 '유산(流産)시키다', '태아(胎兒)를 긁
어내다'.

⑬ 인피 〈나이롱〉 *포목상인(布木商人). 나일론은 살 같이 환히 들여
다보인다는 데서 '인피(人皮)'.

⑭ 맥주병 〈조선일보(朝鮮日報)〉 *시장상인(市場商人). 조선일보(朝鮮
日報)는 중립적(中立的)이기 때문에 김빠진 맥주 같다는 데서. 활빈당종
(活貧黨鍾) 동아일보(東亞日報) 진로(眞露) (경향신문(京鄕新聞) 미꾸라지
(서울신문) 애꾸눈 한국일보(韓國日報).

⑮ 인삼탕 〈개를 유인(誘引)하기 위해 낚시에 꾀인 고기〉 *개장국집.

⑯ 전류계 〈손들고 있게 하는 벌〉 *맹아학교(盲啞學校). 손을 들고 있
으면 전류(電流)가 통하는 것과 같다는 데서.

⑰ 순안기 〈K.N.A 항공사(航空社) 비행기(飛行機)〉 *공항. 납북(拉北)
된 비행기(飛行機)가 순안비행장(順安飛行場)에 내렸다는 데서.

⑱ 고양이 털 뽑다 〈손님이 잠든 새에 돈을 훔치다〉 *airgirl. 매우
위태로운 일이라는 것.

⑲ 통학패스 〈묘지(墓地)의 땅값〉 *묘지. 땅값을 내야 무덤에 들어갈

수 있다는 데서. 무덤에 들어가는 것을 통학(通學)으로.

㉗ 말꾼 〈단골손님〉 *미장원(美粧院). 마실꿀=말꾼.

㉑ 재봉질 〈계급을 따지다〉 *여군(女軍). 남군(男軍)은 몇 그릇의 밥을 먹었느냐가 계급(階級)을 따지는 것인데 여군(女軍)은 「재봉(裁縫)질」임은 여성다운 은어(隱語).

㉒ 미나리뿌리 〈여음모(女陰毛)〉 *형무소 여수(刑務所女囚). 작업장(作業場)에서 담 너머로 남수(男囚)의 쑥뿌리(남음모(男陰毛))를 싸서 넘기면 여수(女囚)도 미나리 뿌리를 싸서 담 너머로 던짐. 일종의 Sexual intercourse.

㉓ 가오루짠지 〈방향제(芳香劑)로서 인단을 빻아서 담배에 뿌리는 것〉 *원초밀위조자(援草密僞造者)

㉔ 꼭두칼 〈한강(漢江)에서 여성(女性)으로 가장(假裝)하여 여성 틈에 끼어 여성을 희롱하는 불량배(不良輩)〉 *한강(漢江) 주변 불량배. '꼭두칼'은 '꼭둑칼'. '꼭둑'은 '꼭둑각시'의 하략어(下略語). '꼭둑각시' 놀음에 나오는 여자(女子)의 인형(人形) 같이 논다는 것.

㉕ 진로술 〈가극장표(假劇場票)를 할 수 없이 받는 것〉 *극장. 진로주(眞露酒), 소주와 같이 맛이 쓰다는 것.

㉖ 함포사격 〈도끼로 쇠머리를 까는 것〉 *도살장(屠殺場). 8·15 전(前)에 '刑筈질', 8·15 후(後)에서 6·25 전(前)까지는 '도리깨질'.

이상 열거한 바와 같이 우리나라의 은어(隱語)가 광범위한 영역에 걸쳐 발달되고 있음을 알 수 있다. 그리고 은어에서는 은유(隱喩 mètaphore)에 의한 것이 많음을 알 수 있다. 은유는 응축(凝縮)하고 축합(縮合)시킨 비유이기 때문에 한 단어의 여러 비유를 포함시킬 수 있는 것이다. 은유는 문학에 있어서 매우 중요한 것으로써 문학적 은유는 그 말에 의미를 더욱 심장(深長)시키고 함축성(含蓄性)을 풍부히 하는데 효용적(效用的)이다.

그리고 은유는 주관적(主觀的) 인상(印象)을 기반으로 하여 성립되기 때문에 말의 표현과 개성을 함축시키고 기발(奇拔)하고 유쾌(愉快)한 놀람 등을 독자들에게 줄 수 있는 것이다. 은유의 본질은 구상화(具象化), 감각화(感覺化), 물질화(物質化)의 작용에 있기 때문에 문체의 생동성(生動性)과 회화성(繪畵性)을 준다. 문학에서 은유적(隱喻的) 수사법(修辭法)은 고래(古來)로 매우 중요한 위치에 놓여 있다. 20세기의 소설가 프루스트(M. Proust)는 다음과 같이 말했다. "Je crois que la métaphore seule peut donner une sorte d'éternitè au style."(나는 오직 은유만이 일종의 영원성을 문장에 부여할 것이라고 믿고 있다.) 이런 의미에서 볼 때 은어(隱語)는 문학에 있어서 매우 중요한 역할을 할 수 있을 것이라 여겨지는 터이다. 그것은 문학적 은유(隱喻)가 창작에 은어가 그 수법 면에서 많은 암시를 줄 수 있을 것이라는 점에서다. 은어가 담겨져 있는 그릇은 유머와 위트다. 회화(繪畵)에 비하면 확실히 만화(漫畵)다. 어두운 곳에서 다만 달과 별빛만 보고 자라는 이 은어원(隱語苑)에 대하여 어학자(語學者)와 문학자(文學者)가 협동하여 밝은 태양을 쏘이게 하여 새로운 생명을 불어 넣어 주어 정화(淨化)를 꾀하는데 문학적 사명과 의의가 있다 할 것이다. 이리하여 그들의 유머와 위트와 만화(漫畵)를 건전한 것으로. (신흥대학 교수)

〈自由文學, 3권 11호, 1958. 11.〉

제2장

저항과 언어

　한국이 일본에게 강점(强占) 당하였을 때 일본인을 '쪽발' 또는 '게다 짝'이라고 불러 소극적이나마 언어로서 그들에게 저항하였다. 중국에서 도 일본인을 '소귀자(小鬼子)'라 했고 일본군을 '소귀자병(小鬼子病)', '소 귀자군(小鬼子軍)' 또는 줄여서 '소병(小兵)'이라 했고 친일파를 '강정위귀 자(江精衛鬼子)'라 불렀다. 이러한 특수어는 범법자(犯法者)들의 집단인 특수사회어나 일반적 직업의 직업단어나 반직업집단(半職業集團)이라고 할 수 있는 궁정어(宮庭語)나 학생어(學生語)보다는 그 성격을 달리한 특 수어로서 강점자(强占者)들에 대한 반항의 표상으로서 생성된 말이라 하 겠다. 이러한 말은 어느 특수집단이나 직업집단이라기보다는 민족적인 집단성(集團性)을 띤 말이라 하겠다.

　공산주의자(共産主義者)를 '빨갱이'라고 하는 것은 사상적 대립에서 생 긴 말인데 '게다짝'이나 '소귀자(小鬼子)'와는 다른 성격을 띤 특수어로서 공산주의에 대항하는 적극성을 띤 말이라 하겠으며 '쪽바리'나 '게다짝' 은 강점자(强占者)에 대한 반항 심리가 반영된 특수어라 하겠다.

　북한(北韓)에는 쏘련과 중공(中共)의 공산주의자들이 강점(强占)하고 독재정치를 강행하고 있는 정치체제 하에서 생성된 특수어는 보다 사상적 저항의 성격을 띠고 있다고 하겠는데 북한에서 생성된 특수어를 이룬 집단성과 그 특수어가 지니는 성격을 살펴보려 한다.

1. 공산주의자

① 죽장군 : 김일성 (북한 동포로 하여금 죽을 먹게 한 장군이라는 데서 생긴 말)

② 양돼지 : 김일성 (동포들의 고혈을 착취하여 양돼지 같이 살이 쪘다는 것)

③ 탈도깝 : 김일성 ('탈'은 '가면'. '도깝'은 성이 '김金'이라는 데서 생긴 말. '김金도깨비'니 '정鄭당나귀'니 하여 성을 야유하는 데서 생긴 말. 김일성은 도깨비 탈을 쓰고 동포들을 못 살게 군다는 것)

④ 망세 : 김일성 ('표어標語'로 '위대胃大한 金日成김일성 장군將軍 망세亡歲'의 '만萬'을 '망亡'으로 하여 어서 망亡해야 된다는 데서 생긴 말)

⑤ 뱃집 : 김일성 ('위대偉大한'을 '위대胃大한'으로 하여 '위胃'인 '뱃집'이 크다는 것으로 착취가 심하다는 것)

⑥ 개구리배(또는 개구리) : 김일성 (이솝의 우화에 개구리가 소의 배를 보고 자기도 소만큼 배가 커져 보겠다고 바람을 너무 들여 마셔 배가 터져 죽고 말았다는 데서 너무 먹다가 개구리 배같이 터질거라는 것)

⑦ 사과 : 겉으로만 열성분자인 체 하는 자 (사과는 겉은 껍질이 빨갛지만 속은 붉지 않다는 데서 생긴 말)

⑧ 수박 : 겉으로는 공산주의자가 아닌 체 하는 당원 (수박의 겉은 푸르지만 속은 빨갛다는 데서 생긴 말)

⑨ 도마도 : 공산주의자 (토마토는 속과 겉이 같다는 데서 겉과 속의 다름이 없는 진짜 공산주의자라는 것. '도마도'는 원래 서반아어임)

⑩ 닝징 : 공산주의자 ('닝징'은 '인삼人蔘'의 일본어로 '당근唐根'을 일컫는데 '당근'은 겉과 속이 붉다는 데서 생긴 말)

⑪ 다꽝 : 공산주의자 ('다꽝'은 일본어로서 '다꽝'은 겉이나 속이 다름없이 노랗다는 데서 생긴 말)

⑫ 능금통 : 강제로 가입당한 당원 ('능금'은 겉과 속의 색이 다르다는 데서 생긴 말)

⑬ 솔깨비 : 열성적인 당원 (솔깨비가 불에 활활 타듯 덤빈다는 것)

⑭ 쪽바가지 : 고참당원 (쪽바가지로 퍼먹는다는 데서 잘 먹는다는 것)

⑮ 목화따래 : 비밀당원 (목화송이가 겉은 희어도 속엔 검은 씨가 있다는 데서 겉으로 보기엔 알 수 없지만 속엔 씨가 있다는 것)

⑯ 청포도 : 불평을 말하는 체하며 대중들의 동정을 살피는 비밀당원 (익지 않은 청포도 같이 신[酸味] 자라는 것)

⑰ 빨줄 : 비밀경찰 ('빨줄'은 '빨랫줄'의 '래'가 생략된 말. '빨랫줄'은 포승捕繩을 뜻함)

⑱ 미시깨 : 여성동맹원 (미시깨 노릇하는 자라는 것. '미시깨'는 밑을 씻는 것)

⑲ 호들갑파리 : 여자 노동당원 (파리가 앵앵 호들갑스럽게 달라붙듯 한다는 것, 주책없이 군다는 것)

⑳ 청무새 : 강제로 가입당한 여성동맹원 ('청무새'는 '청(靑)앵무새'의 '앵'이 생략된 말. 푸른 앵무새로서 할 수 없이 그들의 흉내를 내고 있다는 것)

㉑ 혈바구미 : 민청맹원 ('혈'은 '혈血'. 피를 빨아 먹는 바구미라는 것. 그것은 군인으로 나가 피의 바구미가 된다는 것)

2. 쏘련 관계

㉒ 곱돌 : 쏘련, 쏘련군, 쏘련인 (곱돌을 갈 듯 북한 동포를 갈아먹는 존재라는 것)

㉓ 노랑개(노랑가이) : 쏘련군 (머리가 노랗다는 데서 생긴 말)

㉔ 다와이꾼 : 쏘련군 ('다와이'는 'davái' 달라고만 하는 자라는 것)

㉕ 노스깨이(노스깽이, 노스끼) : 쏘련군 (쏘련군, 쏘련인. '로스끼'에서 변음(變音)된 말)

㉖ 된장 팔러 간다 : 쏘련으로 유학가다 (쏘련에 가서 된장 장사를 해도 수지맞을 거라는 데서 북한에 진주하였던 쏘련군이 된장을 콩으로 만든 과자류(菓子類)로 알고 먹었다는 데서 생긴 말로서 쏘련에 가서 배우는 것보다는 된장이나 팔려면 갈만한 곳이라는 것)

㉗ 호박 팔러 간다 : 여성이 쏘련으로 유학가다 (북한에 진주하였던 쏘련군이 호박을 수박인 줄 알고 사 먹었다는 데서 유래된 야유적인 말)

㉘ 넋두리 : 쏘련군(쏘련인)과 동거하는 부인 (쏘련군의 부인이 된 것을 후회하는 넋두리를 한다는 데서 생긴 말)

3. 중공관계(中共關係)

㉙ 석수쟁이 : 중공군(북한 동포의 가슴을 석수쟁이와 같이 쪼는 자라는 것)

㉚ 된장찌개 : 중공군과의 동거를 거부하려고 얼굴에 잿물을 바른 여성 (된장찌개가 바글바글 끓듯 속이 끓는 일이라는 것)

㉛ 도끼 베르다 : 중공군과의 동거를 거부하려고 인두로 음부를 지지다. ('도끼'는 '음부'를 뜻함. 'sex'를 '찍다'라고 한다는 데서 생긴 말. 도끼 베르는 [벼리는] 일과 같이 무서운 일이라는 것)

㉜ 고무창 때다 : 둔부를 인두로 지지다

㉝ 무덤 메꾸다 : 유방을 인두로 지지다 ('무덤'은 '유방乳房'을 뜻함)

㉞ 무꾸리 : 중공군과 동거하는 여성 (중공군에게 시집을 가도 괜찮으냐고

무꾸리를 해보고 갔다는 데서 유래된 말. 서울의 은어隱語에 '무꾸리'는 노처녀를 뜻하는데 그것은 혼인婚姻에 대한 무꾸리를 많이 한다는 데서 생긴 말임)

㉟ 도장 파러간다 : 중공으로 유학가다 (도장 파는 것이나 배우러간다는 것)

4. 반공(反共) 관계

㊱ 단고구마 : 반 공산주의자

㊲ 땅개미 : 반공 지하 공작원 ('개미'가 지하에서 산다는 데서 지하공작地下工作을 한다는 것)

㊳ 다꽝묻다 : 공산주의자를 구타하여 묻다 ('다꽝'은 공산주의자. 대한민국 국군과 유엔군의 북한 진주 시 북한 대중들이 공산주의에 대한 복수심에서 행하여 졌던 일)

㊴ 고린장 묵히다 : 공산주의자의 가족을 생매장하다 ('고린장'은 '고려장高麗葬'에서 유래된 말. '장葬'의 음 '장'이 '장醬'과 관련되어 '묵히다'로 됨)

㊵ 보리 튀기다 : 공산주의자의 친척을 처단하다 (보리 튀기듯 해치운다는 것)

㊶ 콩 닦은 이 : 공산주의자에 대한 집단적인 총살 ('콩'은 '탄환彈丸')

㊷ 떡볶는다 : 남녀를 한데 묶어 생매장하다

5. 기타(其他)

㊸ 홀린 굴 : 평양(平壤) (도깨비들이 우굴거려 대중들을 홀리는 곳이라는 것)

㊹ 빨래다리미 : 분주소 (다리미는 눌러 다린다는 데서 고문을 하는 곳이라

는 것)

㊺ 빨래돌 : 비공개(非公開) 재판(裁判) (빨래돌이 그 위에 빨래와 더불어 빨래방맹이에 얻어맞듯 한다는 것)

㊻ 빨래망치 : 대중 공개 재판 (망치로 휘두르듯 한다는 것)

㊼ 외파리 : 남편이 월남한 부인 (팔이 하나 떨어진 것과 같다는 것)

㊽ 쌍파리 : 부부가 모두 월남한 집안

㊾ 털북 : 월남한 가족이 한명도 없는 집 (털이 그냥 있는 북은 소리가 나지 않듯 큰 소리 못한다는 것. 북한에서는 월남한 가족이 있는 집에 대해서는 그들의 감시가 세지만 일반 대중들 간에는 자랑이 되며 월남한 가족이 없는 것은 그 축에 끼지 못한다)

㊿ 꾀앵무(꽹무) : 노동당의 정치 학습 ('앵무'는 '앵무새'의 하략어下略語. 앵무새는 흉내를 낸다는 데서 흉내를 내라고 꾀는 일이라는 것)

(51) 벼룩간 : 현물세 (벼룩의 간까지 꺼내 먹으려는 자들의 행위라는 것)

(52) 호미질 : 강제노동 (호미질을 시키기 때문)

(53) 대장깐 풍구 : 강제 이주 (대장깐 풍구의 바람이 들어갔다 나왔다 하듯 이리저리 이주시킨다는 것)

(54) 망홀 : 중공군을 상대로 하는 창녀 ('망홀'은 '검은 구멍'이라는 뜻과 관련)

(55) 공화국 과자 : 옥수수 튀긴 것. 북한에서는 과자가 드물기 때문에 옥수수 튀긴 것이 과자에 대치한다는 것으로 야유적인 말

상기(上記) 특수어를 다시 그 말이 지니는 기능별로 나누어 보면 다음과 같다.

A. 저항(抵抗)

㊱ 단고구마 [반공주의자(反共主義者)], ㊲ 땅개미 [반공 지하 공작원], ⑥

개구리배 [김일성], ④ 망세 [김일성], ㊳ 다꽝묻다 [공산주의자를 구타하여 묻다], ㊴ 고린장 묵히다 [공산주의자의 가족을 생매장하다], ㊵ 보리 튀기다 [공산주의자의 친척을 처단하다], ㊶ 콩닦은이 [공산주의자에 대한 집단적인 총살], ㊷ 떡볶다 [남녀를 한데 묶어서 매장하다], ㉜ 고무창때다 [둔부를 인두로 지지다], ㉝ 무덤메꾸다 [유방을 인두로 지지다], ㉚ 된장찌개 [중공군과의 동거를 거부하여 얼굴에 잿물을 칠하는 것], ㉛ 도끼베르다 [중공군과의 동거를 거부하여 음부를 인두로 지지다] (계 13)

저항적인 특수어에서 '단고구마'는 대중의 편이 되기 때문에 언어로서 우대를 하고 있지만 '김일성'에 대해서는 '죽장군'이니 '뱃집'이니 하여 풍자적이며 비속적인 말을 하게 되는 것이다. 그것은 서울 양아치[걸인(乞人)]들이 자기가 거주하는 곳을 '천국(天國)'이라 하고 고기 건더기를 '왕건'-'왕건'은 '王건'으로서 '건'은 '건더기'의 하략어(下略語)로 건더기 중의 왕이 고기 건더기라는 것-이라고 우대하지만 경찰서를 '빵간'이니 '형사'를 '파리'니 '쨔브'니 하는 따위의 심리와 같은 언어표출(言語表出) 현상이다.

'㉚ 된장찌개'는 중공군과의 혼인을 거부하여 여성의 생명이라고 할 수 있는 얼굴에 잿물을 칠한다는 것은 상상조차 하기 어려운 행동이라 하겠다. 뿐더러 음부나 유방(乳房)을 지지는 것도 그러한 행동이라 하겠으며 북한(北韓) 여성(女性)들의 반공의식(反共意識)을 반영하고 있는 말이라 하겠다.

B. 착취(搾取) 및 독재(獨裁)

⑭ 쪽바가지 [고참당원], ㉙ 석수쟁이 [중공군(中共軍)], ㉔ 다와이꾼 [쏘련군], (51) 벼룩간 [현물세(現物稅)], ② 양돼지 [김일성], ㉒ 곱돌 [쏘련], ㉑ 혈바구미 [민청맹원], ㊺ 빨래돌 [비공개 비밀 재판], ㊹ 빨래다리미 [분주

소], (52) 호미질 [강제노동], (53)대장깐 풍구 [강제 이주], ㊻ 빨래망치 [공개재판], ⑤ 뱃집 [김일성] (계 13)

C. 풍자(諷刺)와 야유(揶揄)

(50) 꾀앵무 [노동당의 정치학습회] ① 죽장군 [김일성], ③ 탈도깝 [김일성], (54) 망홀 [중공군(中共軍) 대상 창녀(娼女)], (55) 공화국과자 [옥수수 튀긴 것], ㉓ 노랑개 [쏘련군], ㊸ 홀린굴 [평양], ⑱ 미시깨 [여성동맹원], ⑲ 호돌갑파리 [여성당원], ㉕ 된장 팔러 가다 [쏘련으로 유학가다], ㉗ 호박 팔러 가다 [여성이 쏘련으로 유학가다], ㉟ 도장 파러 가다 [중공에 유학가다] (계 12)

옥수수 튀긴 것을 '공화국 과자'라고 한 것은 북한(北韓)에 과자가 없기 때문에 하나의 사회 풍자적인 데서 이루어진 말이라 하겠다. 그런데 서울에서 '숭늉'을 속어(俗語)로 '코리아 커피'라고도 하는데 이는 숭늉의 맛이 좋다는 데서 생긴 말로서 숭늉과 사회성과는 직접적으로는 아무런 관련이 없는 말이다. 풍자와 야유적인 특수어는 공산주의자들의 소행에 대하여 풍자와 야유로서 항거하고 나아가 침체와 음울한 대중들의 생활의 위안적(慰安的) 요소(要素)가 되는 것도 사실이다.

'된장 팔러 가다', '호박 팔러 가다' 등의 특수어의 유래는 북한에 진주한 외군(外軍)들의 소행(所行)을 반영하고 있는 말이라 하겠다. 공산주의자들이 대량적(大量的)으로 사용하는 '동무'는 오늘날 대한민국에서는 묘한 언어 감정을 주고 있기 때문에 쓰기를 꺼려한다. '동무'라고 하면 공산주의를 가리키는 듯한 감(感)을 주고 있기 때문에 '친구'라는 말을 많이 쓰고 있다. 그리고 '인민(人民)'이라는 말도 잘 쓰지 않으려 한다. 그것은 '앞잡이'라는 말도 그렇다고 하겠는데 '앞잡이'의 본래의 뜻은 '선도자(先導者)', '길잡이', '선구자(先驅者)'라는 뜻인데 지금 '앞잡이'는 비칭(卑

稱)으로 되어가고 있다.

이러한 어감(語感)의 변화를 가져오게 된 동기는 사상적 정치적 대립에서 오는 것이라 하겠다. 북한에서는 공산주의와 그 정치에 대한 술어와 그리고 공산주의를 찬양하는 면에서 술어가 발달되고 나아가서 반대진영(反對陣營)에 대한 욕설이 또한 발달되었다. 신문이나 방송에서도 사회면이나 오락과 문화면의 취급이 거의 없기 때문에 이러한 면의 말이 발달되지 못하였다. 있다 하더라도 그것은 모두 정치적인 것으로 윤색된 것이므로 언어의 발달도 정치성을 띄게 되는 것이다. 그러므로 언어에서 정서적인 면이 희박하고 혁명적이며 전투적인 어휘가 발달된다. 맞춤법에 있어서도 약간의 차이를 볼 수 있는데 북한에서는 한자의 두음'ㄹ'을 표준어로 정하고 있는 것이다. 뿐더러 한자음(漢字音) '녀(女)' 등도 첫소리로 인정하고 있다. 그 이외는 별로 차이가 없다고 보겠는데 '없애다'를 '업새다'로 쓰는 따위들의 차이가 있을 뿐이다.

그리고 한글의 표의성(表意性)을 겸해서 변격용언(變格用言)의 어간(語幹)과 어미(語尾)를 활용할 때도 고정시키려고 신자모(新子母)를 만들어 보았으나 너무 어렵다는 데서 중지된 일이 있다. 이 신자모에는 훈민정음(訓民正音)에 있었던 글자 'ㅿ, ㆆ' 등이 포함되어 'ㅩ, ㄺ, ㅣ' 등 6자였다. 'ㅿ'는 ㄷ변격에 'ㆆ'는 ㅅ 변격에, 'ㅩ'는 ㅂ 변격에 'ㄺ'은 ㄹ 변격에 'ㅩ'는 르 변격에 쓰려 했던 것이다. 그리고 'ㅣ'는 반모음 'ㅣ'다.

이렇듯 같은 민족이고 같은 언어를 사용하면서도 사상적 대립으로 인한 정치성으로 언어에 있어서도 그 성격을 달리 전이(轉移)시키고 있는 것이다. 언어가 자유로운 의사를 전달하는 것보다는 공산주의를 주입시키고 대중들을 동원하는 수단으로 사용하고 있는 것이다.

D. 경계(警戒)

⑨ 도마도 [철저한 공산주의자], ⑩ 닝징 [철저한 공산주의자], ⑳ 청무새 [강제로 가입한 여성동맹원], ⑰ 빨줄 [비밀경찰], ⑯ 청포도 [비밀을 말하는 체하며 대중들의 동정을 살피는 당원], ⑮ 목화다래 [비밀당원], ⑮ 솔깨비 [열성적인 당원], ⑫ 능금통 [강제로 가입한 당원], ⑪ 다꽝 [철저한 공산주의자], ⑧ 수박 [겉으로는 공산주의자가 아닌 체하나 속으로는 철저한 공산주의자], ⑦ 사과 [겉으로는 공산주의자인 체하나 속으로는 그렇지 않은 자] (계 11)

경계의 특수어 가운데 '빨줄', '솔깨비', '청무새', '목화다래', '닝징', '다꽝'을 제외하고서는 모두 과실명(果實名)으로 되었다는 것이 특징이고 '목화다래'와 '솔깨비'와 '청무새'를 제외하고선 모두 음식물에서 취해진 말이다. 그러나 '청무새' 외에는 모두 식물성(植物性)에 관한 특수어인 것이다. 이러한 것들은 비밀을 요하는 언어심리가 작용하여 식물에 관한 어휘를 사용함으로써 공산주의자(共産主義者)들의 관심에서 멀어지려는 것이라 하겠다. 그러나 모두 과실(果實)이나 식물(食物)의 양식적(糧食的)인 면에서 그러한 것들이 취해진 것이 아니고 과실의 색채와 미각적인 것에서 취해진 것은 특수어형(特殊語形) 혹 심리(心理)에 있어서 흥미로운 것이라 하겠다.

공산주의자(共産主義者)들에 대하여 '빨갱이'라고 색채어(色彩語)가 사용되는데 이것은 대한민국에서 사용되는 것으로 북한에서는 사용되지 않고 앞서 특수어를 사용함으로써 비밀이 유지되는 것이다. 그러나 '사과껍데기'나 '수박속'이 붉다는 데서 공산주의자를 가리키는 것은 색채적(色彩的)인 면에서는 공통된다고 하겠다.

E. 기타(其他)

㉕ 노스께이 [쏘련군], ㊼ 외파리 [남편이 월남한 부인], ㊽ 쌍파리 [부부가

월남한 가정], ㉘ 넋두리 [쏘련 군인과 동거하는 부인], ㊽ 털북 [월남한 가족이 한명도 없는 집], ㉞ 무꾸리 [중공군과 동거하는 부인] (계 6)

A, 저항(抵抗) 13, B. 착취(搾取) 및 독재(獨裁) 13, C. 풍자(諷刺)와 야유(揶揄) 12, D. 경계(警戒) 11, E. 기타(其他) 6. 계 55

상기(上記) 55개의 어휘를 정확히 갈라서 분류하기는 어렵지만 대체적으로 나누어 본 것이다. 북한 대중들이 사용하는 특수어(特殊語)는 앞서도 지적한 바와 같이 사상적 대립에서 반공적(反共的)인 수단이 생성된 것으로 반공투쟁(反共鬪爭)과 착취(搾取)와 독재(獨裁)에 항거(抗拒)하고 공산주의자(共産主義者)들의 소행(所行)에 대하여 풍자(諷刺)와 야유(揶揄)로 대항하며 공산주의자들로부터 피해를 방지하고 안전을 도모하기 위한 기능을 특수어가 지니고 있는 것이다. 범법자(犯法者)들의 특수사회어나 일반 직업적인 특수어는 주로 경제적 공리성(功利性)을 띠고 있다고 하겠으나 북한 동포들 간에 사용하는 특수어는 광의의 면에서는 경제적 공리성을 띠고 있다고 하겠지만 직접적으로는 사상적 대립으로서 공산주의에 대한 항거의 무기로 언어가 사용된다고 하겠다. 그리고 이런 특수어를 사용하는 집단은 사상적 대립에서 분리된 것으로 사상적 대립 집단이라 호칭할 수 있을 것이다. 북한 동포 간에 사용되는 이 특수어는 물론 은어인 것이다.

〈自由文學. 통권 38호, 1960년 5월호〉

제3장

언어 속에 나타난
현대인의 의식 구조

언어는 두말할 것도 없이 사회적 약속이며 그 사회의 산물이 된다. 그러므로 그 언어를 살펴보면 그 사회성이 포착된다고 하겠다. 언어의 의미는 넓게는 그 언어가 쓰이는 국가·사회적 배경과 국민 의식, 그리고 좁게는 그 말이 쓰이는 환경, 위치, 문맥, 분위기 등에 의해 결정되는 것이다.

자유 민주주의를 지향하고 있는 우리나라 정치 발전이 보다 착실하게 토착화하기 위해서는 우리가 알게 모르게 사용하고 있는 폭력과 비민주적인 요소를 지닌 언어들을 가려내어 사회적 배경을 투시하고, 그 언어들의 심층적인 심리를 살펴보는 것은 매우 의미 있는 일이라 여겨진다.

70년대에 들어 이른바 특권층이란 말과 함께 '특혜'라는 말이 생겨났는데, 이는 특정 인물에 대해 혜택을 주는 것을 말한다. 그러한 부산물에서 생겨난 말 가운데 하나가 '복(福)부인'이다. 복부인의 '복'은 복덕방의 '복'으로서 이 복부인들은 대개 이른바 높은 자리에 앉아 있는 남편들이 거둬들인 돈으로 집장사, 땅장사를 해서 톡톡히 재미를 보았고, 부동산 투기가 한물가자 골동품에 손을 대기 시작하여 '골(骨)부인'이란 말까지 생겨났다.

우리나라 여성들은 8·15 해방과 더불어 남존여비의 굴레에서 벗어난 셈이다. 정비석씨의 소설 제목과 같이 '자유부인'이 되어 춤바람이 일기 시작했다. 이 춤바람이 '치맛바람'으로 바뀌어 자유당 말기에는 정치에도 치맛바람이 거세게 불었다. 그 치맛바람은 학교에도 몰아쳤고 이어 '계바람'이 불었다. 이 계바람은 다시 화투바람을, 화투바람은 요즘 들어 관광바람까지 불러일으키기에 이르렀다.

'계엄', '비상', '임시조치법', '긴급조치', '비밀 영장 발부' 등의 용어가 비민주적인 요소를 은폐하고 합리화하기 위한 용어였다는 것은 주지의 사실이다. 즉 기성(旣成)이 신생(新生)을 억압하기 위한 단어들인 것이다.

이러한 용어의 남용으로 학생 사이에서는 '삼무주의(三無主義)'라는 말이 생겨났다. '보지 말고, 듣지 말고, 말하지 말고'의 '삼무주의'가 그것이다.

학생사회에서는 '주류(酒流, 主流), 비주류'가 생겨나고, '주체세력(酒體勢力)'은 술 잘하는 학생을 일컬었다. 뿐더러 '주전(酒戰) 멤버'도 역시 술 잘하는 학생을 일컬음이었다.

이러한 '주류, 주체세력' 등의 말은 학생들이 사회적 관심도가 억제당하자 언어를 통해 그 감정을 분출하는 현상으로 나타났다. 학원가에서 생겨난 '최루탄 세대', '학사 징계', '임시 휴교 조치', '학칙 변경', '가정학습' 등의 용어들의 의미가 달라진 것도 비민주적인 사회 배경에서 생겨난 말들이다.

몇 년 전에는 쌀 생산이 자급자족하고도 남는다 하여 쌀막걸리를 만들었다. 그때 대학생들은 쌀로 빚은 막걸리를 싱겁다고 '싱걸리'라 했다. 얼마 안 가서 쌀이 남는 게 아니라 모자라 다시 쌀을 수입하게 되자,

무조건 잘되어 간다고 하는 식의 환상적인 통계를 '싱걸리 통계'라 했고, 이러한 통계를 '점수따기 통계'라고 했다. '점수따기 인간형'이란 말도 있는데 개인의 영달을 위해 대중과 남을 짓밟는 잔인한 인간형을 뜻함이다.

대학 입학시험 때는 으레 선배나 동료, 후배들이 격문을 써서 붙이거나 달고 있다. 1980년에는 그 전해의 10·26사태와 관련해서 '형님, 붙는다면 붙습니다'라든지, '형님, 붙었는데 뭘 그러슈, 일 끝났으니 어서 내려오슈' 등이 있었다. 이 격문의 내용을 좋은 면에서 생각하면, 자신감과 굳은 결의와 실천력을 나타내는 것이라 하겠지만, 반대로 생각한다면 우리도 살인이나 폭력 등을 휘두르려고 하면 할 수 있다는 속뜻으로 해석될 수 있으므로 약간 아이러니컬한 일면이 있다.

최근 어느 정치인이 공개석상에서 '우리 당이 정권을 인수하는 것은 역사적 순리'라고 했다. 당연히 자기네가 정권을 이양받는다는 착각을 가진 것 같고, 선거 때 자기네를 찍어주지 않으면 반역사적인 행위가 된다는, 이러한 발언은 비민주적이며 영웅 심리의 발동이라고 볼 수 있다.

꾸지람을 들을 때 '쫑코 먹었다'라 하고, 꾸지람을 할 때에는 '쫑코 주다'라고 한다. 혼을 내주라고 할 때에는 '쫑코 놓으라'고 한다. '쫑코'는 '쪼는 코'가 줄어서 '쫀코'가 되고 , 쫀코가 쫑코로 변한 말이다. 흔히 우리말에서 코는 사람의 성격, 성품, 행동 등을 표현하고 있다. '콧날이 세다, 콧대가 세다, 콧방귀도 안 뀌다' 등은 고집이 세다는 뜻과 아울러 오만한 성품을 나타내고 있다. '코가 납작해졌다, 코가 닷 발이나 빠졌다, 코가 빠져 다닌다' 등으로 쓰이고 있다. '코를 납작하게 해주라'는 망신을 톡톡히 주거나 혼을 내주라의 뜻을 지닌다. 6·25 동란 후 '야코 죽었다'고 하는 말의 '야코'도 서양인의 높은 코인 '양코'의 'ㅇ'이 탈락해서 '야코'로 변한 말이다.

이러한 코에 대한 표현은 신라시대의 설화로 소급할 수 있다. 방이 설화는 조선시대 흥부와 놀부의 원형이라고 볼 수 있는데, 이 설화에서는 아우가 잘살고 형이 가난했다. 욕심 많은 아우가 '돈 나오라 똑딱'하면 돈이 나온다는, 소위 도깨비방망이를 훔치려고 하다가 발각되어 그 벌로 코를 늘어뜨리게 되는데, 코가 여러 발이나 늘어난 아우는 창피하고 부끄러워하다가 죽었다는 이야기다.

이렇게 '코가 닷 발이다, 코가 빠졌다' 등의 말은 신라시대에 소급할 수 있는 실로 오랜 역사성을 지닌 말이라 하겠다.

한자의 '자(自)'는 코의 상형문자다. 본디 '자기'라는 말은 제1인칭을 가리키는 말인데, 요즘엔 제2인칭으로 쓰이고 있다. '자기 너무해, 자기 깍쟁이' 등으로 부르고 있다. 이러한 말을 따져보면 나의 코를 떼어서 상대방에게 붙여준 셈이다. 그러니 나의 코는 떨어져 나간 문둥이 코가 된 셈이고, 그래서 코를 높이는 수술을 하고 있는지 모르겠다.

'쫑코 놓다, 야코죽다, 코가 닷 발이다, 코를 납작하게 하라' 등의 말은 매우 폭력적인 의미를 지니고 있는 말이라 하겠다.

'오는 말이 고와야 가는 말이 부드럽다'고 하는 속담이 '오는 말이 거칠어야 가는 말이 부드럽다'로 바뀌었다. 이는 '목에 힘주다'라고 하는 말이 있듯 경화된 현실을 반영한다고 보겠으며, 순리로 문제를 해결하려는 것이 아니고 '강력한 힘'이라야 된다는 것을 보여주는 것이다.

이승만 대통령의 3선의 길을 트기 위한 개헌안이 1954년 11월 27일 재석 202명 중 찬성 135표, 반대 60표로 부결된 것을 사사오입(四捨五入)으로 135표가 2/3선이 된다고 통과시킴으로써 사람도 갈기갈기 찢어서 사사오입을 시켰던 것으로, 그 후 '사사오입'이란 말은 비민주적 성격을 띤 말로 사용하게 됐던 것이다. 이러한 말이 생겨난 동기야말로 집단에 의한 폭력이 아니라 개인에 의한 폭력인 것이다.

대학생 사회에서 '물 먹었다'는 미팅 약속을 하고 상대가 안 나왔을 때 '허탕을 쳤다'의 뜻으로 표현하는 말이다. 그런데 이 '물 먹다'의 기원은 고기의 근수를 늘이기 위해 소에게 물을 먹여서 잡는다고 하는 사건에서 연유된 말이다. 소를 물 먹여 때려잡듯 한다는 본뜻을 지니고 있는 말로서 살기(殺氣)가 깔려 있는 말이다.

그러면 우리가 항상 사용하고 있는 말의 뿌리를 알아봄으로써 정서와 뿌리를 구명하여 보기로 하자.

묻다[問]라고 하는 말의 어간은 '묻'인데 이 '묻'은 명사에서 동사로 바뀐 것이다. '묻는다'는 것은 알고 싶은 지적 욕망에서 생겨난 말이다. 점(占)은 옛말에 '묻그리'라 했고 현대어에서는 '무꾸리'라 한다. '묻그리'의 '묻'은 묻다의 '묻'과 같은 말이다. 점이란, 알고 싶은 것을 물으며 무(巫)는 그들의 신에게 묻고, 신의 답을 손님에게 전해 주는 것이다. '묻다'나 '묻그리'는 모두 언어 행위로서 알고자 하는 욕망에서 생겨난 말이다. 무당이라고 하는 말은 '묻'에 접미사 '앙'이 붙어서 된 말이다. '묻'은 '말[語]'의 조어(祖語)라 하겠다. 만주어에서 mudan은 '음, 성, 향(音, 聲, 響)'의 뜻을 지닌다. mudan의 어근은 mut이고 an은 접미사다. 우리나라 학자 가운데는 무당을 한자어로 '巫堂'으로 풀이하는 경우가 있는데 그렇지 않다고 여겨진다.

중국 역사를 보면 ⅔가 다른 민족의 지배를 받았다는 것은 다 아는 사실이다. 이렇게 다른 민족의 지배를 받는 동안 중국어 안에는 많은 알타이어가 침투했다고 여겨진다. 한자를 만들 때 알타이어 묻(語·巫)를 '巫'자로 만들었다고 여겨진다. 특히 한자는 중국 북방 유목민이 만들었다고 하는 사실도 중요한 의미가 있다.

묻다의 '묻'이 말이라고 함은 모르는 것, 궁금한 것을 알려주는 것이라는 해석이 된다, 뿐더러 무당과 신과의 교류가 언어로 이루어진다고 믿은 것은 언어를 신성하게 여겼을 뿐만 아니라 언어의 주술력을 믿었다는 뜻이다.

　15세기 어(語)에서 '스랑'은 애(愛)와 사(思)의 두 뜻을 지니다가 현재는 애(愛)의 뜻으로만 쓰이고 있다. 스랑의 어원을 한자어 '思量'에 두고 있다는 견해도 있으나 그렇지 않다고 여겨진다.

　몽골어에 사랑의 뜻으로 사날(sanal), 사나구(sanagu)가 있다. 그런데 sanal이 몽골어에서도 사(思)의 뜻을 지니고 있는 것은 국어 '스랑'이 '애(愛)·사(思)'의 두 뜻을 지니고 있는 것과 좋은 비교가 된다고 하겠다. 몽골어에서 사상(思想)의 뜻을 지닌 말로서 sanagal, sanal, sana 등이 있는데, 어근은 san이다. sanal(愛)의 어근 'san'과 일치되고 있다. 그런데 이 愛·思의 뜻을 지닌 san은 몽골어에서 '愛人'과 '사랑스럽다'의 뜻을 지닌 saton에 그 어원이 있는 것이다. 몽골어에서 saton은 '愛人·사랑스럽다'의 뜻 외에 '친척'이란 뜻도 있다. saton이 만주어에서나 한국어에서 '친가'의 뜻을 지니고 있는데 이 saton이라고 하는 말은 몽골어, 만주어, 한국어 등 공통적인 의미를 지니고 있는 말이다.

　이 saton의 어근은 sat이고 on은 접미사이다. 이 sat의 t가 n으로 변하면 san이 되어 愛의 뜻을 지니게 되는 것이고, 국어에서는 sat의 t가 r로 변하여 '살'이 되어 여기에 '앙'접미사가 붙으면 사랑[愛]의 뜻이 되고, '암'접미사가 붙으면 사람[人]의 뜻을 지니게 된다. 만주어에서 아내를 살간(salgan)이라고 하는데 이 sal은 국어의 '사랑·사람'의 어근 '살'과 일치하고 있다. 15세기 표기에 '슨[丁]'이 있는데 장정을 뜻하는 말이고 '슨'에 '나이'가 붙어 '슨나이 〉스나이 〉사내[男]'가 되었다. 아이누어에서 sanike는 자손의 뜻을 지니는데 어근 san은 몽골어, 만주어, 한국어 등과 비교가 된다.

이러한 점으로 미루어 보아 '사랑'과 '사람'이라고 하는 말은 '살'에서 비롯되었으며 이 '살'은 몽골어에 그 기원을 둔다고 하겠다. 이렇게 '사람'과 '사랑'의 어근이 같다고 하는 것은, 우리의 조상들이 사람을 사랑의 존재로 인식했었다는 것을 보여주는 동시에 사랑을 사람의 속성으로 인식하고 있었음을 보여주는 것이다.

사랑하다의 옛말에 '괴다'라고 하는 말이 있다. 사모곡에 '괴시리 업세라'라고 하는 말이 나오는데 '사랑하실 이가 없어라'의 뜻이다. '괴다'의 어간은 '괴'이다. 우리말의 동사나 형용사는 거의 명사에서 전성된 것이다. 그러므로 '괴'를 명사로 볼 수 있다. ㅚ, ㅐ, ㅔ 등의 모음은 ㅗ와 ㅣ가 합해서 ㅚ, ㅏ와 ㅣ가 합해서 ㅐ, ㅓ와 ㅣ가 합해서 ㅔ가 되었다. ㅚ, ㅐ, ㅔ의 모음은 원시 국어에서는 없었던 모음이다. '괴'는 '고이'로 가를 수 있고, '이'는 접미사다. '고'가 愛의 어근이 되겠는데 원시 국어에서는 모음으로 끝나는 말이 거의 없다. 따라서 '고'는 자음으로 된 받침이 있을 것이다. 사람과 사랑의 어원이 같다고 하는 것을 놓고 볼 때 '고'가 사람과 관련된 말은 겨레[族], 구루[人 ainu], 가라[族 kara] 등의 말과 비교된다. 15세기에는 '둣다'가 愛의 뜻을 지녔다. 어간은 '둣'이 되겠는데 이것을 명사로 본다면 '둣'은 '둗'으로 재구된다. 사람과 관련된 말이 '딸[女息], 다리[種], 돌' 등의 말과 관련된다고 볼 수 있다. 이렇듯 사람의 뜻을 지니는 말은 사랑의 뜻도 지니고 있음을 보여준다. 이는 사람은 사랑으로 인해 그 존재 가치가 있음을 선언하는 것이라 하겠으며 사람은 '생각하는 존재'라는 것을 보여주는 것이다.

'잠꼬대'는 '잠'과 '꼬대'로 나눌 수 있는데 '꼬대'는 '고대'의 된소리다. '고대'의 어근은 '곧'이다. '곧'은 '말'의 뜻을 지닌다. '잠꼬대'는 침어(寢語)가 된다. 일본어에서 koto[言]라고 하는데 이 koto는 우리의 옛말이 일본에 건너가 현재까지 생생히 살아있는 말이다. 일본말에 kataru는

'말하다'의 뜻인데 우리 옛말에서는 ᄀᆞᄅ다[曰]이다. 지금은 '가라사대'인데 '가라'가 '말하다'의 뜻을 지닌다. ᄀᆞᄅ다[曰]는 말의 뜻을 지닌 'ᄀᆞᆯ'이 변한 말이다. ᄀᆞᄅ다의 어근은 'ᄀᆞᆯ'인데 이 'ᄀᆞᆯ'은 '곧[語]'과 어원을 같이하는 말이다. 'ᄀᆞᄅ치다'는 옛말에서 교(敎)·지(指)의 양 뜻을 지니고 있다. 'ᄀᆞᄅ다'에 '치'가 들어가서, '말하다'에서 가르치다[敎]의 뜻으로 나뉜 것이다.

'가르치다'는 말이 그 중요 소재가 된다고 하는 것과 동시에 언어의 교육성을 보여준다고 하겠다. '곧이듣는다'할 때 '곧'은 곧[語]의 본뜻을 지니는 말이다. 이 말은 말 그대로를 에누리 없이 듣는 것을 뜻한다. '곧이곧대로'의 '곧'도 모두 말의 뜻을 지닌다.

'곧잘한다'라고 하는 말은 어른이 아이에게 하는 말이지 아이들이 어른에게 하는 말은 아니다. 아이들이 말을 배울 때 부모들은 무척 귀여워한다. '곧잘'은 '말잘' 곧 '말잘하다'의 본뜻을 지닌 말에서 '꽤 한다', '제법 한다'의 뜻으로 그 뜻이 바뀌었다.

이러한 말을 통해서 볼 때 말이란 '곧[直]은 것'이며 '참[眞]'이어야 한다는 것을 보여준다. 동시에 가르침은 말을 통해서 이루어진다는 교육의 핵심을 잘 나타낸 말이 된다. 곧다[直]의 '곧'은 '말'의 뜻을 지닌 말이다. '곧[語]'은 굳[口]에서 생긴 말이다. 고구려어에 입이 kut[口次]으로 표기되어 있는데 일본에서는 입이 kutsi[口]이다. 결국은 굳[口] → 곧[語] → ᄀᆞᆯ → ᄀᆞᆯ[曰] → ᄀᆞᄅ치다[敎]의 변화로 이루어진 말이 된다.

이제까지 말의 사회성과 역사성을 훑어보면서 말 속에 담긴 우리 민족의 의식 구조를 알아 보았다. 대체로 우리말 속에는 폭력성이 난무하고 주술성이 많이 담긴 것을 부정할 수 없다. 학생들은 언어 속에서 세태를 민감히 반영하기도 한다.

〈수수께끼 別曲. 1987. 3. 汎潮社〉

제4장

말의 사회성

　말이란 사회성을 반영하면서 생겨나고 소실되면서 변천해 가고 있기 때문에 사회적인 산물이라 하겠다. 따라서 말은 사회와 시대의 거울이라 할 수 있을 것이다. 8·15 해방과 더불어 생겨난 말이 '3·8선'이다. 이는 민족의 비극적인 선이라 하겠다. 공산치하가 싫어 3·8 이북에서 남하한 사람을 '3·8따라지'라 했다.

　3·8선을 넘어오는 사람은 맨몸으로 넘어오기 때문에 '따라지'라고 하는 말이 쓰였다고 하겠다. '따라지'는 도박에서 '한 끗'을 뜻하는 말인데 '3·8'이 곧 한 끗이 된다. 3·8선을 넘어온 사람은 하찮은 존재인 한 끗짜리 인생이란 뜻을 지니는 말이며 도박 심리가 스며있는 말이다.

　해방과 더불어 거리와 방방곡곡에서 '해방'이라는 말이 감격적으로 쓰였지만 곧 '좌익·우익'이라고 하는 말과 '빨갱이'라는 말이 등장하게 되었다. 이때 '적산'이라고 하는 말이 생기고 '친일파'들이 서리를 맞았다. 아울러 '신탁·반탁'이라는 말이 3·8선의 벽을 높이게 했다. 이때 밀수가 성행하여 마카오에서 들어온 중절모, 양복, 구두 등을 차려입은 신사를 '마카오 신사'라고 했다.

　6·25동란이 터지면서 '도강파'와 '잔류파'라는 말이 생겨나고 유엔군

이 들어옴에 '헬로', '오케이'가 어린이들 입에까지 오르내리게 되어 영어가 국어에 침투하기 시작했다. 미군을 상대로 하는 '양공주'라고 하는 말이 생겨났는데 공주(公主)라고 하는 말이 아주 격하되고 말았다. 이에 비하여 '유엔 사모님'이라고 하는 빈정거리는 말이 생겨나기도 했다. 이때 대학생들은 징집영장을 '청춘 차압장'이라고 했다. 국회가 부산으로 피난 갔을 때 '땃벌떼·백골단' 등 폭력이 난무하고 있었다.

자유당 정권이 한창 부패했을 때 '빽·사바사바·국물·와이로'라고 하는 말이 유행했다. 이승만 대통령의 말을 그대로 따르는 것을 비꼬아 '거수기(擧手機) 국회·거수기 내각' 등의 말이 생겼고 '지당 장관(至當 長官)·낙루 장관(落淚 長官)'이라고 하는 말이 생겨나고 '애보기 국회'라고 하는 말까지 생겨나서 획일주의적인 말들이 입에 오르내렸다. 이 무렵에 이 박사의 생리작용에 대해 '시원하시겠습니다'라고 한 장관이 있었다고 해서 '각하 시원하시겠습니다'가 유행했다. 이때 '코리안 타임'이라고 하는 말이 생겨나고 아울러 '구공탄 타임'이라고 하는 말도 생겨났는데 시간관념이 부족한 것을 풍자한 말이다.

대통령의 3선 출마를 바라는 민의 표시에 우마차까지 동원되어 1950년대에 '우의마의(牛意馬意)'란 말이 생겨나고 '사사오입'이라는 말이 정치적으로 쓰이게 되었다. 1956년 대통령 선거 때 나온 '못 살겠다 갈아보자'에 대립되는 '갈아봤자 별수 없다'라는 대구(對句)가 나왔고 '구관이 명관이다'라는 구호가 나왔다. 뿐더러 타락 선거를 꼬집어 '막걸리 선거', '고무신 선거'라는 말이 나왔는가 하면 선거 개표 시의 부정을 꼬집는 '올빼미표·피아노표' 등이 등장했다. 이때 이 박사의 양자 행세를 하는 사람을 '귀하신 몸'이라는 말로 비꼬았다. 이 박사는 마지막으로 '국민이 원한다면……'이라고 하는 말을 남기고 걸어서 경무대를 나와 하야했다.

소설 『자유부인』이 나오던 1950년대 말에 '자유부인'이란 말이 유행했는데 '유한마담'과 함께 방종한 여인을 나타내었고, 여대생을 농락한 유명한 박인수 사건을 계기로 '요새 아다라시가 어디 있노'라고 하는 말이 유행했다. 이때 '3·15 부정선거'의 주동자들은 '원흉'으로 몰려 처벌되었다.

대학생들의 속어에 1956년에는 실력이 없는 교수를 '알간디 교수'라 했고, 1957년에는 다방 출입이 잦은 학생을 '금붕어'라고 했다. 1958년에는 애인을 '오촌 오빠'라고 했는데 이 말은 어느 여학생이 애인하고 가는 것을 누구냐고 친구가 묻자 얼떨결에 '오촌 오빠야'라고 했다는 데서 유래된 말이다. 1959년에는 담배를 '삼국사기'라고 했는데 『삼국사기』의 저자 김부식의 '부식이'가 당시 불량배의 은어에서 담배를 뜻했기 때문이다. 불량배의 은어가 학생사회에 들어와서 '삼국사기'로 바뀐 것이다.

민주당 정권이 들어서면서 세상은 데모가 성행하게 되었고 세종로 일대를 '데모판'이라고 불렀다. 이 시기에는 자유당 정권 인사들의 처벌을 위한 '혁명 재판'이 있었고, '부정 축재'라고 하는 말이 자주 오르내리게 되었다.

'그때 그 사람'의 노래와 함께 막을 내린 5·16 혁명의 주체세력들이 '구악 일소'를 내걸고 밤사이에 정권을 휘어잡았다. 이어 '체질 개선·세대교체'라는 말들이 쏟아져 나왔고, 혁명 공약에 나오는 '민생고'라고 하는 말을 나중에는 '식사'의 뜻을 지니게 되어 '민생고 해결했냐'는 식사를 했느냐는 뜻으로 쓰이게 되었던 것이다.

1963년 봄, 시골 어린이가 배가 고파 술도가의 술 찌꺼기를 얻어먹고 발갛게 상기된 얼굴로 책상 앞에서 꾸벅거렸다는 기사가 화제가 되어 보릿고개를 실감하게 했다.

농촌에서는 벼를 가을까지 기다릴 수가 없어 논에 있는 시퍼런 벼를 미리 판 적도 있었다. 그래서 '입도선매(立稻先賣)'라는 말이 생겨났는데 농촌 생활의 어려움을 나타내고 있다.

아울러 미군 식당에서 나오는 찌꺼기로 끓인 '꿀꿀이죽'이라는 말이 자유당 시대에 생겨났다. '꿀꿀이'는 돼지를 비유한 말로서 돼지가 먹을 것을 사람이 먹는 것이라고 비꼰 것이다.

당시 혁명 정부의 구호이던 '재건'이란 말에서 '재건복·재건 데이트'라는 말이 태어나는가 하면 '재건합시다'라는 인사말까지 생겨났다. 공화당 정부가 적극 추진한 한일 회담 때는 학생들의 반대가 심해 데모가 연일 있었는데 '저자세'로 임한다는 비난이 빗발쳤다.

8·15 해방 전에는 거짓말을 '대포 쏜다, 쾅이다' 등의 말로 쓰였는데 미군이 진주함에 따라 '후라이 친다, 후라이 깐다'라고 하는 말로 바뀌었다. 야구를 할 때 높이 뜬 볼을 '후라이'라고 하는 이 후라이는 대개 잡히고 말기 때문에 딱 맞았을 때에는 '야!' 하지만 곧 잡히고 만다는 데서 거짓이란 소리만 크다는 것을 뜻하고 있다. 6·25 동란이 끝난 후 '공갈 친다'의 '공갈'이라고 하는 말로 바뀌었다. '공갈'의 뜻은 남을 위협하고 을러댄다는 뜻인데 '거짓'의 뜻으로 쓰이게 되었다. 공산당원들이 남하해서 모두 위협하고 을러댔지만 그것은 모두 거짓이었다는 것이다. 한일 국교가 시작됨에 따라 '구라친다'가 거짓말하다의 뜻으로 쓰이게 되었다. 이 '구라'는 '고라'라고 하는 말이 변한 것인데 일본 사람들이 남을 얕잡아 이를 때 쓰는 말이다. 일본인에게 얕잡히게 될 것이라는 뜻을 담고 있는 말이다.

'구악'과 '신악', 구 정치인과 갓 옷 벗은 군 출신이 대결한 정치 풍토는 대통령 선거 사상 적은 표차로 승패를 갈라놓았다. 당시 윤보선 씨가 '정신적 대통령'이라고 발언을 하자 이게 유행하여 '정신적 과장', '정신적 회장' 등 '정신적'이라는 말이 입에 오르내렸다. 당시 공화당 내부의 대립으로 김종필 씨가 해외로 가게 됐는데 그때 '자의 반 타의 반'이라고 하는 말을 만들어 냈다. 박정희 국가재건최고회의장이 대통령에 '출마한다, 안한다' 하며 번복함으로써 '번의'라는 말이 유행했다.

1960년대 후반에 선거 때마다 공화당 정부의 '선심 공세'가 벌어졌고, 호남 지역 야당 후보들은 '호남 푸대접'이라는 불평을 했고, 선거 결과를 분석한 여촌야도(與村野都)라는 술어가 생겨났다. 이때 출세하려면 '도시로, 대학으로'라는 말이 쓰였다. 대학의 진학을 위해 '과외'가 성행했고 '치맛바람'이라고 하는 말이 퍼졌다. 시골 청년들이 대학으로 몰리고 어버이는 자식들의 학비를 위해 애지중지하던 소를 팔아 댔다. 그래서 '상아탑'이라고 하는 말이 '우골탑(牛骨塔)'이란 말로 변신했다. 이 시기에 '좋아하시네·웃기지 마·아더메치·지가 무슨 통뼈'라고 하는 말이 유행했다.

대학생들의 속어로 1961년도에는 주름살을 '인생 계급장'이라고 했다. 군부가 판을 치는 세상이라 이마의 주름살을 군대의 계급장으로 비꼬았던 것이다. 이러한 말은 당시의 서민들의 이맛살을 찌푸린 고된 생활상을 보여주고 있다.

1962년에는 '무허가 건축'이란 말이 못 생긴 얼굴을 뜻했다. 당시 '무허가 건축'이 성행하던 때였다. 1963년도에는 소주에 콜라 탄 것을 '소크라테스', 막걸리에 사이다 탄 것을 '막사이사이'라고 했는데 가난한 대학생들의 주머니 사정을 말해주고 있다. 1964년도에는 둔한 사람을 '형광등·텔레비전'이라 했고 1965년도에 성관계는 '허리하학'이라는 철학 용어가 등장했다.

1966년도에 애인을 더 사귀는 것을 '지점을 내다'라고 했는데 지금까지 사귀던 애인은 본점인 셈이고 다시 더 사귀는 것은 지점이 된다. 이때 은행이나 제과점, 음식점 등이 앞 다투어 분점이나 지점을 낼 때였다. 1967년도에는 맥줏집을 '미장원'이라 했고, 맥주를 '보리 주스'라 했는데 이는 맥주를 마시면 혈색이 좋아진다고 하는 데서 생겨난 말이다. 1969년에 유행한 '청춘의 깃발'은 여자 기숙사에서 세탁하여 널린 내의를 뜻하는 말인데 여자들이 '청춘의 깃발'을 높이 치켜들고 남성에게 육박해 가고 있음을 보여주고 있다.

1970년대에 들어서자 서양의 히피 바람이 우리나라에 밀려왔다. 이때 '장발족'이 생겼고 '청바지'에 '통기타'를 메고 '청년 문화·대학 문화'라는 논쟁이 일기도 했다. 이 무렵 '도둑촌'이라는 말이 생겨났는데, 빈부의 격차를 비꼬았고, 김지하의 '오적(五賊)'이 문제가 되었다. 1970년대 접어들면서 사용 빈도가 잦은 '핵가족'은 '노인문제'를 제기했다. 이 당시에 '잘했군, 잘했어'의 노래가 불렸는데 '잘했군, 잘했어'는 반어법으로 쓰이기도 했다.

1972년도 하반기를 거쳐 이 해 말부터는 '유신시대'에 접어들고 '유신헌법'이란 말이 등장되고 '유신 교수'라는 말도 생겨났다. '긴급조치'라는 말이 자주 오르내리고 '입조심을 하라'는 말이 퍼졌다. '새마을 운동'과 함께 '새마을'이라고 하는 말이 등장하고 시골에서는 재래적인 민속에 관한 것들을 없애버리는 비문화적인 짓을 저지르기도 했다. 초가를 없애고 기와집이나 현대적 가옥으로 바꾸었고, '새마을 다리', '새마을 길' 등 새마을 운동이 활발하여 긍정적인 면도 있지만 전통적인 풍습과 유물을 파괴해 버렸다.

유신 국회에 대해서는 행정부의 시녀라 했고, 한 선거구에서 두 명의 의원을 뽑는 중선거구제에 대해 '동반 당선·형제 정당'이라는 말이 생겼는가 하면 '형님 먼저 아우 먼저' 등의 말이 붙여졌다.

또 '통일주체국민회의 대의원'이라는 직함이 지방의 '유지'가 되었다.

유신 시대에도 '반체제 인사·민주 회복 운동·양심선언' 등의 말들이 등장했다. 관리들이 쓰는 말에는 '에너지 절약·일련의 사태·일부 소수·분위기 조성·비위 공무원·부조리·시정 쇄신' 등의 말들이 쓰였으며 '고속도로'의 개통으로 '고속버스', '톨게이트', '일일 생활권' 등이 나왔다.

'외자(外資)'를 끌어다 공장도 짓고 했지만 '외자의 낭비'가 심했고 '문어발 기업', '부실기업' 등의 문제가 생기고 '무역 적자·외채·합작회사'란 말이 태어났다. 사회적으로는 1970년대 중반 일본 관광객이 몰려오면서 '관광 기생·기생 파티·현지처' 등이 비난의 화살이 되었다. 밀수 보석 거래와 관련된 '보석 부인'들이 나왔고 부동산 투기와 함께 '복부인'이 등장하고, 골동품에까지 손을 대는 '골부인'이 생겨났다. 시대에 '무역·수출'이라는 말들이 활기를 얻었다. 1979년에는 김영삼 신민당 총재 대신 정운갑 총재 대행이 들어서고, 박정희 대통령 서거로 최규하 대통령 대행이 들어서자 '대행 시대'라는 말이 유행했다.

이 시대 학생들의 속어를 살펴보면 1971년에 미니스커트를 '따오기'라 했다. '보일 듯이 보일 듯이 보이지 않는'의 동요에서 유래된 말이다. 1972년도에는 '지우개'를 들 수 있는데 피임제를 뜻한다. 1973년도에는 얼굴이 넓적한 사람은 '지방자치제'고, 얼굴이 오목한 사람은 '중앙집권제'고, 몸의 균형이 맞지 않는 사람은 '삼권분립'이라 했다. 1974년도에는 '최루탄 세대'라는 말이 생겨났다. 1975년도에는 '삼무주의(三無主義)'란 말이 쓰였는데 보지도 말고 하지도 말고 생각하지도 말자의 의미를 지니는데 이는 경직된 사회상을 반영하고 있다. 1976년에는 교제하는 사람도 많은데 사귈 만한 사람이 없다는 뜻으로 '레파토리는 많은데 히트송이 없다'라는 말이 생겨났다. 1977년에는 '피보기 미팅'이라는 말이 쓰였고, 1978년도에는 '남녀 7세 지남철'이라는 새로운 속담이 생겨났다. 1979년에 생긴 '장부 일언이 풍선껌'이라는 말은 불신 시대를 단적으로 표출하고 있다.

근대화의 물결은 행정 만능을 낳고 정치는 행정에 눌려 뒷걸음질 쳤
다. 돈과 권력이 모든 것을 지배하고 재단했다. 갑작스레 거대해진 사회
는 권력의 통제, 행정의 힘이 커졌다. 모 기관에서는 정치에 깊숙이 개입
하여 이른바 '정보 정치'라고 하는 말이 표출되었다. 돈과 '정보 정치'가
야당가에 '사쿠라'를 만들어냈다.

소비가 미덕이 될 풍요의 1980년대를 예고해 '바캉스'라는 말이 일상
어가 되었다. 이리하여 향락 사업이 성행하게 되었다. 한편 극성을 부리
는 사채를 뿌리 뽑는다고 느닷없이 '대통령 긴급 명령'으로 사채를 동결
한 이른바 '8·3 조치'가 있었다.

유신 체제가 강화되면서 언론이 더더욱 통제되자 알고자 하는 국민의
수요에 맞춰 '민주화 바람'으로 가득 찼다. '서울의 봄, 정치의 봄'이란
말이 크게 돌았고 김대중, 김영삼, 김종필 씨 등 3김씨는 저마다 '대권'
을 꿈꾸고 바삐 움직였다.

10·26 직후 나온 '한다면 합니다'와 '버러지 같은 놈', '형님 거시서
뭘 하십니까', '똑똑한 놈 세 놈만'도 유명한 말이다. 이러한 말들이 고
등학교 학생들의 대학 시험을 격려한 격문으로서 쓰이기도 했다. 5·17
로 3김과 함께 부정 축재자들이 정치 일선에서 물러나면서 '싹쓸이·오
야 맘대로'라고 하는 말이 이른바 고스톱이라는 도박 용어로 등장하게
되었다. 이때에 '오는 말이 거칠어야 가는 말이 부드럽다'라는 속담이
생겨났다.

1970년대 중반부터 성행, 전국 어디서나 유행하고 있는 '고스톱'은 고
스톱 망국론까지 나올 정도로 번지고 있다. 이 고스톱은 일본의 화투에
서 생겨난 민화투·육백·도리짓고땡·섰다 다음에 생겨난 노름이다. 고
스톱은 1970년대 중반의 부동산 투기와 병행하여 투기심이 짙은 노름으

로 변질했다. '이주일 고스톱'은 그가 자주 쓰는 말 '뭔가 보여 주겠다'는 말에서 따온 것으로 바닥에 깔린 화투패를 몽땅 쓸어가는 판쓸이를 할 경우 피(껍데기) 한 장씩을 뺏어올뿐더러 상대방의 패를 마음대로 볼 수 있으며 '고'나 '스톱'을 마음대로 할 수 있는 것이다. '아웅산 고스톱'은 아웅산의 대사건에서 본 딴 것이다. 점수가 나게 되면 일확천금을 할 수 있게 된다. 고를 세 번씩 부르면 곱절, 승자가 피로 점수를 올렸을 대 패자가 피 6장 미만이면 피바가지라고 해서 곱절, 5광을 해도 곱절, 곱절이 두 번 겹치면 4곱으로 치는 노름이다. '네로 고스톱'은 '판쓸이'를 할 때 상대방이 갖다 놓은 것 중 자기에게 필요한 것 한 장씩을 가져올 수 있어 웬만하면 이기게 된다. '마르코스 고스톱'은 그의 장기 집권을 본 따 붙여진 이름이다. 한번 선을 잡은 사람이 화투패를 돌린 다음 상대방의 패를 모두 보고 나서 자기 마음에 드는 사람, 즉 패가 나쁘게 들어 승산이 없는 사람만 골라 치게 하고 나머지는 자동적으로 기권을 시키는 노름으로 계속하여 선이 이기도록 하는 노름이다.

이 밖에 '통수 고스톱·3통 고스톱·뒤끝 고스톱·흔드는 고스톱·엿장수 고스톱'이 있고 규칙으로 '설사·판쓸이·김지미 덤·갑오먹기·삼봉 고스톱' 등이 있다. 이러한 고스톱의 여러 형식은 일확천금을 노리는 심리가 작용하고 있으며 사회적인 욕구불만을 이러한 도박으로써 해소하려는 병리적인 면을 보여주는 말들이라 하겠다.

5·17 후 큰 돈을 만지다 보면 작은 돈을 만질 수도 있지 않겠느냐는 뜻의 '떡고물' 이야기가 부정 축재자로 몰린 사람의 입에서 나와 화제가 되기도 했다. 궁정동의 '최후의 만찬'에 참석했던 여인을 놓고 '그때 그 사람'이란 노래 제목이 널리 퍼졌다.

1981년 윤종화 노파와 박상은 암살 살해 사건 때 경창이 뚜렷한 물적 증거 없이 심증만으로 유력한 용의자를 취조해 자백을 받아낸 데서 '물

증은 없고 심증만 있다'가 크게 유행했다.

'섰다'라는 도박의 족보를 보면 3·8선을 뜻하는 3·8이 있고, 1·4 후퇴를 뜻하는 1·4가 있고, 5·16을 상징하는 5·7이 있을뿐더러 10·26을 상징하는 장(10)·팔(8)이 있다. 5·7은 공화당 시대에 군대에서 족보가 생겨났고, 장·팔은 10·26 후에 생겨난 족보다. 이렇게 도리짓고땡의 용어나 섰다의 족보에 엄청난 비극적 사건과 날짜 등이 등장한다는 것은 우리나라의 도박 심리는 매우 정치적이고 폭력적이고 파괴적이라는 것을 보여주고 있다.

기분이 좋거나 멋이 있을 때 '왔다'라고 하는데, 이 말은 도박을 할 때 자기가 원하는 끗수의 패가 났을 때 하는 말이다. 뿐만 아니라 이 '왔다'는 상대의 기를 죽이려는 속임수로 쓰이기도 한다. '뻥땅'이라고 하는 말도 '섰다'의 '1땅'에서 흘러나온 말이다. 이렇게 도박용어에 '왔다 · 뻥땅' 등이 쓰이고 있다는 것은 병든 사회 심리의 반영이라 하겠는데 착실하게 벌어서 얻은 것이 아니고 요행으로 벼락부자가 되려는 하나의 도박 심리라 하겠다.

앞서도 지적한 바 있지만 언어는 사회적인 산물이라 할 수 있다. 그러므로 사회에 비민주적인 요소가 있을 때에는 사회의 산물인 언어도 비민주적 요소를 지니고 있다고 하는 것은 두말할 것도 없다. 아울러 사회의 전통적인 생활양식이 바뀌게 되면 언어도 전통적인 것이 바뀌게 되는 것이다.

앞서 든 8·15 해방 후에 생겨난 말들은 전통적인 생활양식이 달라졌기 때문에 언어도 전통적인 힘을 잃게 되는 것을 알 수 있다.

'어른·삼강오륜·효자·열녀' 등의 말들이 탈색되어 가고 있다. '오는 말이 고와야 가는 말이 부드럽다'가 '오는 말이 거칠어야 가는 말이 부드럽다'라 하는 속담으로 바뀌었는데 경직된 사회를 그대로 노출시키고 있고, '남녀 7세 지남철·장부 일언이 풍선껌' 등은 유교적인 전통과 거짓이 난무하는 불신 풍조를 표출하고 있다. '핵가족'이라는 말도 곧 전통적인 가족 제도의 붕괴를 의미하고 있다. 언어가 사회의 산물이라고 하지만 사회를 만들어 가는 것은 인간이기 때문에 건강한 전통적인 언어를 사용한다는 것은 전통적인 건강한 사회를 이끌어 갈 수 있는 원동력이 된다고 하겠다. 인간의 행동은 인간의 '언어'에 의해 유도되고 있는 것이기 때문이다.

　언어는 그것을 사용하는 사람의 마음에 영향을 주는 것으로 마법적인 것이다. 언어는 인간의 사고를 형성하고 감정을 유발시키며 의지의 행동을 인도하는 힘이 있는 것이다. 우리의 행동과 성격은 우리가 자신과 세상에 관하여 논할 때 사용되는 말의 성질에 의하여 주로 결정되는 것이다. 그러니까 인간의 행동은 언어에 의하여 결정된다는 말이 된다.

　그러한 면에서 볼 때 앞에서 든 폭력·비민주적인 요소를 지닌 언어들을 하루속히 우리의 언어생활에서 제거해야 언어적인 면에서 사회 발전을 돕고 정화하는 길이 될 것이며, 전통적인 것을 계승하는 길이 될 것이다.

〈수수께끼별곡, 1987. 汎潮社〉

엮고 나서

　이 책은 徐廷範 선생님이 석사학위 논문으로 1959년에 쓴 『韓國特殊語研究』-隱語로 본 白丁社會와 特殊集團의 秘密記號-에다가 4편의 글을 덧붙여서 엮은 책입니다.

　표기법 문제에서 당시에 사용한 은어, 속어 등은 현대 표기와 다른 경우도 그대로 두었고, 쏘련이나 埃及 같은 고유명사도 당시 표기를 존중하여 고치지 않았습니다. 다만 문장이 틀린 것이나 일본어식 일부 표기와 내용과 상관없는 일부 한자어는 우리말로 고쳤으며, 불교 용어에 대한 설명은 일부 고쳐서 실었습니다. 그리고 한자어는 거의 다 한자로 적혀 있는데 읽는데 내용상 큰 불편이 없는 한자어는 한글로 바꾸었습니다.

　책 제목을 바꾼 이유는 특수어라는 말 자체가 모호해서 구체적인 용어 隱語와 俗語를 넣기 위함입니다. 책의 머리말에 나와 있습니다만 이 책은 사회언어학적인 연구 결과물입니다. 특히 사회의 특수집단이 사용하는 은어와 속어에 일찍 관심을 가지고 현장에 나가 철저하게 조사한 것을 바탕으로 사회를 들여다보면서 쓴 글이므로 그 당시 사회를 연구하는 분들에게 중요한 자료가 될 것입니다. 저도 엮어 가면서 절로 웃으며 그 당시 사람들이 이런저런 생각을 했구나 하는 것을 새삼 느꼈습니다.

　시기별로 보면 주로 해방공간과 6·25를 지나 남북 이데올로기적인 면이 나오고 이승만 정권을 거치며 독재와 부정부패, 5·16을 거치며 새로운 경제 건설과 군부독재가 어우러진 사회에서 배고픔을 참으며 살아야 한다는 자신감이 교차한 시기입니다. 70년대 이후는 청년문화라는 말과 함께 새로운 문화가 탄생하는 시기를 맞아 수많은 은어와 속어가 시리즈와 함께 나왔습니다. 서정범 선생님은 대학에서 학생에게 과제로 은어와 속어 조사를 시키고 자신도 뛰어들어 치열하게 현장을 누볐습니다.

제1부는 隱語로 본 白丁社會라는 소제목처럼 백정의 은어를 중심으로 백정과 관련된 사찰, 도살장의 은어를 비롯하여 산댓군(廣大)과 무당, 기생, 산삼채취인(심마니)의 은어에서 그들의 이야기를 펼치고 있습니다. 조선 시대에는 이른바 낮은 계급으로 제대로 대접받지 못한 그들의 독특한 문화를 지금은 볼 수 없는 것을 보여주고 있습니다. 특히 백정이 소를 잡기 전에 소가 옥황상제의 죗값으로 지상으로 내려온 것을 다시 하늘로 올려보내는 의식을 승려나 무당을 통해 한다는 경건한 마음을 볼 수 있습니다. 함부로 짐승을 잡지 않는 생명을 존중하는 불교사상과 하늘세계와 인간세계의 관계를 나타내는 도교적인 의식도 엿볼 수 있습니다.

제2부는 서울 裏巷特殊集團의 秘密記號에 대한 것입니다. '불량배, 사창, 죄수, 마약중독자, 나병환자, 복술자(卜術者), 무당, 사냥꾼, 땅꾼, 호텔종업원, 학생, 군인, 상인, 승려, 밀수자, 산삼채취인(심마니) 그리고 백정 등 광범위한 집단에서 은어는 각 특수집단 내에서 주로 음성을 통해 전달된다고 머리말에 적고 있습니다.

부록으로 사회언어학 특히 은어와 속어에 대해 쓴 '은어와 문학', '저항과 언어' '언어 속에 나타난 현대인의 의식구조', '말의 사회성'을 실었습니다.

이처럼 사회를 풍자한 은어와 속어를 직접 조사하여 논문, 수필 등으로 발표했습니다. 특히 백정의 은어를 조사하러 이천에 있는 도살장에 여러 번 갔는데 백정을 만나 자료를 조사할 때의 이야기가 유명합니다. 서정범 선생님은 술 담배를 하지 못해서 그들과 우선 만나서 이야기를 꺼내기가 거북하기도 했습니다. 황순원 선생님이 동행하셔서 그들과 같이 막걸리를 나누며 친근감을 나타내며 이야기를 풀어나갔습니다. 서정범 선생님은 백정이 사용하는 말 중에서 은어와 속어 등을 중심으로 그들만의 독특한 언어문화와 생활습관과 소를 잡는데 얽힌 이야기 등을 녹음을 하는 등 자료를 수집하는 동안 황순원 선생님은 그들의 독특한 문화와 생각 등을 흥미롭게 듣다가 거기서 소설 『일월』의 모티브를 잡으셨다고 합니다.

제가 대학 다닐 때 서정범 선생님의 수업시간의 과제로 사창가의 은어, 속어를 조별로 조사하라는 것을 받고 매우 난감한 적이 있었습니다. 제가 속한 조는 처음부터 청량리 588을 소개받고 가서 거기서 어떻게 만나 무슨 말을 꺼내고 해야 할지 정말 어려웠던 기억이 지금도 생생합니다. 제대로 조사도 하지 못하고 쫓겨난 신세가 처량했습니다.

선생님은 1980년부터는 주로 대학가의 은어, 속어, 시리즈를 조사하여 『학원별곡』을 시작으로 『어원별곡』, 『수수께끼별곡』, 『이바구별곡』, 『가라사대별곡』, 『허허별곡』, 『너스레별곡』, 『우스개별곡』, 『익살별곡』, 『너덜별곡』, 『철렁별곡』, 『억억별곡』, 『빼빼별곡』, 『거덜별곡』 등 한 해에 1권씩 14권을 내셨다.

또 1960년대 이후 무당에 관심을 가져 우리의 기층문화를 밝히려고 전국의 무당이란 무당은 다 만나서 무당이 된 까닭부터 어떤 신을 모시고 무슨 굿을 주로 하는 등 무당의 모든 것을 조사하여 잡지와 신문 등에 수필로 그려내셨다. 『무녀의 사랑이야기』, 『사랑과 죽음의 마술사』를 비롯한 많은 수필집을 내셨고『무녀의 꿈 이야기』,『무녀별곡』(7권),『무속인열전』(6권) 등 무녀만 다룬 책을 내셨다. 무속을 전문으로 연구하는 전공교수보다 더 많은 무당을 만나고 그들의 아픔을 들어주고 위로해 주다 보니 어느새 무당교수라는 별명까지 생겼습니다.

　석사학위논문인『한국특수어연구』는 프린트본입니다. 이를 2005년 유씨엘에서『서정범전집 어학편 1』로 낸 적이 있습니다. 그러나 이제 출판사마저 없어져 구하고저 하는 사람이 있으나 어쩔 수 없던 차에 보고사에서 서정범기념사업회 회장 김중섭 교수와 아드님 서호석 교수의 주관하에 서정범기념사업회 총서로 다시 내게 되어 보람을 느낍니다.

　처음 유씨엘판 원고부터 4가지 덧붙인 원고까지 컴퓨터로 쳐준 김선희에게 감사하고, 흔쾌히 출판을 허락해 준 김흥국 사장님과 출판 편집을 주관해 준 박현정 편집장님과 직접 편집한 이소희 님께 고마움을 표합니다.

2021. 7. 14.

潭山 朴在陽 삼가 씀

■ 지은이 **서정범**

1926년 충북 음성에서 출생. 2009년 경기도 분당에서 별세.
경희대 국어국문학과 동 대학원 졸업. 문학박사.
경희대 국어국문학과 교수, 경희대 문리과대학 학장, 경희대 명예교수 역임.
한국어원학회 회장, 한국문인협회 부이사장, 한국수필가협회 부회장, 한국어문연구회 연구이
사, 국어국문학회 이사, 경희알타이어연구소 소장 역임.
제18회 한국문학상(1981년), 제9회 펜문학상(1993년), 제10회 수필문학상(2000), 제8회 동
숭학술상(2004) 등을 받음.

◇ **주요저서 및 작품**

■ 언어학
　韓國 特殊語 硏究(1959), 現實音의 國語史的 硏究(1974),
　音韻의 國語史的 硏究(1982), 우리말의 뿌리(초판 1989, 개정증보판 2019).

■ 수필
　놓친 열차가 아름답다(1974), 겨울 무지개(1977), 巫女의 사랑 이야기(1979),
　그 生命의 고향(1981), 사랑과 죽음의 마술사(1982), 영계의 사랑과 그 빛(1985),
　품봐 품봐(1985), 무녀별곡1-6(1992-96), 서로 사랑하고 정을 나누는 평범한 사람의 이
　야기(1999), 물사발에 앉은 나비(2000).

■ 은어 속어 별곡 시리즈
　학원별곡(1985), 어원별곡(1986), 수수께끼별곡(1987), 이바구별곡(1988),
　가라사대별곡(1989), 허허별곡(1990), 너스레별곡(1991), 우스개별곡(1992), 익살별곡
　(1993), 너덜별곡(1994), 철렁별곡(1995), 억억별곡(1996), 빼빼별곡(1997), 거덜별곡(1998).

■ 일본어 저서
　韓國のシャーマニズム(同朋舍, 1980, 巫女의 사랑이야기 번역),
　日本語の源流をさかのぼる(德間書店, 1989), 韓國語で讀み解く古事記(大和書房, 1992),
　日本語の源流と韓國語(三一書房, 1996).

▌엮은이 **박재양**

1953년 경북 영천 출생. 경희대 국문과 졸업. 경희대 대학원 석, 박사(국어학 전공).
경희대 국문과와 대학원에서 음운론, 국어사, 어원학, 비교언어학 등을 강의하고, 경희대
국제교육원에서 한국어를 가르쳤다. 현재는 주로 어원, 언어와 문화, 불교어 등을 공부하며
외래어 어원 및 유래사전, 국어어원사전, 고어사전, 불교어사전, 한일어비교사전 등을 편찬
중이다. 저서로는 『國語의 母音體系 硏究』(보고사)가 있고, 번역서로 『언어의 이해』(시인사),
『漢字의 역사』(공역, 학민사), 『禪家龜鑑』(공역, 예문서원), 『大乘起信論 이야기』(미출판),
『샤머니즘의 세계』(보고사) 등이 있다.

서정범기념사업회총서 3

은어와 속어 연구
백정의 은어와 특수집단의 기호와 속어를 중심으로

2021년 11월 05일 초판 1쇄 펴냄

지은이 서정범
엮은이 박재양
발행인 김흥국
발행처 보고사

책임편집 이소희
표지디자인 손정자

등록 1990년 12월 13일 제6-0429호
주소 경기도 파주시 회동길 337-15 보고사
전화 031-955-9797(대표)
　　　02-922-5120~1(편집), 02-922-2246(영업)
팩스 02-922-6990
메일 kanapub3@naver.com / bogosabooks@naver.com
http://www.bogosabooks.co.kr

ISBN 979-11-6587-237-3　　93710